高等职业教育"十三五"创新型规划教材

财务会计

主　编　盛　强　黄世洁
副主编　青海勇　郑晓敏
　　　　李红英　谭冠群
主　审　徐　勇

北京理工大学出版社
BEIJING INSTITUTE OF TECHNOLOGY PRESS

版权专有 侵权必究

图书在版编目（CIP）数据

财务会计 / 盛强，黄世洁主编 . —北京：北京理工大学出版社，2017.1（2018.1重印）
ISBN 978-7-5682-2362-1

Ⅰ.①财… Ⅱ.①盛… ②黄… Ⅲ.①财务会计-高等学校-教材 Ⅳ.①F234.4

中国版本图书馆 CIP 数据核字（2016）第 216985 号

出版发行 / 北京理工大学出版社有限责任公司	
社　　址 / 北京市海淀区中关村南大街 5 号	
邮　　编 / 100081	
电　　话 /（010）68914775（总编室）	
（010）82562903（教材售后服务热线）	
（010）68948351（其他图书服务热线）	
网　　址 / http：//www.bitpress.com.cn	
经　　销 / 全国各地新华书店	
印　　刷 / 北京国马印刷厂	
开　　本 / 787 毫米×1092 毫米　1/16	
印　　张 / 23.5	责任编辑 / 申玉琴
字　　数 / 546 千字	文案编辑 / 申玉琴
版　　次 / 2017 年 1 月第 1 版　2018 年 1 月第 4 次印刷	责任校对 / 周瑞红
定　　价 / 44.80 元	责任印制 / 李志强

图书出现印装质量问题，请拨打售后服务热线，本社负责调换

前 言

财务会计是一门实践性和系统性较强的会计核心课程，既强调学生会计理念和会计职业思维的培养，又要求财务会计工作实际操作能力的掌握，为此，我们将教材内容分为4大模块、19个工作项目。每个项目有若干个会计工作任务，以及学习目标、工作情景、工作过程（会计凭证）、课堂训练、知识拓展等，每个项目后都有专门的项目技能训练（财务案例）。全书内容充分体现了会计工作内容与理论知识的紧密结合。

本书以高等教育目标为出发点，根据新会计准则、法规等不断变化的需要，做到"理论够用、突出实践、强调应用"，较好地解决了会计教育中学以致用的问题。本书具有以下特色：

1. 以工学结合为目标，以"课岗证融通、教学做一体"为导向。通过"做中学、学中做"，让学习者拥有必备的会计初始能力（当前应用能力）和长远能力（潜在能力）。

2. 及时反映最新会计准则和法规动态，最新修订的企业会计准则、公司法，以及与企业所得税、增值税、营业税等相关的法规、政策的最新变化。

3. 还原教材本质：教师好教，学生好学。书中举例更具实践针对性和应用综合性，以实例分析为手段，尽量通过实例说明复杂原理，使学生能举一反三。

4. 编写团队强大。编写成员以教授、副教授和注册会计师队伍为主，会计理论与实务都非常扎实。

5. 配套资源丰富。以现代信息技术为工具，以二维码方式链接相关学习资源。

6. 兼顾学生会计职称考试所需，做到岗证课融通。

本书由盛强（南充职业技术学院）、黄世洁（贵州城市职业学院）任主编，徐勇教授（南充职业技术学院）任主审，青海勇（四川省南充中等专业学校）、郑晓敏（贵州城市职业学院）、李红英（南充职业技术学院）、谭冠群（山东工业技师学院）任副主编。盛强设计了本书的编写大纲，并负责全书的统稿和最后定稿工作。全书共19个工作项目，具体分工如下：项目1、7、12、15、16、19由盛强编写；项目2、3、4由黄世洁编写；项目5、6由李红英编写；项目8、9由青海勇编写；项目10由谭冠群编写；项目11、13、14由郑晓敏编写；项目17、18由徐勇编写。

本教材可作为高职高专会计专业及财经类相关专业的教材，也可作为会计人员自学和会计职称考试参考用书。

因作者水平有限，书中难免存在疏漏，请您提出宝贵意见，以便再版时修订。对教材的意见、建议及索取教学相关资源，请发邮件至ncsheng@126.com。谢谢！

编　者

目 录

模块一　财务会计基础 ⋯⋯⋯⋯⋯⋯⋯⋯⋯⋯⋯⋯⋯⋯⋯⋯⋯⋯⋯⋯⋯⋯⋯⋯⋯⋯⋯ 1

　　项目1　认知财务会计 ⋯⋯⋯⋯⋯⋯⋯⋯⋯⋯⋯⋯⋯⋯⋯⋯⋯⋯⋯⋯⋯⋯⋯⋯⋯ 3
　　　　任务1　财务会计的特征和假设 ⋯⋯⋯⋯⋯⋯⋯⋯⋯⋯⋯⋯⋯⋯⋯⋯⋯⋯⋯ 3
　　　　任务2　财务会计要素的确认和计量 ⋯⋯⋯⋯⋯⋯⋯⋯⋯⋯⋯⋯⋯⋯⋯⋯⋯ 6
　　　　任务3　财务会计信息质量要求 ⋯⋯⋯⋯⋯⋯⋯⋯⋯⋯⋯⋯⋯⋯⋯⋯⋯⋯⋯ 11

模块二　会计要素的核算 ⋯⋯⋯⋯⋯⋯⋯⋯⋯⋯⋯⋯⋯⋯⋯⋯⋯⋯⋯⋯⋯⋯⋯⋯⋯ 15

　　项目2　货币资金的核算 ⋯⋯⋯⋯⋯⋯⋯⋯⋯⋯⋯⋯⋯⋯⋯⋯⋯⋯⋯⋯⋯⋯⋯⋯ 17
　　　　任务1　库存现金 ⋯⋯⋯⋯⋯⋯⋯⋯⋯⋯⋯⋯⋯⋯⋯⋯⋯⋯⋯⋯⋯⋯⋯⋯⋯ 17
　　　　任务2　银行存款 ⋯⋯⋯⋯⋯⋯⋯⋯⋯⋯⋯⋯⋯⋯⋯⋯⋯⋯⋯⋯⋯⋯⋯⋯⋯ 21
　　　　任务3　其他货币资金 ⋯⋯⋯⋯⋯⋯⋯⋯⋯⋯⋯⋯⋯⋯⋯⋯⋯⋯⋯⋯⋯⋯⋯ 24
　　项目3　应收及预付款项的核算 ⋯⋯⋯⋯⋯⋯⋯⋯⋯⋯⋯⋯⋯⋯⋯⋯⋯⋯⋯⋯⋯ 28
　　　　任务1　应收票据的核算 ⋯⋯⋯⋯⋯⋯⋯⋯⋯⋯⋯⋯⋯⋯⋯⋯⋯⋯⋯⋯⋯⋯ 28
　　　　任务2　应收账款的核算 ⋯⋯⋯⋯⋯⋯⋯⋯⋯⋯⋯⋯⋯⋯⋯⋯⋯⋯⋯⋯⋯⋯ 32
　　　　任务3　预付账款的核算 ⋯⋯⋯⋯⋯⋯⋯⋯⋯⋯⋯⋯⋯⋯⋯⋯⋯⋯⋯⋯⋯⋯ 34
　　　　任务4　其他应收款的核算 ⋯⋯⋯⋯⋯⋯⋯⋯⋯⋯⋯⋯⋯⋯⋯⋯⋯⋯⋯⋯⋯ 36
　　　　任务5　应收款项减值的核算 ⋯⋯⋯⋯⋯⋯⋯⋯⋯⋯⋯⋯⋯⋯⋯⋯⋯⋯⋯⋯ 37
　　项目4　交易性金融资产的核算 ⋯⋯⋯⋯⋯⋯⋯⋯⋯⋯⋯⋯⋯⋯⋯⋯⋯⋯⋯⋯⋯ 41
　　　　任务1　认知交易性金融资产 ⋯⋯⋯⋯⋯⋯⋯⋯⋯⋯⋯⋯⋯⋯⋯⋯⋯⋯⋯⋯ 41
　　　　任务2　交易性金融资产的账务处理 ⋯⋯⋯⋯⋯⋯⋯⋯⋯⋯⋯⋯⋯⋯⋯⋯⋯ 43
　　项目5　存货的核算 ⋯⋯⋯⋯⋯⋯⋯⋯⋯⋯⋯⋯⋯⋯⋯⋯⋯⋯⋯⋯⋯⋯⋯⋯⋯⋯ 47
　　　　任务1　认知存货 ⋯⋯⋯⋯⋯⋯⋯⋯⋯⋯⋯⋯⋯⋯⋯⋯⋯⋯⋯⋯⋯⋯⋯⋯⋯ 47
　　　　任务2　原材料的核算 ⋯⋯⋯⋯⋯⋯⋯⋯⋯⋯⋯⋯⋯⋯⋯⋯⋯⋯⋯⋯⋯⋯⋯ 53
　　　　任务3　周转材料的核算 ⋯⋯⋯⋯⋯⋯⋯⋯⋯⋯⋯⋯⋯⋯⋯⋯⋯⋯⋯⋯⋯⋯ 63
　　　　任务4　委托加工物资的核算 ⋯⋯⋯⋯⋯⋯⋯⋯⋯⋯⋯⋯⋯⋯⋯⋯⋯⋯⋯⋯ 69
　　　　任务5　库存商品的核算 ⋯⋯⋯⋯⋯⋯⋯⋯⋯⋯⋯⋯⋯⋯⋯⋯⋯⋯⋯⋯⋯⋯ 72
　　　　任务6　存货清查的核算 ⋯⋯⋯⋯⋯⋯⋯⋯⋯⋯⋯⋯⋯⋯⋯⋯⋯⋯⋯⋯⋯⋯ 76
　　　　任务7　存货减值的核算 ⋯⋯⋯⋯⋯⋯⋯⋯⋯⋯⋯⋯⋯⋯⋯⋯⋯⋯⋯⋯⋯⋯ 79
　　项目6　持有至到期投资的核算 ⋯⋯⋯⋯⋯⋯⋯⋯⋯⋯⋯⋯⋯⋯⋯⋯⋯⋯⋯⋯⋯ 84
　　项目7　长期股权投资的核算 ⋯⋯⋯⋯⋯⋯⋯⋯⋯⋯⋯⋯⋯⋯⋯⋯⋯⋯⋯⋯⋯⋯ 90
　　　　任务1　认知长期股权投资 ⋯⋯⋯⋯⋯⋯⋯⋯⋯⋯⋯⋯⋯⋯⋯⋯⋯⋯⋯⋯⋯ 91
　　　　任务2　核算长期股权投资的成本法 ⋯⋯⋯⋯⋯⋯⋯⋯⋯⋯⋯⋯⋯⋯⋯⋯⋯ 93

    任务3 核算长期股权投资的权益法 ……………………………………… 95
    任务4 长期股权投资减值 …………………………………………………… 98
  项目8 可供出售金融资产 …………………………………………………………… 101
  项目9 固定资产的核算 ……………………………………………………………… 107
    任务1 固定资产的初始计量 ………………………………………………… 107
    任务2 固定资产的后续计量 ………………………………………………… 115
    任务3 固定资产的后续支出 ………………………………………………… 122
    任务4 固定资产的清查 ……………………………………………………… 124
    任务5 固定资产减值 ………………………………………………………… 126
    任务6 固定资产的处置 ……………………………………………………… 127
  项目10 投资性房地产 ……………………………………………………………… 130
    任务1 认知投资性房地产 …………………………………………………… 130
    任务2 投资性房地产的确认和初始计量 …………………………………… 134
    任务3 投资性房地产的后续计量 …………………………………………… 136
    任务4 投资性房地产的减值和处置 ………………………………………… 141
  项目11 无形资产及其他资产的核算 …………………………………………… 146
    任务1 认知无形资产 ………………………………………………………… 146
    任务2 无形资产的核算 ……………………………………………………… 150
    任务3 其他资产的核算 ……………………………………………………… 158
  项目12 负债的核算 ………………………………………………………………… 160
    任务1 短期借款的核算 ……………………………………………………… 161
    任务2 应付及预收款项的核算 ……………………………………………… 162
    任务3 应付职工薪酬的核算 ………………………………………………… 169
    任务4 应交税费的核算 ……………………………………………………… 180
    任务5 应付股利及其他应付款的核算 ……………………………………… 193
    任务6 长期借款的核算 ……………………………………………………… 194
    任务7 应付债券及长期应付款的核算 ……………………………………… 196
  项目13 所有者权益的核算 ………………………………………………………… 200
    任务1 实收资本的核算 ……………………………………………………… 200
    任务2 资本公积的核算 ……………………………………………………… 207
    任务3 留存收益的核算 ……………………………………………………… 210
  项目14 收入的核算 ………………………………………………………………… 217
    任务1 销售商品收入的核算 ………………………………………………… 217
    任务2 提供劳务收入的核算 ………………………………………………… 231
    任务3 让渡资产使用权收入的核算 ………………………………………… 236
    任务4 政府补助收入的核算 ………………………………………………… 237
  项目15 费用的核算 ………………………………………………………………… 247
    任务1 营业成本的核算 ……………………………………………………… 247
    任务2 税金及附加的核算 …………………………………………………… 251

　　　　任务3　期间费用的核算 …………………………………………………… 253
　项目16　利润的核算 …………………………………………………………… 257
　　　　任务1　营业外收支的核算 ……………………………………………… 257
　　　　任务2　所得税费用的核算 ……………………………………………… 261
　　　　任务3　本年利润的核算 ………………………………………………… 263

模块三　其他事项的会计处理 …………………………………………………… 269

　项目17　借款费用的核算 ……………………………………………………… 271
　　　　任务1　认知借款费用 …………………………………………………… 271
　　　　任务2　借款费用的确认 ………………………………………………… 272
　　　　任务3　借款费用的计量 ………………………………………………… 275
　项目18　会计调整的核算 ……………………………………………………… 280
　　　　任务1　会计政策及其变更的会计处理 ………………………………… 280
　　　　任务2　会计估计及其变更的会计处理 ………………………………… 292
　　　　任务3　前期差错更正的会计处理 ……………………………………… 295
　　　　任务4　资产负债表日后事项的会计处理 ……………………………… 300

模块四　财务会计报告与分析 …………………………………………………… 311

　项目19　财务会计报告 ………………………………………………………… 313
　　　　任务1　认识财务报告 …………………………………………………… 314
　　　　任务2　资产负债表 ……………………………………………………… 315
　　　　任务3　利润表 …………………………………………………………… 332
　　　　任务4　现金流量表 ……………………………………………………… 336
　　　　任务5　所有者权益变动表 ……………………………………………… 346
　　　　任务6　附注 ……………………………………………………………… 348
　　　　任务7　主要财务指标分析 ……………………………………………… 352

模块一

财务会计基础

认知财务会计

学习目标

学会界定财务会计的特征和假设;确认企业资产、负债、所有者权益、收入、费用和利润;理解会计要素计量属性的内容;学会企业会计信息的质量要求,判断企业会计信息质量。

工作情境

小王 2015 年年底通过自考,获取了《会计从业资格证书》。2016 年年初,应聘到一家小公司做会计。在工作中一旦碰到书本上没有的业务他就发蒙,不敢做分录,于是小王就不断地查阅相关书籍,上网询问,试图找到一本能够涵盖世间所有类型交易与事项分录的大全读物,像查字典一样查出要找的分录。

会计准则是会计人员工作的基础与指导。如果理解了准则,那么所有行业的业务分录都不会难倒你。对于初学财务会计者来说,必须先要掌握财务会计的基本原则与企业会计准则——基本准则。

任务 1　财务会计的特征和假设

一、相关知识

(一) 财务会计的特征

1. 对外部有关方面提供会计信息并以编制企业通用会计报表为最终目的

随着现代市场经济的发展,会计信息的需求者众多,既有企业外部的投资者、债权人、政府机构和社会公众,也有企业内部管理当局。财务会计的主要目标是向企业外部与企业存在经济利益关系的各方提供财务报告,并满足外部会计信息使用者的需要。企业外部与其利益相关的集团或个人众多,他们所需要的决策信息千差万别。因此,财务会计并不是也不可能针对某一外部使用者提供财务报告,满足其个别决策的需要,而是通过定期编制通用的"资产负债表"" 利润表"" 现金流量表"" 所有者权益变动表"等，向企业外部使用者传递企业财务状况、经营成果、现金流量及所有者权益变动等会计信息，反映企业管理层受托责任的履行情况，有助于财务报告使用者做出经济决策。

2. 以会计准则指导和规范会计核算

在所有权与经营权相分离的情况下，财务报告由企业管理当局负责编报，财务报告的使用者主要是来自企业的外部。会计信息的外部使用者远离企业，不直接参与企业的日常经营管理，主要是通过企业提供的财务报告获得有关的经济信息。因此，财务会计信息的质量是企业外部会计信息使用者关注的焦点。为使财务会计成为市场经济条件下的通用"商业语言"，提供的财务会计信息能够取信于企业外部的投资人、债权人和政府有关部门，防止企业管理者在会计报表中弄虚作假和主观臆断，必须以会计界权威机构或政府会计管理部门来确定，会计界一致同意的会计原则指导、规范和统一社会各单位的会计核算，使之达到提供公允、客观和有用信息的重要作用。因此，以"会计准则"规范会计核算是财务会计的一大特点。

3. 运用传统会计的方法和程序进行会计数据的处理与加工

财务会计是从传统会计演化而来的，它沿用了传统会计所应用的账户和会计科目、复式记账、填制和审核凭证、登记账簿、成本计算以及经过财产清查、编制会计报表等方法，按照序时记录、分类记录、试算平衡、调整账项、编制会计报表的程序提供会计信息。同时，财务会计是在传统会计基础上的进一步发展，将传统会计的方法、程序提高到一定的会计理论高度，并以公认会计准则的形式使之系统化、条理化和规范化，形成较为严密而稳定的基本结构。

（二）财务会计假设

会计核算的基本前提就是根据正常情况和客观需要，对会计核算所处空间、时间环境和计量方式等所作的合理设定。没有会计假设，会计核算就无从下手。会计基本假设包括会计主体、持续经营、会计分期和货币计量。

1. 会计主体

会计主体是指会计所服务的特定单位，又称"会计实体"。为了向财务报告使用者反映企业财务状况、经营成果和现金流量，提供与其决策有用的信息，会计核算和财务报告的编制应当反映特定对象的经济活动，只有这样才能实现财务报告的目标。会计主体应是一个独立经营、自负盈亏、责权利相结合的经济单位。典型的会计主体是企业。

一般来说，会计主体不一定是法律主体，但所有的法律主体应当是会计主体。

2. 持续经营

持续经营是指在可以预见的将来，企业将会按当前的规模和状态继续经营下去，不会停业，也不会大规模削减业务。在持续经营的前提下，会计确认、计量和报告应当以企业持续、正常的生产经营活动为前提。会计准则体系是以企业持续经营为前提加以制定和规范的，涵盖了从企业成立到清算（包括破产）整个期间的交易或者事项的会计处理。如能判断一个企业可能出现停业、兼并、破产等不能持续经营时，应停止使用这个假设，否则就不能客观地反映企业的财务状况、经营成果和现金流量，会误导会计信息使用者的经济决策。

持续经营假设可以与会计主体假设结合为：会计要为特定的会计主体在不会面临破产清

算的情况下进行会计核算。

3. 会计分期

会计分期是指将一个企业持续经营的生产经营活动，人为地划分为相等的时间阶段。其目的在于通过会计期间的划分，将持续经营的生产经营活动划分成连续、相等的期间，据以结算盈亏，按期编报财务报告，从而及时向财务报告使用者提供有关企业财务状况、经营成果和现金流量的信息。

会计年度与公历年度相同，从每年的 1 月 1 日起至 12 月 31 日止。企业应当划分会计期间，分期结算账目和编制年度和中期（月度、季度、半年度）财务报告。

4. 货币计量

货币计量是指会计主体在会计核算中以假定价值不变的货币作为基本计量单位。我国企业的会计核算一般首选人民币为记账本位币，业务收支以人民币以外的货币为主的企业，可以选定其中一种货币作为记账本位币，但编报的财务报告应当折算为人民币。

上述财务会计假设，具有相互依存、相互补充的关系。会计主体确立了会计核算的空间范围，持续经营与会计分期确立了会计核算的时间长度，而货币计量则为会计核算提供了必要手段。没有会计主体，就不会有持续经营；没有持续经营，就不会有会计分期；没有货币计量，就不会有现代会计。

二、知识拓展

哪些岗位不属于会计岗位

下列岗位不属于会计工作岗位：

1. 会计档案移交后会计档案管理岗位。在会计档案正式移交档案管理部门前，属于会计岗位；在会计档案正式移交档案管理部门后，会计档案管理工作就不再属于会计岗位。档案管理部门的人员管理会计档案，不属于会计岗位。

2. 医院门诊收费员、住院处收费员、药房收费员、药品库房记账员、商场收费（银）员所从事的工作不属于会计岗位。

3. 单位内部审计、社会审计、政府审计工作不属于会计岗位。

课堂训练

1. 下列说法不正确的是（　　）。
   A. 基金管理公司管理的证券投资基金，也可以成为会计主体
   B. 法律主体必然是会计主体
   C. 对于拥有子公司的母公司来说，集团企业应作为一个会计主体来编制财务报表
   D. 会计主体也一定是法律主体

2. 下列有关会计主体的表述中，正确的有（　　）。
   A. 会计主体可以是独立的法人，也可以是非法人
   B. 企业的经济活动应与投资者的经济活动相区分
   C. 会计主体可以是盈利组织，也可以是非盈利组织

D. 会计主体必须要有独立的资金，并单独编制财务报告对外报送
E. 会计主体限定了会计确认和计量的空间范围

任务 2　财务会计要素的确认和计量

一、相关知识

会计要素是根据交易或者事项的经济特征所确定的财务会计对象的基本分类。《企业会计准则——基本准则》规定，会计要素按照其性质分为资产、负债、所有者权益、收入、费用和利润。其中，资产、负债和所有者权益要素从静态方面反映企业的财务状况；收入、费用和利润要素从动态方面反映企业的经营成果。

（一）反映财务状况的会计要素

1. 资产

资产是指企业过去的交易或者事项形成的、由企业拥有或者控制的、预期会给企业带来经济利益的资源。资产具有以下三方面特征。

（1）资产是为企业拥有或者控制的资源

一项资源如要作为资产，其应当由企业拥有或者控制，即企业享有该项资源的所有权，或者虽不享有该项资源的所有权，但该项资源能被企业控制。

（2）资产预期会给企业带来经济利益

资产预期能否为企业带来经济利益是资产的重要特征。例如，企业采购的原材料、购置的固定资产等可以用于生产经营过程、制造商品或者提供劳务，对外出售后收回货款，货款即为企业所获得的经济利益。如果某一项目预期不能给企业带来经济利益，那么就不能将其确认为企业的资产。前期已经确认为资产的项目，如果后期不能再为企业带来经济利益，也不能再确认为企业的资产。

（3）资产是由企业过去的交易或者事项形成的

资产是企业过去已经发生的交易或者事项所产生的结果，资产必须是现实的资产，而不能是预期的资产。过去的交易或者事项包括购买、生产、建造行为或者其他交易或事项。也就是说，只有过去的交易或者事项才能产生资产，企业预期在未来发生的交易或者事项不能作为资产。

将一项资源确认为资产，需要符合资产的定义，还应同时满足以下条件：

① 与该资源有关的经济利益很可能流入企业。
② 该资源的成本或者价值能够可靠地计量。

2. 负债

负债是指企业过去的交易或者事项形成的、预期会导致经济利益流出企业的现时义务。负债具有以下三方面特征。

（1）负债是企业承担的现时义务

现时义务是指企业在现行条件下已承担的义务。未来发生的交易或者事项形成的义务，不属于现时义务，不应当确认为负债。

（2）负债的清偿预期会导致经济利益流出企业

只有企业在履行义务时会导致经济利益流出企业的，才属于负债；反之，则不属于负债。

（3）负债是由企业过去的交易或者事项形成的现时义务

负债应当由企业过去的交易或者事项所形成。换句话说，只有过去的交易或者事项才能形成负债，企业将在未来发生的承诺、签订的合同等交易或者事项，不形成负债。

将一项现时义务确认为负债，需要符合负债的定义，还应当同时满足以下条件：

① 与该义务有关的经济利益很可能流出企业。

② 未来流出的经济利益能够可靠地计量。

3. 所有者权益

（1）所有者权益的定义

所有者权益是指企业资产扣除负债后由所有者享有的剩余权益。公司的所有者权益又称为股东权益。

（2）所有者权益的来源构成

所有者权益的来源包括所有者投入的资本、直接计入所有者权益的利得和损失、留存收益等。所有者权益通常由实收资本（或股本）、资本公积（含资本溢价或股本溢价、其他资本公积）、其他综合收益、盈余公积和未分配利润构成。

所有者投入的资本是指所有者投入企业的资本部分，它既包括构成企业注册资本或者股本部分的金额，也包括投入资本超过注册资本或者股本部分的金额，即资本溢价或者股本溢价。这部分投入资本在我国企业会计准则体系中被计入了资本公积，并在资产负债表中的资本公积项目下反映。

直接计入所有者权益的利得和损失，是指不应计入当期损益、会导致所有者权益发生增减变动的、与所有者投入资本或者向所有者分配利润无关的利得或者损失。

利得是指由企业非日常活动所形成的、会导致所有者权益增加的、与所有者投入资本无关的经济利益的流入。利得包括直接计入所有者权益的利得和直接计入当期利润的利得。

损失是指由企业非日常活动所发生的、会导致所有者权益减少的、与向所有者分配利润无关的经济利益的流出。损失包括直接计入所有者权益的损失和直接计入当期利润的损失。

直接计入所有者权益的利得和损失，主要包括可供出售金融资产的公允价值变动额、现金流量套期中套期工具公允价值变动额（有效套期部分）等。

留存收益是企业历年实现的净利润留存企业的部分，主要包括累计计提的盈余公积和未分配利润。

（3）所有者权益的特征

① 除非发生减资、清算及分派现金股利，企业不需要偿还所有者权益。

② 企业清算时，当清偿所有的负债后，所有者权益才返还给所有者。

③ 所有者凭借所有者权益能够参与企业的利润分配。

（二）反映经营成果的会计要素

1. 收入

（1）收入的定义

收入是指企业在日常活动中形成的、会导致所有者权益增加的、与所有者投入资本无关的经济利益的总流入。收入一般具有三方面特征。

① 收入是企业在日常活动中形成的。

日常活动是指企业为完成其经营目标所从事的经常性活动以及与之相关的活动,如工业企业制造并销售产品、商业企业销售商品、保险公司签发保单、安装公司提供安装服务、租赁公司出租资产等。明确界定日常活动是为了将收入与利得相区分,日常活动是确认收入的重要判断标准。凡是日常活动所形成的经济利益的流入应当确认为收入,反之,非日常活动所形成的经济利益的流入不能确认为收入,而应当计入利得。

② 收入会导致所有者权益的增加。

与收入相关的经济利益的流入会导致所有者权益的增加,不会导致所有者权益增加的经济利益的流入不符合收入的定义,不应确认为收入。

③ 收入是与所有者投入资本无关的经济利益的总流入。

收入会导致经济利益的流入,从而导致资产的增加。

例如,企业销售商品,应当收到现金或者在未来有权收到现金,才表明该交易符合收入的定义。但是经济利益的流入有时是所有者投入资本的增加所致,所有者投入资本的增加不应当确认为收入,应当将其直接确认为所有者权益。

(2) 收入的确认条件

收入的确认除了应当符合定义外,还应当符合以下条件:

① 与收入相关的经济利益应当很可能流入企业。
② 企业经济利益流入的结果会导致资产的增加或者负债的减少。
③ 经济利益的流入额能够可靠地计量。

2. 费用

(1) 费用的定义

费用是指企业在日常活动中发生的、会导致所有者权益减少的、与向所有者分配利润无关的经济利益的总流出。费用一般具有三方面特征。

① 费用是企业在日常活动中形成的。

费用必须是企业在其日常活动中所形成的,这些日常活动的界定与收入定义中涉及的日常活动的界定相一致。日常活动所产生的费用通常包括销售成本、管理费用等。将费用界定为日常活动所形成的,其目的是将其与损失相区分,企业非日常活动所形成的经济利益的流出不能确认为费用,而应当计入损失。

② 费用会导致所有者权益的减少。

与费用相关的经济利益的流出应当会导致所有者权益的减少,不会导致所有者权益减少的经济利益的流出不符合费用的定义,不应确认为费用。

③ 费用是与向所有者分配利润无关的经济利益的总流出。

费用的发生应当会导致经济利益的流出,从而导致资产的减少或者负债的增加(最终也会导致资产的减少)。企业向所有者分配利润也会导致经济利益的流出,而该经济利益的流出属于投资者投资回报的分配,是所有者权益的直接抵减项目,不应确认为费用,应当将其排除在费用的定义之外。

(2) 费用的确认

费用的确认除了应当符合定义外,还至少应当符合以下条件:

① 与费用相关的经济利益应当很可能流出企业。
② 经济利益流出企业的结果会导致资产的减少或者负债的增加。
③ 经济利益的流出额能够可靠地计量。

3. 利润

（1）利润的定义

利润是指企业在一定会计期间的经营成果。通常情况下，如果企业实现了利润，表明企业的所有者权益将增加，业绩得到了提升；反之，如果企业发生了亏损，表明企业的所有者权益将减少，业绩下降。

（2）利润的来源构成

利润包括收入减去费用后的净额、直接计入当期利润的利得和损失等。利润有营业利润、利润总额和净利润。

营业利润是指营业收入减去营业成本、营业税费、期间费用（销售费用、管理费用和财务费用）、资产减值损失，加上公允价值变动净收益、投资净收益后的金额。

利润总额是指营业利润加上营业外收入、减去营业外支出后的金额。

净利润是指利润总额减去所得税费用后的金额。

（3）利润的确认

利润反映收入减去费用、利得减去损失后的净额。利润的确认主要依赖于收入和费用以及利得和损失的确认，其金额的确定也主要取决于收入、费用、利得、损失金额的计量。

二、工作过程

【会计工作1】企业以融资租赁方式租入一项A固定资产，以经营租赁方式租入一项B固定资产，目前企业A、B设备均投入使用，A、B设备是企业的固定资产吗？

【工作指导】这里需注意经营租入和融资租入的区别。尽管企业并不拥有A设备所有权，但是如果租赁合同规定的租赁期相当长，接近于该资产的使用寿命，表明企业控制了A设备的使用及其所带来的经济利益，拥有实际控制权，则应当将A设备作为企业资产予以确认、计量和报告。

【会计工作2】企业有A、B两台设备，A设备属老化产品，自从B设备替代A设备后，企业一直未再使用A设备，由B设备完成企业全部生产任务。A和B设备全是企业的固定资产吗？

【工作指导】显然，A设备不能作为企业的固定资产。因A设备已长期闲置不用，不能给企业带来经济利益，当然不能作为资产反映在资产负债表中。

【会计工作3】企业计划在12月份购买某存货，9月份与销售方签订了购买协议，而购买行为发生在12月份，企业9月份能否将该批存货确认为资产？

【工作指导】企业9月份不能将该批存货确认为资产。因为只有过去的交易或者事项才能产生资产，企业预期在未来发生的交易或者事项不能作为资产确认。

【会计工作4】企业处置固定资产、出租无形资产的收入能否确认为企业的收入？

【工作指导】企业处置固定资产属于非日常活动，因此所形成的净利益不应确认为收入，而应当确认为利得。

出租无形资产所取得的租金收入属于日常活动所形成的,应当确认为收入,但是处置无形资产属于非日常活动,所形成的净利益不应当确认为收入,而应当确认为利得。

【会计工作5】企业处置固定资产发生的净损失能否确认为企业的费用?

【工作指导】处置固定资产而发生的损失,尽管会导致所有者权益的减少及经济利益的总流出,但毕竟其不属于企业的日常活动,因而不应将其确认为企业的费用,而应确认为营业外支出。

【会计工作6】当期确认的投资收益或投资损失,处置固定资产、债务重组等发生的利得或损失能否直接计入当期利润?

【工作指导】企业当期确认的投资收益或投资损失,以及处置固定资产、债务重组等发生的利得或损失,均能直接计入当期利润。

三、知识拓展

我国会计职业现状及前景规划

一会儿是人才市场上财会人员过剩、求职难的消息,一会儿是四大会计师事务所中高级会计紧缺的消息,真可谓"冰火两重天",那么,财会人员在市场上到底吃不吃香?用人单位的需求集中在哪里?做财会究竟有没有前景?

德勤人力资源部高级经理常婧夷一语中的:"基础的会计人员供过于求;而高级的财会人才需求很大,缺口也很大。"

根据国外的调查,一般来说,职员的收入在三十五岁至四十岁期间达到最大值,这主要是因为在这个年龄,个人的工作技能、工作态度、人际沟通能力都已经非常成熟。因此,我们可以看出,在三十岁之前,年轻人应当以取势为主,尽可能地多学一些本领,增强自己的能力,而不应该简简单单将个人成就用薪资水平来衡量。尤其对于走出校园不久的人来说,无论在哪里工作,都有很多他们可以学到的东西。专业知识的实际应用、软件的操作、内部管理机制(无论是经验还是教训)、老一辈的处世方法,这些东西要细细咀嚼的话,几年以后就可能转化为自己的知识。

明确自己将来的发展方向后,结合个人的情况,准备几件"职业利器"就必不可少了,可以从以下几方面着手:

1. 对业务流程的了解、对市场的变动趋势的掌握、较强的职场沟通能力。

2. 上下级之间的说服管理能力、面对关键问题的及时判断、时间管理、迅速学习新技能的能力。

3. 当然自己的专业技能必须要熟练而非仅限于书面知识,以及流利的英语口语、规范的书面英语报告、办公软件的熟练掌握(比如EXCEL的宏、ACCESS等)。

4. 开放、健康而年轻的心态也很重要。常常见到许多刚毕业的大学生在增长知识方面太过懈怠,往往认为只要掌握一种技能就可以安逸一生了,而不愿意主动学习市场、销售、生产人力等其他部门的知识,长此以往是有被淘汰的风险的。

5. 最重要的一点,对自己职业的规划以及持之以恒的努力。

课堂训练

1. 下列各项中，属于企业资产范围的有（　　）。
   A. 经营租出固定资产　　　　　　　B. 融资租入固定资产
   C. 经营租入固定资产　　　　　　　D. 委托加工物资
2. 下列各项中，不属于收入要素范畴的是（　　）。
   A. 主营业务收入　　　　　　　　　B. 出售无形资产取得的收益
   C. 销售材料取得的收入　　　　　　D. 提供劳务取得的收入

任务3　财务会计信息质量要求

一、相关知识

会计信息质量要求是对企业财务报告中所提供会计信息质量的基本规范，是使财务报告中所提供会计信息对投资者等使用者决策有用应具备的基本特征。根据《企业会计准则——基本准则》规定，它包括可靠性、相关性、可理解性、可比性、实质重于形式、重要性、谨慎性和及时性。

（一）可靠性

可靠性要求企业应当以实际发生的交易或者事项为依据进行确认、计量和报告，如实反映符合确认和计量要求的各项会计要素及其他相关信息，保证会计信息真实可靠、内容完整。

可靠性原则要求企业做到：

① 真实，即以实际发生的经济业务为依据进行会计核算。

② 可靠，是指在经济业务进行记录和报告时，应以客观事实为依据，不偏不倚、不受主观意志的影响。

③ 完整，凡是与会计信息使用者决策相关的有用信息都应充分披露，包括报表及附注。

（二）相关性

相关性，又称有用性。它要求"企业提供的会计信息与财务报告使用者的经济决策需要相关，有助于财务报告使用者对企业过去、现在或者未来的情况作出评价或者预测"。这是对会计信息质量的一项基本要求。因为信息要有用，就必须与信息使用者的决策相关，尽可能满足各方信息使用者对会计信息的要求。

会计信息质量的相关性要求，以可靠性为基础，两者之间是统一的，并不矛盾。也就是说，会计信息在可靠性的前提下，尽可能地做到相关性，以满足投资者等财务报告使用者的决策需要。

（三）可理解性

可理解性，也称明晰性。它要求"企业提供的会计信息清晰明了，便于财务报告使用者理解和使用"。这是对会计信息质量的基本要求。理解是使用的前提，可理解性是决策者与有用性的连接点。如果会计信息不能被决策者所理解，那么会计信息就毫无用处。因此，可理解性不仅是会计信息的一种质量标准，也是一个与信息使用者有关的质量标准。它要求会计人员尽可能传递表达简明扼要、通俗易懂的会计信息，也要求信息使用者学习、了解有关的企业经营知识和会计知识，提高自身的综合素质，不断增强理解和使用会计信息的能力，从而做出科学的决策。

（四）可比性

可比性是指企业提供的会计信息相互可比，它是保证会计信息可使用的重要条件，也是对会计信息质量的一项重要要求。

1. 同一企业不同时期可比

为了便于投资者等财务报告使用者了解企业财务状况、经营成果和现金流量的变化趋势，比较企业在不同时期的财务报告信息，全面、客观地评价过去、预测未来，做出决策，要求同一企业不同时期发生的相同或者相似的交易或者事项，应当采用一致的会计政策，不得随意变更。但是满足会计信息可比性要求，并非表明企业不得变更会计政策，如果按照规定或者在会计政策变更后可以提供更可靠、更相关的会计信息，可以变更会计政策，只是有关会计政策变更的情况，应当在附注中予以说明。

2. 不同企业相同会计期间可比

为了方便投资者等财务报告使用者评价不同企业的财务状况、经营成果和现金流量及其变动情况，不同企业同一会计期间发生的相同或者相似的交易或者事项，应当采用统一规定的会计政策，确保会计信息口径一致、相互可比。以使不同企业按照一致的确认、计量和报告要求提供有关会计信息。

（五）实质重于形式

实质重于形式原则要求："企业按照交易或者事项的经济实质进行会计确认、计量和报告，不应仅以交易或者事项的法律形式为依据。"

企业发生的交易或事项在多数情况下其经济实质和法律形式是一致的，但也有例外。

例如，随着企业融资渠道的多元化，融资租入固定资产已成为许多企业融资的重要方式之一。在这种情况下，就会出现交易或者事项的经济实质与法律形式的分离。融资租入设备相当于承租企业采用分期付款的办法向出租企业购买所租入的设备。在设备款未付清之前，从法律形式上讲，设备的所有权并没有转移给承租人。但从经济性质上讲，由于租赁期相当或接近于设备的寿命周期，与该项资产有关的收益和风险已经转移给承租企业，承租企业实质上已经行使对该资产的控制权。按照实质重于形式原则的要求，企业对这类比较特殊的经济业务在会计核算中应注重其经济实质，而不必完全拘泥于其法律形式。即对融资租入设备在设备款未付清之前，在会计上也可以作为企业的自有资产进行核算。

（六）重要性

重要性要求企业提供的会计信息应当反映与企业财务状况、经营成果和现金流量有关的所有重要交易或者事项。

企业的会计核算应当遵循重要性原则，在会计核算过程中对交易或事项区别其重要性程度，采用不同的核算方法。对资产、负债、损益有较大影响，并影响财务报告使用者据以做出合理判断的重要会计事项，必须按照规定的会计方法和程序进行处理，并在财务报告中予以充分、准确地披露；对于次要的会计事项，在不影响会计信息真实性和不会误导财务报告使用者作出正确判断的前提下，可适当简化处理。

重要性的应用需要依赖职业判断，企业应当根据其所处环境和实际情况，从项目的性质和金额大小两方面加以判断。

例如，企业发生的某些支出，如果金额较小，从支出受益期来看，可能需要若干会计期间进行分摊，但根据重要性要求，可以一次计入当期损益。

（七）谨慎性

谨慎性，又称稳健性。它要求"企业对交易或者事项进行会计确认、计量和报告应当谨慎，不应高估资产或收益、低估负债和费用"。

在市场经济环境下，企业的生产经营活动面临着许多风险和不确定性，如应收款项的可收回性、固定资产的使用寿命、无形资产的使用寿命、售出存货可能发生的退货或者返修等。会计信息质量的谨慎性要求，需要企业在面临不确定性因素的情况下做出职业判断时，应当保持应有的谨慎，充分估计到各种风险和损失，既不高估资产或者收益，也不低估负债或者费用。

比如，根据《企业会计准则》的要求，对应收账款计提坏账准备、对存货等计提跌价准备等都是谨慎原则在会计核算中的具体运用。

当然，谨慎性的应用不允许企业设置秘密准备。如果企业故意低估资产或收入，或者故意高估负债或费用，将不符合会计信息的可靠性和相关性要求，损害会计信息质量，扭曲企业实际的财务状况和经营成果，从而对使用者的决策产生误导，这是不符合会计准则要求的。

（八）及时性

及时性是信息有用性的前提条件。它要求"企业对于已经发生的交易或事项，应当及时进行会计确认、计量和报告，不得提前或延后"。

在会计确认、计量和报告过程中贯彻及时性准则：一是要求及时收集会计信息，即在经济交易或者事项发生后，及时收集整理各种原始单据或者凭证；二是要求及时处理会计信息，即按照会计准则的规定，及时对经济交易或者事项进行确认或者计量，并编制财务报告；三是要求及时传递会计信息，即按照国家规定的有关时限，及时将编制的财务报告传递给财务报告使用者，便于其及时使用和决策。

会计信息质量关系到投资者决策、完善资本市场，以及市场经济秩序等诸多重大问题。其中，可靠性、相关性、可理解性和可比性是会计信息的首要质量要求，是企业财务报告中所提供会计信息应具备的基本质量特征；实质重于形式，重要性、谨慎性和及时性是会计信息的次级质量要求，是对可靠性、相关性、可理解性和可比性等首要质量要求的补充和完善。会计人员在处理会计业务、提供会计信息时，应遵循对会计信息的质量要求，以便更好地为企业会计信息使用者服务。

二、知识拓展

会计职业有哪些风险

会计职业风险，这个词是一次跟朋友聊天时提起来的。这个朋友是个会计新手，而且他们的老板又是个偷税逃税的行家。所以他跟我诉说他的苦衷，这时我才想到会计职业风险这个问题。

可以说，只要干上会计这行，就会遇到会计职业风险。

首先，干了会计，注定收入不会很高，不会像业务人员那样拿到大把大把的提成。所以，做了会计就要选择知足常乐。否则，会心理不平衡。

其次，干了会计，注定要抹杀激情。会计这门行业需要坐得住。如果整天兴奋度异常的，我想会计账务处理不会太精准。所以，会计没有了激情，将没有了更高的成绩。

再次，想干好会计，给老板服务好，注定要仔细研究法律，使核算和计量有法可依。然而，对于法律条文的理解不是每个人都一样，一旦对税务理解产生偏差，就会给公司带来违法成本，也会给自己带来违法风险……

最后，有的会计为了得到老板的赏识，甚至会两套账，明目张胆地做假账，不是说"不会做假账的会计不是好会计"吗？做个假账给老板看看，就证明他是好会计，没那么简单。其后果是严重的，这样的会计风险是最可怕的。属于无知者无畏！

有的会计甚至对核算计量等不是很熟练，就走上重要的会计岗位，这样的结果可想而知。核算不用说符合会计准则了，恐怕连核算都困难。这样的会计风险属于会计能力的风险。

有的会计在新到一个单位后，在不知情的情况下可能会根据"真实的单据"核算出虚假的业务。因为这些真实的单据可能是老板搞的虚假业务单据。这也是会计经常遇到的会计风险。

有时候，会计因为企业的经营恶化，而被迫离开原单位。这样会计在原来单位所积攒起来的人际关系、对原单位产品的了解、流程的掌握，将全部归零。到新的单位还要适应新的流程和新的环境，这也是会计职业风险的一部分。

有的单位银行借款、外部欠款较多，这些控制都在会计和老板这里，可能会因为放款、还款等事宜与其他部门领导发生冲突，这将导致会计在公司内部被孤立，成为万人恨的人。这也是会计的职业风险之一。

总之，选择了会计，就选择了风险，就要有应对所有可知和不可知风险的准备。

（资料来源：中华会计网校）

课堂训练

某公司2016年11月销售一批产品，增值税专用发票已开出，商品也已发出，并且已在银行办妥托收手续，但此时得知对方在一次交易中发生重大损失，财务状况恶化，短期内不能支付货款。为此该公司11月未确认该笔收入，这体现了会计信息质量的何种要求？

模块二

会计要素的核算

项目 2

货币资金的核算

货币资金

学习目标

了解货币资金的核算范围；掌握库存现金、银行存款、其他货币资金的账务处理；掌握银行存款的对账，并能编制银行存款余额调节表。

工作情境

李明 2016 年应聘到某公司担任出纳工作，负责现金、银行存款的收支管理，登记现金日记账、银行存款日记账。财务经理让他在熟悉出纳工作的同时，慢慢学会现金、银行存款、其他货币资金的账务处理，提高业务技能，为今后的轮岗工作做好准备。

出纳的基本职责有：

1. 严格按照国家有关现金管理和银行结算制度的规定。根据稽核人员审核签章的收付凭证进行复核。复核的主要内容是：核对收付款凭证与所附的原始凭证会计事项是否一致、金额是否相符，审核无误后才能办理款项收付。

2. 现金和银行存款日记账在按规定序时记账，按日结出余额，核对现金的账面余额是否与当日实际库存相符，银行存款的账面余额要及时与银行对账单核对。对未达账项的，要及时查询。

3. 对日常以往的现金以及当日的库存现金和各种保管的有价证券，要确保安全和完整无缺。如有短缺，负责赔偿。要保守保险柜密码，保管好钥匙，不得任意转交他人代为保管。

4. 对所管的印章必须妥善保管，严格按照规定用途使用。对空支票和空白收据必须严格管理，专设登记簿登记，按规定手续办理领用注销手续。

5. 月末编制"银行存款余额调节表"，使账面余额与银行对账单余额调节相符。

任务1 库存现金

一、相关知识

（一）货币资金的概念

货币资金是指企业生产经营过程中处于货币形态的资产，根据存放的地点和用途不同可分为库存现金、银行存款和其他货币资金。

（二）库存现金

1. 库存现金的概念

库存现金是指通常存放于企业财会部门、由出纳人员经管的货币。库存现金是企业流动性最强的资产，有着严格的管理制度。企业应当遵守国家有关现金管理制度，正确进行现金收支活动，监督现金使用的真实性、合法性、合理性。

2. 现金管理制度

根据国务院发布的《现金管理工作暂行条例》的规定，现金管理制度主要包括六方面内容。

（1）现金使用范围

① 职工工资、津贴。

② 个人劳务报酬。

③ 根据国家规定颁发给个人的科学技术、文化艺术、体育等各种奖金。

④ 各种劳保、福利费用以及国家规定的对个人的其他支出。

⑤ 向个人收购农副产品和其他物资的价款。

⑥ 出差人员必须随身携带的差旅费。

⑦ 结算起点以下的零星支出。

⑧ 中国人民银行确定需要支付现金的其他支出。

除以上情况可以支付现金外，其他款项的支付应通过银行转账结算。

（2）现金的库存限额

为了满足企业日常零星开支的需要，企业可按规定保留一定数量的现金。现金的库存限额是指开户银行根据单位的实际需要核定库存现金的最高限额。一般是按照单位3～5天日常零星开支的需要确定。远离银行或交通不便的企业，可按多于5天但不得超过15天的日常支出来核定。超过库存现金限额的部分应于当日终了前存入银行，现金不足部分可从银行提现。如需要增加或减少库存现金限额的，应当向开户银行提出申请，由开户银行核定。

（3）现金收支的规定

① 单位支付现金应从企业库存现金限额中支付或从开户银行提取，不得从本单位的现金收入中直接支付，即不得坐支现金。因特殊需要坐支现金的，应事先报开户银行审查批准，并在核定的坐支范围和限额内进行。

② 不准"白条抵库"。

③ 不准将单位收入存入个人账户。

④ 不准公款私用。

⑤ 不准设"小金库"。

（4）现金的清查

为保证现金的安全完整，企业应当对库存现金进行清查。如发现有违反现金收支规定的行为应及时纠正。对于清查结果应当编制现金盘点表。如果账实不符，出现现金短缺或溢余，应先通过"待处理财产损溢"科目核算，待查明原因后经有关领导批准，再分情况进行处理。

（5）现金的内部控制

① 建立现金岗位责任制，明确职责权限，确保不相容职务分离，做到相互制约和监督。

② 建立现金授权批准制度。
③ 建立岗位定期轮换制度。
④ 严禁一人保管支付款项的全部印章。
⑤ 建立与现金有关的票据管理制度。
(6) 现金的账务处理

企业应当设置"库存现金"科目，以反映现金的收入、支出和结存情况。该账户借方登记现金的增加，贷方登记现金的减少；期末余额在借方，表示库存现金的实际结存数。为了全面系统地反映和监督现金的收、支、存情况，企业应当设置现金总账和现金日记账，分别对库存现金进行总分类核算和明细分类核算。现金日记账由出纳人员根据收、付凭证，业务发生的时间先后顺序，逐日逐笔登记。每日终了，出纳人员结出现金日记账的余额，并与实存现金核对，做到账实相符；每月终了，现金日记账的余额应与现金总账的余额核对，做到账账相符。

二、工作过程

1. 现金收入业务

【会计工作1】2016年5月19日企业从银行提取现金10 000元。

【会计凭证】现金支票。

【工作指导】企业应作如下会计处理：

借：库存现金　　　　　　　　　　　　　　　　　　　　　　　10 000
　　贷：银行存款　　　　　　　　　　　　　　　　　　　　　　10 000

2. 现金支出业务

【会计工作2】2016年5月25日企业职工李明出差回来报销差旅费2 500元。

【会计凭证】差旅费报销单、借款单、派遣单。

【工作指导】企业应作如下会计处理：

借：管理费用　　　　　　　　　　　　　　　　　　　　　　　2 500
　　贷：库存现金　　　　　　　　　　　　　　　　　　　　　　2 500

三、知识拓展

【拓展1】

现金清查的账务处理

企业应当设置"待处理财产损溢"科目，专门用来核算现金清查的结果。

1. 库存现金短缺即盘亏的账务处理：

（1）企业发生现金短缺时：

借：待处理财产损溢——待处理流动资产损溢
　　贷：库存现金

（2）待查明原因批准后，分别作以下处理：

借：其他应收款（应由责任人、保险公司赔偿的部分）
　　管理费用（无法查明的其他原因）

贷：待处理财产损溢——待处理流动资产损溢

2. 库存现金溢余即盘盈的账务处理：

（1）企业发生现金溢余时：

借：库存现金
　　贷：待处理财产损溢——待处理流动资产损溢

（2）待查明原因批准后，分别作以下处理：

借：待处理财产损溢——待处理流动资产损溢
　　贷：其他应付款（应支付给有关人员或单位的）
　　　　营业外收入（无法查明原因的）

【拓展2】

出纳的三字经

出纳员，很关键；静头脑，清杂念。
业务忙，莫慌乱；情绪好，态度谦。
取现金，当面点；高警惕，出安全。
收现金，点两遍；辨真假，免赔款。
支现金，先审单；内容全，要会签。
收单据，要规范；不合规，担风险。
账外账，甭保管；违法纪，又罚款。
长短款，不用乱；平下心，细查点。
借贷方，要分清；清单据，查现款。
月凭证，要规整；张数明，金额清。
库现金，勤查点；不压库，不挪欠。
现金账，要记全；账款符，心坦然。

四、任务总结

库存现金清查的账务处理如表2-1所示。

表2-1　库存现金清查的账务处理

资产	盘　盈	盘　亏
库存现金	借：库存现金 　　贷：待处理财产损溢 借：待处理财产损溢 　　贷：其他应付款（应付给有关人员或单位的） 　　　　营业外收入（无法查明原因）	借：待处理财产损溢 　　贷：库存现金 借：其他应收款（保险公司或过失人赔偿） 　　　管理费用（无法查明原因） 　　贷：待处理财产损溢

课堂训练

1. 现金的库存限额是指企业按规定可以留存现金的最高数额，由开户银行核定，一般不超过（　　）。

　　A. 1～2 天　　　　　　　　　　B. 5～10 天

　　C. 3～5 天　　　　　　　　　　D. 10～15 天

2. 企业发生的下列支出中，按规定可以使用现金支付的有（　　）。

　　A. 支付购买机器设备的款项 50 000 元

　　B. 支付购置打印机款 8 000 元

　　C. 支付职工差旅费 1 000 元

　　D. 支付水电费 5 000 元

3. 关于现金管理，下列说法错误的是（　　）。

　　A. 在国家规定的范围内使用现金结算

　　B. 库存现金限额一经确定，不得变更

　　C. 必须每天登记现金日记账，结出余额

　　D. 不得坐支现金

4. 企业在现金清查时发现现金短缺，在未批准之前，应借记"（　　）"科目，贷记"库存现金"科目。

　　A. 营业外支出　　　　　　　　　B. 其他业务支出

　　C. 待处理财产损溢　　　　　　　D. 管理费用

任务 2　银 行 存 款

一、相关知识

（一）银行存款的概念

银行存款是企业存放在银行或其他金融机构的货币资金。企业应当根据业务需要，按照国家《支付结算办法》的规定，在当地银行开立账户，办理存款、取款、转账等结算业务。银行的支付结算必须严格执行银行结算制度。

（二）银行存款的账务处理

企业应当设置"银行存款"科目，用来反映银行存款的增减变动及余额情况。该账户为资产账户，借方登记银行存款的增加，贷方登记银行存款的减少，期末余额在借方，表示银行存款的余额。

企业应当设置银行存款总账和银行存款日记账，分别对银行存款进行总分类核算和明细分类核算。银行存款总账由不从事出纳工作的会计人员登记，一般采用三栏式。银行存款日记账由出纳人员登记。账簿格式与登记方法与库存现金基本相同。

（三）银行存款日记账与银行对账单核对

企业银行存款日记账应与银行对账单核对，至少每月核对一次。如果发现银行日记账与银行对账单余额不一致，其原因可能是记账错误或存在未达账项。如为记账错误，应立即更改；如果存在未达账项，则应编制"银行存款余额调节表"，调节后双方余额应相等。银行存款余额调节表只是为了核对账目，不能作为调整银行存款余额的记账依据。

由于结算凭证在企业与银行之间或收付款银行之间传递的时间差而导致企业与银行之间一方已入账、另一方未入账的账款。具体有四种情况：一是企业已收款入账，银行未入账；二是企业已付款，银行未付款入账；三是银行已收款入账，企业未收款入账；四是银行已付款入账，企业未付款入账。银行存款余额调节表有多种编制方法。一般以双方账面余额为起点，加减各自的未达账项，使双方余额相等。

二、工作过程

1. 银行存款收入业务

【会计工作3】2016年5月25日企业收到南方公司转账支票一张，金额100 000元，偿还前欠货款。

【会计凭证】转账支票、进账单。

【工作指导】企业应作如下会计处理：

借：银行存款　　　　　　　　　　　　　　　　　　　　　100 000
　　贷：应收账款　　　　　　　　　　　　　　　　　　　　　100 000

【会计工作4】2016年5月26日企业销售M产品一批，货款20 000元，增值税3 400元，收到转账支票一张。

【会计凭证】转账支票、销售发票、增值税专用发票、进账单。

【工作指导】企业应作如下会计处理：

借：银行存款　　　　　　　　　　　　　　　　　　　　　23 400
　　贷：主营业务收入　　　　　　　　　　　　　　　　　　20 000
　　　　应交税费——应交增值税（销项税额）　　　　　　　3 400

2. 银行存款支出业务

【会计工作5】某企业2016年5月28日外购材料一批，购买价格30 000元，增值税5 100元，材料已经入库。通过银行转账支付该货款。

【会计凭证】购货发票、转账支票、入库单、增值税专用发票抵扣联。

【工作指导】企业应作如下会计处理：

借：原材料　　　　　　　　　　　　　　　　　　　　　　30 000
　　应交税费——应交增值税（进项税额）　　　　　　　　　5 100
　　贷：银行存款　　　　　　　　　　　　　　　　　　　　35 100

3. 银行存款余额调节表的编制

【会计工作6】某企业在建设银行账户2016年5月30日银行存款日记账余额为2 500 000元，银行对账单余额为5 500 000元。经逐笔核对后发现以下未达账项：

① 企业开出转账支票3 500 000元，并已登记银行存款减少，但持票人尚未到银行办理转账，银行尚未记账。

② 企业送存转账支票5 000 000元，并已登记银行存款增加，但银行尚未记账。

③ 银行接受企业委托代收货款4 700 000元，银行已办好手续登记入账，但企业尚未接到收款通知，未记账。

④ 银行代企业支付水电费200 000元，银行已登记企业银行存款减少，但企业未收到银行付款通知，未记账。

【会计凭证】银行对账单。

【工作指导】企业应编制银行存款余额调节表（表2-2）。

表2-2 银行存款余额调节表 　　　　　　　　　　　　　　元

项目（企业）	金额	项目（银行）	金额
企业银行存款日记账余额	2 500 000	银行对账单余额	5 500 000
加：银行已收，企业未收款	4 700 000	加：企业已收，银行未收款	5 000 000
减：银行已付，企业未付款	200 000	减：企业已付，银行未付款	3 500 000
调节后的存款余额	7 000 000	调节后的存款余额	7 000 000

三、知识拓展

【拓展1】

银行存款开户的有关规定

银行存款账户分为基本存款账户、一般存款账户、临时存款账户和专用存款账户等。

基本存款账户是企业办理日常结算业务和现金收付的账户。该账户是存款人的主要账户，主要办理存款人日常经营活动的资金收付及其工资、奖金和现金的支取。单位只能选择一家银行的一个营业机构开设一个基本存款账户，不得在多家银行机构开立基本存款账户。

一般存款账户是存款人因借款或其他账户转存、借款归还和其他结算的资金收付。该账户可以办理现金缴存，但不得办理现金支取。开立基本存款账户的存款人可以开立一般存款账户。根据规定只要存款人具有借款或其他结算需要，都可以申请开立一般存款账户，且没有数量限制。

临时存款账户是指存款人因临时需要并在规定期限内使用而开立的银行结算账户。该账户用于办理临时机构以及存款人临时经营活动发生的资金收付。其有效期限不得超过2年。

专用存款账户是存款人按照法律、行政法规和规章，对其特定用途资金进行专项管理和使用而开立的银行结算账户。该账户用于办理各项专用资金的收付。

【拓展2】

支付结算方式

根据中国人民银行颁布的《支付结算办法》规定，企业可能选择使用的结算方式有：银行本票、银行汇票、支票、汇兑、托收承付、商业汇票、委托收款等。

银行本票是指由出票银行签发的、承诺自己在见票时无条件支付确定的金额给收款人或持票人的票据。无论单位或个人在同一票据交换区支付的各种款项，均可使用银行本票。在会计核算中，使用"其他货币资金——银行本票"账户。

银行汇票是指汇款人将款项交存银行、由出票银行签发的，并由其在见票时按实际结算金额无条件支付给收款人或持票人的票据。单位和个人的各种款项结算，在同城或异地均可使用银行汇票。在会计核算中，使用"其他货币资金——银行汇票"账户。

支票是单位或个人签发的、委托办理支票存款业务的银行见票时无条件支付确定金额给收款人或持票人的票据。单位和个人在同一票据交换区的各种款项结算均可使用支票。在会计核算中，使用"银行存款"账户。

汇兑是指汇款人委托银行将其款项支付给收款人的结算方式。汇兑分为信汇、电汇两种。适用于异地之间的各种款项结算。在会计核算中，债权方使用"应收账款"账户，债务方使用"应付账款"账户。

托收承付是根据购销合同由收款人发货后委托银行向异地付款人收取款项，并由付款人向银行承认付款的结算方式。使用托收承付的单位必须是国有企业、供销合作社，以及经营管理良好并经开户银行审查同意的城乡集体所有制工业企业。办理托收承付结算的款项必须是商品交易以及因商品交易而产生的劳务供应款。代销、寄销、赊销的商品款项，均不得办理托收承付结算。该方式适用于异地之间的各种款项结算。在会计核算中，对债权方使用"应收账款"账户，债务方使用"应付账款"账户。

商业汇票是指出票人签发的、委托付款人在指定日期无条件支付确定金额给收款人或持票人的票据。商业汇票分为商业承兑汇票和银行承兑汇票，在银行开立账户的法人之间根据购销合同进行的商品交易均可使用商业汇票，该方式在同城、异地均可使用。

委托收款是指收款人委托银行向付款人收取款项的结算方式。委托收款分为邮寄和电报两种。委托收款结算方式办理款项收取，同城、异地均可使用。在会计核算中，债权人使用"应收账款"账户，债务人使用"应付账款"账户。

课堂训练

1. 下列各项可缴存现金但不能支取现金的账户是（   ）。
   A. 基本存款账户　　　B. 一般存款账户　　　C. 专项存款账户　　　D. 临时存款账户
2. 商业汇票按承兑人不同可分为（   ）。
   A. 银行本票和银行汇票　　　　　　　B. 银行承兑汇票和商业承兑汇票
   C. 带息汇票和不带息汇票　　　　　　D. 汇票和支票
3. 企业日记账和银行对账单金额不一致，经查是未达账项所引起的，企业应当（   ）。
   A. 根据银行对账单入账　　　　　　　B. 根据银行对单编制凭证入账
   C. 等凭证到达后入账　　　　　　　　D. 编制银行存款余额调节表

任务3　其他货币资金

一、相关知识

（一）其他货币资金的概述

其他货币资金是指企业除库存现金和银行存款以外的各种货币资金，主要包括银行汇票存款、银行本票存款、外埠存款、信用证保证金存款、信用卡存款和存出投资款。

1. 银行汇票存款

银行汇票存款是指企业为取得银行汇票按规定存入银行汇票的款项。银行汇票是由出票银行签发的，在其见票时按实际结算金额无条件支付给收款人或持票人的票据。

2. 银行本票存款

银行本票存款是指企业为取得银行本票按规定存入银行的款项。银行本票是由银行签发的，承诺自己在见票时无条件支付确定金额给收款人或持票人的票据。

3. 外埠存款

外埠存款是指企业到外地进行临时或零星采购时，汇往采购地银行开立采购专户的款项。该项账户存款不计利息，只收不付、付完清户。

4. 信用证保证金存款

信用证保证金存款是指采用信用证结算的企业为开具信用证而存入银行信用证保证金专户的款项。

5. 信用卡存款

信用卡存款是指企业为取得信用卡而存入银行信用卡专户的款项。

6. 存出投资款

存出投资款是指企业已存入证券公司但尚未进行短期投资的现金。

（二）其他货币资金的账务处理

为了反映和监督其他货币资金的增减变动及结存情况，企业应当设置"其他货币资金"账户，借方登记其他货币资金的增加、贷方登记其他货币资金的减少，期末余额在借方，反映企业实际持有的其他货币资金。该账户应按其他货币资金的种类设置明细账户进行明细核算。

1. 银行汇票存款核算

企业使用银行汇票时，应向出票银行填写"银行汇票申请书"，出票银行受理"银行汇票申请书"，收妥款项签发银行汇票，并将银行汇票和"解讫通知书"一并交给申请人。收款人受理申请人交付的银行汇票，根据实际需要的款项办理结算，将实际结算金额和多余金额填入银行汇票和"解讫通知书"的有关栏内。银行汇票可以背书转让，持票人向银行提示付款时，必须同时提交银行汇票和解讫通知书，缺少任何一联银行不予受理。银行汇票丧失，失票人可以凭人民法院出具的享有票据权利的证明，向出票银行请求付款或退款。

企业填写"银行汇票申请书"将款项交存银行时，借记"其他货币资金——银行汇票"科目，贷记"银行存款"科目；企业持银行汇票购货时，根据发票账单等凭证，借记"材料采购""应交税费——应交增值税（进项税额）"科目，贷记"其他货币资金——银行汇票"科目。采购完毕有多余款项时，应借记"银行存款"科目，贷记"其他货币资金——银行汇票"科目。销货单位收到银行汇票时，根据进账单及销售发票，借记"银行存款"科目，贷记"主营业务收入""应交税费——应交增值税（销项税额）"等科目。

2. 银行本票存款核算

企业使用银行本票时，应向出票银行填写"银行本票申请书"，出票银行受理"银行本票申请书"，收妥款项后签发银行本票，在本票上签章后交给申请人，申请人将银行本票交付给票据上记载的收款人。银行本票可以背书转让，银行本票分为定额本票和不定额本票两种。

企业填写"银行本票申请书"，把款项交存银行时，借记"其他货币资金——银行本票"科目，贷记"银行存款"科目。企业持银行本票采购货物时，根据发票账单等凭证，借记"材料采购""应交税费——应交增值税（进项税额）"等科目，贷记"其他货币资金——银行本票"科目。如超期未使用要求银行退款时，根据银行收回本票盖章退回的进账单，借记"银行存款"科目，贷记"其他货币资金——银行本票"科目。销货单位收到银行汇票时，根据进账单及销售发票，借记"银行存款"科目，贷记"主营业务收入""应交税费——应交增值税（销项税额）"等科目。

3. 外埠存款核算

企业将款项汇往外地时，应填写汇款委托书，委托银行办理汇款。根据汇出款项凭证，借记"其他货币资金——外埠存款"科目，贷记"银行存款"科目。外出采购人员转来外埠采购货物的发票账单等凭证时，借记"材料采购""应交税费——应交增值税（进项税额）"等科目，贷记"其他货币资金——外埠存款"科目。外地采购完成后，将多余款项转回，根据银行收款通知，借记"银行存款"科目，贷记"其他货币资金——外埠存款"科目。

4. 信用证保证金存款核算

企业取得信用证，应填写"信用证申请书"，将信用证保证金存入银行。企业根据"信用证申请书"回单，借记"其他货币资金——信用证保证金"科目，贷记"银行存款"科目；企业用信用证采购时，根据供货单位信用证结算凭证及发票账单，借记"材料采购""应交税费——应交增值税（进项税额）"等科目，贷记"其他货币资金——信用证保证金"科目。采购完成时，将未用完的信用证保证金存款余额转回，借记"银行存款"科目，贷记"其他货币资金——信用证保证金"科目。

5. 信用卡存款核算

凡在中国境内金融机构开立基本存款账户的单位可申领单位卡。企业申领时应填制"信用卡申请表"，连同支票和有关资料报送发卡银行，根据银行盖章的进账单，借记"其他货币资金——信用卡存款"科目，贷记"银行存款"科目。企业用信用卡购物消费，收到银行转来的付款凭证及发票账单时，借记"管理费用"等科目，贷记"其他货币资金——信用卡存款"科目。如需续存资金的，借记"其他货币资金——信用卡存款"科目，贷记"银行存款"科目；如不需要继续使用信用卡时，应持卡到银行办理销户。销户时，借记"银行存款"科目，贷记"其他货币资金——信用卡存款"科目。

6. 存出投资款核算

企业将款项存入证券公司，借记"其他货币资金——存出投资款"科目，贷记"银行存款"科目。当用款项购买短期股票、债券时，借记"交易性金融资产"科目，贷记"其他货币资金——存出投资款"科目。

二、工作过程

【会计工作7】企业于2016年6月1日申请银行汇票，填写银行汇票申请书，金额30 000元，银行受理。

【会计凭证】银行汇票申请书。

【工作指导】企业应作如下会计处理：

借：其他货币资金——银行汇票　　　　　　　　　　　　30 000
　　贷：银行存款　　　　　　　　　　　　　　　　　　　　　30 000

【会计工作8】2016年6月10日，向某企业购进材料一批，价款20 000元，增值税3 400元，价税合计以银行汇票支付。余额尚未退回。

【会计凭证】费用报销审批单、银行汇票、增值税专用发票。

【工作指导】企业应作如下会计处理：

借：材料采购　　　　　　　　　　　　　　　　　　　　20 000
　　应交税费——应交增值税（进项税额）　　　　　　　　　3 400
　　贷：其他货币资金——银行汇票　　　　　　　　　　　　23 400

【会计工作9】2016年6月12日，银行转来多余货款的收账通知，金额6 600元。

【会计凭证】银行汇票收账通知书。

【工作指导】企业应作如下会计处理：

借：银行存款　　　　　　　　　　　　　　　　　　　　　6 600
　　贷：其他货币资金——银行汇票　　　　　　　　　　　　 6 600

【会计工作10】2016年6月15日，企业向证券公司划出款项1 000 000元，准备进行短期投资。

【会计凭证】转账支票。

【工作指导】企业应作如下会计处理：

借：其他货币资金——存出投资款　　　　　　　　　　　1 000 000
　　贷：银行存款　　　　　　　　　　　　　　　　　　　1 000 000

课堂训练

1. 下列通过"其他货币资金"核算的是（　　）。
   A. 委托收款　　　B. 托收承付　　　C. 银行汇票　　　D. 商业汇票

2. 企业申请银行汇票时，应填写"银行汇票申请书"，取得汇票后，根据银行盖章的委托书存根联，编制会计分录，借记"（　　）"科目。
   A. 银行汇票　　　B. 应收票据　　　C. 应付票据　　　D. 其他货币资金

3. 企业将款项存入证券公司，拟进行短期投资。应借记"其他货币资金——（　　）"科目。
   A. 银行汇票　　　B. 存出投资款　　　C. 外埠存款　　　D. 信用证保证金

应收及预付款项的核算

应收及预付款项（1）

学习目标

了解应收及预付款项的概念与确认；掌握应收账款、应收票据、预付账款、其他应收款的核算；确认应收款项的减值，计提坏账准备。

工作情境

2016年6月张敏大学毕业后应聘到某公司担任会计，负责应收款项的核算。财务经理带她了解应收会计的工作流程：

1. 负责客户的挂账、结算工作，控制应收账款余额，并与相关部门进行工作的协调。
2. 每月月末按时完成应收账款分析报告。根据应收账款回收指标，按月分解，做到有的放矢。
3. 对有挂账协议的客户，按照所属类别设立应收账户，记账时注意审核检查，防止串户、错记现象发生。
4. 应收账款的收款员，应按签订的协议，及时到协议单位进行收款，减少资金的占用，加速资金的回收。
5. 收账过程中发现问题及时汇报，并与相关部门协调解决。

因为单位会计人员缺乏，经理让她尽快熟悉工作环境，顶岗上班。小张白天虚心向经理、同事学习，不懂就问；晚上通过看书学习来充实自己。小张渐渐地进行入了工作角色，顺利开展了工作。

任务1 应收票据的核算

一、相关知识

（一）应收票据的概述

应收票据是企业因销售产品、提供劳务而收到的商业汇票。商业汇票是由出票人签发的，委托付款人在指定的日期无条件支付确定的金额给收款人或持票人的票据。商业汇票按承兑人不同分为商业承兑汇票和银行承兑汇票。商业承兑汇票是指由付款人签发并承兑或由收款人签发、由付款人承兑的汇票。银行承兑汇票是指由承兑银行开立存款账户的存款人签发，由承兑银行承兑的票据。商业汇票按是否计息分为不带息商业汇票和带息的商业汇票。商业汇票的付款期限最长不得超过六个月。

（二）应收票据的账务处理

企业应收票据的核算应通过"应收票据"账户进行。该账户是资产类账户，借方登记取得的应收票据的面值，贷方登记到期收回的票款、背书转让、贴现或到期未收回票款转销的应收账款的账面价值。期末余额在借方，反映企业持有的商业汇票的票面金额。企业应设置"应收票据备查簿"，详细登记商业汇票的种类、号数、票面金额、到期日等资料。

1. 应收票据的取得

应收票据取得的原因不同，会计处理方法也有所不同。取得应收票据时，均按其面值入账。因销售产品而收到的应收票据，应借记"应收票据"科目，贷记"主营业务收入""应交税费——应交增值税（销项税额）"等科目。因债务人抵偿前欠货款而取得的应收票据，应借记"应收票据"科目，贷记"应收账款"科目。

2. 应收票据的收回

应收票据收回时，按实际收到的金额借记"银行存款"科目，贷记"应收票据"科目。

3. 应收票据的转让或贴现

（1）应收票据的转让

企业持有应收票据，当资金周转遇到困难时，可以将持有的商业汇票背书转让。背书是指在票据背面或粘单上记载有关事项并签章的票据行为。企业将持有的商业汇票背书转让取得所需物资时，按应计入取得物资成本的金额，借记"材料采购""原材料""库存商品"等科目，按专用发票上注明的可抵扣的增值税额，借记"应交税费——应交增值税（进项税额）"科目，按商业汇票的票面金额，贷记"应收票据"科目，如有差额，借记或贷记"银行存款"科目。

（2）应收票据的贴现

应收票据贴现是指商业汇票持票人将未到期的商业汇票交存银行汇票，银行按票面金额扣除贴息后的金额交给贴现申请人的业务。票据贴现是一种融资行为，可以看成是以票据作抵押向银行借入的短期借款。企业通常按实际收到的金额，借记"银行存款"科目，按贴现利息部分借记"财务费用"科目，按应收票据的面值贷记"应收票据"科目。

4. 应收票据到期退回

（1）未贴现的应收票据到期退回

未贴现的应收票据到期，承兑人无力支付时，应将票据退回给付款人，并将应收票据转为应收账款。借记"应收账款"科目，贷记"应收票据"科目。

（2）已贴现应收票据的退回

已贴现的商业汇票到期，因承兑人的银行存款不足支付时，申请贴现的企业收到银行退回的应收票据和支付款项通知时，按所付本息借记"应收账款"，贷记"银行存款"。如果承兑人无力付款，并且申请贴现的企业银行存款也不足支付时，银行作为逾期贷款，借记"应收账款"科目,贷记"短期借款"科目。

二、工作过程

1. 应收票据的取得

【会计工作1】2016年5月28日企业销售产品一批,货款为300 000元,增值税率为17%,收到对方开出的不带息的商业承兑汇票一张,到期日为8月28日,票面金额为351 000元。

【会计凭证】增值税专用发票、销售发票、商业承兑汇票。

【工作指导】企业应作如下会计处理:

借:应收票据　　　　　　　　　　　　　　　　　　351 000
　　贷:主营业务收入　　　　　　　　　　　　　　　　300 000
　　　　应交税费——应交增值税(销项税额)　　　　　51 000

2. 应收票据的收回

【会计工作2】承【会计工作1】,2016年8月28日,票据到期,收回票面金额351 000元存入银行。

【会计凭证】商业承兑汇票、银行存款凭单。

【工作指导】企业应作如下会计处理:

借:银行存款　　　　　　　　　　　　　　　　　　351 000
　　贷:应收票据　　　　　　　　　　　　　　　　　　351 000

3. 应收票据的转让

【会计工作3】承【会计工作1】,2016年6月20日,企业将上述应收票据转让,以换取生产所需原材料,材料已入库。材料款为300 000元,增值税率为17%。

【会计凭证】商业承兑汇票、采购发票、增值税专用发票、入库单。

【工作指导】企业应作如下会计处理:

借:原材料　　　　　　　　　　　　　　　　　　　300 000
　　应交税费——应交增值税(进项税额)　　　　　　51 000
　　贷:应收票据　　　　　　　　　　　　　　　　　　351 000

4. 应收票据的贴现

【会计工作4】承【会计工作1】,2016年6月28日,企业将上述应收票据向银行申请贴现。贴息为4 680元,实际收到金额为346 320元。

【会计凭证】票据贴现凭证。

【工作指导】企业应作如下会计处理:

借:银行存款　　　　　　　　　　　　　　　　　　346 320
　　财务费用　　　　　　　　　　　　　　　　　　　4 680
　　贷:应收票据　　　　　　　　　　　　　　　　　　351 000

5. 应收票据的到期退回

【会计工作5】承【会计工作1】,2016年8月28日票据到期,对方单位无力付款,将商业汇票退回。

【会计凭证】商业承兑汇票。

【工作指导】企业应作如下会计处理：
借：应收账款　　　　　　　　　　　　　　　　　　　　　351 000
　　贷：应收票据　　　　　　　　　　　　　　　　　　　　　351 000

三、知识拓展

带息应收票据的核算

1. 带息应收票据到期价值的计算

带息应收票据的到期价值=票据金额+票面利息

票面利息=票据面值×票面利率×票据期限

公式中的票据期限有两种表示方式：

（1）以"天数"表示。即票据签发日和到期日"算头不算尾"或"算尾不算头"的方法，按实际天数计算到期日。例如：2016年3月20日签发的60天的商业汇票，按"算头不算尾"的方法，3月有12天，4月有30天，5月有18天，合计60天，到期日为5月18日。按"算尾不算头"的方法，3月有11天，4月30天，5月19天，合计是60天，到期日为5月19日。

（2）以"月份"表示。即票据到期日以签发日期数月后的对日计算，不论月大月小。例如：2016年5月15日签发的2个月的商业汇票，到期日为7月15日。

2. 带息应收票据的账务处理

（1）带息应收票据收回

带息应收票据到期收回时，按到期价值借记"银行存款"科目，按账面余额贷记"应收票据"科目，按其差额贷记"财务费用"科目。

（2）带息应收票据的贴现

应收票据贴现的计算过程为：

① 应收票据的到期价值计算。

② 应收票据的贴现利息计算。

贴现利息=票据到期价值×贴现率×贴现期

贴现期=未到期票据期限=票据期限−已持有的票据期限

③ 贴现收入的计算。

贴现收入=票据到期价值−贴现利息

课堂训练

1. 商业汇票按承兑人不同，分为（　　）。
   A. 带息和不带息　　　　　　　　　B. 商业承兑汇票和银行承兑汇票
   C. 本票和汇票　　　　　　　　　　D. 本票和支票

2. 应收票据取得时，应借记"（　　）"科目。
   A. 应收票据　　B. 应收账款　　C. 主营业务收入　　D. 应交税费

3. 票据贴现时，贴息收入与票据面值的差额应记入"（　　）"科目。
   A. 管理费用　　B. 销售费用　　C. 财务费用　　D. 营业外支出

任务 2　应收账款的核算

一、相关知识

（一）应收账款的概述

应收账款是指企业因销售商品、提供劳务等经营活动，应向购货方或接受劳务方收取的款项。应收账款主要包括买价、增值税额及代购货单位垫付的包装费、运杂费等。应收账款是因为赊销业务产生的，其确认时间为销售成立的时间。

（二）应收账款的核算

为了反映和监督应收账款的增减变动及结存情况，企业应设置"应收账款"账户，不单独设置"预收账款"账户的企业，预收款项也在"应收账款"账户核算。该账户借方登记应收账款的增加，贷方登记应收账款的减少及确认的坏账损失，期末余额一般在借方，反映企业尚未收回的应收账款；在该账户下，应按不同的购货单位或接受劳务的单位设置明细账，进行明细核算。

通常应收账款应按购买业务的实际金额入账，如果具体业务中有折扣，则还要考虑折扣因素。折扣包括商业折扣和现金折扣两种。商业折扣又称折扣销售，是指在商品交易时卖方视买方购买数量，在价目表列示的售价中扣减一定金额，从而给予价格上的优惠。通常扣减折扣后的净额才是实际的销售价格。现金折扣又称销售折扣，是指为了鼓励客户在一定时期内提前付款而给予的债务折扣。现金折扣通常用符号"折扣/付款期限"表示。例如"2/10, 1/20, N/40"，表示如果买方在 10 天付款，可享受 2%的折扣，20 天内付款可享受 1%的折扣；40 天内付款则不享受折扣。现金折扣有两种会计处理方法：总价法和净价法。我国企业会计准则规定采用总价法核算，即在销售业务发生时，销售收入以未扣减现金折扣前的实际售价作为入账价值，对客户提前付款产生的现金折扣，计入财务费用。

1. 无折扣情况下的账务处理

企业因销售产品而发生应收账款时，借记"应收账款"科目，贷记"主营业务收入""应交税费——应交增值税（销项税额）"等科目。收回应收账款时，借记"银行存款"科目，贷记"应收账款"科目。

2. 有折扣情况下的账务处理

（1）商业折扣

企业销售产品时，按产品售价扣除商业折扣后的净额，借记"应收账款"科目，贷记"主营业务收入""应交税费——应交增值税（销项税额）"等科目。收回应收账款时，借记"银行存款"科目，贷记"应收账款"科目。

（2）现金折扣

我国企业会计准则规定，现金折扣按总价法核算，销售产品时，按货款总价入账，借记"应收账款"科目，贷记"主营业务收入""应交税费——应交增值税（销项税额）"等科目；客户在折扣期内付款享受的现金折扣计入财务费用。

二、工作过程

应收账款流程

【会计工作6】 2016年6月15日，企业销售甲产品一批，价款100 000元，增值税率为17%，产品已发出并办妥托收手续。

【会计凭证】 销售发票、增值税专用发票、出库单、托收承付凭证回单。

【工作指导】 作如下会计处理：

借：应收账款　　　　　　　　　　　　　　　　　　　　　117 000
　　贷：主营业务收入　　　　　　　　　　　　　　　　　　100 000
　　　　应交税费——应交增值税（销项税额）　　　　　　　17 000

【会计工作7】 承【会计工作6】，企业为了提前收回货款，给出了"2/10，1/20，N/30"的现金折扣条件。上述货款在6月20日已收到（假设折扣不考虑增值税）。

【会计凭证】 银行进账单、现金折扣审批单。

【工作指导】 作如下会计处理：

借：银行存款　　　　　　　　　　　　　　　　　　　　　115 000
　　财务费用　　　　　　　　　　　　　　　　　　　　　　2 000
　　贷：应收账款　　　　　　　　　　　　　　　　　　　117 000

【会计工作8】 承【会计工作6】，上述货款在6月28日收到（假设折扣不考虑增值税）。

【会计凭证】 银行进账单、现金折扣审批单。

【工作指导】 作如下会计处理：

借：银行存款　　　　　　　　　　　　　　　　　　　　　116 000
　　财务费用　　　　　　　　　　　　　　　　　　　　　　1 000
　　贷：应收账款　　　　　　　　　　　　　　　　　　　117 000

【会计工作9】 承【会计工作6】，上述货款在7月15日收到（假设折扣不考虑增值税）。

【会计凭证】 银行进账单。

【工作指导】 作如下会计处理：

借：银行存款　　　　　　　　　　　　　　　　　　　　　117 000
　　贷：应收账款　　　　　　　　　　　　　　　　　　　117 000

三、知识拓展

应收账款的确认与计价

1. 应收账款的确认

应收账款是因赊销而产生的，确认时间为销售成立的时间。影响企业应收账款确认的因素有以下两方面。

（1）销售收入的确认

按企业会计准则规定，销售收入同时符合下面五个条件时才能予以确认：

① 企业已将商品所有权上的主要风险和报酬转移给购货方。

② 企业既没有保留通常与所有权相联系的继续管理权，也没有对已售出的商品实施控制。

③ 与交易相关的经济利益能够流入企业。
④ 收入的金额能够可靠地计量。
⑤ 相关的成本或将发生的成本能够可靠地计量。
（2）结算方式对应收账款的影响
① 托收承付结算方式下，办妥托收手续时确认。
② 委托收款结算方式下，办妥委托收款手续后确认。
③ 委托代销结算方式下，收到代销清单时确认。

2. 应收账款的计价

（1）销售折让的账务处理

销售折让是企业销售产品因质量不合格等原因而在价格上给予的折让。对于企业在销售收入确认前发生的折让，直接按折让后的金额入账；对于在销售收入确认后发生的折让，应以实际发生时冲减当期的收入、成本、税金。

（2）销售退回的账务处理

销售退回是指企业售出商品时，由于质量、品种等原因不符合合同要求而发生的退货。销售退回在收入确认之前发生，直接冲减库存商品；如果销售退回在收入确认之后发生，一般应冲减当期的收入、成本、税金。

课堂训练

1. 不单独设置预收账款科目的企业，预收的款项在"（　　）"科目核算。
   A. 预付账款　　　　B. 应收票据　　　　C. 应收账款　　　　D. 其他应收款
2. 我国企业会计准则规定现金折扣的会计处理采用（　　）。
   A. 总价法　　　　　B. 净价法　　　　　C. 总额法　　　　　D. 净额法
3. 有现金折扣时，客户在折扣期内还款时享受的现金折扣应计入（　　）。
   A. 管理费用　　　　B. 销售费用　　　　C. 营业外收入　　　D. 财务费用
4. 某企业销售产品一批，按价目表的售价货款 300 000 元，增值税率为 17%，由于购买数量较多，给予对方 10% 的商业折扣，该企业应收账款入账金额为（　　）。
   A. 300 000 元　　　B. 31 590 元　　　C. 27 000 元　　　D. 35 100 元

任务3　预付账款的核算

应收及预付款项（3）

一、相关知识

（一）预付账款的概述

预付账款是企业因购买货物或接受劳务，按合同规定预付给对方的款项。预付账款是企业预先付给供货方的款项，属于企业的债权。

（二）预付账款的账务处理

企业应当设置"预付账款"科目，反映和监督预付账款的增减变动及结存情况，属于资产类科目。在"预付账款"账户下,应按供应单位设置明细账,进行明细核算。

企业向供货方预付款项时,借记"预付账款"科目,贷记"银行存款"科目。企业收到购买的材料物资时,借记"材料采购""应交税费——应交增值税(进项税额)"等科目,贷记"预付账款"科目。当预付账款小于购买物资所支付的款项时,应将不足部分补付,借记"预付账款"科目,贷记"银行存款"科目;当预付账款大于购买物资所支付的款项时,应将多余款项收回,借记"银行存款"科目,贷记"预付账款"科目。

企业预付账款不多时,可以不设置"预付账款"科目,直接通过"应付账款"科目核算。企业预付款项时,借记"应付账款"科目,贷记"银行存款"科目。收到货物后,借记"材料采购""应交税费——应交增值税(进项税额)"等科目,贷记"应付账款"科目。补付货款时,借记"应付账款"科目,贷记"银行存款"科目。收回多余货款时,借记"银行存款"科目,贷记"应付账款"科目。

二、工作过程

【会计工作 10】2016 年 7 月 15 日企业向甲公司采购材料一批,货款 20 000 元。根据合同规定企业先向甲公司预付货款的 50%,验收货物后再补付剩余款项。企业通过银行信汇预付给甲公司采购材料款 10 000 元。

【会计凭证】银行信汇凭证。

【工作指导】企业应作如下会计处理:

借:预付账款　　　　　　　　　　　　　　　　　　　　　　10 000
　　贷:银行存款　　　　　　　　　　　　　　　　　　　　　　10 000

【会计工作 11】2016 年 7 月 28 日收到采购的材料,增值税发票上列明货款 20 000 元、增值税 3 400 元,以银行信汇补付所欠款项 13 400 元。

【会计凭证】入库单、银行信汇凭证、增值税专用发票、采购发票。

【工作指导】企业应作如下会计处理:

借:材料采购　　　　　　　　　　　　　　　　　　　　　　20 000
　　应交税费——应交增值税(进项税额)　　　　　　　　　 3 400
　　贷:预付账款　　　　　　　　　　　　　　　　　　　　　23 400
借:预付账款　　　　　　　　　　　　　　　　　　　　　　13 400
　　贷:银行存款　　　　　　　　　　　　　　　　　　　　　13 400

【会计工作 12】2016 年 7 月 20 日企业向甲公司采购材料一批,根据合同规定企业先向甲公司预付货款,企业通过银行转账预付给甲公司采购材料款 20 000 元。

【会计凭证】银行转账支票。

【工作指导】企业应作如下会计处理:

借:预付账款　　　　　　　　　　　　　　　　　　　　　　20 000
　　贷:银行存款　　　　　　　　　　　　　　　　　　　　　20 000

【会计工作 13】2016 年 8 月 1 日收到采购的材料,增值税专用发票上列明货款 15 000 元、增值税 2 550 元。收回多余货款 2 450 元存入银行。

【会计凭证】入库单、银行转支票、增值税专用发票、采购发票。

【工作指导】企业应作如下会计处理:

借：银行存款　　　　　　　　　　　　　　　　　　　　　　　　　2 450
　　贷：预付账款　　　　　　　　　　　　　　　　　　　　　　　　　2 450

> **课堂训练**

1. 预付账款属于（　　）类账户。
   A. 负债　　　　　　B. 资产　　　　　　C. 所有者权益　　　D. 损益
2. 企业预付账款不多时，可以不设置"预付账款"科目，直接在"（　　）"科目核算。
   A. 应收账款　　　　B. 应付账款　　　　C. 预收账款　　　　D. 其他应收款
3. 企业补付货款时，应借记"（　　）"科目。
   A. 银行存款　　　　B. 预收账款　　　　C. 应收账款　　　　D. 预付账款

任务4　其他应收款的核算

一、相关知识

（一）其他应收款概述

其他应收款是企业除应收账款、应收票据、预付账款以外的其他各种应收及暂付款项。其他应收款企业的短期债权，主要内容包括：

① 应收的各种赔款、罚款。
② 应向职工收取的各种垫付款项。
③ 应收的出租包装物租金。
④ 存出保证金、备用金。
⑤ 其他各种应收、暂付款项。

（二）其他应收款的账务处理

企业应当设置"其他应收款"科目，反映和监督其他应收款的增减变动及结存情况。该账户属于资产类账户，借方登记其他应收款的增加，贷方登记其他应收款的收回，期末余额一般在借方，表示企业尚未收回的其他应收款。其他应收款应按种类或债务人设置明细科目，进行明细核算。

二、工作过程

【会计工作14】2016年8月10日，职工李华预借差旅费2 000元。
【会计凭证】借款单。
【工作指导】企业应作如下会计处理：

借：其他应收款——李华　　　　　　　　　　　　　　　　　　　2 000
　　贷：库存现金　　　　　　　　　　　　　　　　　　　　　　　　　2 000

【会计工作15】期末进行财产清查，发现材料短缺，原因是管理不善造成材料损毁，经领导批准后应由责任人张明赔偿1 000元。

【会计凭证】材料盘点处理通知单。
【工作指导】企业应作如下会计处理：
借：其他应收款——张明　　　　　　　　　　　　　　　　　　1 000
　　贷：待处理财产损溢——待处理流动资产损溢　　　　　　　　1 000

【会计工作16】2016年8月15日，职工李华出差回来报销差旅费1 500，交回余款500元。
【会计凭证】差旅费报销单收据。
【工作指导】企业应作如下会计处理：
借：管理费用　　　　　　　　　　　　　　　　　　　　　　　1 500
　　库存现金　　　　　　　　　　　　　　　　　　　　　　　　500
　　贷：其他应收款——李华　　　　　　　　　　　　　　　　　2 000

课堂训练

1. 下列属于其他应收款内容的是（　　）。
   A. 应收的货款　　　　　　　　　　B. 预收的货款
   C. 应收的各种赔款、罚款　　　　　D. 应收的劳务款
2. 甲公司租入一批包装物，以银行存款支付包装物押金5 000元，编制会计分录时，应借记"（　　）"科目，贷记"银行存款"科目。
   A. 其他应收款　　B. 预付账款　　C. 应收账款　　D. 其他应付款

任务5　应收款项减值的核算

一、相关知识

（一）应收款项减值的概述

企业的应收款项可能会因债务人破产、死亡等原因，无法收回或收回的可能性很小。这类无法收回的应收款项就是坏账，由此造成的损失称为坏账损失。企业应当在资产负债表日对各种应收款项的账面价值进行核查，如有证据表明该应收款项发生减值，应确认为坏账损失，计提坏账准备。

（二）坏账损失的账务处理

坏账损失的账务处理有两种，即直接转销法和备抵法。我国企业会计准则规定采用备抵法确定应收款项的减值。

1. 直接转销法

直接转销法是指在日常核算中，对于企业应收款项可能发生的坏账损失不予考虑，待实际发生坏账时直接计入当期损益，从应收账款中转销。坏账发生时，借记"管理费用"科目，贷记"应收账款"科目。已确认的坏账在以后又收回来时，应先冲回原来已冲销的应收账款，借记"应收账款"科目，贷记"管理费用"科目，再借记"银行存款"科目，贷记"应收账

款"科目。

直接转销法的优点是账务处理比较简单、实用。缺点是不符合权责发生制和配比原则。这种方法使得资产负债表上的应收款项金额不够准确，所以，一般不采用直接转销法。

2. 备抵法

备抵法是指采用一定的方法按期估计坏账损失，计提坏账准备。等实际发生坏账时，冲销已提的坏账准备，同时转销应收款项的金额。估计坏账损失的方法主要有三种。

（1）应收账款余额百分比法

它是根据应收款项期末余额，按一定百分比来估计坏账损失的方法。估计的坏账率可以按以往的数据资料确定，也可以按规定的百分率计算。

（2）账龄分析法

它是根据应收款项账龄的时间长短估计坏账损失的方法。

（3）销货百分比法

它是根据某一会计期间赊销金额的一定百分比估计坏账损失的方法。

（三）坏账准备的账务处理

企业应当设置"坏账准备"科目，核算应收款项坏账准备的计提、冲销等。该账户是应收款项的备抵账户，借方登记实际发生的坏账损失和冲销的坏账准备金额，贷方登记当期计提坏账准备和收回已核销的坏账。期末余额一般在贷方，表示已计提尚未转销的坏账准备。

企业计提坏账准备时，借记"资产减值损失——计提的坏账准备"科目，贷记"坏账准备"科目。冲销多提的坏账准备时，借记"坏账准备"科目，贷记"资产减值损失——计提的坏账准备"科目。已确认为坏账并转销的应收款项以后又收回的，应先冲回原来已冲销的应收账款，借记"应收账款"科目，贷记"坏账准备"科目，同时借记"银行存款"科目，贷记"应收账款"科目。

二、工作过程

【会计工作17】企业三年前赊销给甲公司产品一批，应收账款4 680元，由于甲公司破产清算应收账款难以收回，确认为坏账损失，采用直接转销法核算。

【会计凭证】坏账损失确认通知单。

【工作指导】企业应作如下会计处理：

借：资产减值损失——坏账损失　　　　　　　　　　　　　　　　　4 680
　　贷：应收账款　　　　　　　　　　　　　　　　　　　　　　　　4 680

【会计工作18】企业当期期末对应收账款进行减值测试，采用应收账款余额百分比法计提坏账准备。应收账款余额为200 000元，坏账准备计提比例为3%。采用备抵法核算。

【会计凭证】坏账准备计算表。

【工作指导】企业应作如下会计处理：

借：资产减值损失——计提的坏账准备　　　　　　　　　　　　　　6 000
　　贷：坏账准备　　　　　　　　　　　　　　　　　　　　　　　　6 000

【会计工作19】第二年，实际发生坏账损失2 000元。

【会计凭证】坏账损失确认通知单。

【工作指导】企业应作如下会计处理：
借：坏账准备   2 000
　　贷：应收账款   2 000

【会计工作20】第三年，收回上年确认为坏账损失的2 000元。
【会计凭证】银行进账单。
【工作指导】企业应作如下会计处理：
借：应收账款   2 000
　　贷：坏账准备   2 000
借：银行存款   2 000
　　贷：应收账款   2 000

三、知识拓展

【拓展1】

坏账损失的确认

应收账款在出现以下情况时应确认为坏账：
① 债务人死亡，以其遗产清偿后仍无法收回。
② 债务人破产，以其破产财产清偿后仍无法收回。
③ 债务人逾期3年尚未归还的应收账款，或有关证据表明该应收账款收回的可能性很小。

【拓展2】

坏账准备的计提

坏账准备的计提可以按公式计算：
　　当期应计提的坏账准备=当期按应收账款计算应提坏账准备金额−（或+）
　　　　　　　　　　　　"坏账准备"科目的贷方（或借方）余额

例：2016年12月31日企业应收账款余额为150 000元，采用应收账款余额百分比法计提坏账准备。坏账准备的计提比例为5‰。计提前坏账准备贷方余额为500元。
　　当期按应收账款计算应提坏账准备金额=150 000×5‰=750（元）
　　当期应计提的坏账准备=750−500=250（元）

会计处理为：
借：资产减值损失——计提的坏账准备   250
　　贷：坏账准备   250

如计提前坏账准备贷方余额为1 000元，企业的账务处理为：
　　当期应计提的坏账准备=750−1 000=−250（元）

会计处理为：
借：坏账准备   250
　　贷：资产减值损失——计提的坏账准备   250

课堂训练

1. 我国企业会计准则规定，采用（　　）确定应收款项的减值。
   A. 直接转销法　　　　　　　　　　B. 备抵法
   C. 应收账款余额百分比法　　　　　D. 销货百分比法
2. 在备抵法下，企业计提的坏账准备，应借记"（　　）"科目。
   A. 资产减值损失　　B. 坏账准备　　C. 管理费用　　D. 应收账款
3. 已确认并转销的坏账又收回，应借记"银行存款"科目，贷记"（　　）"科目。
   A. 应收账款　　　　B. 坏账准备　　C. 资产减值损失　　D. 管理费用

项目 4

交易性金融资产的核算

交易性金融资产

学习目标

了解交易性金融资产的概念;掌握交易性金融资产的取得、现金股利和利息、期末计量及交易性金融资产处置的核算。

工作情境

小张 2016 年 7 月大学毕业,年底应聘到一家公司做会计。公司财务胡经理安排其协助陈会计师做投资核算工作。陈会计要求小张了解投资(交易性金融资产)核算工作的内容。

1. 在上级的领导下,进行资本市场分析,对投资项目的可行性进行研究。
2. 对投资项目进行财务调查、财务测算、成本分析和敏感性分析。
3. 具体承揽投资项目,并设计方案,组织实施,定期汇报工作进度,及时向上级汇报对投资项目的行为产生重大影响的事件或变动信息。
4. 参加部门的有关管理会议,参与重大业务及管理决策,收集、整理投资项目档案,建立、维护投资信息库。

不久,小张就进入工作状态并顺利开展本职工作。

任务 1 认知交易性金融资产

一、相关知识

金融资产是《企业会计准则第 22 号——金融工具确认和计量》的主要内容,是构成金融工具的主要方面。金融工具是进行投资、筹资和风险管理的手段,其中一方形成金融资产,另一方就对应形成金融负债或权益工具。例如,某公司通过发行债券筹集资金,购入债券方形成金融资产,发行债券方就对应地形成金融负债。又如某公司通过发行股票筹集资金 6 000 万元,购入股票方则形成金融资产,而发行股票方则形成权益工具。

金融资产主要包括库存现金、银行存款、应收账款、应收票据、其他应收款、应收利息、债权投资、股权投资、金融衍生工具形成的资产等。

（一）交易性金融资产的概念

交易性金融资产主要指企业为了近期内出售而持有的金融资产，例如企业以赚取差价为目的从二级市场购入的股票、债券、基金等。

（二）交易性金融资产的特征

交易性金融资产的特征有：

① 取得该金融资产的目的，主要是近期内出售，例如，企业以赚取差价为目的从二级市场购入的股票、债券和基金等。

② 属于进行集中管理的可辨认金融工具组合的一部分。如果有客观证据表明企业近期采用短期获利方式对该组合进行过管理，即使组合中某个组成项目持有的期限稍长，也不应当受其影响。如某公司购入某单位发行的三年期债券并不是为了持有至到期，而是准备到期前出售。

③ 属于衍生工具。但是被指定为有效套期工具的衍生工具、属于财务担保合同的衍生工具、与在活跃市场中没有报价且其公允价值不能可靠计量的权益工具投资挂钩并须通过交付该权益工具结算的衍生工具除外。其中，财务担保合同是指保证人和债权人约定，当债务人不履行债务时，保证人按照约定履行债务或者承担责任的合同。

二、知识拓展

金融资产分类

企业应当按照会计准则的规定，结合自身业务和风险管理的特点，将取得的金融资产在初始确认时分为以下几类：

（1）以公允价值计量且其变动计入当期损益的金融资产。

（2）持有至到期投资。

（3）贷款和应收款项。

（4）可供出售的金融资产。

上述分类一经确定不得随意变更。

以公允价值计量且其变动计入损益的金融资产，可以进一步分为交易性金融资产和直接指定为以公允价值计量且其变动计入当期损益的金融资产。只有直接指定能够产生更相关的会计信息时，才能将某项金融资产直接指定为以公允价值计量且其变动计入当期损益的金融资产。例如，企业进行公允价值套期保值而购入的股票或债券，由于被套期工具采用公允价值计量且公允价值变动计入当期损益，所以不应当把该股票或债券划分为可供出售金融资产，而直接指定为以公允价值计量且其变动计入损益的金融资产。

任务 2　交易性金融资产的账务处理

一、相关知识

（一）交易性金融资产的核算账户

为了核算交易性金融资产的取得、收取现金股利或利息、处置等业务，企业应当设置"交易性金融资产""公允价值变动损益""投资收益"等科目。

"交易性金融资产"科目核算企业为交易目的所持有的债券投资、股票投资、基金投资等交易性金融资产的公允价值。企业持有的直接指定为以公允价值计量且其变动计入当期损益的金融资产也在"交易性金融资产"科目核算。"交易性金融资产"科目的借方登记交易性金融资产的取得成本、资产负债表日其公允价值高于账面余额的差额等；贷方登记资产负债表日其账面价值低于账面余额的差额，以及企业出售交易性金融资产时结转的成本和公允价值变动损益。企业应当按照交易性金融资产的类别和品种，分别设置"成本""公允价值变动"等明细科目进行核算。

"公允价值变动损益"科目核算企业交易性金融资产等公允价值变动而形成的应计入当期损益的利得或损失，借方登记资产负债表日企业持有的交易性金融资产等的公允价值低于账面余额的差额，贷方登记资产负债表日企业持有的交易性金融资产等的公允价值高于账面余额的差额。

"投资收益"科目核算企业持有交易性金融资产期间取得的投资收益以及处置交易性金融资产等实现的投资收益或投资损失，借方登记企业出售交易性金融资产等发生的投资损失，贷方登记企业出售交易性金融资产等发生的投资收益。

（二）交易性金融资产的取得

企业取得交易性金融资产时，应当按照金融资产取得时的公允价值作为其初始确认金额，记入"交易性金融资产——成本"科目。取得交易性金融资产所支付价款中包含了已宣告但尚未发放的现金股利或已到付息期、但尚未领取债券利息的，应当单独确认为应收项目，记入"应收股利"或"应收利息"科目。

取得交易性金融资产所发生的相关交易费用应当在发生时计入投资收益。交易费用是指直接可归属于购买、发行或处置金融工具新增的外部费用，包括支付给代理机构、咨询公司、券商等的手续费和佣金及其他必要支出。

（三）交易性金融资产的现金股利和利息

企业持有交易性金融资产期间，对于被投资单位宣告发放的现金股利或企业在资产负债表日按分期付息、一次还本债券投资的票面利率计算的利息收入，应当确认为应收项目，记入"应收股利"或"应收利息"科目，并计入投资收益。

（四）交易性金融资产的期末计量

资产负债表日，交易性金融资产应当按照公允价值计量，公允价值与账面余额之间的差额计入当期损益。企业应当在资产负债表日按照交易性金融资产公允价值与其账面余额的差额,借记或贷记"交易性金融资产——公允价值变动"科目,贷记或借记"公允价值变动损益"科目。

(五)交易性金融资产的处置

出售交易性金融资产时,应当将该金融资产出售时的公允价值与其账面余额之间的差额确认为投资收益,同时调整公允价值变动损益。

企业应按实际收到的金额,借记"其他货币资金"等科目,按该金融资产的账面余额,贷记"交易性金融资产"科目,按其差额,贷记或借记"投资收益"科目。同时,将原来计入该金融资产的公允价值变动转出,借记或贷记"公允价值变动损益"科目,贷记或借记"投资收益"科目。

二、工作过程

【会计工作1】2016年1月20日,甲公司委托某证券公司从上海证券交易所购入A上市公司股票1 000 000股,并将其划分为交易性金融资产。该笔股票投资在购买日的公允价值为15 000 000元。另支付相关交易费用35 000元。

投资核算

【会计凭证】证券机构取得的交割单。

【工作指导】取得交易性金融资产所发生的相关交易费用35 000元应当在发生时计入投资收益。

① 2016年1月20日,购买A上市公司股票时:

借:交易性金融资产——成本	15 000 000
贷:其他货币资金——存出投资款	15 000 000

② 支付相关交易费用时:

借:投资收益	35 000
贷:其他货币资金——存出投资款	35 000

【会计工作2】2016年1月8日,甲公司购入丙公司发行的公司债券,该笔债券于2009年7月1日发行,面值为5 000万元,票面利率为4%,上年债券利息于下年初支付。甲公司将其划分为交易性金融资产,支付价款为5 200万元(其中包含已宣告发放的债券利息100万元),另支付交易费用60万元。2016年2月5日,甲公司收到该笔债券利息100万元。2017年年初,甲公司收到债券利息200万元。

【会计凭证】证券机构取得的交割单、银行进账单(收账通知)、转账支票。

【工作指导】取得交易性金融资产所支付价款中包含了已宣告但尚未发放的债券利息1 000 000元,应当记入"应收利息"科目,而不记入"交易性金融资产"科目。

① 2016年1月8日,购入丙公司的公司债券时:

借:交易性金融资产——成本	51 000 000
应收利息	1 000 000
投资收益	600 000
贷:其他货币资金	52 600 000

② 2016年2月5日,收到购买价款中包含的已宣告发放的债券利息时:

借:其他货币资金	1 000 000
贷:应收利息	1 000 000

③ 2016 年 12 月 31 日，确认丙公司的公司债券利息收入时：
借：应收利息　　　　　　　　　　　　　　　　　　　　　2 000 000
　　贷：投资收益　　　　　　　　　　　　　　　　　　　　　　　2 000 000
④ 2017 年年初，收到持有丙公司的公司债券利息时：
借：其他货币资金　　　　　　　　　　　　　　　　　　　　2 000 000
　　贷：应收利息　　　　　　　　　　　　　　　　　　　　　　　2 000 000

【会计工作 3】承【会计工作 2】，假定 2016 年 6 月 30 日，甲公司购买的该笔债券的市价为 5 160 万元；2016 年 12 月 31 日，甲公司购买的该笔债券的市价为 5 120 万元。

【会计凭证】证券机构取得的交割单。

【工作指导】2016 年 6 月 30 日，该笔债券的公允价值为 5 160 万元，账面余额为 5 100 万元，公允价值大于账面余额 60 万元，应记入"公允价值变动损益"科目的贷方；2016 年 12 月 31 日，该笔债券的公允价值为 5 120 万元，账面余额为 5 160 万元，公允价值小于账面余额 40 万元，应记入"公允价值变动损益"科目的借方。

① 2016 年 6 月 30 日，确认该笔债券的公允价值变动损益时：
借：交易性金融资产——公允价值变动　　　　　　　　　　　　600 000
　　贷：公允价值变动损益　　　　　　　　　　　　　　　　　　　600 000
② 2016 年 12 月 31 日，确认该笔债券的公允价值变动损益时：
借：公允价值变动损益　　　　　　　　　　　　　　　　　　　400 000
　　贷：交易性金融资产——公允价值变动　　　　　　　　　　　　400 000

【会计工作 4】承【会计工作 3】，假定 2017 年 1 月 15 日，甲公司出售了所持有的丙公司债券，售价为 5 130 万元。

【会计凭证】证券机构取得的交割单。

【工作指导】企业出售交易性金融资产时，还应将原来计入该金融资产的公允价值变动转出，即出售交易性金融资产时，应按"公允价值变动"明细科目的贷方余额 200 000 元，借记"公允价值变动损益"科目，贷记"投资收益"科目。

借：其他货币资金　　　　　　　　　　　　　　　　　　　51 300 000
　　贷：交易性金融资产——成本　　　　　　　　　　　　　　51 000 000
　　　　　　　　　　　　——公允价值变动　　　　　　　　　　200 000
　　　　投资收益　　　　　　　　　　　　　　　　　　　　　　100 000
同时：
借：公允价值变动损益　　　　　　　　　　　　　　　　　　　200 000
　　贷：投资收益　　　　　　　　　　　　　　　　　　　　　　　200 000

课堂训练

1. 甲公司 2016 年 7 月 1 日购入乙公司 2008 年 1 月 1 日发行的债券，支付价款为 2 100 万元（含已到付息期但尚未领取的债券利息 40 万元），另支付交易费用 15 万元。该债券面值为 2 000 万元，票面年利率为 4%（票面利率等于实际利率），每半年付息一次，甲公司将其划分为交易性金融资产。甲公司 2016 年度该项交易性金融资产应确认的投资收益为（　　）

万元。

  A. 25   B. 40   C. 65   D. 80

  2. 某企业 2016 年购入 A 上市公司股票并划分为交易性金融资产，共支付款项 2 030 万元，其中包括已宣告但尚未发放的现金股利 100 万元、相关交易费用 10 万元。2016 年 12 月 31 日该项交易性金融资产的公允价值为 2 000 万元，则公允价值变动的金额为（   ）万元。

  A. 30   B. 80   C. 90   D. 60

  3. 某企业 2016 年 5 月 1 日以每股 6 元的价格购进某股票 60 万股作为交易性金融资产，6 月 30 日该股票收盘价格为每股 6.5 元，7 月 15 日以每股 7.5 元的价格将股票全部售出，则出售该交易性金融资产对 7 月投资收益的影响金额为（   ）万元。

  A. 90   B. 60   C. 120   D. 30

项目 5

存货的核算

存货(1)

学习目标

了解存货的概念、分类及确认条件；掌握存货收入、发出、结存以及盘盈、盘亏的会计处理；掌握原材料、周转材料、委托加工物资和库存商品的账务处理；掌握存货期末计量的核算。

工作情境

小张2016年7月大学毕业，年底应聘到一家公司做会计。公司财务李经理安排小张先协助陈会计师做存货核算工作。陈会计向小张介绍了存货核算员的一般职责：

熟悉《企业会计准则》和企业内部会计制度；制定存货岗位核算职责和具体核算办法；确认存货；计量存货初始价值；核算外购存货；核算自制存货；核算其他来源存货；对发出存货进行核算；对存货进行期末计价核算；进行存货清查核算；编制存货收、发、存明细账，与仓储部门核对存货收、发、存状况；将有关存货明细账与总账核对。

任务1 认知存货

一、相关知识

（一）存货的概念

存货是指企业在日常活动中持有以备出售的产成品或商品、处在生产过程中的在产品、在生产过程或提供劳务过程中耗用的材料或物料等，包括原材料、在产品、半成品、产成品、商品、周转材料、委托加工物资、委托代销商品等。

① 原材料。原材料是指企业在生产过程中经加工改变其形态或性质并构成产品主要实体的各种原料及主要材料、辅助材料、燃料、修理用备件（备品备件）、包装材料、外购半成品（外购件）等。

② 在产品。在产品是指企业正在制造但尚未完工的生产物，包括正在各个生产工序加工的产品、已加工完毕但尚未检验或已检验但尚未办理入库手续的产品。

③ 半成品。半成品是指经过一定生产过程并已检验合格交付半成品仓库保管，但尚未制造完工成为产成品，仍需进一步加工的中间产品。但不包括从一个生产车间转给另一个生产车间继续加工的自制半成品以及不能单独计算成本的自制半成品。

④ 产成品。产成品是指工业企业已经完成全部生产过程并验收入库，可以按照合同规定的条件送交订货单位，或者可以作为商品对外销售的产品。企业接受外来原材料加工制造的代制品和为外单位加工修理的代修品，制造和修理完成验收入库后，应视同企业的产成品。

⑤ 商品。商品是指流通企业的商品，包括外购或委托加工完成验收入库用于销售的各种商品。

⑥ 周转材料。周转材料是指企业能够多次使用、但不符合固定资产定义的材料，如为了包装本企业商品而储备的各种包装物、各种工具、管理用具、玻璃器皿、劳动保护用品以及在经营过程中周转使用的容器等低值易耗品和建造承包商的钢模板、木模板、脚手架等其他周转材料。但是周转材料符合固定资产定义的，应当作为固定资产处理。

⑦ 委托加工物资。委托加工物资指委托其他单位加工的物资。

⑧ 委托代销商品。委托代销商品指企业委托其他单位代销的商品。

（二）存货的初始计量

存货的初始计量是指对达到目前状态和场所的存货价值进行计量。目的是确定存货的入账价值。一般在取得时对存货进行计量。

1. 外购存货

外购存货包括通过购买从企业外部取得的各种材料、商品及低值易耗品等。其初始成本就是采购成本，包括购买价款、相关税费、运输费、装卸费、保险费及其他可归属于存货采购成本的费用。

（1）购买价款

购买价款是指企业购入的材料或商品的发票账单上列明的价款，但不包括按规定可以抵扣的增值税额。

（2）相关税费

相关税费是指企业购买、自制或委托加工存货发生的进口关税、消费税、资源税和不能抵扣的增值税进项税额等应计入存货采购成本的税费。

（3）其他采购成本

其他采购成本是指外购存货到达仓库以前发生的仓储费、包装费、装卸费、保险费、运输途中的合理损耗、入库前的挑选整理费用等。这些费用能分清负担对象的，应直接计入存货的采购成本；不能分清负担对象的，应选择合理的分配方法，分配计入有关存货的采购成本，可按所购存货的数量或采购价格比例进行分配。

商品流通企业在采购商品过程中发生的运输费、装卸费、保险费以及其他可归属于存货采购成本的进货费用，应计入所购商品成本，在商品销售后计入当期损益，不再在发生时直接计入当期损益。但采购商品时进货费用金额较小的，可以在发生时直接计入当期损益。

2. 自制存货

自制存货是企业自行生产加工制造的存货，如产成品、自制半成品、自制材料，其初始成本包括加工制造过程中耗用的直接材料或半成品和存货的加工成本。

存货的加工成本包括直接人工和制造费用。

3. 委托加工存货

委托加工存货是指委托外单位加工完成的存货，以实际耗用的原材料或半成品或商品、加工费、运输费、装卸费和保险费等费用，以及按规定应计入成本的税金作为实际成本。

4. 提供劳务取得的存货

通过提供劳务取得的存货，其成本按从事劳务提供人员的直接人工和其他直接费用以及可归属于该存货的间接费用确定。

5. 其他方式取得的存货

① 投资者投入的存货，其成本应当按照投资合同或协议约定的价值确定，但合同或协议约定的价值不公允的除外。

② 盘盈的存货，按照同类或类似存货的市场价格作为入账价值。

③ 通过非货币性资产交换、债务重组、企业合并等方式取得的存货，其入账价值按照有关企业会计准则确定。

在确定存货成本的过程中，应当注意，下列费用不应当计入存货成本，而应当在其发生时计入当期损益：

① 非正常消耗的直接材料、直接人工及制造费用应计入当期损益，不得计入存货成本。例如，企业超定额的废品损失以及由自然灾害而发生的直接材料、直接人工及制造费用，由于这些费用的发生无益于使该存货达到目前场所和状态，不应计入存货成本，而应计入当期损益。

② 仓储费用指企业在采购入库后发生的储存费用，应计入当期损益。但是在生产过程中为达到下一个生产阶段所必需的仓储费用则应计入存货成本。

③ 不能归属于使存货达到目前场所和状态的其他支出，不符合存货的定义和确认条件，应在发生时计入当期损益，不得计入存货成本。

（三）发出存货的计量方法

1. 个别计价法

个别计价法亦称个别认定法、具体辨认法、分批实际法，是假设存货具体项目的实物流转与成本流转相一致，按照各种存货逐一辨认各批发出存货和期末存货所属的购进批别或生产批别，分别按其购入或生产时所确定的单位成本计算各批发出存货和期末存货成本的方法。这种方法把每一种存货的实际成本作为计算发出存货成本和期末存货成本的基础。

个别计价法的成本计算准确，符合实际情况，但在存货收发频繁的情况下，其发出成本分辨的工作量较大。因此，这种方法适用于一般不能替代使用的存货、为特定项目专门购入或制造的存货以及提供的劳务，如珠宝、名画等贵重物品。

2. 先进先出法

先进先出法是指以先购入的存货应先发出（销售或耗用）这样一种存货实物流动假设为前提，对发出存货进行计价的一种方法。采用这种方法，先购入的存货成本在后购入存货成本之前转出,据此确定发出存货和期末存货的成本。具体方法是:收入存货时,逐笔登记收入存货的数量、单价和金额;发出存货时,按照先进先出的原则逐笔登记存货的发出成本和结存金额。

先进先出法可以随时结转存货发出成本,但较烦琐,如果存货收发业务较多且存货单价不稳定时,其工作量较大。在物价持续上升时,期末存货成本接近于市价,而发出成本偏低,会高估企业当期利润和库存存货价值;反之,会低估企业存货价值和当期利润。

3. 月末一次加权平均法

月末一次加权平均法是指以本月全部进货数量加上月初存货数量作为权数,去除本月全部进货成本加上月初存货成本,计算出存货的加权平均单位成本,以此为基础计算本月发出存货成本和期末存货成本的一种方法。计算公式如下:

存货单位成本=[月初存货的实际成本+Σ(本月各批进货的实际单位成本×本月各批进货的数量)]/(月初存货数量+本月各批进货数量之和)

本月发出存货成本=本月发出存货的数量×存货单位成本

本月月末存货成本=月末存货的数量×存货单位成本

或:本月月末存货成本=月初存货的实际成本+本月收入存货的实际成本−本月发出存货的实际成本

采用加权平均法只在月末一次计算加权平均单价,比较简单,有利于简化成本计算工作,但由于平时无法从账上提供发出和结存存货的单价及金额,因此不利于存货成本的日常管理与控制。

4. 移动加权平均法

移动加权平均法是指以每次进货的成本加上原有库存存货的成本,除以每次进货数量加上原有库存存货的数量,据以计算加权平均单位成本,作为在下次进货前计算各次发出存货成本依据的一种方法。计算公式如下:

存货单位成本−(原有存货的实际成本+本次进货的实际成本)/(原有存货数量+本次进货数量)

本次发出存货成本=本次发出存货数量×本次发货前存货单位成本

本月月末存货成本=月末存货的数量×本月月末存货单位成本

采用移动加权平均法能够使企业及时了解存货的结存情况,计算的平均单位成本以及发出和结存的存货成本比较客观。但由于每次收货都要计算一次平均单价,计算工作量较大,对收发货较频繁的企业不适用。

二、工作过程

1. 个别计价法

【会计工作1】企业2016年5月1日结存甲材料300千克,单位实际成本为10元/千克;5月6日购进该材料1 000千克,单位实际成本11元/千克;5月20日购进该材料600千克,单位实际成本为12元/千克。5月12日发出单位实际成本为10元/千克的该材料200千克,单位实际成本为11元/千克的该材料900千克;5月26日发出单位实际成本为12元/千克的该材料550千克,单位实际成本为10元/千克的该材料100千克。按个别计价法计算发出和结存材料的成本。

【工作指导】发出和结存材料的成本按各批材料取得时的单位成本逐个认定计算得出：

发出材料成本=200×10+900×11+100×10+550×12=19 500（元）

期末结存材料成本=100×11+50×12=1 700（元）

2. 先进先出法

【会计工作2】承【会计工作1】，按先进先出法计算发出和结存材料的成本。

【工作指导】按照先进先出的原则计算存货的发出成本和结存金额：

发出材料成本=300×10+800×11+200×11+450×12=19 400（元）

期末结存材料成本=150×12=1 800（元）

3. 月末一次加权平均法

【会计工作3】承【会计工作1】，按月末一次加权平均法计算发出和结存材料的成本。

【工作指导】

加权平均单价=（3 000+18 200）/（300+1 600）=11.16（元/千克）

本月发出材料实际成本=1 750×11.16=19 530（元）

月末结存材料实际成本=3 000+18 200−19 530=1 670（元）

4. 移动加权平均法

【会计工作4】承【会计工作1】，按移动加权平均法计算发出和结存材料的成本。

【工作指导】5月6日购入存货后的平均单位成本=（300×10+1 000×11）/（300+1 000）=10.769（元/千克）

5月12日发出存货的成本=1 100×10.769=11 845.9（元）

5月20日购入存货后的平均单位成本=（200×10.769+600×12）/（200+600）=11.692（元/千克）

5月26日发出存货的成本=650×11.692=7 599.8（元）

月末结存材料实际成本=150×11.692=1 753.8（元）

三、知识拓展

存货的确认

1. 存货确认的条件

存货同时满足以下两个条件时，才能加以确认。

（1）该存货包含的经济利益很可能流入企业

存货作为企业的一项重要的流动资产，对存货的确认，关键是要判断是否能给企业带来经济利益或与存货有关的经济利益是否可能流入企业。判断一项存货是否为企业的存货通常以是否拥有所有权作为判断标准，凡所有权已属于企业，不管企业是否已收到或持有，均应作为本企业的存货；反之，若无所有权，即使存放于企业，也不能作为本企业的存货。

（2）该存货的成本能够可靠地计量

成本能够可靠计量是资产确认的另一项基本条件。如果要确认存货，必须能够对其成本进行可靠计量。而存货的成本能够可靠计量，不仅要取得确凿、可靠的证据，并且应具有可验证性。如果存货的成本不能可靠地计量，则不能确认为存货。

因此，某个项目要确认为存货，首先要符合存货的定义，在此前提下，应当符合上述存货确认的两个条件。

2. 存货确认的特殊情况

（1）代销商品

代销商品，是指一方委托另一方代其销售商品。从商品所有权的转移来分析，代销商品在售出以前，所有权属于委托方，受托方只是代对方销售商品。因此，代销商品应作为委托方的存货处理。但为了使受托方加强对代销商品的核算和管理，企业会计制度也要求受托方对其受托代销商品纳入账内核算。

（2）在途商品

对于销售方按销售合同、协议规定已确认销售（如已收到货款等），而尚未发运给购货方的商品，应作为购货方的存货而不应再作为销货方的存货；对于购货方已收到商品但尚未收到销货方结算发票等的商品，购货方应作为其存货处理；对于购货方已经确认为购进（如已付款等）而尚未到达入库的在途商品，购货方应将其作为存货处理。

（3）购货约定

对于约定未来购入的商品，由于企业并没有实际的购货行为发生，因此，不作为企业的存货，也不确认有关的负债和费用。

课堂训练

（一）选择题（下列答案中有一项或多项是正确的，将正确答案填入括号内。）

1. 某企业为小规模纳税人。该企业购入甲材料 600 千克，每千克含税单价为 50 元，发生运杂费 2 000 元，运输途中发生合理损耗 10 千克，入库前发生挑选整理费用 450 元。该批甲材料每千克成本为（　　）元。

A. 54.24　　　　　B. 54.08　　　　　C. 55　　　　　D. 50.85

2. 某企业采用先进先出法计算发出材料的成本。2016 年 3 月 1 日结存 A 材料 200 吨，每吨实际成本为 200 元；3 月 4 日和 3 月 17 日分别购进 A 材料 300 吨和 400 吨，每吨实际成本分别为 180 元和 220 元；3 月 10 日和 3 月 27 日分别发出 A 材料 400 吨和 350 吨。A 材料月末账面余额为（　　）元。

A. 30 000　　　　B. 30 333　　　　C. 32 040　　　　D. 33 000

3. 某企业为增值税一般纳税人，购入材料一批，增值税专用发票上标明的价款为 25 万元，增值税为 4.25 万元，另支付材料的保险费 2 万元、包装物押金 2 万元。该批材料的采购成本为（　　）万元。

A. 27　　　　　　B. 29　　　　　　C. 29.25　　　　　D. 31.25

4. 下列各项中，构成一般纳税企业外购存货入账价值的有（　　）。

A. 买价　　　　　　　　　　　　B. 购入存货中支付的增值税
C. 运输途中的合理损耗　　　　　D. 入库前的挑选整理费用

（二）实训题

某企业 12 月份发生以下经济业务：

（1）12 月 1 日结存 A 商品 300 件，单位成本为 2 万元。

(2) 12 月 8 日购入 A 商品 200 件，单位成本为 2.2 万元。

(3) 12 月 10 日发出 A 商品 400 件。

(4) 12 月 20 日购入 A 商品 300 件，单位成本为 2.3 万元。

(5) 12 月 28 日发出 A 商品 200 件。

(6) 12 月 31 日购入 A 商品 200 件，单位成本为 2.5 万元。

要求：

(1) 用先进先出法计算 A 商品 12 月份发出存货的成本和 12 月 31 日结存存货的成本。

(2) 用月末一次加权平均法计算 A 商品 12 月份发出存货的成本和 12 月 31 日结存存货的成本。

(3) 用移动加权平均法计算 A 商品 12 月份发出存货的成本和 12 月 31 日结存存货的成本。

任务 2　原材料的核算

存货(2)

一、相关知识

（一）原材料的概念

原材料是指企业在生产过程中经过加工改变其形态或性质并构成产品主要实体的各种原料、主要材料和外购半成品，以及不构成产品实体但有助于产品形成的辅助材料。原材料具体包括原料及主要材料、辅助材料、外购半成品（外购件）、修理用备件（备品备件）、包装材料、燃料等。原材料的日常收发及结存，可以采用实际成本核算，也可采用计划成本核算。

（二）原材料按实际成本计价的核算

1. 账户设置

材料按实际成本计价核算时，材料的收发及结存，无论总分类核算还是明细分类核算，均按照实际成本计价。使用的会计科目有"原材料""在途物资"等，"原材料"科目的借方、贷方及余额均以实际成本计价，不存在成本差异的计算与结转问题。但采用实际成本核算，日常不能反映材料成本是节约还是超支，从而不能反映和考核物资采购业务的经营成果。因此这种方法通常适用于材料收发业务较少的企业。在实务工作中，对于材料收发业务较多并且计划成本资料较为健全、准确的企业，一般可以采用计划成本进行材料收发的核算。

① "原材料"账户，属于资产类账户，用来核算企业库存的各种原材料的实际成本。该账户借方登记收入原材料的实际成本，贷方登记发出原材料的实际成本，期末余额在借方，表示库存原材料的实际成本。该账户可以按材料保管地点（仓库）、材料的类别、品种和规格等种类进行明细核算。

② "在途物资"账户，用来核算企业已经付款或已开出商业承兑汇票但尚未到达或尚未验收入库的各种物资的实际成本。借方登记已支付或已开出承兑的商业汇票的各种物资的实际成本；贷方登记已验收入库物资的实际成本；期末余额在借方，表示已经付款或已开出承兑商业汇票但尚未到达或尚未验收入库的在途物资的实际成本。该账户可以按照供应单位进行明细核算。

③"应付账款"账户，用来核算企业因购买材料、商品和接受劳务等经营活动应支付的款项。贷方登记企业因购入材料、商品和接受劳务等尚未支付的款项，借方登记偿还的应付账款，期末余额一般在贷方，反映企业尚未支付的应付账款。

④"预付账款"账户，用来核算企业按照合同规定预付的款项。借方登记预付的款项及补付的款项，贷方登记收到所购物资时根据有关发票账单记入"原材料"等账户的金额及收回多付款项的金额，期末余额在借方，反映企业实际预付的款项；期末余额在贷方，则反映企业应付或应补付的款项。预付款项情况不多的企业，可以不设置"预付账款"账户，而将此业务在"应付账款"账户中核算。

2. 账务处理

（1）购入材料

由于支付方式不同，原材料入库的时间与付款的时间可能一致，也可能不一致，在会计处理上有所不同。

① 货款已经支付或开出、承兑商业汇票，同时材料已验收入库，借记"原材料""应交税费——应交增值税（进项税额）"，贷记"银行存款"等。

② 货款已经支付或已开出、承兑商业汇票，材料尚未到达或尚未验收入库，借记"在途物资""应交税费——应交增值税（进项税额）"，贷记"银行存款"等；当材料验收入库时，借记"原材料"，贷记"在途物资"。

③ 货款尚未支付，材料已经验收入库，且发票账单已到，借记"原材料""应交税费——应交增值税（进项税额）"，贷记"应付账款"；若发票账单未到，借记"原材料"，贷记"应付账款——暂估应付账款"；下月初作相反的会计分录予以冲回，借记"应付账款——暂估应付账款"，贷记"原材料"。

④ 货款已经预付，材料尚未验收入库，应在预付材料价款时，按照实际预付金额，借记"预付账款"，贷记"银行存款"；如材料已验收入库，应根据发票账单所列金额入账，借记"原材料""应交税费——应交增值税（进项税额）"，贷记"预付账款"；如预付款不足，补付货款时，借记"预付账款"，贷记"银行存款"；如预付款多余，收到退回的货款时，借记"银行存款"，贷记"预付账款"。

（2）发出材料

企业发出材料，应当根据"发料凭证汇总表"编制记账凭证，登记入账，并根据发出材料的用途计入相关资产的成本或者当期损益。发出材料的实际成本的确定，企业可以从个别计价法、先进先出法、月末一次加权平均法、移动加权平均法等方法中选择一种。计价方法一经确定，不得随意变更。如需变更，应在财务报表附注中予以说明。

会计分录一般为借记"生产成本——基本生产成本（辅助生产成本）""制造费用""管理费用""销售费用"等，贷记"原材料"。

（三）原材料按计划成本计价的核算

1. 账户设置

材料采用计划成本核算时，材料的收发及结存，无论是总分类核算还是明细分类核算，均按照计划成本计价。使用的会计科目有"原材料""材料采购""材料成本差异"等。材料实际成本与计划成本的差异，通过"材料成本差异"科目核算。月末，计算本月发出材料应负担的成本差异并进行分摊，根据领用材料的用途计入相关资产的成本或者当期损益，从而将发出材料的计划成本调整为实际成本。

① "原材料"账户，属于资产类账户，在计划成本法下，用来核算企业库存的各种原材料的计划成本。借方登记验收入库材料的计划成本，贷方登记发出原材料的计划成本，期末余额在借方，表示库存原材料的计划成本。

② "材料采购"账户，用来核算企业采用计划成本进行材料日常核算而购入材料的采购成本。借方登记外购材料的实际成本（包括买价和采购费用）和实际成本小于计划成本的节约差异，贷方登记已验收入库材料的计划成本和实际成本大于计划成本的超支差异，月末借方余额表示尚未验收入库的在途材料的实际成本。该账户应按供应单位和材料品种设置明细账，进行明细核算。

③ "材料成本差异"账户，用来核算各种材料实际成本与计划成本的差异。该账户属于资产类账户，是"原材料"账户的调整账户。借方登记验收入库材料的实际成本大于计划成本的超支差异以及发出材料应承担的节约差异，贷方登记验收入库材料的实际成本小于计划成本的节约差异及发出材料应分担的超支差异。期末余额若在借方，表示库存各种材料实际成本大于计划成本的超支差异；若在贷方，表示库存各种材料实际成本小于计划成本的节约差异。

2. 账务处理

（1）购入材料

① 货款已经支付，同时材料验收入库，按采购材料的实际成本，借记"材料采购""应交税费——应交增值税（进项税额）"等账户，贷记"银行存款""应付票据"等账户；材料验收入库后，借记"原材料"账户，贷记"材料采购"账户；月末结转入库材料的成本差异，若实际成本大于计划成本，则借记"材料成本差异"账户，贷记"材料采购"账户；反之，则借记"材料采购"账户，贷记"材料成本差异"账户。

② 货款已经支付或已开出、承兑商业汇票，材料尚未验收入库，借记"材料采购""应交税费——应交增值税（进项税额）"账户，贷记"银行存款""应付票据"等账户；待收到材料验收入库后，按计划成本，借记"原材料"账户，贷记"材料采购"账户；月末结转本月入库材料的成本差异。

③ 货款尚未支付，材料已经验收入库，这种情况的处理与实际成本法类似，应于月末按材料的暂估价值借记"原材料"账户，贷记"应付账款——暂估应付账款"账户，下月初作相反的会计分录予以冲回。在计划成本法中，材料的暂估价值是计划成本。下月付款或开出、承兑商业汇票后，按正常程序进行账务处理。

（2）发出材料

月末，企业根据领料单等编制"发料凭证汇总表"结转发出材料的计划成本，应当根据所发出材料的用途，按计划成本分别记入"生产成本""制造费用""销售费用""管理费用"等科目，同时结转材料成本差异。

根据《企业会计准则第1号——存货》的规定，企业日常采用计划成本核算的，发出的材料成本应由计划成本调整为实际成本，通过"材料成本差异"科目进行结转，按照所发出材料的用途，分别记入"生产成本""制造费用""销售费用""管理费用"等科目。发出材料应负担的成本差异应当按期（月）分摊，不得在季末或年末一次计算。

本期材料成本差异率=（期初结存材料的成本差异+本期验收入库材料的成本差异）/（期初结存材料的计划成本+本期验收入库材料的计划成本）×100%

期初材料成本差异率=（期初结存材料的成本差异/期初结存材料的计划成本）×100%

发出材料应负担的成本差异=发出材料的计划成本×本期材料成本差异率

二、工作过程

1. 按实际成本核算购入材料

（1）货款已经支付或开出、承兑商业汇票，同时材料已验收入库

【会计工作5】企业购入A材料一批，增值税专用发票上记载的货款为500 000元，增值税税额85 000元，另外对方代垫包装费1 000元，全部款项已用转账支票付讫，材料已验收入库。

【会计凭证】增值税专用发票、转账支票、收料单。

【工作指导】企业应作如下会计处理：

借：原材料——A材料　　　　　　　　　　　　　　　　501 000
　　应交税费——应交增值税（进项税额）　　　　　　 85 000
　　贷：银行存款　　　　　　　　　　　　　　　　　　586 000

【会计工作6】企业持银行汇票1 874 000元购入B材料一批，增值税专用发票上记载的货款为1 600 000元，对方代垫包装费2 000元，材料已验收入库。

【会计凭证】增值税专用发票、银行汇票、收料单。

【工作指导】企业应作如下会计处理：

借：原材料——B材料　　　　　　　　　　　　　　　　1 602 000
　　应交税费——应交增值税（进项税额）　　　　　　 272 000
　　贷：其他货币资金——银行汇票　　　　　　　　　　1 874 000

【会计工作7】企业采用托收承付结算方式购入C材料一批，货款40 000元，增值税税额6 800元，对方代垫包装费5 000元，款项在承付期内以银行存款支付，材料已验收入库。

【会计凭证】增值税专用发票、托收结算凭证、收料单。

【工作指导】企业应作如下会计处理：

借：原材料——C材料　　　　　　　　　　　　　　　　45 000
　　应交税费——应交增值税（进项税额）　　　　　　 6 800
　　贷：银行存款　　　　　　　　　　　　　　　　　　51 800

（2）货款已经支付或已开出、承兑商业汇票，材料尚未到达或尚未验收入库

【会计工作8】企业采用汇兑结算方式购入D材料一批，发票及账单已收到，增值税专用发票上记载的货款为20 000元，增值税税额为3 400元。支付保险费1 000元，材料尚未到达。

【会计凭证】增值税专用发票、有关保费单据、汇兑结算凭证。

【工作指导】企业应作如下会计处理：

借：在途物资　　　　　　　　　　　　　　　　　　　　21 000
　　应交税费——应交增值税（进项税额）　　　　　　 3 400
　　贷：银行存款　　　　　　　　　　　　　　　　　　24 400

【会计工作9】承【会计工作8】，上述购入的D材料已收到，并验收入库。

【会计凭证】收料单。

【工作指导】企业应作如下会计处理：

借：原材料　　　　　　　　　　　　　　　　　　　　　　21 000
　　贷：在途物资　　　　　　　　　　　　　　　　　　　　　　21 000

（3）货款尚未支付，材料已经验收入库

【会计工作10】企业采用托收承付结算方式购入E材料一批，增值税专用发票上记载的货款为50 000元，增值税税额为8 500元，对方代垫运杂费1 000元。银行转来的结算凭证已到，款项尚未支付，材料已验收入库。

【会计凭证】增值税专用发票、运费单据、托收结算凭证、收料单。

【工作指导】企业应作如下会计处理：

借：原材料——E材料　　　　　　　　　　　　　　　　　　51 000
　　应交税费——应交增值税（进项税额）　　　　　　　　　　8 500
　　贷：应付账款　　　　　　　　　　　　　　　　　　　　　59 500

【会计工作11】企业采用委托收款结算方式购入F材料一批，材料已验收入库，月末发票账单尚未收到也无法确定其实际成本，暂估价值为30 000元。

【会计凭证】收料单。

【工作指导】月末无法确定材料实际采购成本时，先以暂估价入账，下月初作相反的会计分录予以冲回：

① 月末以暂估价入账：

借：原材料　　　　　　　　　　　　　　　　　　　　　　30 000
　　贷：应付账款——暂估应付账款　　　　　　　　　　　　　30 000

② 下月初作相反的会计分录予以冲回：

借：应付账款——暂估应付账款　　　　　　　　　　　　　　30 000
　　贷：原材料　　　　　　　　　　　　　　　　　　　　　　30 000

【会计工作12】承【会计工作11】，上述购入的F材料于次月收到发票账单，增值税专用发票上记载的货款为31 000元，增值税税额为5 270元，对方代垫运输费2 000元，已用转账支票付讫。

【会计凭证】增值税专用发票、运费单据、转账支票。

【工作指导】企业应作如下会计处理：

借：原材料——F材料　　　　　　　　　　　　　　　　　　33 000
　　应交税费——应交增值税（进项税额）　　　　　　　　　　5 270
　　贷：银行存款　　　　　　　　　　　　　　　　　　　　　38 270

（4）货款已经预付，材料尚未验收入库

【会计工作13】根据与某钢厂的购销合同规定，企业为购买G材料向该钢厂预付100 000元货款的80%，计80 000元，已通过汇兑方式汇出。

【会计凭证】汇兑结算凭证。

【工作指导】企业应作如下会计处理：

借：预付账款　　　　　　　　　　　　　　　　　　　　　　80 000
　　贷：银行存款　　　　　　　　　　　　　　　　　　　　　80 000

【会计工作14】承【会计工作13】，某企业收到该钢厂发运来的G材料，已验收入库。有关发票账单记载，该批货物的货款为100 000元，增值税税额为17 000元，对方代垫运输费3 000元，所欠款项以转账支票付讫。

【会计凭证】 增值税专用发票、运费单据、转账支票、收料单。

【工作指导】采用"预收账款""预付账款"核算时，应"坚持到底"，即"一笔到底"。

① 材料入库时：

借：原材料——G材料　　　　　　　　　　　　　　　　　103 000
　　应交税费——应交增值税（进项税额）　　　　　　　　 17 000
　　贷：预付账款　　　　　　　　　　　　　　　　　　　　　　　120 000

② 补付货款时：

借：预付账款　　　　　　　　　　　　　　　　　　　　　 40 000
　　贷：银行存款　　　　　　　　　　　　　　　　　　　　　　　 40 000

2. 按实际成本核算发出材料

【会计工作15】企业2016年3月1日结存B材料3 000千克，每千克实际成本为10元；3月5日和3月20日分别购入该材料9 000千克和6 000千克，每千克实际成本分别为11元和12元；3月10日和3月25日分别发出该材料10 500千克和6 000千克。

【工作指导】

① 采用先进先出法计算成本如下：

本月发出存货成本=3 000×10+7 500×11+1 500×11+4 500×12=183 000（元）

月末库存存货成本=1 500×12=18 000（元）

② 采用月末一次加权平均法计算成本如下：

B材料平均单位成本=（30 000+171 000）/（3 000+15 000）=11.17（元）

本月发出存货成本=（10 500+6 000）×11.17=184 305（元）

月末库存存货成本=3 000×10+9 000×11+6 000×12-184 305=16 695（元）

③ 采用移动加权平均法计算成本如下：

第一批收货后的平均单位成本=（30 000+99 000）/（3 000+9 000）=10.75（元）

第一批发货的存货成本=10 500×10.75=112 875（元）

当时结存的存货成本=1 500×10.75=16 125（元）

第二批收货后的平均单位成本=（16 125+72 000）/（1 500+6 000）=11.75（元）

第二批发货的存货成本=6 000×11.75=70 500（元）

当时结存的存货成本=1 500×11.75=17 625（元）

B材料月末结存1 500千克，月末库存存货成本为17 625元；本月发出存货成本合计为183 375元。

企业各生产单位及有关部门领用的材料具有种类多、业务频繁等特点。为了简化核算，可以在月末根据"领料单"或"限额领料单"中有关领料的单位、部门等加以归类，编制"发料凭证汇总表"，据以编制记账凭证、登记入账。发出材料实际成本的确定，可以由企业从上述个别计价法、先进先出法、月末一次加权平均法、移动加权平均法等方法中选择。计价方法一经确定，不得随意变更。如需变更，应在附注中予以说明。

【会计工作16】企业根据"发料凭证汇总表"的记录，1月份基本生产车间领用H材料

500 000元，辅助生产车间领用H材料40 000元，车间管理部门领用H材料5 000元，企业行政管理部门领用H材料4 000元，计549 000元。

【会计凭证】发料凭证汇总表。

【工作指导】

借：生产成本——基本生产成本	500 000
——辅助生产成本	40 000
制造费用	5 000
管理费用	4 000
贷：原材料——H材料	549 000

3. 按计划成本核算购入材料

（1）货款已经支付，同时材料验收入库

【会计工作17】甲企业为一般纳税人，2016年5月10日从乙公司购入A材料一批，货款3 000 000元，增值税专用发票上注明的增值税为510 000元，发票等结算凭证同时收到，款项已通过银行转账支票支付。材料已验收入库。该材料计划成本为3 200 000元。

【会计凭证】增值税专用发票、转账支票、收料单。

【工作指导】① 采购材料时：

借：材料采购	3 000 000
应交税费——应交增值税（进项税额）	510 000
贷：银行存款	3 510 000

② 材料验收入库时：

借：原材料——A材料	3 200 000
贷：材料采购	3 200 000

③ 月末结转材料成本差异：

借：材料采购	200 000
贷：材料成本差异	200 000

（2）货款已经支付或已开出、承兑商业汇票，材料尚未验收入库

【会计工作18】甲企业为一般纳税人，2016年5月15日从丙公司购入B材料一批，发票账单等结算凭证已到，货款为200 000元，增值税额为34 000元，已开出并承兑三个月的商业汇票结算价税款、材料未运到。A材料计划成本为180 000元。

【会计凭证】增值税专用发票、商业汇票。

【工作指导】待材料验收入库再结转采购成本，会计处理为：

借：材料采购	200 000
应交税费——应交增值税（进项税额）	34 000
贷：应付票据	234 000

（3）货款尚未支付，材料已验收入库

【会计工作19】甲企业为一般纳税人，2016年5月20日购入C材料一批，增值税专用发票上记载的货款为500 000元，增值税税额为85 000元，发票账单已收到，款项尚未支付，计划成本520 000元，材料已验收入库。

【会计凭证】增值税专用发票、收料单。

【工作指导】① 按实际采购成本记入"材料采购"账户：

借：材料采购	500 000
应交税费——应交增值税（进项税额）	85 000
贷：应付账款	585 000

② 按计划成本材料验收入库时：

借：原材料——C材料	520 000
贷：材料采购	520 000

③ 月末结转材料成本差异：

借：材料采购	20 000
贷：材料成本差异	20 000

【会计工作20】 甲企业为一般纳税人，2016年购入D材料一批，材料已验收入库，发票账单未到，月末应按照计划成本600 000元估价入账。

【会计凭证】 收料单。

【工作指导】① 按照计划成本估价入账：

借：原材料——D材料	600 000
贷：应付账款——暂估应付账款	600 000

② 下月初作相反的会计分录予以冲回：

借：应付账款——暂估应付账款	600 000
贷：原材料	600 000

③ 待结算凭证到达时，再按正常程序作会计分录。

4. 按计划成本核算发出材料

【会计工作21】 甲企业根据"发料凭证汇总表"的记录，某月A材料的消耗（计划成本）为：基本生产车间领用2 000 000元、辅助生产车间领用600 000元、车间管理部门领用250 000元、企业行政管理部门领用50 000元。

【会计凭证】 发料凭证汇总表。

【工作指导】

借：生产成本——基本生产成本	2 000 000
——辅助生产成本	600 000
制造费用	250 000
管理费用	50 000
贷：原材料——A材料	2 900 000

【会计工作22】 承【会计工作17】和【会计工作21】，甲企业某月月初结存A材料的计划成本为1 000 000元，成本差异为超支30 740元；当月入库A材料的计划成本为3 200 000元，成本差异为节约200 000。

【工作指导】 材料成本差异率=（30 740−200 000）/（1 000 000+3 200 000）×100%=−4.03%

借：材料成本差异——A材料	116 870
贷：生产成本——基本生产成本	80 600
——辅助生产成本	24 180
制造费用	10 075
管理费用	2 015

三、知识拓展

外购材料短缺、毁损的处理

外购材料在验收入库时，企业如果发现材料短缺或毁损，应及时查明原因，根据不同情况进行处理。

属于供货单位造成的短缺、毁损，若价税款合计款项尚未支付，则待收到发票账单时，按短缺、毁损材料金额和应分担的运杂费、相应的增值税，填写拒付理由书，拒付相应的款项，不作账务处理；若价税合计款项已经支付，则向供货单位索赔。

案例：某饮料公司向广西糖烟酒批发公司购进一批白糖，发票、运费单据，列明白糖为8 000千克，每千克为4元，货款为32 000元，增值税税率为17%，增值税额为5 440元，运费为600元，验收入库时发现短缺50千克。

经查明原因，如果系供货单位少发造成，在尚未支付货款的情况下，填写拒付理由书，根据发票、运费单据、拒付理由书、付款凭证和收料单，按实收数。

借：原材料（32 000−50×4+600÷32 000×31 800×93%）　　32 354.51
　　应交税费——应交增值税（进项税额）（31 800×17%+596.25×7%）　5 447.74
　　贷：银行存款　　　　　　　　　　　　　　　　　　　　　37 802.25

在已经支付货款的情况下，按实收数验收入库，将未收数暂记"应付账款"账户，根据收料单和材料短缺毁损报告单：

借：原材料　　　　　　　　　　　　　　　　　　　　　　　32 354.51
　　应付账款——广西糖烟酒批发公司　　　　　　　　　　　　　203.49
　　贷：在途物资　　　　　　　　　　　　　　　　　　　　　32 558

此后，若收到供货单位补发的50千克白糖，根据收料单验收入库并冲销"应付账款"：

$$进项税额=200×17\%+600÷32\,000×200×7\%$$

借：银行存款　　　　　　　　　　　　　　　　　　　　　　237.75
　　应交税费——应交增值税（进项税额）　　　　　　　　　　　34.26
　　贷：应付账款——广西糖烟酒批发公司　　　　　　　　　　　272.01

短缺或毁损材料若属于运输途中的合理损耗，则按实收数量和材料实际总成本入账，不单独核算短缺或毁损部分的材料。

借：原材料（32 000+600×93%）　　　　　　　　　　　　　32 558
　　应交税费——应交增值税（进项税额）（5 440+600×7%）　　　5 482
　　贷：银行存款　　　　　　　　　　　　　　　　　　　　　38 040

但在明细账中，数量应记为7 950千克，不能记为8 000千克。

短缺或毁损材料若属于运输途中发生的非常损失，则应先转入"待处理财产损溢"账户，待查明原因之后，经过有关部门领导批准再根据具体情况进行处理，分别借记"其他应收款""管理费用""营业外支出"等账户，贷记"待处理财产损溢"。

若上述案例中的50千克白糖属于运输途中的意外事故造成，假设已经支付货款，则在验收入库时：

借：原材料（32 000-50×4+554.51） 32 354.51
　　待处理财产损溢——待处理流动资产损溢（203.49+34.26） 237.75
　　贷：在途物资 32 558.00
　　　　应交税费——应交增值税（进项税额转出） 34.26

待查明原因后，经批准，由运输单位赔偿时：
借：其他应收款 237.75
　　贷：待处理财产损溢——待处理流动资产损溢 237.75

课堂训练

（一）选择题（下列答案中有一项或多项是正确的，将正确答案填入括号内。）

1. A 公司为一般纳税企业，采用实际成本法进行存货的日常核算。2016 年 5 月 8 日购入一批原材料，取得的增值税专用发票上记载的货款是 200 万元，增值税额为 34 万元，全部款项已用银行存款支付，材料已验收入库。下列有关购入材料的会计分录正确的是（　　）。

　A. 借：在途物资 200
　　　　应交税费——应交增值税（进项税额） 34
　　　　贷：银行存款 234
　B. 借：原材料 200
　　　　应交税费——应交增值税（进项税额） 34
　　　　贷：银行存款 234
　C. 借：材料采购 200
　　　　应交税费——应交增值税（进项税额） 34
　　　　贷：银行存款 234
　D. 借：在途物资 234
　　　　贷：银行存款 234

2. "材料成本差异"账户贷方可以用来登记（　　）。
　A. 购进材料实际成本小于计划成本的差额
　B. 发出材料应负担的超支差异
　C. 发出材料应负担的节约差异
　D. 购进材料实际成本大于计划成本的差额

（二）判断题（正确的在括号内打"√"，错误的打"×"。）

1. 企业采用计划成本核算原材料，平时收到原材料时应按实际成本借记"原材料"科目，领用或发出原材料时应按计划成本贷记"原材料"科目，期末再将发出材料和期末结存材料调整为实际成本。（　　）

2. 企业采用实际成本核算原材料，原材料的收发及结存，无论是总分类核算还是明细分类核算，均按照实际成本计价。（　　）

（三）实训题

某工业企业为增值税一般纳税企业，材料按计划成本计价核算。甲材料计划单位成本为

每千克 10 元。该企业 2016 年 5 月份有关资料如下:

(1) "原材料"账户月初余额 40 000 元, "材料成本差异"账户月初贷方余额 500 元, "材料采购"账户月初借方余额 10 600 元(上述账户核算的均为甲材料)。

(2) 5 月 5 日,企业上月已付款的甲材料 1 000 千克如数收到,已验收入库。

(3) 5 月 15 日,从外地 A 公司购入甲材料 6 000 千克,增值税专用发票注明的材料价款为 59 000 元,增值税额为 10 030 元,企业已用银行存款支付上述款项,材料尚未到达。

(4) 5 月 20 日,从 A 公司购入的甲材料到达,验收入库时发现短缺 40 千克,经查明为途中定额内自然损耗。按实收数量验收入库。

(5) 5 月 30 日,汇总本月发料凭证,本月共发出甲材料 7 000 千克,全部用于产品生产。

要求:根据上述业务编制相关的会计分录,并计算本月材料成本差异率、本月发出材料应负担的成本差异率及月末库存材料的实际成本。

任务 3　周转材料的核算

存货(3)

一、相关知识

(一) 周转材料的概念

周转材料是指企业能够多次使用,逐渐转移其价值但仍然保持原有形态,不确认为固定资产的材料,如一般企业的包装物和低值易耗品等。

1. 包装物

包装物是指为了包装本企业商品而储备的各种包装容器,如桶、箱、瓶、坛、袋等。其核算内容包括:① 生产过程中用于包装产品作为产品组成部分的包装物;② 随同商品出售而不单独计价的包装物;③ 随同商品出售而单独计价的包装物;④ 出租或出借给购买单位使用的包装物。

2. 低值易耗品

低值易耗品通常被视同存货,作为流动资产进行核算和管理,一般划分为一般工具、专用工具、替换设备、管理用具、劳动保护用品、其他用具等。

(二) 账户设置

为了反映和监督周转材料的增减变动及其价值损耗、结存等情况,企业应当设置"周转材料"账户,用以核算周转材料的计划成本或实际成本。该账户是资产类账户,借方登记周转材料的增加,贷方登记周转材料的减少,期末余额在借方,通常反映企业在库周转材料的计划成本或实际成本以及在用周转材料的摊余价值。本账户可以按照周转材料的种类,分别设"在库""在用""摊销"等科目进行明细核算。

(三) 账务处理

1. 取得周转材料

企业购入、自制、委托外单位加工完成并验收入库的周转材料,比照"原材料"账户的核算方法进行。

2. 周转材料摊销

企业周转材料在日常活动中领用后，其价值开始实现转移的方法在会计上称为周转材料摊销。常用的周转材料摊销方法有一次转销法和分次摊销法。

（1）一次转销法

一次转销法是指在领用周转材料时，将其全部价值一次计入成本、费用的摊销方法。采用一次转销法的，领用时应按其账面价值，借记"管理费用""生产成本""制造费用""销售费用"等账户，贷记"周转材料"账户。

（2）分次摊销法

分次摊销法是指根据周转材料的账面价值和预计使用期限，将其价值分次摊入成本、费用的摊销方法。由于摊销次数大于两次，核算时，需单独设置"周转材料——低值易耗品——在用""周转材料——低值易耗品——在库"及"周转材料——低值易耗品——摊销"明细科目。

3. 周转材料领用

企业在生产经营中领用低值易耗品，可直接根据上述一次摊销法或分次摊销法将其摊销价值记入"制造费用"或"管理费用"账户进行核算。对于生产经营中领用包装物，应按照其用途的不同分别进行处理。

（1）生产领用包装物

企业生产部门领用的用于包装产品的包装物是产品的组成部分，应将包装物的成本计入产品的生产成本，借记"生产成本"账户，按照领用包装物成本，贷记"周转材料——包装物"账户。

（2）随同商品出售而不单独计价的包装物

包装物随产品、商品出售不单独计价时，应将这部分包装物的成本作为企业发生的销售费用，借记"销售费用"账户，按其成本，贷记"周转材料——包装物"账户。

（3）随同产品出售单独计价的包装物

随同产品出售单独计价的包装物，属于企业包装物的销售业务。其取得的收入应作为其他业务收入，借记"银行存款"等账户，贷记"其他业务收入""应交税费——应交增值税（销项税额）"。其成本应作为其他业务成本，借记"其他业务成本"，贷记"周转材料——包装物"。

（4）出租、出借包装物

企业之间因业务需要，有时要发生相互租用、借用包装物的业务。出租、出借的包装物在周转使用过程中因磨损而减少的价值可根据具体情况采用一次转销法或五五摊销法进行摊销。企业应建立备查账簿登记出租、出借的包装物。

收到出租、出借包装物的押金，借记"库存现金""银行存款"等账户，贷记"其他应付款"账户，退回押金时作相反分录。逾期未退包装物，将没收的押金贷记"其他业务收入"账户。根据税法的规定，没收押金还应缴纳增值税、消费税等税费。对于逾期未退包装物没收的加收押金，应记入"营业外收入"，并计算应缴纳的增值税、消费税等税费。

包装物出借时收取押金，但包装物供借用单位无偿使用，因此，出借包装物不收取租金，没有收益。借用单位归还包装物时，应全额退还其押金。

4. 周转材料报废

企业的周转材料不能继续使用时，应将周转材料报废。报废时，将剩余材料出售收入冲减原已记录的支出或费用，借记"银行存款"等账户，贷记"生产成本""管理费用""其他业务成本""销售费用"等账户。

二、工作过程

1. 周转材料摊销

【会计工作 23】企业低值易耗品按实际成本计价核算,8 月份基本生产车间领用 4 000 元、行政管理部门领用 2 000 元。

【会计凭证】领料单。

【工作指导】① 采用一次转销法,会计处理如下:

借:制造费用	4 000
管理费用	2 000
贷:周转材料——低值易耗品	6 000

② 采用分次摊销法(假设估计使用 2 次),会计处理如下:

a. 领用时:

借:周转材料——低值易耗品——在用	6 000
贷:周转材料——低值易耗品——在库	6 000

b. 第一次领用时摊销其价值的一半:

借:制造费用	2 000
管理费用	1 000
贷:周转材料——低值易耗品——摊销	3 000

c. 第二次领用时摊销其价值的一半:

借:制造费用	2 000
管理费用	1 000
贷:周转材料——低值易耗品——摊销	3 000

d. 同时:

借:周转材料——低值易耗品——摊销	6 000
贷:周转材料——低值易耗品——在用	6 000

2. 周转材料领用

(1) 生产领用包装物

【会计工作 24】企业对包装物采用实际成本计价核算,2016 年 5 月 10 日为包装 C 产品领用包装物一批,成本 5 000 元。

【会计凭证】领料单。

【工作指导】

借:生产成本	5 000
贷:周转材料——包装物	5 000

(2) 随同商品出售而不单独计价的包装物

【会计工作 25】企业对包装物采用计划成本计价核算,2016 年 5 月 12 日销售产品时,领用不单独计价的包装物,计划成本为 4 000 元,包装物成本差异率为 1%。

【会计凭证】领料单。

【工作指导】① 发出包装物时:

借:销售费用	4 000
贷:周转材料——包装物	4 000

② 结转领用包装物成本差异时:

借：销售费用 40
　　贷：材料成本差异——包装物 40

（3）随同产品出售单独计价的包装物

【会计工作26】企业对包装物采用计划成本计价核算，2016年5月18日销售产品时，领用单独计价的包装物，计划成本为6 000元，包装物成本差异率为1%，销售收入为6 600元，增值税额为1 122元，款项已存入银行。

【会计凭证】增值税专用发票、领料单、银行收款凭证。

【工作指导】

借：银行存款 7 722
　　贷：其他业务收入 6 600
　　　　应交税费——应交增值税（销项税额） 1 122
借：其他业务成本 6 060
　　贷：周转材料——包装物 6 000
　　　　材料成本差异 60

（4）出租、出借包装物

【会计工作27】2016年5月，甲企业（一般纳税人）向乙企业销售产品时，随货出租新包装物一批，实际成本1 000元，收到现金押金1 500元，使用期满后，租入方退还包装物，收到租金收入（含税）200元。该包装物采用一次转销法进行摊销。有形动产租赁，按17%缴增值税。

【会计凭证】领料单、押金收款凭证、押金退回凭证、租金收款凭证。

【工作指导】① 出租时，收到押金时的会计处理：

借：库存现金 1 500
　　贷：其他应付款——乙企业 1 500

② 出租的新包装物领用时：

借：其他业务成本 1 000
　　贷：周转材料——包装物 1 000

③ 收到租金时：

借：库存现金 200
　　贷：其他业务收入 170.94
　　　　应交税费——应交增值税（销项税额） 29.06

④ 租用单位到期归还包装物，全额退还其押金：

借：其他应付款——乙企业 1 500
　　贷：库存现金 1 500

【会计工作28】2016年5月，甲企业向乙企业销售产品时，随货出借新包装物一批，实际成本1 000元，收到现金押金1 500元，6月份使用期满后，租入方退还包装物。该包装物采用一次摊销法进行摊销。

【会计凭证】领料单、押金收款凭证、押金退回凭证。

【工作指导】① 出借时，收到押金时的会计处理：

借：库存现金 1 500
　　贷：其他应付款——乙企业 1 500

② 出借的新包装物领用时：
借：销售费用   1 000
　　贷：周转材料——包装物   1 000
③ 借用单位到期归还包装物，全额退还其押金：
借：其他应付款——乙企业   1 500
　　贷：库存现金   1 500

3. 周转材料报废

【会计工作29】甲企业2016年5月末报废销售部门出借包装物一批，残料价值100元入库。
【会计凭证】残料入库单。
【工作指导】
借：原材料   100
　　贷：销售费用   100

三、知识拓展

小心"周转材料"核算漏洞

新《企业会计准则》附录规定："周转材料"科目用来核算企业周转材料的计划成本或实际成本，包括包装物、低值易耗品及钢（木）模板、脚手架等。企业购入、自制、委托外单位加工完成并已验收入库的周转材料等，应比照"原材料"科目的相关规定进行处理，涉及增值税进项税的进行相应的处理。对于耗用的周转材料，不管是采用一次转销法还是其他摊销法，应按计入成本费用的金额借记"管理费用""生产成本"等科目，贷记该科目。采用计划成本进行核算的，还应同时结转应分摊的成本差异。该科目期末余额应为借方余额，反映企业在库周转材料的计划成本或实际成本以及在用周转材料的摊余价值。

可见，周转材料科目核算的正确性不仅影响到周转材料及企业成本、费用核算的正确性，而且还影响到增值税进项税和企业所得税的正确性。本文介绍的案例就是由于企业将不属于自己使用的周转材料入账而多抵扣进项税并减少了计税所得额。

案例：

某税务稽查组去一生产电子配件的A公司（个人投资，一般纳税人）例行检查，检查前的案头分析发现，A公司的增值税和企业所得税税负均比上一年度明显偏低，因此，查明增值税和企业所得税税负偏低的情况成为检查组最重要的任务。检查组首先对主要材料、辅助材料及包装物的账面核算和进项税申报抵扣情况进行了详细检查，未见异常。但在对主要料、工、费进行配比分析后，发现费用明显比上一年度偏高，仔细检查发现，这主要是由于管理费用增加的幅度较大，而管理费用增加的原因是耗费了大量的周转材料。于是，检查人员又对周转材料进行了仔细检查，发现不仅在管理费用中列支了大量的周转材料，而且在生产成本中也列支了大量的周转材料，但周转材料的购进、领用以及进项税抵扣均手续齐备，未见异常。

但是当对A公司被检查年度及上一年度耗费的周转材料进行分类和对比分析后发现：周转材料耗费的增加主要从被检查年度的5月份开始，而且5、6两个月以在管理费用中列支办公设备和家具、用具为主，6月份起以在生产成本中列支车间使用的包装物和不符合固定资产标准的低值易耗品为主。检查组长还发现，A公司的办公环境根本不像一年前刚装潢，家具、用具也不像在一年前刚购置。另外，从 6 月份起耗费大量的包装物和低值易耗品也不符合 A 公司处于正常生产经营状态的情形，而且一些容器、器皿等低值易耗品的耗费与生产电子配件的特征不符。于是，检查组长开始怀疑耗用大量周转材料的真实性，提出查看周转材料的备查登记簿，但 A 公司却说没有建备查簿，检查组长又要求盘点已领用的周转材料，A 公司只好答应。但是盘点结果不是查无踪影，就是说不清道不明。检查组长又发现，凡是无法查明的周转材料，在购进发票上签经办的两人都未配合盘点，检查组长执意要求这两位经办人到场解释，至此，A 公司不得不承认了真实情况。

原来，A 公司的唯一投资人在 6 月份又投资成立了一生产化工原料的 B 公司（小规模纳税人，增值税和所得税均定率征收），B 公司的两名经办人按照投资人的指示将为 B 公司购进周转材料的大多数发票开具了 A 公司的名称并在 A 公司列支，这样，A 公司不仅抵扣了增值税进项税，而且还降低了计税所得额。

四、任务总结

周转材料的有关会计处理如表 5-1 所示。

表 5-1 周转材料的有关会计处理

出租（一次摊销）	出借（一次摊销）	出售
借：银行存款 　　贷：其他业务收入 借：其他业务成本 　　贷：周转材料——包装物 延伸： 借：银行存款 　　贷：其他应付款（收押金） 借：其他应付款 　　贷：银行存款（退押金）	借：销售费用 　　贷：周转材料——包装物 延伸： 借：银行存款 　　贷：其他应付款（收押金） 借：其他应付款 　　贷：银行存款（退押金）	1. 不单独计价 借：销售费用 　　贷：周转材料——包装物 2. 单独计价 借：银行存款 　　贷：其他业务收入 借：其他业务成本 　　贷：周转材料——包装物

课堂训练

（一）选择题（下列答案中有一项或多项是正确的，将正确答案填入括号内。）

1. 包装物的核算内容一般包括（　　）。
A. 生产过程中用于包装产品的包装物
B. 随同商品出售而不单独计价的包装物
C. 随同商品出售而单独计价的包装物
D. 出租或出借给购买单位使用的包装物

2. 企业对随同商品出售但单独计价的包装物进行会计处理时，该包装物的实际成本应结转到（　　）。
A. "生产成本"科目　　　　　　B. "销售费用"科目
C. "营业外支出"科目　　　　　D. "其他业务成本"科目

(二)判断题(正确的在括号内打"√",错误的打"×"。)

1. 随同产品出售不单独计价的包装物,应该在包装物发出时,结转成本计入其他业务成本中。( )

2. 包装物是指为了包装本企业商品而储备的各种包装容器,如桶、箱、瓶、坛、袋等。( )

3. 周转材料的摊销方法只有一次转销法。( )

(三)实训题

A、B公司发生以下经济业务:

(1)A公司对包装物采用计划成本核算,某月生产产品领用包装物的计划成本为100 000元,材料成本差异率为–3%。

(2)A公司某月销售商品领用不单独计价包装物的计划成本为50 000元,材料成本差异率为–3%。

(3)A公司某月销售商品领用单独计价包装物的实际成本为6 000元,销售收入为8 000元,增值税额为1 360元,款项已存入银行。

(4)B公司的基本生产车间领用专用工具一批,实际成本为200 000元,采用五五摊销法进行摊销。

要求:

(1)编制A公司以上经济业务的相关会计分录。

(2)编制B公司领用、摊销、报废低值易耗品的相关会计分录。

任务4　委托加工物资的核算

一、相关知识

(一)委托加工物资概述

委托加工物资,是指企业委托外单位加工成新的材料或周转材料等。企业从外部购入的原材料等存货,有时在规格和质量上还不能直接满足生产的需要,企业本身由于受到工艺设备条件的限制或从降低成本的角度考虑,需要将这部分存货委托外单位制造成另一种性能和用途的存货,从而形成了委托加工物资。

委托加工物资以实际耗用的原材料或者半成品以及加工费、运输费、装卸费和保险费等费用以及按规定应计入成本的税费,作为实际成本。

(二)账户设置

为了反映和监督委托加工物资增减变动及其结存情况,企业应当设置"委托加工物资"账户,借方登记委托加工物资的实际成本,贷方登记加工完成验收入库的物资的实际成本和剩余物资的实际成本,期末余额在借方,反映企业尚未完工的委托加工物资的实际成本和发出加工物资的运杂费等。委托加工物资也可以采用计划成本或售价进行核算。

(三)账务处理

① 发出委托加工物资时,借记"委托加工物资",贷记"原材料"。如果采用计划成本法核算还应结转其材料成本差异。

② 支付加工费及增值税、运杂费等,借记"委托加工物资""应交税费——应交增值税(进项税额)",贷记"银行存款"等。

③ 支付消费税时,如果委托加工物资是应税消费品,还需要缴纳消费税。对于委托方提货时由受托方代收代缴的消费税,应分别按以下情况处理。

第一,委托加工物资收回后用于连续生产应税消费品的,借记"应交税费——应交消费税",贷记"银行存款"等。

第二,委托加工物资收回后直接用于销售的,委托方应将受托方代收代缴的消费税计入委托加工物资的成本,借记"委托加工物资",贷记"银行存款"等。

④ 收回委托加工物资时,借记"原材料",贷记"委托加工物资"。

二、工作过程

【会计工作30】甲公司委托某量具厂加工一批量具,发出材料一批,计划成本为70 000元,材料成本差异率为4%,以银行存款支付运杂费2 200元。

【会计凭证】材料出库单、运费单据。

【工作指导】① 发出材料时:

借:委托加工物资	72 800
贷:原材料	70 000
材料成本差异	2 800

② 支付运杂费时:

借:委托加工物资	2 200
贷:银行存款	2 200

【会计工作31】承【会计工作30】,甲公司以银行存款支付上述量具的加工费用20 000元。

【会计凭证】加工费支付凭证。

【工作指导】

借:委托加工物资	20 000
贷:银行存款	20 000

【会计工作32】承【会计工作30】、【会计工作31】,甲公司收回由某量具厂代加工的量具,以银行存款支付运杂费2 500元。该量具已验收入库,其计划成本为110 000元。

【会计凭证】入库单、运费单据。

【工作指导】① 支付运杂费时:

借:委托加工物资	2 500
贷:银行存款	2 500

② 量具入库时:

借:周转材料——低值易耗品	110 000
贷:委托加工物资	97 500
材料成本差异	12 500

【会计工作33】甲公司委托丁公司加工商品（属于应税消费品）100 000件，有关经济业务如下：1月20日，发出材料一批，计划成本为6 000 000元，材料成本差异率为-3%。2月20日，支付商品加工费120 000元，支付应当缴纳的消费税660 000元，该商品收回后用于连续生产，消费税可抵扣，甲公司和丁公司为一般纳税人，适用增值税税率为17%。3月4日，用银行存款支付往返运杂费10 000元。3月5日，上述商品100 000件（每件计划成本为65元）加工完毕，公司已办理验收入库手续。

【会计凭证】材料出库单、运费单据、加工费、税金支付凭证、入库单。

【工作指导】① 1月20日，发出材料时：

借：委托加工物资　　　　　　　　　　　　　　　　6 000 000
　　贷：原材料——加工前材料　　　　　　　　　　　　　6 000 000

② 结转发出材料应分摊的材料成本差异时：

借：材料成本差异　　　　　　　　　　　　　　　　180 000
　　贷：委托加工物资　　　　　　　　　　　　　　　　　180 000

③ 2月20日，支付加工费和税款时：

借：委托加工物资　　　　　　　　　　　　　　　　120 000
　　应交税费——应交消费税　　　　　　　　　　　　660 000
　　　　　　——应交增值税（进项税额）　　　　　　20 400
　　贷：银行存款　　　　　　　　　　　　　　　　　　　800 400

④ 3月4日，支付运杂费时：

借：委托加工物资　　　　　　　　　　　　　　　　10 000
　　贷：银行存款　　　　　　　　　　　　　　　　　　　10 000

⑤ 3月5日，加工完毕，验收入库时：

借：原材料——加工后材料　　　　　　　　　　　　6 500 000
　　贷：委托加工物资　　　　　　　　　　　　　　　　　5 950 000
　　　　材料成本差异　　　　　　　　　　　　　　　　　550 000

⑥ 如企业收回加工物资直接用于销售，则支付消费税时：

借：委托加工物资　　　　　　　　　　　　　　　　660 000
　　贷：银行存款　　　　　　　　　　　　　　　　　　　660 000

加工完毕，验收入库时：

借：库存商品　　　　　　　　　　　　　　　　　　6 500 000
　　材料成本差异　　　　　　　　　　　　　　　　110 000
　　贷：委托加工物资　　　　　　　　　　　　　　　　　6 610 000

课堂训练

（一）选择题（下列答案中有一项或多项是正确的，将正确答案填入括号内。）

1. 应交消费税的委托加工物资收回后用于连续生产应税消费品的，按规定准予抵扣的由受托方代扣代缴的消费税，应当记入"（　　）"。

　　A. 生产成本　　　　　　　　　　　B. 应交税费

C. 主营业务成本　　　　　　　　D. 委托加工物资

2. 一般纳税人委托其他单位加工材料收回后直接对外销售的，其发生的下列支出中，不应计入委托加工材料成本的是（　　）。

A. 发出材料的实际成本　　　　　B. 支付给受托方的加工费
C. 支付给受托方的增值税　　　　D. 受托方代收代缴的消费税

3. 下列各项，构成企业委托加工物资成本的有（　　）。

A. 加工中实际耗用物资的成本
B. 支付的加工费用和保险费
C. 收回后直接销售物资的代收代缴消费税
D. 收回后继续加工物资的代收代缴消费税

（二）判断题（正确的在括号内打"√"，错误的打"×"。）

1. 委托加工物资收回后直接用于销售的，委托方应将受托方代收代缴的消费税计入委托加工物资的成本。（　　）

2. 委托加工物资是指企业委托外单位加工成新的材料或包装物、低值易耗品等物资。（　　）

3. 委托加工物资只能采用实际成本法进行核算。（　　）

（三）实训题

甲企业发出 A 材料，委托乙企业将其加工成 B 商品直接用于销售。A 材料计划成本为 50 万元，材料成本差异率为 2%。甲企业发生往返运费 1 万元，向乙企业支付加工费 5 万元。甲企业和乙企业均为一般纳税企业，B 商品适用的增值税税率为 17%。乙企业代收代缴的消费税为 2 万元。所有款项均以银行存款结算完毕。

要求：

（1）编制甲企业发出 A 材料的会计分录。
（2）编制甲企业支付运费、加工费及税金等款项的会计分录。
（3）计算甲企业 B 商品成本并编制验收入库的会计分录。

任务 5　库存商品的核算

存货（4）

一、相关知识

（一）库存商品概述

库存商品是指库存的外购商品、自制商品、存放在门市部准备出售的商品、发出展览的商品以及寄存在外或存放在仓库的商品等。

工业企业的库存商品主要是指产成品。产成品是指企业已经完成全部生产过程并已验收入库，合乎标准规格和技术条件，可以按照合同规定的条件送交订货单位，或者可以作为商品对外销售的产品。企业接受外来原材料加工制造的代制品和为外单位加工修理的代修品，制造和修理完成验收入库后，视为同企业的产成品。

商品流通企业的库存商品主要指外购或委托加工完成验收入库用于销售的各种商品。

（二）账户设置

企业应设置"库存商品"账户，核算各种库存商品的实际成本（或进价）或计划成本（或售价）。库存商品增加记借方，库存商品减少记贷方，余额在借方，反映期末库存商品的成本（计划成本或实际成本）。此外，工业企业接受外来原材料加工制造的代制品和为外单位加工修理的代修品，在制造和修理完成验收入库后，视为同企业的产品，在"库存商品"科目核算；可以降价出售的不合格品，也在"库存商品"科目核算，但应当与合格商品分开记账。

（三）账务处理

1. 产成品

工业企业的产成品既可以按计划成本核算，又可以按实际成本核算。在采用实际成本计价时，对完成生产过程并验收入库的产成品结转成本时，借记"库存商品"账户，贷记"生产成本"账户。销售的产成品结转成本时，借记"主营业务成本"账户，贷记"库存商品"账户。按计划成本核算计价方法可参照原材料。

库存商品通常用于对外销售，但也可能用于在建工程、对外投资、债务重组、非货币性资产交换等方面。会计处理有所不同。

2. 商品存货

商品流通企业的库存商品有两种核算方式：毛利率法和售价金额核算法。

（1）毛利率法

毛利率法是指根据本期销售净额乘以上期实际（或本期计划）毛利率匡算本期销售毛利，并据以计算发出存货和期末结存存货成本的一种方法。其计算公式如下：

毛利率＝（销售毛利/销售净额）×100%

销售净额＝商品销售收入－销售退回与折让

销售毛利＝销售净额×毛利率

销售成本＝销售净额－销售毛利

期末存货成本＝期初存货成本＋本期购货成本－本期销售成本

这一方法是商品流通企业，尤其是商业批发企业常用的计算本期商品销售成本和期末库存商品成本的方法。

（2）售价金额核算法

售价金额核算法通过设置"商品进销差价"账户进行处理。平时商品存货的进、销、存的价格均按售价记账，售价与进价的差额记入"商品进销差价"账户，期末通过计算进销差价率的办法计算本期已销商品应分摊的进销差价，并据以调整本期销售成本。按实际销售成本，借记"商品进销差价"账户，贷记"主营业务成本"账户。进销差价率的计算公式如下：

商品进销差价率＝（期初库存商品进销差价＋本期购入商品进销差价）/（期初库存商品售价＋本期购入商品售价）×100%

本期销售商品应分摊的商品进销差价＝本期商品销售收入×商品进销差价率

本期销售商品的成本＝本期商品销售收入－本期销售商品应分摊的商品进销差价

期末结存商品的成本＝期初库存商品的进价成本＋本期购进商品的进价成本＋本期购进商

品的进价成本−本期销售商品的成本

对于从事商业零售业务的企业（如百货公司、超市等），由于经营的商品种类、规格等繁多，而且要求按商品零售价格标价，采用其他成本计算结转方法均较困难，因此广泛采用这一方法。

二、工作过程

1. 产成品

【会计工作34】甲公司"商品入库汇总表"记载，某月已验收入库Y产品1 000台，实际的单位成本5 000元，计5 000 000元；Z产品2 000台，实际的单位成本1 000元，计2 000 000元。

【会计凭证】产成品入库单。

【工作指导】

借：库存商品——Y产品	5 000 000
——Z产品	2 000 000
贷：生产成本——基本生产成本（Y产品）	5 000 000
——基本生产成本（Z产品）	2 000 000

【会计工作35】甲公司月末汇总的发出商品中，当月已实现销售的Y产品有500台，Z产品有1 500台。该月Y产品实际的单位成本5 000元，Z产品实际的单位成本1 000元。结转其销售成本。

【会计凭证】发货单。

【工作指导】

借：主营业务成本	4 000 000
贷：库存商品——Y产品	2 500 000
——Z产品	1 500 000

2. 商品存货

（1）毛利率法

【会计工作36】甲商品批发企业为增值税一般纳税人，本月购入A商品1 000件，增值税专用发票中注明：单价300元，增值税额为51 000元。发票等结算凭证与商品已同时到达，货款已通过银行转账支付。

【会计凭证】增值税专用发票、转账支票。

【工作指导】

借：库存商品——A商品	300 000
应交税费——应交增值税（进项税额）	51 000
贷：银行存款	351 000

【会计工作37】甲商品批发企业中A类商品月初存货成本150 000元，本月购入该类货品300 000元，销货250 000元，销售退回与折让合计10 000元，上季度该类商品毛利率为20%，计算本月已销存货和月末存货的成本。

【工作指导】本月销售净额=250 000−10 000=240 000（元）
　　　　　销售毛利=240 000×20%=48 000（元）
　　　　　销售成本=240 000−48 000=192 000（元）
　　　　　月末存货成本=150 000+300 000−192 000=258 000（元）

（2）售价金额核算法

【会计工作 38】乙商品零售企业为增值税一般纳税人，2016 年 5 月初库存商品的进价成本为 150 000 元，销售金额为 180 000 元。本月发生如下购销业务：1 日，购进商品一批，进价 300 000 元（不含增值税），总售价为 360 000 元；15 日销售商品一批，不含税售价为 240 000 元，已开出增值税专用发票，款项收存银行，商品已发出；30 日，结转本月已销售商品应分摊的进销差价。

【会计凭证】增值税专用发票、收货单、发货单、银行结算凭证。

【工作指导】① 1 日，购进商品时：

借：在途物资	300 000
应交税费——应交增值税（进项税额）	51 000
贷：银行存款	351 000

② 入库时，按售价记账：

借：库存商品	360 000
贷：在途物资	300 000
商品进销差价	60 000

③ 15 日销售商品时：

借：银行存款	280 800
贷：主营业务收入	240 000
应交税费——应交增值税（销项税额）	40 800

④ 按售价结转商品销售成本：

借：主营业务成本	240 000
贷：库存商品	240 000

⑤ 30 日，结转本月已销售商品应分摊的进销差价：

　　进销差价率=(30 000+60 000)/(180 000+360 000)×100%=16.67%
　　已销售商品应分摊的进销差价=240 000×16.67%=40 008（元）
　　本期销售商品的实际成本=240 000−40 008=199 992（元）

借：商品进销差价	40 008
贷：主营业务成本	40 008

课堂训练

（一）选择题（下列答案中有一项或多项是正确的，将正确答案填入括号内。）

1. 甲公司某月初结存电器产品成本 648 000 元，本月购进成本 4 120 000 元，本月销售收入 5 650 000 元，销售退回与折让 10 000 元。上季度家用电器的实际毛利率为 25%，则本月销售成本为（　　）元。

　　A. 4 230 000　　　　B. 4 000 0000　　　　C. 4 220 000　　　　D. 4 120 000

2. 某企业的零售商店，某月初存货成本为 250 000 元，本月购货成本为 1 400 000 元，售价金额为 1 850 000 元；本期销售收入为 1 780 000 元，则本期销售成本为（　　）元。

　　A. 1 334 000　　　　B. 1 335 000　　　　C. 1 235 000　　　　D. 1 234 000

（二）实训题

甲公司赊销 A 产品 800 件，每件售价为 80 元，增值税税额为 10 880 元，A 产品的单位生产成本为 60 元。

要求：编制甲公司销售产品及结转成本的有关会计分录。

任务6　存货清查的核算

存货（5）

一、相关知识

（一）存货清查概述

存货清查是指通过存货的实地盘点，确定存货的实有数量，并与账面结存数核对，从而确定存货实存数与账面结存数是否相符的一种方法。由于存货的品种、规格繁多，在日常收发过程中，因计量或计算上的差错，自然损耗、丢失、被盗或毁损等情况，可能造成账实不符。因此，企业必须建立和健全各种规章制度，对存货定期或不定期地清查盘点，如实反映企业存货的实有数额，保证存货核算的真实性，确保存货的安全完整。

存货清查的内容一般包括：核对存货的账存数和实存数；查明盘盈（实际结存数量大于账面结存数量）、盘亏（实际结存数量小于账面结存数量）存货的品种、规格和数量；查明变质、毁损（非常事项造成的存货损失）、积压存货的品种、规格和数量。对于存货的盘盈、盘亏，应填写存货盘点报告（如实存账存对比表），及时查明原因，按照规定程序报批处理。

（二）账户设置

为了正确核算存货清查的情况，应设置"待处理财产损溢"账户。该账户核算企业在清查财产过程中查明的各种财产盘盈、盘亏和毁损的价值。贷方登记各种财产（不包括固定资产）的盘盈数以及经批准结转的各项资产的盘亏、毁损数；借方登记各种财产的盘亏、毁损数以及经批准结转的各项资产的盘盈数。企业的财产损溢（盘盈或盘亏）应查明原因，在期末结账前结转完毕，结转后本账户应无余额。

企业会计准则规定，经股东大会或董事会或经理（厂长）会议或类似机构批准后，对盘盈、盘亏和毁损的存货，在期末结账前处理完毕。如在期末结账前未经批准的，应在对外提供财务报告时先进行处理，并在会计报表附注中作出说明，如果其后批准处理的金额与已处理的金额不一致，应按其差额调整会计报表相关项目的年初数。

（三）账务处理

1. 存货盘盈

存货的盘盈应按重置成本入账，并通过"待处理财产损溢"科目核算。企业发生存货盘盈时，借记"原材料""库存商品"等，贷记"待处理财产损溢——待处理流动资产损溢"；按管理权限报经批准后，借记"待处理财产损溢——待处理流动资产损溢"，贷记"管理费用"。

2. 存货盘亏及毁损

企业发生存货盘亏及损毁时，借记"待处理财产损溢——待处理流动资产损溢"，贷记"原材料""库存商品"等；按管理权限报经批准后，按入库的残料价值，借记"原材料"等，按应由保险公司和过失人的赔款，借记"其他应收款"，按扣除残料价值和应由保险公司、过失人赔款后的净损失，属于一般经营损失的部分以及属于定额内自然损耗造成的，借记"管理费用"，属于非常损失的部分（如自然灾害、意外事故），借记"营业外支出"；贷记"待处理财产损溢——待处理流动资产损溢"。根据《增值税暂行条例》及其实施细则的规定，非正常损失的购进货物或相关的应税劳务的进项税额不得从销项税额中抵扣，所以增值税的进项税额作转出处理。所谓非正常损失，是指因管理不善造成被盗、丢失、霉烂变质的损失。如果材料的毁损因自然灾害造成，可以从销项税额中抵扣，增值税的进项税额不作转出处理。

二、工作过程

1. 存货盘盈

【会计工作39】某企业在财产清查中盘盈的库存商品2 000元，经批准期末冲减管理费用。

【会计凭证】存货盘点报告表。

【工作指导】① 批准前的会计处理：

借：库存商品　　　　　　　　　　　　　　　　　　　　　　　　2 000
　　贷：待处理财产损溢——待处理流动资产损溢　　　　　　　　　　　　2 000

② 批准后：

借：待处理财产损溢——待处理流动资产损溢　　　　　　　　　　　2 000
　　贷：管理费用　　　　　　　　　　　　　　　　　　　　　　　　2 000

2. 存货盘亏及毁损

【会计工作40】某企业在财产清查盘点中发现A材料盘亏2 000元（计划成本），材料成本差异200元（超支）。

【会计凭证】处理意见书、存货盘点报告表。

【工作指导】① 如果盘亏的材料，属于自然损耗：

借：待处理财产损溢——待处理流动资产损溢　　　　　　　　　　　2 000
　　贷：原材料　　　　　　　　　　　　　　　　　　　　　　　　2 000

同时，调整盘亏材料的成本差异：

借：待处理财产损溢——待处理流动资产损溢　　　　　　　　　　　　200
　　贷：材料成本差异　　　　　　　　　　　　　　　　　　　　　　200

② 批准后，计入管理费用：

借：管理费用　　　　　　　　　　　　　　　　　　　　　　　　2 200
　　贷：待处理财产损溢——待处理流动资产损溢　　　　　　　　　　　2 200

③ 如果盘亏的材料，属于一般经营造成的损失，责任人赔款1 500元：

a. 批准前同上。

b. 批准后计入管理费用：

借：其他应收款　　　　　　　　　　　　　　　　　　　　　　　1 500
　　管理费用　　　　　　　　　　　　　　　　　　　　　　　　　700
　　贷：待处理财产损溢——待处理流动资产损溢　　　　　　　　　　　2 200

④ A材料实际成本2 200元，该材料的进项税额为374元。经查明，是由于管理不善被

盗造成的损失，保险公司赔款 1 000 元，过失人赔偿 500 元，毁损材料残值 100 元。

a. 批准前：

借：待处理财产损溢——待处理流动资产损溢	2 574
贷：原材料	2 200
应交税费——应交增值税（进项税额转出）	374

b. 批准后，针对不同情况处理：

借：其他应收款——保险公司	1 000
——过失人	500
原材料	100
管理费用	974
贷：待处理财产损溢——待处理流动资产损溢	2 574

三、任务总结

存货清查的有关会计处理如表 5-2 所示。

表 5-2　存货清查的有关会计处理

资产	盘　盈	盘　亏

存货	借：原材料等
	  贷：待处理财产损溢
	借：待处理财产损溢
	  贷：管理费用
		借：待处理财产损溢
		  贷：原材料等
		    应交税费——应交增值税（进项税额转出）（管理不善情况下存货的进项税额转出）
		借：原材料（残料）
		  其他应收款（保险公司或过失人赔偿）
		  管理费用（计量收发差错或管理不善）
		  营业外支出（自然灾害、意外事故）
		  贷：待处理财产损溢

课堂训练

（一）选择题（下列答案中有一项或多项是正确的，将正确答案填入括号内。）

1. 某企业因火灾盘亏一批材料 10 000 元，该批材料的进项税为 1 700 元。收到各种赔款 1 250 元。报经批准后，应记入"营业外支出"账户的金额为（　　）元。

 A. 17 000　　　　B. 10 200　　　　C. 11 500　　　　D. 8 500

2. 对于盘亏的存货，先将其记入"待处理财产损溢"，经过批准后根据不同的原因可以分别记入"（　　）"。

 A. 管理费用　　　B. 销售费用　　　C. 营业外支出　　D. 其他应收款

（二）实训题

1. 甲公司在财产清查中发现盘盈 J 材料 1 000 千克，实际的单位成本 60 元，经查实属于材料收发计量方面的错误。

2. 甲公司在财产清查中发现盘亏 K 材料 500 千克，实际的单位成本 200 元，经查实属于一般经营损失。

3. 甲公司在财产清查中发现毁损 L 材料 300 千克，实际的单位成本 100 元，经查实属于材料保管员的过失造成的，按规定由其个人赔偿 20 000 元，残料已办理入库手续，价值 2 000 元。

4. 甲公司因台风造成一批库存材料毁损，实际成本 70 000 元，根据保险责任范围及保险合同规定，应由保险公司赔偿 50 000 元。

请为甲公司作相应会计分录。

任务 7　存货减值的核算

一、相关知识

（一）存货期末计量的原则

资产负债表日，存货应当按照成本与可变现净值孰低计量。

当存货成本低于可变现净值时，存货按成本计量；当存货成本高于可变现净值时，存货按可变现净值计量，同时按照成本高于可变现净值的差额计提存货跌价准备，计入当期损益。

这里所讲的"成本"是指存货的实际成本，即对发出存货按先进先出法、个别计价法、加权平均法计价时计算的期末存货实际成本。如果企业在存货成本的日常核算中采用计划成本法、售价金额法等核算法，则成本为经调整后的实际成本。"可变现净值"是指在日常活动中，存货的估计售价减去至完工时估计将要发生的成本、估计的销售费用以及相关税费后的金额。

成本与可变现净值孰低计量的理论基础主要是使存货符合资产的定义。当存货的可变现净值下跌至成本以下时，表明该存货会给企业带来的未来经济利益低于其账面成本，因而应将这部分损失从资产价值中扣除，计入当期损益。否则，存货的可变现净值低于成本时，如果仍然以其成本计量，就会出现虚计资产的现象。

（二）存货可变现净值的应用

在存货期末计量中，如何准确地确定各种存货的可变现净值是关键。因此，企业在确定存货的可变现净值时，不仅应当以取得的确凿证据为基础，还要考虑持有存货的目的、资产负债表日后事项的影响等因素。具体来说，企业应区别以下情况确定存货的可变现净值。

- 存货的可变现净值=存货的估计售价–进一步加工成本–估计销售费用和税费
- 如果存货是直接用于出售的，其可变现净值=存货的估计售价–估计的销售费用和税费

1. 有销售合同或劳务合同而持有的存货的可变现净值的确定

（1）企业持有存货的数量等于销售合同订购数量

这类存货的可变现净值通常应以产成品或商品的合同价格作为其可变现净值的计量基础。

（2）企业持有存货的数量多于销售合同订购数量

在这种情况下可分为两部分进行计量：一是合同订购数量内的部分存货，其可变现净值按产成品或商品的合同价格计算；二是超出销售合同订购数量的部分存货，其可变现净值应当以产成品或商品的一般销售价格计算。

（3）企业持有存货的数量少于销售合同订购数量

在这种情况下，企业实际持有与该销售合同相关的存货应以销售合同所规定的价格作为可变现净值的计算基础。如果该合同为亏损合同，还应同时按照《企业会计准则第13号——或有事项》的规定确认预计负债。

2. 没有销售合同或劳务合同而持有的存货的可变现净值的确定

没有销售合同约定的存货（不包括用于出售的材料），其可变现净值应当以产成品或商品的一般销售价格（即市场销售价格）作为计算基础。

用于出售的材料等，通常应以市场价格作为其可变现净值的计量基础。这里的市场价格是指材料等的市场销售价格。

为生产而持有的材料（这里的材料是指原材料、在产品、委托加工材料等），其计量基础分两种情况：

（1）产品没有发生减值，则材料按成本计量

如果用材料生产的产成品的可变现净值预计高于成本（这里的成本是指产成品的生产成本），则该材料仍然应当按照成本计量。

（2）产品发生减值，则材料按成本与可变现净值孰低计量

如果材料价格下降表明产成品的可变现净值低于成本，则该材料应当按可变现净值计量。

（三）计提存货跌价准备的核算

企业应当定期或至少每年度末对存货进行全面清查，如有因存货毁损、陈旧过时或销售价格低于成本等使存货成本高于可变现净值的，应按可变现净值低于存货成本的部分计提存货跌价准备。

1. 存货减值迹象的判断

资产负债表日，当存在下列情况之一时，应当计提存货跌价准备：

① 市价持续下跌，并且在可预见的未来无回升的希望。

② 企业使用该项原材料生产的产品的成本大于产品的销售价格。

③ 企业因产品更新换代，原有库存原材料已经不适应新产品的需要，而该原材料的市场价格又低于其账面价值。

④ 因企业所提供的商品或劳务过时或消费者偏好改变而使市场的需求发生变化，导致市场价格逐渐下跌。

⑤ 其他足以证明该项存货实质上已经发生减值的情形。

2. 存货存在下列情形之一的，通常表明存货的可变现净值为零

① 已霉烂变质的存货。

② 已过期且无转让价值的存货。

③ 生产中已不再需要，并且已无使用价值和转让价值的存货。

④ 其他足以证明已无使用价值和转让价值的存货。

3. 计提存货跌价准备的方法

如果期末存货的成本低于可变现净值时，不需要作会计处理，资产负债表中的存货仍按期末账面的价值列示；如果期末可变现净值低于成本时，则必须确认当期的期末存货跌价损失，计提存货跌价准备。具体计提方法有：

(1) 按单个存货项目计提存货跌价准备

按单个存货项目计提存货跌价准备是指企业将每个存货项目的成本与其可变现净值逐一比较，按较低者计量存货，并且按成本高于可变现净值的差额，计提存货跌价准备。

(2) 按类别计提存货跌价准备

按类别计提存货跌价准备是将存货类别的成本总额与可变现净值的总额进行比较，每个存货类别均取较低者确定存货期末价值。按照存货类别计提存货跌价准备适用于数量繁多、单位价值较低的存货。

(3) 合并计提存货跌价准备

存货具有相同或类似的用途或目的，并在同一地区生产和销售，意味着存货所处的经济环境、法律环境、市场环境等相同，具有相同的风险和报酬。因此，与在同一地区生产和销售的产品系列相关、具有相同或类似的用途或目的，且难以与其他项目分开计量的存货，可以合并计提存货跌价准备。

4. 存货跌价准备的核算

(1) 设置账户

企业计提存货跌价准备，应设置"存货跌价准备"账户和"资产减值损失"账户核算。

"存货跌价准备"账户是存货的备抵账户，其贷方登记企业计提的减值准备的数额，借方登记冲减恢复的减值准备、发出存货应转出的减值准备。余额在贷方，反映企业已计提但尚未转销的存货跌价准备。

"资产减值损失——计提的存货跌价准备"账户属于损益类账户，其借方登记企业计提的存货跌价准备的数额，贷方登记企业转回的存货跌价准备的数额。期末应将本账户余额转入"本年利润"账户，结转后本账户无余额。

(2) 账务处理

资产负债表日，企业首次计提存货跌价准备时，应按存货可变现净值低于其成本的差额，借记"资产减值损失——计提的存货跌价准备"账户，贷记"存货跌价准备"账户；以后各期，比较成本与可变现净值，计算出应计提的存货跌价准备数额（应提数），然后与"存货跌价准备"账户的余额（已提数）进行比较，如果应提数大于已提数，应予以补提；反之，应冲销多提部分数；如果以前减记存货价值的影响因素已经消失，则减记的金额应当予以恢复，并在原已计提的存货跌价准备的金额内转回，转回的存货跌价准备与计提该准备的存货项目或类别应当存在直接对应关系，转回金额应以存货跌价准备的余额冲减至零为限。

企业计提了存货跌价准备，如果其中有部分存货已经销售，则企业在结转销售成本时应结转对其已计提的存货跌价准备。

二、工作过程

【会计工作41】某企业按"成本与可变现净值孰低法"对期末存货计价，并按单个存货项目计提存货跌价准备。2016年12月31日A、B、C三种存货的成本分别为1 000万元、720万元、2 400万元，可变现净值分别为950万元、700万元、2 600万元。

【工作指导】C存货成本低于可变现净值，不计提存货跌价准备；A、B两种存货应计提存货跌价准备70万元。

借：资产减值损失——A　　　　　　　　　　　　　　　　50
　　　　　　　　　——B　　　　　　　　　　　　　　　　20

　　　　贷：存货跌价准备——A　　　　　　　　　　　　　　　　　　　　　　　50
　　　　　　　　　　　　——B　　　　　　　　　　　　　　　　　　　　　　　20

【会计工作42】承【会计工作41】，2016年12月31日，存货A、C没有发生变化，存货B市场价格有所上升，预计其可变现净值为715万元。

【工作指导】存货B应计提存货跌价准备5万元，已计提20万元。应冲减存货跌价准备15万元。

　　　借：存货跌价准备——B　　　　　　　　　　　　　　　　　　　　　　　15
　　　　贷：资产减值损失——B　　　　　　　　　　　　　　　　　　　　　　　15

【会计工作43】承【会计工作41】、【会计工作42】，至2016年12月31日，存货A账面历史成本为1 000万元，销售后账面历史成本为600万元；存货B市场价格持续上升，根据有关资料，可以判断以前造成存货B减值的因素已经消失，预计其可变现净值为730万元；存货C没有发生任何变化。

【工作指导】存货C不作会计处理；存货B可变现净值已经高于成本，应在其已计提的存货跌价准备金额5万元内将减值金额转回；存货A在结转销售成本时结转销售部分存货已计提的存货跌价准备。

　　　借：存货跌价准备——B　　　　　　　　　　　　　　　　　　　　　　　　5
　　　　贷：资产减值损失——B　　　　　　　　　　　　　　　　　　　　　　　　5
　　　借：主营业务成本——A　　　　　　　　　　　　　　　　　　　　　　　380
　　　　　存货跌价准备——A　　　　　　　　　　　　　　　　　　　　　　　 20
　　　　贷：库存商品——A　　　　　　　　　　　　　　　　　　　　　　　　400

存货A应结转的存货跌价准备为：50/1 000×(1 000−600)=20（万元）

【例题】某企业2017年3月31日，乙存货的实际成本为100万元，加工该存货至完工产成品估计还将发生成本为25万元，估计销售费用和相关税费为3万元，估计该存货生产的产成品售价120万元。假定乙存货月初"存货跌价准备"科目余额为12万元，2017年3月31日应计提的存货跌价准备为（　　）万元。

　　A. −8　　　　　　B. 4　　　　　　C. 8　　　　　　D. −4

可变现净值=存货的估计售价−进一步加工成本−估计的销售费用和税费=120−25−3=92（万元）。当期应计提的存货跌价准备=（存货成本−可变现净值）−存货跌价准备已有贷方余额=（100−92）−12=−4（万元）

课堂训练

（一）选择题（下列答案中有一项或多项是正确的，将正确答案填入括号内。）

某企业采用成本与可变现净值孰低法对存货进行期末计价，成本与可变现净值按单项存货进行期末计价，成本与可变现净值按单项存货进行比较。2016年12月31日，甲、乙、丙三种存货的成本与可变现净值分别为：甲存货成本200万元，可变现净值160万元；乙存货成本240万元，可变现净值300万元；丙存货成本360万元，可变现净值300万元。甲、乙、丙三种存货此前未计提存货跌价准备。假定该企业只有这三种存货，2016年12月31日应计提的存货跌价准备总额为（　　）万元。

A. 0 B. 40 C. 100 D. 60

（二）实训题

A 公司某项库存商品 2015 年 12 月 31 日账面余额为 1 000 万元，已计提存货跌价准备 200 万元。2016 年 1 月 20 日，A 公司将上述商品对外出售，售价为 900 万元，增值税销项税额为 153 万元，收到款项存入银行。

要求：编制出售商品时的会计分录。

项目 6

持有至到期投资的核算

学习目标

了解持有至到期投资的特征；掌握持有至到期投资初始投资成本的确定；掌握持有至到期投资处置的会计处理。

工作情境

嘉陵东风机械有限责任公司发生下列类型业务：

2016年1月1日，公司支付价款及交易费用从活跃市场上购入甲公司于当日发行的5年期债券，面值100万元，票面利率为5%，实际利率为3.88%，按年支付利息，下一年的1月15日实际收到利息，债券到期一次还本。东风公司准备也有能力持有债权至到期。

请您帮助东风公司会计处理上述业务，并登记持有至到期投资明细账。

一、相关知识

（一）认知持有至到期投资

持有至到期投资是指到期日固定、回收金额固定或可确定，且企业有明确意图和能力持有至到期的非衍生金融资产。通常情况下，企业持有的在活跃市场上有公开报价的国债、企业债券、金融债券等，可以划分为持有至到期投资。

如果企业管理层决定将某项金融资产持有至到期，则在该金融资产未到期前，不能随意改变其"最初意图"。也就是说，投资者在取得股权投资时意图就应当是明确的，除非遇到一些企业所不能控制、预期不会重复发生且难以合理预计的独立事件，否则将持有至到期。

在将某项投资划分为持有至到期投资时，应把握其特征。

1. 到期日固定、回收金额固定或可确定

到期日固定、回收金额固定或可确定，是指相关合同明确了投资者在确定的期间内获得或应收取现金流量（例如投资利息和本金等）的金额和时间。首先，从投资者角度看，如果不考虑其他条件,在将某项投资划分为持有至到期投资时可以不考虑可能存在的发行方重大支付风险。其次,由于要求到期日固定,从而权益工具投资不能划分为持有至到期投资。最后,如果符合其他条件,不能因某债务工具投资是浮动利率投资而不将其划分为持有至到期投资。

2. 有明确意图持有至到期

有明确意图持有至到期,是指投资者在取得投资时意图就是十分明显,除非遇到一些企业所不能控制、预期不会重复发生且难以合理预计的独立事件,否则将持有至到期。

存在下列情况之一的,表明企业没有明确意图将金融资产投资持有至到期:

① 持有该金融资产的期限不确定。

② 发生市场利率变化、流动性需要变化、替代投资机会及其投资收益率变化、融资来源和条件变化、外汇风险变化等情况时,将出售该金融资产。但是无法控制、预期不会重复发生且难以合理预计的独立事件引起的金融资产出售除外。

③ 该金融资产的发行方可以按照明显低于其摊余成本的金额清偿。

④ 其他表明企业没有明确意图将该金融资产持有至到期的情况。

据此,对于发行方可以赎回的债务工具,如发行方行使赎回权,投资者仍可收回其几乎所有初始净投资(含支付的溢价和交易费用),那么投资者可以将此类投资划分为持有至到期投资。但是对于投资者有权要求发行方赎回的债务工具投资,投资者不能将其划分为持有至到期投资。

3. 有能力持有至到期

有能力持有至到期,是指企业有足够的财务资源,并不受外部因素影响将投资持有至到期。

存在下列情况之一的,表明企业没有能力将具有固定期限的金融投资持有至到期:

① 没有可利用的财务资源持续地为该金融资产投资提供资金支持,以使该金融资产投资持有至到期。

② 受法律、行政法规的限制,企业难以将该金融资产投资持有至到期。

③ 其他表明企业没有能力将具有固定期限的金融资产投资持有至到期的情况。

企业应当于每个资产负债表日对持有至到期投资的意图和能力进行评价。发生变化的,应当将其重分类为可供出售金融资产进行处理。

(二)持有至到期投资的会计处理

持有至到期投资的会计处理,着重于该金融资产的持有者打算"持有至到期",至到期前通常不会出售或重分类。因此,持有至到期投资的会计处理主要应解决该金融资产实际利率的计算、摊余成本的确定、持有期间的收益确认以及将其处置时损益的处理。

1. 取得持有至到期投资

企业取得持有至到期投资,应按该投资的面值,借记"持有至到期投资——成本"科目,按支付的价款中包含的已到付息期但尚未领取的利息,借记"应收利息"科目,按实际支付的金额,贷记"银行存款"等科目,按其差额,借记或贷记"持有至到期投资——利息调整"科目。

2. 持有至到期投资的持有

（1）持有至到期投资的债券利息收入

企业在持有至到期投资的会计期间，应当按照摊余成本对持有至到期投资进行计量。在资产负债表日，按照持有至到期投资摊余成本和实际利率计算确定的债券利息收入，应当作为投资收益进行会计处理。

摊余成本是指该金融资产的初始确认金额经下列调整后的结果：

① 扣除已偿还的本金。

② 扣除已发生的减值损失。

③ 加上或减去采用实际利率法将该初始确认金额与到期日金额之间的差额进行摊销形成的累计摊销额（利息调整的摊销额）。

期末摊余成本=期初摊余成本+利息调整摊销额−实际收到本金−减值准备

利息调整摊销额=期初摊余成本×实际利率−面值×票面利率

汇总：期末摊余成本=期初摊余成本+本期计提利息（期初摊余成本×实际利率）−本期应收未收利息（分期付息债券面值×票面利率）和本金−本期计提的减值准备

实际利率是指将金融资产在预期存续期间或适用的更短期间的未来现金流量，折现为该金融资产当前账面价值所使用的利率。实际利率在相关金融资产预期存续期间或适用的更短期间保持不变。

需要说明的是，如果有客观证据表明该金融资产的实际利率计算的各期利息收入与名义利率计算的相差很小，也可采用名义利率替代实际利率。

有关利息的账务处理。

资产负债表日，持有至到期投资为分期付息、一次还本债券投资的，应按票面利率计算确定的应收未收利息，借记"应收利息"科目，按持有至到期投资摊余成本和实际利率计算确定的利息收入，贷记"投资收益"科目，按其差额，贷记"持有至到期投资——利息调整"科目。

持有至到期投资为一次性还本付息债券投资的，应于资产负债日按票面利率计算确定的应收未收利息，借记"持有至到期投资——应计利息"科目，按持有至到期投资摊余成本和实际利率计算确定的利息收入，贷记"投资收益"科目，按其差额，借记或贷记"持有至到期投资——利息调整"科目。

（2）持有至到期投资的减值

资产负债表日，对持有至到期投资进行减值测试。持有至到期投资的账面价值高于预计未来现金流量现值的，企业应当将该持有至到期投资的账面价值减记至预计未来现金流量现值，将减记的金额作为资产减值损失进行会计处理，计入当期损益。发生减值时借记"资产减值损失"科目，贷记"持有至到期投资减值准备"科目。

已计提减值准备的持有至到期投资的价值若在以后得以恢复，应在原来已计提的减值准备金额内，按恢复增加的金额借记"持有至到期投资减值准备"科目，贷记"资产减值损失"科目。

3. 出售持有至到期投资

出售持有至到期投资，应按实际收到的金额，借记"银行存款"等科目，按其账面余额，贷记"持有至到期投资——成本、利息调整、应计利息"科目，按其差额，贷记或借记"投资收益"科目。已计提减值准备的，还应同时结转减值准备。

二、工作过程

【会计工作1】 佳宁有限责任公司 2016 年 1 月 1 日从上海证券交易所购入南方公司同日发行的 3 年期债券,准备持有至到期,该债券面值为 100 000 元,票面利率为 6%,实际利率为 6.46%,实际支付价款 98 800 元,每年付息一次。佳宁有限责任公司将其划分为持有至到期投资。

【会计凭证】 汇款委托书(回单)、证券机构取得的交割单。

【工作指导】 购入时,佳宁有限责任公司的会计分录为:

借:持有至到期投资——南方公司债券——成本　　　　　　　　　100 000
　　贷:其他货币资金　　　　　　　　　　　　　　　　　　　　　　98 800
　　　　持有至到期投资——南方公司债券——利息调整　　　　　　　1 200

【会计工作2】 承【会计工作1】,根据约定,2016 年 12 月 31 日,佳宁有限责任公司按期收到南方公司支付的第一年债券利息 6 000 元,并按照摊余成本和实际利率确认的投资收益为 6 382.48 元;2017 年 12 月 31 日,佳宁有限责任公司按期收到南方公司支付的第二年债券利息 6 000 元,并按照摊余成本和实际利率确认的投资收益为 6 407.19 元;2018 年 12 月 31 日,佳宁有限责任公司按期收到南方公司支付的第三年债券利息 6 000 元,并按照摊余成本和实际利率确认的投资收益为 6 410.33 元。

【工作指导】 佳宁有限责任公司 2016 年 12 月 31 日会计处理:

　　实际利息收入=期初摊余成本×实际利率=98 800×6.46%=6 382.48(元)

　　应收利息=债券面值×票面利率=100 000×6%=6 000(元)

　　债券折价摊销=6 382.48−6 000=382.48(元)

借:应收利息——南方公司债券　　　　　　　　　　　　　　　　　6 000
　　持有至到期投资——南方公司债券——利息调整　　　　　　　　 382.48
　　贷:投资收益——南方公司债券　　　　　　　　　　　　　　　6 382.48

同时:

借:其他货币资金——存出投资款　　　　　　　　　　　　　　　　6 000
　　贷:应收利息——南方公司债券　　　　　　　　　　　　　　　6 000

2017 年 12 月 31 日:

　　实际利息收入=期初摊余成本×实际利率=(98 800+382.48)×6.46%=6 407.19(元)

　　应收利息=债券面值×票面利率=100 000×6%=6 000(元)

　　债券折价摊销=6 407.19−6 000=407.19(元)

借:应收利息——南方公司债券　　　　　　　　　　　　　　　　　6 000
　　持有至到期投资——南方公司债券——利息调整　　　　　　　　 407.19
　　贷:投资收益——南方公司债券　　　　　　　　　　　　　　　6 407.19

同时:

借:其他货币资金——存出投资款　　　　　　　　　　　　　　　　6 000
　　贷:应收利息——南方公司债券　　　　　　　　　　　　　　　6 000

2018 年 12 月 31 日:

由于存在误差,最后一年应将剩余折价摊销完,故:

2018年12月31日债券折价摊销=1 200–382.48–407.19=410.33（元）

应收利息=债券面值×票面利率=100 000×6%=6 000（元）

实际利息收入=折价摊销+应收利息=410.33+6 000=6 410.33（元）

借：应收利息——南方公司债券　　　　　　　　　　　　　　6 000
　　持有至到期投资——南方公司债券——利息调整　　　　　410.33
　贷：投资收益——南方公司债券　　　　　　　　　　　　　6 410.33

同时：

借：其他货币资金——存出投资款　　　　　　　　　　　　　6 000
　贷：应收利息——南方公司债券　　　　　　　　　　　　　6 000

【会计工作3】承【会计工作2】，假如2016年12月31日佳宁有限责任公司持有的南方公司债券有足够的证据表明发生了减值，预计持有的该债券未来现金流量的现值为98 064.96元，而其账面价值为99 182.48元（其中成本为100 000元，利息调整为贷方817.52元），减值损失为1 117.52元。假定2017年12月31日，有客观证据表明持有的南方公司债券价值已经恢复，且客观上与确认该损失后发生的事项有关，假定佳宁有限责任公司确认的应恢复的金额为1 000元。

【工作指导】佳宁有限责任公司2014年12月31日应计提减值准备：

借：资产减值损失——计提的持有至到期投资减值准备——南方公司债券　　1 117.52
　贷：持有至到期投资减值准备——南方公司债券　　　　　　　　　　　　1 117.52

佳宁有限责任公司2017年12月31日，确认南方公司债券投资减值损失转回时：

借：持有至到期投资减值准备——南方公司债券　　　　　　　　　　　　　1 000
　贷：资产减值损失——计提的持有至到期投资减值准备——南方公司债券　1 000

【会计工作4】假如2016年12月21日佳宁有限责任公司将持有至到期投资出售，收到价款99 100元。持有至到期投资减值准备账户贷方余额1 117.52元，利息调整贷方余额817.52元。

【工作指导】佳宁有限责任公司的会计分录为：

借：其他货币资金——存出投资款　　　　　　　　　　　　　99 100
　　持有至到期投资——南方公司债券——利息调整　　　　　817.52
　　持有至到期投资减值准备　　　　　　　　　　　　　　　1 117.52
　贷：持有至到期投资——南方公司债券——成本　　　　　　100 000
　　　投资收益——南方公司债券　　　　　　　　　　　　　1 035.04

课堂训练

（一）单选题

1. 企业持有至到期投资为一次还本付息债券的，资产负债表日确认当期应收未收的利息应计入的会计科目是（　　）。

　　A. 持有至到期投资——应计利息　　　　B. 应收利息
　　C. 其他应收款　　　　　　　　　　　　D. 长期应收款

2. 甲公司2017年1月1日按每张980元的价格购入乙公司于2017年1月1日发行的期

限为 2 年、面值为 1 000 元、票面利率为 3%，分期付息到期还本的普通债券 1 000 张，将其划分为持有至到期资产核算，发生交易费用 8 000 元，票款以银行存款支付。该债券的实际年利率为 3.63%，2017 年 12 月 31 日按照摊余成本和实际利率确认的投资收益为 35 864.4 元，则 2017 年年末持有至到期投资的摊余成本为（　　）元。

  A．980 000   B．988 000   C．978 480.4   D．993 864.4

（二）判断题

3．已计提减值准备的持有至到期投资价值以后又得以恢复的，应当在原已计提的减值准备金额范围内予以转回。转回的金额计入投资收益。（　　）

项目 7

长期股权投资的核算

学习目标

掌握长期股权投资的性质与范围;掌握长期股权投资初始投资成本的确定;掌握长期股权投资后续计量的成本法与权益法;掌握长期股权投资处置的会计处理。

工作情境

小王在一家大型公司做会计工作已有四年,2015年春节后,公司财务唐经理安排小王协助陈会计师做投资核算工作。陈会计要求小王首先要了解投资核算工作的职责:

1. 在上级的领导下,进行资本市场分析,对投资项目的可行性进行研究,负责设计评审工作。

2. 参与投资项目谈判,与合作伙伴、主管部门和潜在客户保持良好的业务关系。

3. 对投资项目进行财务调查、财务测算、成本分析和敏感性分析。

4. 具体承揽投资项目,并设计方案,组织实施,定期汇报工作进度,及时向上级汇报对投资项目的行为产生重大影响的事件或变动信息。

5. 在上级的领导下,收缴投资项目收益。

6. 能够对投资的会计处理与所得税的关系进行分析,将有关的会计信息在财务报告中列报和披露。

7. 参加部门的有关管理会议,参与重大业务及管理决策,收集、整理投资项目档案,建立、维护投资信息库。

8. 其他相关工作。

不久,小王就进入工作状态并顺利开展本职工作。

任务1　认知长期股权投资

一、相关知识

（一）长期股权投资的概念

长期股权投资是指通过投出各种资产取得被投资企业股权且不准备随时出售的投资。企业的长期股权投资一般长期持有，通常不能随时出售。一般来说，企业进行长期股权投资主要是出于获取竞争优势的战略性考虑或通过多元化经营降低经营风险，如通过对原材料供应商的投资而获得稳定的原材料供应，通过参股控股其他企业而进入其他行业等。

《企业会计准则第2号——长期股权投资》规定的长期股权投资包括企业持有的对其子公司、合营企业及联营企业的权益性投资。

控制是指有权决定一个企业的财务和经营政策，并能据以从该企业的经营活动中获取利益。企业能够对被投资企业实施控制，被投资单位为本企业的子公司。（一般持股比例大于50%）

共同控制是指按照合同约定对某项经济活动所共有的控制，仅在与该项经济活动相关的重要财务和经营决策需要分享控制权的投资方一致同意时存在。企业与其他方对被投资单位实施共同控制的，被投资单位为本企业的合营企业。（一般持股比例等于50%）

重大影响是指对一个企业的财务和经营政策有参与决策的权利，但并不能控制或者与其他方一起控制这些政策的制定。企业能够对被投资单位施加重大影响的，被投资单位为本企业的联营企业。（20%≤一般持股比例<50%）

持股比例是相对数，供参考，还要看实质效力。

（二）长期股权投资的分类

1. 按照长期股权投资的取得方式，可以分为通过企业合并取得的长期股权投资和通过其他方式取得的长期股权投资

（1）通过企业合并取得的长期股权投资

企业合并，是指将两个或两个以上单独的企业合并形成一个报告主体的交易或事项。从合并方式上看，企业合并包括控股合并、吸收合并及新设合并。

控股合并，是指合并方（或购买方，下同）通过企业合并交易或事项取得对被合并方（或被购买方，下同）的控制权，能够主导被合并方的生产经营决策，从而将被合并方纳入其合并财务报表范围形成一个报告主体的情况。控股合并中，被合并方在企业合并后仍保持其独立的法人资格继续经营，合并方在合并中取得的是对被合并方的股权。合并方在其账簿及个别财务报表中应确认对被合并方的长期股权投资，合并中取得的被合并方的资产和负债仅在合并财务报表中确认。

吸收合并，是指合并方在企业合并中取得被合并方的全部净资产，并将有关资产、负债并入合并方自身的账簿和报表进行核算。企业合并后，注销被合并方的法人资格，由合并方持有合并中取得的被合并方的资产、负债，在新的基础上继续经营。

新设合并，是指企业合并中注册成立一家新的企业，由其持有原参与合并各方的资产、负债在新的基础上经营。原参与合并各方在合并后均注销其法人资格。

控股合并形成投资企业的长期股权投资。

通过企业合并取得的长期股权投资，又可以进一步划分为同一控制下的企业合并取得的长期股权投资和非同一控制下的企业合并取得的长期股权投资。

① 同一控制下的企业合并。参与合并的企业在合并前后均受同一方或相同的多方最终控制且该控制并非暂时性的，为同一控制下的企业合并。例如，A 公司为 B 公司和 C 公司的母公司，A 公司将其持有的 C 公司 50%的股权转让给 B 公司。转让股权后，B 公司持有 C 公司 50%的股权，但 B 公司和 C 公司仍由 A 公司所控制。

② 非同一控制下的企业合并。参与合并的各方在前后不受同一方或相同的多方最终控制的，为非同一控制下的企业合并。

（2）通过其他方式取得的长期股权投资

通过其他方式取得的长期股权投资主要包括以支付现金方式取得的长期股权投资、通过发行权益性证券取得的长期股权投资、投资者投入的长期股权投资以及通过非货币性资产交换或债务重组取得的长期股权投资等。

2. 按照被投资企业的性质，可以分为股票投资和其他股权投资

股票投资是指企业以购买股票的方式对其他企业所进行的投资。企业购买并持有某股份有限公司的股票后，即成为该公司的股东。投资企业有权参与被投资企业的经营管理，并根据股份有限公司经营的好坏，按持有股份的比例分享利润、分担亏损，如果股份有限公司破产，投资企业（股东）不但分不到红利，而且有可能失去入股的本金。因此，与债券投资比，股票投资具有风险大、责权利较大、获取经济利益较多等特点。

其他股权投资是指除去股票投资以外具有股权性质的投资，一般是指企业直接将现金、实物或无形资产等投资于其他企业，取得股权的一种投资。其他股权投资是一种直接投资，在我国主要是指联营投资。进行其他股权投资的企业，资产一经投出，除联营期满或由于特殊原因联营企业解散外，一般不得抽回投资，投资企业根据被投资企业经营的好坏，按其投资比例分享利润或分担亏损，其他投资与股票投资一样，也是一种权益性投资。

3. 按照对被投资企业产生的影响，可以分为控制型长期股权投资、共同控制型长期股权投资、重大影响型长期股权投资

（三）长期股权投资的核算方法

长期股权投资的核算方法包括：一是成本法；二是权益法。

1. 成本法核算的长期股权投资的范围

企业能够对被投资单位实施控制的长期股权投资，如企业对子公司的长期股权投资。

企业对子公司的长期股权投资应当采用成本法核算，编制合并财务报表时按照权益法进行调整。

2. 权益法核算的长期股权投资的范围

企业对被投资单位具有共同控制或重大影响时，长期股权投资应当采用权益法核算。

① 企业对被投资单位具有共同控制的长期股权投资。

② 企业对被投资单位具有重大影响的长期股权投资。

为了核算企业的长期股权投资，企业应当设置"长期股权投资""投资收益"等科目。

二、知识拓展

成本法、权益法的判断

判断成本法核算还是权益法核算主要有两条途径：

第一条途径是资料给出投资企业对于被投资企业的影响：

成本法：投资方对被投资方不具有共同控制或重大影响，应该采用成本法；投资方能够控制被投资方，也应该采用成本法。

权益法：投资方对于被投资方具有共同控制或重大影响，应该用权益法。

第二条途径是给出持股比例：

成本法：持股比例在50%以上时应该采用成本法核算。

权益法：持股比例在20%~50%（包括20%和50%）时应该采用权益法核算。

第一条途径高于第二条途径，也就是说资料中给出了持股比例为45%，同时又给出了对被投资方不具有控制，那么，就不能按照持股比例采用权益法，而应该按照实际影响采用成本法。

任务2 核算长期股权投资的成本法

一、相关知识

（一）成本法的概念及其适用范围

成本法，是指投资按成本计价的方法。其适用于下列情形：

① 投资企业能够对被投资单位实施控制的长期股权投资。

② 由于投资企业能够对被投资企业实施控制，需要编制合并财务报表，因此，长期股权投资可以按照成本计价，以免在编制合并财务报表时，抵消过多的内部重复计算项目。

（二）采用成本法核算长期股权投资的账务处理

1. 长期股权投资初始投资成本的确定

除企业合并形成的长期股权投资以外，以支付现金取得的长期股权投资，应当按照实际支付的购买价款作为初始投资成本。企业所发生的与取得长期股权投资直接相关的费用、税金及其他必要支出应计入长期股权投资的初始投资成本。

同时，企业取得长期股权投资，实际支付的价款或对价中包含的已宣告但尚未发放的现金股利或利润，应作应收项目处理，不计入长期股权投资的成本。

2. 取得长期股权投资

取得长期股权投资时，应按照初始投资成本计价。按上述规定确定的长期股权投资初始投资成本，借记"长期股权投资"科目，贷记"其他货币资金"等科目。如果实际支付的价款中包含的已宣告但尚未发放的现金股利或利润，应借记"应收股利"，贷记"长期股权投资"科目。

3. 长期股权投资持有期间被投资单位宣告发放现金股利或利润

长期股权投资持有期间被投资单位宣告发放现金股利或利润，采用成本法核算时，企业按应享有的部分确认为投资收益，应借记"应收股利"，贷记"投资收益"科目。

4. 长期股权投资的处置

处置长期股权投资时，按实际取得的价款与长期股权投资账面价值的差额确认为投资损益，并应同时结转已计提的长期股权投资减值准备。

会计处理：企业处置长期股权投资时，按实际收到的金额，借记"其他货币资金"等科目，按原已计提的减值准备，借记"长期股权投资减值准备"科目，按该项长期股权投资的账面余额，贷记"长期股权投资"科目，按尚未领取的现金股利或利润，贷记"应收股利"科目，按其差额，贷记或借记"投资收益"科目。

二、工作过程

1. 取得长期股权投资

【会计工作1】嘉陵公司2016年1月10日购买成达股份公司发行的股票10 000 000股（占该公司55%的股份），准备长期持有。每股买入价6元，购买时另支付相关税费30 000元，款项已支付。

【会计凭证】汇款委托书（回单）、证券机构取得的交割单。

【工作指导】① 计算初始投资成本：

股票成交金额（10 000 000×6）	60 000 000
加：相关税费	30 000
初始投资成本=60 000 000+30 000=60 030 000（元）	

② 会计处理：

借：长期股权投资　　　　　　　　　　　　　　　　　　　60 030 000
　　贷：其他货币资金　　　　　　　　　　　　　　　　　　60 030 000

2. 长期股权投资持有期间被投资单位宣告发放现金股利或利润

【会计工作2】嘉陵公司2016年10月10日购买成达股份公司发行的股票5 000 000股，准备长期持有。每股买入价8元，每股价格中包含0.1元的已宣告分派的现金股利，购买时另支付相关税费20 000元，款项已支付。

【会计凭证】汇款委托书（回单）、证券机构取得的交割单、分红公告。

【工作指导】① 计算初始投资成本：

股票成交金额（5 000 000×8）	40 000 000
加：相关税费	20 000
减：已宣告分派的现金股利（5 000 000×0.1）	500 000
初始投资成本=40 000 000+20 000-500 000=39 520 000（元）	

② 购入股票的会计处理：

借：长期股权投资　　　　　　　　　　　　　　　　　　　39 520 000
　　应收股利　　　　　　　　　　　　　　　　　　　　　　　500 000
　　贷：其他货币资金　　　　　　　　　　　　　　　　　　40 020 000

③ 假定公司2016年11月5日收到成达股份公司分来的购入股票时已宣告分派的现金股利500 000元，此时作如下会计处理：

借：其他货币资金　　　　　　　　　　　　　　　　　　　　500 000
　　贷：应收股利　　　　　　　　　　　　　　　　　　　　　500 000

④ 假定公司长期股权投资持有期间被投资单位宣告分派现金股利或利润时，公司按应享有的部分确认为投资收益，会计处理为：

借：应收股利　　　　　　　　　　　　　　　　　　　　　500 000
　　贷：投资收益　　　　　　　　　　　　　　　　　　　　　500 000

3. 长期股权投资的处置

【会计工作3】2016年10月15日，嘉陵公司将长期投资持有的成达股份公司的5 000 000股股票，以每股9元的价格卖出，支付相关税费30 000元，取得价款45 000 000元，款项已收妥。该长期股权投资账面价值为39 520 000元，假定未计提减值准备。

【会计凭证】银行进账单（收账通知）、证券机构取得的交割单。

【工作指导】处置长期股权投资时，应按实际收到的价款与长期股权投资账面价值的差额确认为投资收益，同时结转已计提的长期股权投资减值准备。

① 计算投资收益：
股票转让取得价款　　　　　　　　　　　　　　　　　　　44 970 000
减：投资账面余额　　　　　　　　　　　　　　　　　　　39 520 000
　　　　投资收益=44 970 000-39 520 000=5 450 000（元）

② 出售股票时的会计处理：
借：其他货币资金　　　　　　　　　　　　　　　　　　　44 970 000
　　贷：长期股权投资　　　　　　　　　　　　　　　　　　39 520 000
　　　　投资收益　　　　　　　　　　　　　　　　　　　　5 450 000

课堂训练

长期股权投资采用成本法核算时，不影响长期股权投资账面价值发生变化的有（　　）。
A. 被投资企业当年实现净利润　　　　B. 被投资企业当年发生净亏损
C. 被投资企业资本公积发生变动　　　D. 持有期间被投资企业宣告分配现金股利

任务3　核算长期股权投资的权益法

一、相关知识

（一）权益法的概念及其适用范围

权益法，是指长期股权投资的账面价值要随着被投资企业的所有者权益变动而变动，大体上反映在被投资企业所有者权益中占有的份额。

投资企业对被投资单位具有共同控制或重大影响的长期股权投资，应当采用权益法核算。在这种情况下，投资企业不编制合并财务报表，但由于在被投资企业中占有较大的份额，按照重要性原则，应对长期股权投资的账面价值进行调整，以客观地反映投资状况。

（二）采用权益法核算长期股权投资的账务处理

采用权益法，应当在"长期股权投资"总账下设置"投资成本""损益调整""其他综合收益""其他权益变动"明细账户进行明细核算。成本法下可不设置上述明细账户。

1. 取得长期股权投资

取得长期股权投资时,长期股权投资的初始投资成本大于投资时应享有被投资企业可辨认净资产公允价值份额的,不调整已确认的初始投资成本,借记"长期股权投资——投资成本"科目,贷记"其他货币资金"等科目。

长期股权投资的初始投资成本小于投资时应享有被投资企业可辨认净资产公允价值份额的差额,可以看作被投资企业的股东给予投资企业的让步,或是出于其他方面的考虑,被投资企业的原有股东无偿赠与投资企业的价值,因而应当确认为当期收益,同时调整长期股权投资的成本,借记"长期股权投资——投资成本"科目,按其差额,贷记"营业外收入"科目。

2. 持有长期股权投资期间被投资单位实现净利润或发生净亏损

投资企业取得长期股权投资后,应当按照应享有或应分担被投资单位实现净利润或发生净亏损的份额(法规或章程规定不属于投资企业的净损益除外),调整长期股权投资的账面价值,并确认为当期投资损益。

按被投资单位实现的净利润计算应享有的份额,借记"长期股权投资——损益调整"科目,贷记"投资收益"科目。被投资单位发生净亏损作相反的会计分录,但以本科目的账面价值减记至零为限,也就意味着"对××单位投资"的明细科目合计为零为限。发生时,借记"投资收益"科目,贷记"长期股权投资——损益调整"科目。

被投资单位以后宣告发放现金股利或利润时,企业计算应分得的部分,借记"应收股利"科目,贷记"长期股权投资——损益调整"科目。投资企业收到被投资单位宣告发放的股票股利,不进行账务处理,而是在备查账簿中登记。

投资企业在持有长期股权投资期间,应当按照应享有或应分担被投资单位实现其他综合收益的份额,如被投资企业对可供出售金融资产公允价值变动,借记"长期股权投资——其他综合收益"科目,贷记"其他综合收益"科目。这里所讲的"其他综合收益",是指企业根据其他会计准则规定未在当期损益中确认的各项利得和损失。

3. 持有长期股权投资期间被投资单位所有者权益的其他变动

在持股比例不变的情况下,被投资单位除净损益、其他综合收益和利润分配外,所有者权益的其他变动,企业按持股比例计算应享有的份额,调整长期股权投资的账面价值,同时增加或减少资本公积。借记或贷记"长期股权投资——其他权益变动"科目,贷记或借记"资本公积——其他资本公积"科目。

"其他综合收益"明细科目核算的内容:被投资单位各交易事项引起的其他综合收益变动。

"其他权益变动"明细科目核算的内容:被投资单位除净损益、其他综合收益和利润分配以外的所有者权益的其他变动。

4. 长期股权投资的处置

处置长期股权投资时,按实际取得的价款与长期股权投资账面价值的差额确认为投资损益,并应结转已计提的长期股权投资减值准备。

会计处理:处置长期股权投资时,按实际收到的金额,借记"其他货币资金"科目,按原已计提的长期股权投资减值准备,借记"长期股权投资减值准备"科目,按该长期股权投资的账面余额,贷记"长期股权投资"科目,按尚未领取的现金股利或利润,贷记"应收股利"科目,按其差额,贷记或借记"投资收益"科目。

与此同时,还应结转原计入"其他综合收益"或"其他权益变动"的相关明细金额,借记或贷记"其他综合收益""资本公积——其他资本公积"科目,贷记或借记"投资收益"。

二、工作过程

1. 取得长期股权投资

【会计工作4】乙企业于2016年1月15日取得甲股份有限公司发行的股票5 000 000股准备长期持有,占甲股份有限公司30%的股权,每股买入价为5.46元,另购买股票时发生相关税费200 000元,款项已由银行存款支付。2015年12月31日,甲股份有限公司所有者权益的账面价值(与其公允价值不存在差异)90 000 000元。

【会计凭证】汇款委托书(回单)、证券机构取得的交割单。

【工作指导】① 计算初始投资成本:

股票成交金额(5 000 000×5.46)　　　　　　　　　　　　　　　　　27 300 000
加:相关税费　　　　　　　　　　　　　　　　　　　　　　　　　　　200 000
　　　　　　初始投资成本=27 300 000+200 000=27 500 000(元)

乙企业长期股权投资的初始成本27 500 000元大于投资时应享有乙公司可辨认净资产公允价值份额27 000 000(90 000 000×30%)元,其差额500 000元不调整已确认的初始投资成本。

② 乙企业股票入账应进行的账务处理为:

借:长期股权投资——投资成本　　　　　　　　　　　　　　　　　　27 500 000
　　贷:他其货币资金　　　　　　　　　　　　　　　　　　　　　　27 500 000

假定取得投资时点上的乙公司净资产公允价值为95 000 000元,甲企业按持股比例30%计算确定应享有28 500 000元,则初始投资成本与应享有乙公司净资产公允价值份额之间的差额1 000 000元应计入取得投资当期的损益。

借:长期股权投资——乙公司——投资成本　　　　　　　　　　　　　28 500 000
　　贷:其他货币资金　　　　　　　　　　　　　　　　　　　　　　27 500 000
　　　　营业外收入　　　　　　　　　　　　　　　　　　　　　　　 1 000 000

2. 持有长期股权投资期间被投资单位实现净利润或发生净亏损

【会计工作5】2016年甲股份有限公司实现净利润10 000 000元,乙企业按照持股比例确认投资收益3 000 000元。假定2017年5月20日,甲股份有限公司宣告发放现金股利,每10股派1元,乙企业可分派到1 000 000元。2017年6月20日,乙企业收到甲股份有限公司分派的现金股利。

【会计凭证】证券机构取得的交割单、分红公告、进账单(收账通知)。

【工作指导】① 确认甲股份有限公司实现的投资收益时:

借:长期股权投资——损益调整　　　　　　　　　　　　　　　　　　3 000 000
　　贷:投资收益　　　　　　　　　　　　　　　　　　　　　　　　3 000 000

② 甲股份有限公司宣告发放现金股利时:

借：应收股利　　　　　　　　　　　　　　　　　　　　　　　1 000 000
　　贷：长期股权投资——损益调整　　　　　　　　　　　　　　　1 000 000
③ 收到甲股份有限公司宣告发放的现金股利时：
借：其他货币资金　　　　　　　　　　　　　　　　　　　　　1 000 000
　　贷：应收股利　　　　　　　　　　　　　　　　　　　　　　　1 000 000

3. 持有长期股权投资期间被投资单位所有者权益的其他变动

【会计工作6】2016年甲股份有限公司可供出售金融资产的公允价值增加了3 000 000元。乙企业按照持股比例确认相应的资本公积900 000元。

【会计凭证】报表（公告）。

【工作指导】乙企业的会计处理为：

借：长期股权投资——其他综合收益　　　　　　　　　　　　　900 000
　　贷：其他综合收益　　　　　　　　　　　　　　　　　　　　　900 000

4. 长期股权投资的处置

【会计工作7】承【会计工作4】、【会计工作5】、【会计工作6】，2018年1月20日，乙企业出售所持甲股份有限公司股票5 000 000股，每股出售价为6.50元，另支付相关税费150 000元，款项已收回。

【会计凭证】证券机构取得的交割单、进账单（收账通知）。

【工作指导】

股票转让实际取得价款（5 000 000×6.50−150 000）　　　　　32 350 000
减：长期股权投资账面余额　　　　　　　　　　　　　　　　30 400 000
　　投资收益　　　　　　　　　　　　　　　　　　　　　　　1 950 000

乙企业的会计处理为：

借：其他货币资金　　　　　　　　　　　　　　　　　　　　32 350 000
　　贷：长期股权投资——投资成本　　　　　　　　　　　　　27 500 000
　　　　　　　　　　——损益调整　　　　　　　　　　　　　 2 000 000
　　　　　　　　　　——其他综合收益　　　　　　　　　　　　 900 000
　　　　投资收益　　　　　　　　　　　　　　　　　　　　　 1 950 000

同时：

借：其他综合收益　　　　　　　　　　　　　　　　　　　　　 900 000
　　贷：投资收益　　　　　　　　　　　　　　　　　　　　　　　900 000

任务4　长期股权投资减值

一、相关知识

（一）长期股权投资减值金额的确定

企业对子公司、合营企业及联营企业的长期股权投资在资产负债表日存在可能发生减值的迹象时，其可收回金额低于账面价值的，应当将该长期股权投资的账面价值减记至可收回金额，减记的金额确认为减值损失，计入当期损益，同时计提相应的资产减值准备。

可收回金额是指资产的公允价值减去处置费用后的净额与资产预计未来现金流量的现值两者之中较高者。

长期股权投资是否发生减值一般根据以下迹象加以判断：
① 市价持续低于账面价值一年以上。
② 被投资单位当年发生严重亏损。
③ 被投资单位持续亏损两年以上。
④ 被投资单位进行清理整顿、清算或出现其他不能持续经营的迹象。

（二）长期股权投资减值的账务处理

企业计提长期股权投资减值准备，应当设置"长期股权投资减值准备"账户核算。企业按应减记的金额，借记"资产减值损失——计提的长期股权投资减值准备"科目，贷记"长期股权投资减值准备"科目。

长期股权投资减值损失一经确认，在以后会计期间不得转回。

二、工作过程

【会计工作8】甲公司对乙公司进行长期股权投资，采用成本法核算，假如2016年乙公司发生巨额亏损，2016年年末甲公司对乙公司的投资按当时的市场收益率对未来现金流量折现确定的现值为14 000 000元，长期股权投资的账面价值为15 000 000元。

【会计凭证】报表（公告）。

【工作指导】甲公司需计提（15 000 000−14 000 000）1 000 000元减值准备，会计处理为：

借：资产减值损失——计提的长期股权投资减值准备　　　　1 000 000
　　贷：长期股权投资减值准备　　　　　　　　　　　　　　　　　1 000 000

三、任务总结

长期股权投资持有期间的有关会计处理如表7-1所示。

表7-1　长期股权投资持有期间的有关会计处理

事　项	成　本　法	权　益　法
初始取得时	借：长期股权投资（初始投资成本） 　　贷：银行存款等	借：长期股权投资——投资成本（初始投资成本） 　　贷：银行存款等 借：长期股权投资——投资成本 　　贷：营业外收入（应享有被投资单位可辨认净资产公允价值的份额大于初始投资成本的部分）
被投资单位宣告发放现金股利	借：应收股利 　　贷：投资收益	借：应收股利 　　贷：长期股权投资——损益调整
被投资单位宣告发放股票股利	不作账务处理	不作账务处理

续表

事　项	成　本　法	权　益　法
被投资单位实现盈利（或发生亏损）	不作账务处理	借：长期股权投资——损益调整 　贷：投资收益（亏损作相反分录）
被投资单位实现其他综合效益	不作账务处理	借：长期股权投资——其他综合效益 　贷：其他综合效益（或作相反的分录）
被投资单位除净损益、其他综合收益和利润分配外	不作账务处理	借：长期股权投资——其他权益变动 　贷：资本公积——其他资本公积（或作相反的分录）

项目 8

可供出售金融资产

学习目标

了解可供出售金融资产的特征；掌握可供出售金融资产初始投资成本的确定；掌握可供出售金融资产投资处置的会计处理。

工作情境

嘉陵东风机械有限责任公司发生投资业务如下：

1. 公司于 2013 年 11 月 2 日从活跃市场购入鸿发公司发行的股票 100 万股，每股市价 20 元，交易费用 40 000 元。初始确认为可供出售金融资产。年末股票每股市价 23 元。2014 年 12 月 31 日股票每股市价 22 元。2015 年 2 月 12 日公司将持有的鸿发公司发行的股票全部出售，每股售价 24 元，另支付交易费用 48 000 元，不考虑其他因素。

2. 公司 2014 年 1 月 1 日从活跃市场以 94 万元的价格和 9 400 元的交易费用购入青蛙王子公司发行的 3 年期债券，面值 100 万元，票面利率 6%，实际利率 7.96%，每年末付息到期还本。公司将其确认为可供出售金融资产。2015 年 1 月 15 日公司将持有的青蛙王子公司发行的债券全部出售，取得净收入 97 万元。

请你帮助公司会计处理上述业务。

一、相关知识

（一）可供出售金融资产的认知

可供出售金融资产，是指初始确认时即被指定为可供出售的非衍生金融资产，以及除下列各类资产以外的金融资产：贷款和应收款项；持有至到期投资；以公允价值计量且其变动计入当期损益的金融资产。通常情况下，包括企业从二级市场上购入的股票投资、债券投资、基金投资等，但这些金融资产没有被划分为交易性金融资产或持有至到期投资等。

（二）可供出售金融资产的账务处理

1. 可供出售金融资产核算应设置的会计科目

为了反映和监督可供出售金融资产的取得、收取现金股利或利息及出售等情况，企业应当设置"可供出售金融资产""其他综合收益""投资收益"等科目进行会计核算。

"可供出售金融资产"科目核算企业持有可供出售金融资产的公允价值。"可供出售金融资产"科目的借方登记可供出售金融资产的取得成本、资产负债表日其公允价值高于账面余额的差额、可供出售金融资产转回的减值损失等，贷方登记资产负债表日其公允价值低于账面余额的差额、可供出售金融资产发生的减值损失、出售可供出售金融资产时结转的成本和公允价值变动。企业应当按照可供出售金融资产的类别和品种，分别设置"成本""利息调整""应计利息""公允价值变动"等明细科目进行核算。

"其他综合收益"科目核算企业可供出售金融资产公允价值变动而形成的应计入所有者权益的利得或损失等。"其他综合收益"科目的借方登记资产负债表日企业持有的可供出售金融资产的公允价值低于账面余额的差额等，贷方登记资产负债表日企业持有的可供出售金融资产的公允价值高于账面余额的差额等。

可供出售金融资产发生减值的，可单独设置"可供出售金融资产减值准备"科目。

2. 可供出售金融资产的取得

企业取得可供出售金融资产应按公允价值计量，取得可供出售金融资产所发生的交易费用应当计入可供出售金融资产的初始入账金额。企业取得可供出售金融资产支付的价款中包含已宣告但尚未发放的现金股利或已到付息期但尚未领取的债券利息，应当单独确认为应收项目，不构成可供出售金融资产的初始入账金额。

① 企业取得的可供出售金融资产，应当按照该金融资产取得时的公允价值与交易费用之和，借记"可供出售金融资产——成本"科目，按照支付的价款中包含的已宣告但尚未发放的现金股利，借记"应收股利"科目，按照实际支付的金额，贷记"其他货币资金——存出投资款"等科目。

② 企业取得的可供出售金融资产为债券投资的，应按债券的面值，借记"可供出售金融资产——成本"科目，按支付的价款中包含的已到付息期但尚未领取的利息，借记"应收利息"科目，按实际支付的金额，贷记"其他货币资金"等科目，按其差额，借记或贷记"可供出售金融资产——利息调整"科目。

3. 可供出售金融资产的持有

企业持有可供出售金融资产的会计期间，其会计处理主要有三个方面：一是在资产负债表日确认债券利息收入；二是在资产负债表日反映其公允价值变动；三是在资产负债表日核算可供出售金融资产发生的减值损失。

① 企业在持有可供出售金融资产期间取得的现金股利或债券利息，应当作为投资收益进行会计处理。

可供出售金融资产为分期付息、一次还本债券投资的，在资产负债表日，企业应当按照可供出售债券的面值和票面利率计算确定的应收未收利息，借记"应收利息"科目，按照可供出售债券的摊余成本和实际利率计算确定的利息收入，贷记"投资收益"科目，按照其差额，借记或贷记"可供出售金融资产——利息调整"科目。

可供出售金融资产为一次性还本付息投资的，在资产负债表日，企业应当按照可供出售债券的面值和票面利率计算确定的应收未收利息，借记"可供出售金融资产——应计利息"科目，按照可供出售债券的摊余成本和实际利率计算确定的利息收入，贷记"投资收益"科目，按照其差额，借记或贷记"可供出售金融资产——利息调整"科目。

② 在资产负债表日，可供出售金融资产应当按照公允价值计量，可供出售金融资产公允价值变动应当作为其他综合收益计入所有者权益，不构成当期利润。

资产负债表日，可供出售金融资产的公允价值高于其账面余额的差额，借记"可供出售金融资产——公允价值变动"科目，贷记"其他综合收益"科目；公允价值低于其账面余额的差额作相反的会计处理。

③ 在资产负债表日，可供出售金融资产发生减值的，应当将应减记的金额作为资产减值损失进行会计处理，同时，直接冲减可供出售金融资产或计提相应的资产减值准备。

对于已确认减值损失的可供出售金融资产，在随后的会计期间，公允价值已上升且客观上与确认原减值损失事项有关的，应当在原已确认的减值损失范围内转回，同时调整资产减值损失或所有者权益。

资产负债表日，确定可供出售金融资产发生减值的，应当按照应减记的金额，借记"资产减值损失"科目，按照应从所有者权益中转出原计入其他综合收益的累计金额，贷记或借记"其他综合收益"科目，按照其差额，贷记"可供出售金融资产——减值准备"科目。

对于已确认减值损失的可供出售金融资产，在随后的会计期间，公允价值已上升且客观上与确认原减值损失事项有关的，应当在原已确认的减值损失范围内按已恢复的金额，借记"可供出售金融资产——减值准备"科目，贷记"资产减值损失"科目；但可供出售金融资产为股票等权益工具投资的，借记"可供出售金融资产——减值准备"科目，贷记"其他综合收益"科目。

4. 可供出售金融资产的出售

企业出售可供出售金融资产的，应按实际取得的价款与账面余额之间的差额作为投资收益处理，同时，将原计入该金额资产的公允价值变动转出，由其他综合收益转为投资收益。

如果对可供出售金融资产计提了减值准备，还应当同时结转减值准备。

企业出售可供出售金融资产，应按实际收到的金额，借记"其他货币资金——存出投资款"等科目，按该可供出售金融资产的账面余额，贷记"可供出售金融资产——成本、公允价值变动、利息调整、应计利息"科目，按其差额，贷记或借记"投资收益"科目。

与此同时，按照应从所有者权益中转出的公允价值累计变动额，借记或贷记"其他综合收益"科目，贷记或借记"投资收益"科目。

二、工作过程

【会计工作1】2015年7月1日嘉陵有限责任公司从上海证券交易所购入A上市公司购入股票200 000股，并将该股票划分为可供出售金融资产。该股票在购买时的公允价值为2 000 000元。另支付相关交易费用16 000元。假定不考虑其他因素，嘉陵有限责任公司如何进行账务处理？

【会计凭证】汇款委托书（回单）、证券机构取得的交割单。

【工作指导】本任务中，支付相关交易费用应当计入该可供出售金融资产的初始入账金额，不能像交易性金融资产那样计入当期投资收益。

2015年7月1日购入股票时会计处理为：

借：可供出售金融资产——A上市公司——成本	2 000 000
贷：其他货币资金——存出投资款	2 000 000

支付相关交易费用时：

借：可供出售金融资产——A上市公司——成本	16 000
贷：其他货币资金——存出投资款	16 000

【会计工作2】嘉陵有限责任公司于2012年1月1日从上海证券交易所购入南方机械公司于2011年1月1日发行的债券作为可供出售金融资产，该债券5年期。票面年利率为5%，每年1月8日支付上年度的利息，到期日为2016年1月1日，到期日一次归还本金和最后一次利息。购入债券时的实际利率为4%。嘉陵有限责任公司购入债券的面值为1 000万元，实际支付价款为1 076.30万元，另支付相关费用10万元。假定按年计提利息，2012年12月31日，该债券的公允价值为1 020万元。2013年12月31日，该债券预计未来现金流量现值为1 000万元并将继续下降。2014年2月5日，东南有限责任公司将该债券全部出售，收到款项995万元存入银行。嘉陵有限责任公司有关业务的会计分录：

【会计凭证】汇款委托书（回单）、证券机构取得的交割单。

【工作指导】2012年1月1日购入债券时：

借：可供出售金融资产——南方机械公司债券——成本	10 000 000
——利息调整	863 000
贷：其他货币资金——存出投资款	10 863 000

2012年12月31日计提利息、摊销利息调整时：

借：应收利息——南方机械公司债券（10 000 000×5%）	500 000
贷：投资收益（10 863 000×4%）	434 520
可供出售金融资产——利息调整	65 480

2012年12月31日调整债券价值，1 020−1 086.3=−66.3（万元）

借：其他综合收益——可供出售金融资产公允价值变动	663 000
贷：可供出售金融资产——南方机械公司债券——公允价值变动	663 000

2013年1月8日收到利息时：

借：其他货币资金——存出投资款	500 000
贷：应收利息——南方机械公司债券	500 000

2013年12月31日债券发生减值时：

$$1\,000 - 1\,086.3 = -86.3（万元）$$

借：资产减值损失	863 000
贷：可供出售金融资产——减值准备	863 000

2014年2月5日出售时：

借：其他货币资金——存出投资款	9 950 000
可供出售金融资产——减值准备	863 000
贷：可供出售金融资产——成本	10 000 000
——利息调整（86.3−6.55）万元	797 500
投资收益	15 500

同时,结转"其他综合收益"账户:
借:投资收益　　　　　　　　　　　　　　　　　　　　　　　663 000
　　贷:其他综合收益——可供出售金融资产公允价值变动　　　　　　663 000

【会计工作3】2014年1月1日,宏达有限责任公司按面值从债券二级市场购入南方机械公司公开发行的期限为3年的一次还本付息债券10 000张,每张面值100元,票面利率3%,划分为可供出售金融资产。2014年12月31日,确认债券利息,此时该债券的市场价格为每张110元。2015年12月31日,由于市场疲软,该债券的市场价格下跌为每张95元。2016年1月11日,宏达有限责任公司将该债券以每张96元出售。则宏达有限责任公司如何进行账务处理?

【会计凭证】汇款委托书(回单)、证券机构取得的交割单。

【工作指导】2014年1月1日按面值购入债券:

借:可供出售金融资产——南方机械公司债券——成本　　　　　1 000 000
　　贷:银行存款　　　　　　　　　　　　　　　　　　　　　　1 000 000

2014年12月31日确认利息:

　　　　应计利息=面值×票面利率=100×10 000×3%=30 000(元)

借:可供出售金融资产——应计利息　　　　　　　　　　　　　　30 000
　　贷:投资收益　　　　　　　　　　　　　　　　　　　　　　　30 000

2014年12月31日该债券的市场价格为每张110元:

　　　　公允价值变动=(110-100)×10 000=100 000(元)

借:可供出售金融资产——南方机械公司债券——公允价值变动　　100 000
　　贷:其他综合收益——可供出售金融资产公允价值变动　　　　　100 000

2015年12月31日确认利息:

　　　　应计利息=面值×票面利率=100×10 000×3%=30 000(元)

借:可供出售金融资产——应计利息　　　　　　　　　　　　　　30 000
　　贷:投资收益　　　　　　　　　　　　　　　　　　　　　　　30 000

2015年12月31日该债券的市场价格下跌为每张95元
现将该债券的公允价值变动转回(即由110元转回到100元),

借:可供出售金融资产——减值准备　　　　　　　　　　　　　　100 000
　　贷:资产减值损失　　　　　　　　　　　　　　　　　　　　　100 000

　　　　减值金额=(95-100)×10 000=-50 000(元)

借:资产减值损失　　　　　　　　　　　　　　　　　　　　　　50 000
　　贷:可供出售金融资产——减值准备　　　　　　　　　　　　　50 000

2016年1月11日该债券出售时:

借:银行存款　　　　　　　　　　　　　　　　　　　　　　　　960 000
　　可供出售金融资产——南方机械公司债券——公允价值变动　　50 000
　　投资收益　　　　　　　　　　　　　　　　　　　　　　　　100 000
　　贷:可供出售金融资产——成本　　　　　　　　　　　　　　1 000 000
　　　　　　　　　　　　——应计利息　　　　　　　　　　　　　60 000
　　　　　　　　　　　　——减值准备　　　　　　　　　　　　　50 000

在核算可供出售金融资产时要分清是债券投资还是股票投资。

三、任务总结

可供出售金融资产的有关账务处理如表 8-1 所示。

表 8-1　可供出售金融资产的有关账务处理

事项	债券投资	股票投资
初始购入	借：可供出售金融资产——成本（债券面值） 　　　　　　　　　　——利息调整（差额） 　　　　　　　　　　——应计利息（购入到期一次还本付息债券时，价款中包含的应收未收利息） 　　　应收利息（购入分期付息债券时，价款中包含的应收未收利息） 　　贷：银行存款等	借：可供出售金融资产——成本 　　　应收股利（购买价款中包含的应收未收利息） 　　贷：银行存款等
持有期间计提利息/现金股利	借：可供出售金融资产——应计利息（到期一次还本付息债券利息，面值×票面利率） 　　　应收利息（分期付息债券利息，面值×票面利率） 　　贷：投资收益（期初摊余成本×实际利率） 　　　可供出售金融资产——利息调整（差额）	借：应收股利 　　贷：投资收益
期末公允价值变动	借：可供出售金融资产——公允价值变动 　　贷：其他综合效益（公允价值下降作相反分录） 【提示】债券投资期末公允价值与期末摊余成本进行比较确认公允价值变动金额；股票投资期末公允价值与期初公允价值（期初账面价值）进行比较确认公允价值变动金额	
出售、处置	借：银行存款等 　　贷：可供出售金融资产——成本 　　　　　　　　　　——利息调整 　　　　　　　　　　——应计利息（到期一次还本付息债券利息） 　　　投资收益（差额） 借：其他综合效益 　　贷：投资收益（或作相反分录）	
理解要点	债券投资与股票投资期末均按照公允价值计量，但债券投资期末需要确认摊余成本，相关处理与持有至到期投资相同	

项目 9

固定资产的核算

固定资产（1）

学习目标

了解固定资产的概念和特征；掌握固定资产取得的核算方法、修改扩建的核算方法以及处置的核算方法；掌握固定资产折旧的计算方法。

工作情境

从今天开始，财务部的李贵将担任固定资产核算员。前任会计刘云仔细把这个岗位的职责交代给李贵：

固定资产核算员的一般职责是做好固定资产的日常管理、核算工作，对公司固定资产的完整性负责，对固定资产的建账、增减变动及盘点的准确性、及时性负责。具体地讲，包括：负责与有关部门拟定固定资产的核算与管理办法；参与编制固定资产购置、更新改造和大修理计划；依据会计制度和有关的规定，记录会计系统中与固定资产有关的财务活动；会同有关部门定期组织固定资产清查盘点工作，核实资产。

李贵暗下决心：一定要把固定资产核算员的工作做好。

任务 1 固定资产的初始计量

一、相关知识

（一）固定资产的概念及特点

固定资产是指同时具有下列特征的有形资产：① 为生产商品、提供劳务、出租或经营管理而持有的；② 使用寿命超过一个会计年度。作为企业生产经营过程中重要的劳动资料，固定资产能够在若干个生产经营周期中发挥作用，是企业赖以生存的物质基础，更是企业产生经营效益的源泉。固定资产具有三方面特点。

1. 固定资产是企业为生产商品、提供劳务、出租或经营管理而持有的

这是企业持有固定资产的目的，说明企业持有固定资产不是直接用于销售，而是为企业生产商品提供劳动工具或手段，并最终通过商品销售等形式使经济利益流入企业。这一点是区别固定资产与存货的主要标志，同时也是固定资产最基本的特征。

2. 固定资产使用寿命超过一个会计年度

固定资产的使用寿命有不同的表现形式，通常情况下，是指企业使用固定资产的预计期间，如房屋建筑物的使用寿命按使用年限表示，或者是指该固定资产所能生产产品或提供劳务的数量，如某些机器设备或运输设备的使用寿命按所生产产品或提供劳务的数量来表示。固定资产使用寿命超过一个会计年度，说明固定资产属于长期资产，这一点是区别固定资产与流动资产的主要标志。

3. 固定资产是有形资产

固定资产具有具体的实物特征，看得见、摸得着，能够在若干个生产经营周期中发挥作用，并且保持其原有的实物形态。这一点是区分固定资产与无形资产的主要标志。

需要注意的是，企业在生产经营过程中，并不是将所有的劳动资料列为固定资产。一般来说，生产经营用的劳动资料，如果使用年限在一年以上，单位价值较高，就应该确认为固定资产；否则，应该确认为存货。

（二）固定资产的分类

为了正确进行固定资产核算，应按不同标准对固定资产分类。

1. 按固定资产的经济用途分类

按这一标准，固定资产可以分为生产经营用固定资产和非生产经营用固定资产。

生产经营用固定资产是指直接服务于生产经营过程或者直接参加生产经营过程的各种固定资产，如生产经营用的各种房屋建筑物、机器设备、运输设备、工具器具等。

非生产经营用固定资产是指为非生产经营部门使用和服务的各种固定资产，如企业的职工食堂、宿舍、理发室、澡堂等生活福利部门使用的房屋、设备、器具等。

2. 按固定资产的使用情况分类

按这一标准，固定资产可以分为使用中固定资产、未使用固定资产和不需用固定资产。

使用中固定资产是指企业正在使用中的各种固定资产，包括生产经营用和非生产经营用的固定资产。要注意的是：由于季节性经营或大修理等原因暂停使用的固定资产、企业经营性出租给其他单位使用的固定资产以及内部替换使用的固定资产都属于使用中固定资产。

未使用固定资产是指企业尚未投入正式使用的新增固定资产，或因改扩建等原因暂停使用的各种固定资产。

不需用固定资产是指不适合本企业需要的或多余的各种固定资产。

3. 按固定资产的所有权分类

按这一标准，固定资产可以分为自有固定资产和租入固定资产。

自有固定资产是指企业拥有所有权的各种固定资产，企业对这类固定资产可以任意支配、使用以及处置。

租入固定资产是指企业采用支付租金的方式从外单位租入的各种固定资产。租入固定资产又分为经营租入固定资产和融资租入固定资产两类。按照租赁合同,企业对租入固定资产具有使用权但是没有处置权,租期结束就该归还给出租单位。

4. 按固定资产的经济用途和使用情况综合分类

按这一标准,固定资产可以分为7大类。

① 生产经营用固定资产。
② 非生产经营用固定资产。
③ 租出固定资产。
④ 不需用固定资产。
⑤ 未使用固定资产。
⑥ 土地,指过去已经估价单独入账的土地(计划经济历史时期产生)。
⑦ 融资租入的固定资产。

(三)固定资产的确认条件

固定资产要同时满足以下条件,才能予以确认。

① 符合固定资产的定义。
② 与该项固定资产有关的经济利益很可能流入企业。
③ 该固定资产的成本能够可靠地计量。

(四)固定资产的初始计量及账务处理

固定资产的初始计量,是指确定固定资产的取得成本。固定资产应当按照成本进行初始计量。固定资产的成本是指企业为构建某项固定资产达到预定可使用状态前所发生的一切合理的必要的支出。由于固定资产取得的渠道不同,其价值构成的具体内容也有所不同,账务处理也有所区别。

为了整体反映固定资产的增减变动,企业应设置以下账户:

"固定资产"账户:该账户整体反映固定资产原值的增减变动和结存情况。该账户的借方登记增加固定资产的原值,贷方登记减少固定资产的原值。期末借方余额表示企业实有固定资产的原值。该账户可按固定资产类别和项目进行明细核算。

"累计折旧"账户:该账户贷方登记计提的固定资产折旧,借方登记减少的固定资产的已提折旧。期末贷方余额表示企业全部固定资产已提折旧的累计数。

"工程物资"账户:该账户反映为在建工程准备的各种工程物资实际成本的增减变动和结存情况。借方登记验收入库的工程物资的实际成本,贷方登记领用的工程物资的实际成本。期末借方余额表示企业库存的工程物资的实际成本。该账户可按工程物资的品种进行明细核算。

"在建工程"账户:该账户反映企业各项工程的实际成本。借方登记各项工程发生的实际成本,贷方登记已完工程的实际成本,期末借方余额表示企业未完工程的实际成本。该账户可按工程项目进行明细核算。

1. 外购固定资产的账务处理

企业外购固定资产的成本,包括购买价款、相关税费、使固定资产达到预定可使用状态前所发生的可归属于该项固定资产的运输费、装卸费、安装费和专业人员服务费等。

（1）购入不需要安装的固定资产

企业购入不需要安装的固定资产，应按购入时实际支付的买价、不予抵扣的增值税、运杂费、包装费以及其他相关税费，借记"固定资产"账户，贷记"银行存款"等账户。

（2）购入需要安装的固定资产

企业购入需要安装的固定资产，必须安装调试后才能交付使用，因此，应当通过"在建工程"账户核算其购入成本和安装成本。购入时按发生的成本，借记"在建工程"账户，贷记"银行存款"等账户；安装过程中发生安装工程成本时，借记"在建工程"账户，贷记"银行存款""原材料""应付职工薪酬"等账户；待其达到预定可使用状态交付使用时，根据其全部成本，借记"固定资产"账户，贷记"在建工程"账户。

2. 自行建造的固定资产

企业自行建造的固定资产是指企业利用自己的力量自营建造以及出包给他人建造的固定资产。自行建造的固定资产可分为自营建造和出包建造两种方式。无论采用哪种方式，在建工程都应当按照实际发生的支出来确定其工程成本。

（1）自营方式建造的固定资产

自营建造固定资产的成本应当按照建造该项固定资产达到预定可使用状态前所发生的必要支出确定。自营方式建造的固定资产包括直接材料、直接人工以及其他与自营建造固定资产相关的支出。所建造的固定资产已达到可使用状态，但尚未办理竣工决算的，应当自达到预定可使用状态之日起，按工程预算、造价或工程实际成本等估计的价值转入固定资产，并按计提固定资产折旧的规定，计提固定资产折旧，待办理了竣工决算手续后再作调整。

① 企业购入为自营工程准备的材料物资时，应根据实际支付的全部价款，借记"工程物资"账户，贷记"银行存款"等账户。

② 企业自营工程领用材料物资时，应根据实际成本，借记"在建工程"账户，贷记"工程物资"账户。

③ 企业自营工程领用企业库存原材料时，应根据原材料的实际成本与不予抵扣的增值税进项税额计入工程成本，借记"在建工程"账户，贷记"原材料""应交税费——应交增值税（进项税额转出）"账户。值得注意的是，如果确认企业自营工程领用本企业自产的产品时，则应将该产品的实际成本计入自营工程成本，借记"在建工程"账户，贷记"库存商品"。

④ 企业的辅助生产车间为自营工程提供水、电、运输、设备安装等劳务支出的，应根据实际成本，借记"在建工程"账户，贷记"生产成本——辅助生产成本"等账户。

⑤ 企业自营工程应负担的工程人员工资和其他薪酬等，应借记"在建工程"账户，贷记"应付职工薪酬"等账户。

⑥ 企业自营工程确认应负担的长期借款利息费用，按应予以资本化的贷款费用，借记"在建工程"账户或按予以费用化的借款费用，借记"财务费用"账户，贷记"应付利息"账户。

⑦ 企业自营工程发生的其他支出，应借记"在建工程"账户，贷记"银行存款"等账户。

⑧ 企业自营建造的固定资产达到预定可使用状态交付使用时，应根据工程的实际成本，借记"固定资产"账户，贷记"在建工程"账户。

⑨ 企业自营工程完工后如有剩余工程物资，退回库房时，按材料实际成本及应抵扣的增值税进项税额，借记"原材料"账户，贷记"工程物资"账户。

（2）出包方式建造的固定资产

出包建造的固定资产成本由建造固定资产达到预定可使用状态前所发生的必要支出构成，包括发生的建筑工程支出、安装工程支出、需分摊计入各固定资产的待摊支出。

企业预付工程价款时，应借记"在建工程"账户，贷记"银行存款"等账户；工程完工补付工程价款时，也应借记"在建工程"账户，贷记"银行存款""应付账款"等账户；出包工程完工交付使用时，根据工程实际成本，借记"固定资产"账户，贷记"在建工程"账户。

3. 接受投资取得的固定资产的账务处理

企业接受投资取得的固定资产的成本，在办理了固定资产移交手续之后，应当按照投资合同或协议约定的价值确定，但合同或协议约定的价值不公允的除外。

企业在接受固定资产投资时，应按双方协商确认的价值加上应支付的相关税费借记"固定资产"账户，按投资方在企业注册资本或股本中占有的份额，贷记"实收资本"或"股本"账户，按其差额，贷记"资本公积——资本溢价（股本溢价）"账户，按支出的相关税费，贷记"银行存款""应交税费"等账户。

4. 接受捐赠的固定资产

企业接受捐赠的固定资产，应按固定资产的发票价格或市场价格，借记"固定资产"账户，贷记"营业外收入"账户。

二、工作过程

1. 外购固定资产的处理

【会计工作1】某企业购入一台不需安装的管理用设备，取得增值税专用发票上注明的价款为 60 000 元，增值税额为 10 200 元，购入时发生运杂费共计 3 000 元。款项均以银行存款支付，设备交付使用。

【会计凭证】增值税专用发票、转账支票存根、固定资产入库单。

【工作指导】企业应作如下会计处理：

借：固定资产 63 000
　　应交税费——应交增值税（进项税额） 10 200
　　贷：银行存款 73 200

【会计工作2】某企业购入一台需安装生产用设备，取得增值税专用发票上注明的价款为 80 000 元，增值税额为 13 600 元，发生运杂费 6 000 元，款项均以存款支付。该设备购入后当即投入安装，安装过程中，发生安装费 8 000 元，已用存款支付，另发生安装工人工资 5 000 元。安装完毕，达到预定可使用状态。

【会计凭证】增值税专用发票、转账支票存根、固定资产入库单、职工薪酬计算分配表。

【工作指导】① 购入需安装设备时：

借：在建工程	86 000	
应交税费——应交增值税（进项税额）	13 600	
贷：银行存款		99 600

② 支付安装费时：

| 借：在建工程 | 80 000 | |
| 　　贷：银行存款 | | 80 000 |

③ 计算安装工人工资时：

| 借：在建工程 | 5 000 | |
| 　　贷：应付职工薪酬 | | 5 000 |

④ 安装完毕，设备交付使用时：

固定资产入账价值=86 000+8 000+5 000=99 000（元）

| 借：固定资产 | 99 000 | |
| 　　贷：在建工程 | | 99 000 |

2. 自行建造固定资产的处理

【会计工作3】 某企业自建厂房一幢，购入为工程准备的各种物资500 000元，支付的增值税税额为85 000元，全部用于工程建设。领用本企业生产的水泥一批，实际成本为80 000元，计税价格为100 000元，增值税税率为17%。工程人员应计工资10 000元，支付的其他费用30 000元。工程完工并达到预定可使用状态。

【会计凭证】 增值税专用发票、转账支票存根、出库单、固定资产入库单、收款收据。

【工作指导】 ① 购入工程物资时：

借：工程物资	500 000	
应交税费——应交增值税（进项税额）	85 000	
贷：银行存款		585 000

② 工程领用工程物资时：

| 借：在建工程 | 500 000 | |
| 　　贷：工程物资 | | 500 000 |

提示：营改增后房地产也交增值税。

③ 工程领用本企业生产的水泥，确定应计入在建工程成本的金额为80 000时

| 借：在建工程 | 80 000 | |
| 　　贷：库存商品 | | 80 000 |

④ 分配工程人员工资时：

| 借：在建工程 | 10 000 | |
| 　　贷：应付职工薪酬 | | 10 000 |

⑤ 支付工程发生的其他费用时：

| 借：在建工程 | 30 000 | |
| 　　贷：银行存款 | | 30 000 |

⑥ 工程完工转入固定资产的成本=585 000+80 000+10 000+30 000=705 000（元）

| 借：固定资产 | 705 000 | |
| 　　贷：在建工程 | | 705 000 |

【会计工作4】甲公司将一幢厂房的建造工程出包给丙公司承建,按合理估计的发包工程进度和合同规定向丙公司结算进度款 600 000 元,工程完工后,收到丙公司有关工程结算单据,补付工程款 400 000 元,工程完工并达到预定可使用状态。

【会计凭证】收款收据、转账支票存根、固定资产入库单。

【工作指导】① 按合理估计的发包工程进度及合同规定向丙公司结算进度款时:

借:在建工程　　　　　　　　　　　　　　　　　　　　　　600 000
　　贷:银行存款　　　　　　　　　　　　　　　　　　　　　　600 000

② 补付工程款时:

借:在建工程　　　　　　　　　　　　　　　　　　　　　　400 000
　　贷:银行存款　　　　　　　　　　　　　　　　　　　　　　400 000

③ 工程完工并达到预定可使用状态时:

借:固定资产　　　　　　　　　　　　　　　　　　　　　　1 000 000
　　贷:在建工程　　　　　　　　　　　　　　　　　　　　　　1 000 000

3. 接受投资取得固定资产的处理

【会计工作5】某企业收到 A 公司投入的固定资产一台,A 公司记录的该台固定资产的账面原价为 600 000 元,已提折旧 60 000 元。企业接受投资时,合同约定的价值为 500 000 元,假定双方合同约定的价值为公允价值,该公允价值与其注册资本中所占份额相等。

【会计凭证】固定资产投资协议书、固定资产入库单。

【工作指导】企业应作如下会计处理:

借:固定资产　　　　　　　　　　　　　　　　　　　　　　500 000
　　贷:实收资本　　　　　　　　　　　　　　　　　　　　　　500 000

4. 接受捐赠固定资产的处理

【会计工作6】某企业接受外商捐赠的一台设备,无原始发票,市场同类设备价值为 50 000 元。

【会计凭证】固定资产捐赠协议书、固定资产入库单。

【工作指导】

借:固定资产　　　　　　　　　　　　　　　　　　　　　　50 000
　　贷:营业外收入　　　　　　　　　　　　　　　　　　　　　50 000

三、知识拓展

融资租入的固定资产的入账价值

《企业会计准则第 21 号——租赁》规定,融资租入的固定资产,在租赁开始日,承租人应当将租赁资产公允价值与最低租赁付款额现值中较低者作为租入资产的入账价值,将最低租赁付款额作为长期应付款的入账价值,其差额作为未确认融资费用。承租人在租赁谈判和签订租赁合同过程中发生的、可归属于租赁项目的手续费、律师费、差旅费、印花税等初始直接费用应当计入租入资产价值。《企业所得税法实施条例》规定,融资租入的固定资产,以租赁合同约定的付款总额和承租人在签订租赁合同过程中所发生的相关费用为计税基础,租赁合同未约定付款总额的,以该资产的公允价值和承租人在签订租赁合同过程中发生的相关费用为计税基础。

四、任务总结

工程物资、原材料、自产产品的有关会计处理如表 9-1 所示。

表 9-1　工程物资、原材料、自产产品的有关会计处理

领用物资	工程物资	原材料	自产产品
自行建造设备等不动产	进项税额抵扣（不转出）	进项税额抵扣（不转出）	不确认销项税额
	购入时： 借：工程物资 　　应交税费——应交增值税（进项税额） 　贷：银行存款 领用时： 借：在建工程 　贷：工程物资	购入时： 借：原材料 　　应交税费——应交增值税（进项税额） 　贷：银行存款 领用时： 借：在建工程 　贷：原材料	（原理类似于用半成品加工成品） 借：在建工程 　贷：库存商品
	购入时： 借：工程物资（含税价） 　贷：在建工程 领用时： 借：在建工程 　贷：工程物资（含税价）	购入时： 借：原材料 　　应交税费——应交增值税（进项税额） 　贷：银行存款 领用时： 借：在建工程 　贷：原材料 　　应交税费——应交增值税（进项税额转出）	借：在建工程 　贷：库存商品

课堂训练

1. 某大型生产线达到预定可使用状态前进行联合试车发生的费用，应记入的会计科目是（　）。

　　A. 管理费用　　　　B. 营业外支出　　　C. 在建工程　　　D. 长期待摊费用

2. 某企业因自营建造一栋办公楼，需要领用本单位生产的电机一台，电机成本为 50 000 元。电机对外销售价格 55 000 元，企业生产的电机适用增值税率均为 17%，企业应作的会计处理为（　）。

　　A. 借：在建工程　　　　　　　　　　　　　　　　　　　　　　　50 000
　　　　贷：库存商品　　　　　　　　　　　　　　　　　　　　　　50 000
　　B. 借：在建工程　　　　　　　　　　　　　　　　　　　　　　　56 800
　　　　贷：库存商品　　　　　　　　　　　　　　　　　　　　　　50 000
　　　　　　应交税费——应交增值税（进项税额转出）　　　　　　　6 800
　　C. 借：在建工程　　　　　　　　　　　　　　　　　　　　　　　58 500
　　　　贷：库存商品　　　　　　　　　　　　　　　　　　　　　　50 000
　　　　　　应交税费——应交增值税（进项税额转出）　　　　　　　8 500
　　D. 借：在建工程　　　　　　　　　　　　　　　　　　　　　　　59 350

　　　　贷：库存商品　　　　　　　　　　　　　　　　　　　　　　　50 000
　　　　　　应交税费——应交增值税（销项税额）　　　　　　　　 9 350

3. 企业接受投资者投入的固定资产，在合同或协议约定的价值不公允的情况下，应该以（　　）作为入账价值。

　A. 接受投资时该固定资产的公允价值　　B. 投资合同或协议约定的价值
　C. 投资各方确认的价值　　　　　　　　D. 投资方该固定资产的账面价值

任务 2　固定资产的后续计量

固定资产（2）

一、相关知识

（一）固定资产折旧的概念及性质

前面我们谈到，固定资产是企业进行生产活动的主要劳动资料，是企业生产经营的基础。在长期使用过程中，固定资产将不断被磨损，并将其价值逐渐转入到所生产的产品的成本或构成相关费用。固定资产由于损耗而减少的价值就称为固定资产折旧。

固定资产折旧计入成本费用的过程是随着固定资产价值的转移，以折旧形式在相应的收入中得到补偿，并转化为货币资金的过程。

固定资产折旧本质上是一种费用，只不过这一费用是在前期支出的，而不是在计提期间付出的。因为前期的这种支出的收益在固定资产投入使用后的有效使用期内才能实现，因此，为了保证企业将来有能力重置固定资产，依照权责发生制原则和配比原则，必须对固定资产在其有效使用年限内计提折旧。

（二）影响固定资产折旧的因素

企业在进行固定资产折旧的计提时，通常都会受到以下 4 个因素的影响。

1. 固定资产原值

固定资产原值是指取得固定资产时的原始成本。它是计提折旧的基础，固定资产原值是计提固定折旧的最大数额，它的计量是否正确，将直接影响到固定资产在有效使用年限内折旧的总额。

要注意的是，如果不考虑固定资产报废时的净残值，则计提的固定资产折旧总额就等于固定资产原值。

2. 预计净残值

一般来讲，固定资产在报废清理时都会发生清理费用，也会取得残值收入。这部分清理费用是使用固定资产的必要支出，在计提折旧时应予以考虑。而取得的残值收入是固定资产尚未转移的价值，不需要通过计提折旧方式予以补偿，应从原值中扣除。预计残值收入减去预计清理费用后的余额就是预计净残值。某项固定资产的原值减去净残值后的余额，就是该项固定资产的应计提折旧总额。

在我国，预计净残值一般根据固定资产原值乘以预计净残值率计算。各类固定资产预计净残值率的上下限由国家统一规定，各企业可在这个范围内自行确定本企业固定资产的预计净残值率。

3. 固定资产减值准备

企业的固定资产在使用过程中，如果发现某项固定资产发生价值减损，应计提固定资产减值准备。固定资产减值准备就是指固定资产已计提的固定资产减值准备累计金额。如果企业已经对某项固定资产计提了减值准备，那么在确定该固定资产应计折旧额时，还应当扣除已计提的固定资产减值准备累计金额。

4. 固定资产使用寿命

固定资产使用寿命是指固定资产预计可以使用的期限，是计算折旧的时间基础。它的长短直接影响到折旧的速度和各项应计提的折旧额。它可以用使用年限表示，也可以用工作总量来表示。

企业在确定固定资产使用寿命时，应当考虑以下因素：

① 预计生产能力或实物产量。

② 预计有形损耗和无形损耗，如设备使用中发生的磨损、房屋建筑物受到自然侵蚀或者因新技术的出现而使现有的资产技术水平相对陈旧等。

③ 法律或者类似规定对资产使用的限制。

固定资产使用寿命需要各企业在考虑多方面因素的基础上合理确定。

以上影响固定资产折旧的因素中，固定资产的预计净残值和使用寿命一经确定，不得随意变更。至少于每年年底时，企业应对固定资产的使用寿命、预计净残值和折旧方法进行复核。如果这三个因素发生了改变，则都应作为会计估计变更，企业应在当年的会计报表附注中予以说明。

（三）计提折旧的固定资产范围

按现行的会计制度规定，企业应当对所有的固定资产计提折旧，但除下列固定资产外：

① 已提足折旧而仍在使用的固定资产。

② 单独计价入账的土地。

企业在确定计提折旧的范围时，需要注意三点。

① 固定资产应当按月计提折旧，以月初应提折旧的固定资产的账面原价为依据，当月增加的固定资产，当月不提折旧，从下月起计提折旧；当月减少的固定资产，当月仍提折旧，从下月起停止计提折旧。

② 已达到预定可使用状态但尚未办理竣工决算的固定资产，应当按照估计价值确定其成本，并开始计提折旧；待办理竣工决算后，再按实际成本调整原暂估价值，但不需要调整原已计提的折旧额。

③ 固定资产提足折旧后，不论能否继续使用，均不再计提折旧；提前报废的固定资产，也不再补提折旧。

（四）固定资产的折旧方法

企业应当根据与固定资产有关的经济利益的预期实现方式，合理地选择折旧方法。固定资产折旧方法一经确定，不得随意变更。企业可选用的折旧方法包括年限平均法、工作量法和加速折旧法等。

1. 年限平均法

年限平均法又叫直线法，是指按照固定资产的预计使用年限平均计提折旧的方法。其计算公式为：

$$年折旧率=(1-预计净残值率)/预计使用寿命\times 100\%$$

$$月折旧率=年折旧率\div 12$$

$$月折旧额=固定资产原值\times 月折旧率$$

或：$年折旧额=[固定资产原值\times(1-预计净残值率)]/预计使用寿命$

$$月折旧额=年折旧额\div 12$$

采用平均年限法计提折旧，其具体折旧方式可分为个别折旧和分类折旧两种方式。

个别折旧是指按照各项固定资产分别计提折旧的方式，某项固定资产在一定期间的折旧额根据该项固定资产原值乘以该项固定资产个别折旧率计算。

分类折旧是指按照固定资产类别计提折旧的方式。采用这种方法，应先把性质、结构和使用寿命接近的固定资产归为一类，如将房屋建筑物归为一类、将机器设备归为一类。某类固定资产的折旧额根据该类固定资产原值乘以该类固定资产平均分类折旧率计算。

平均年限法的特点是将固定资产的应计折旧额均衡地分摊到各期，每期分摊的折旧额是相等的。这种方法最大的优点是简单明了、易于掌握；但是平均年限法没考虑固定资产的利用程度和使用强度，利用这种方法计提折旧缺少一定的科学性。

2. 工作量法

工作量法是指按照固定资产预计完成的工作总量平均计提折旧的方法。采用这种方法，应首先根据固定资产应计提折旧总额和预计完成的工作总量，确定单位工作量折旧额；然后根据单位工作量折旧额和某期实际完成的工作量，就可以计算出该期应计折旧额。其计算公式如下：

某项固定资产单位工作量折旧额=$[固定资产原值\times(1-预计净残值率)]/预计工作总量$

该某项固定资产月折旧额=该项固定资产当月实际工作量×单位工作量折旧额

不同的固定资产，其工作量有不同的表现形式：对于机器设备来说，其工作量用机器工时和机器台班表示；对于运输设备来说，其工作量用运输里程表示。

工作量法一般适用于价值较高的大型精密机床以及运输设备等固定资产的折旧计算。由于这些固定资产每个月的工作量一般不均衡，所以采用工作量法计算月折旧额更科学、合理。

3. 加速折旧法

加速折旧法是指固定资产在使用年限内所计提的折旧额呈递减趋势的一种折旧方法。这种方法的特点是在固定资产有效使用年限的前期多提折旧，后期则少提折旧，从而加快折旧的速度，以使固定资产的成本在有效使用年限中加快得到补偿。

较常用的加速折旧法有双倍余额递减法和年数总和法两种。

（1）双倍余额递减法

双倍余额递减法是指在不考虑固定资产预计净残值的情况下，按每期期初固定资产净值和双倍的直线法折旧率计提折旧的方法。其计算公式如下：

$$年折旧率=2/预计使用年限\times 100\%$$

$$月折旧率=年折旧率\div 12$$

月折旧额=每月月初固定资产账面净值×月折旧率

这种方法的折旧率是固定的、固定资产的账面净值是逐年递减的，从而使各期的折旧额逐渐递减。需要注意的是：采用双倍余额递减法计提固定资产折旧，如果固定资产存在净残值，则应当在固定资产使用寿命到期前两年内，将双倍余额递减法改为年限平均法，将固定资产账面净值扣除预计净残值后的净额平均摊销。

（2）年数总和法

年数总和法是指按固定资产应计提折旧总额和某年尚可使用年数占各年尚可使用年数总和的比重（即年折旧率）计算折旧的方法。

其计算公式如下：

年折旧率=该年尚可使用年数/各年尚可使用年数总和×100%

或者=（预计使用年限−已使用年限）/预计使用年限×[（预计使用年限+1)/2]×100%

月折旧率=年折旧率÷12

月折旧额=（固定资产原值−预计净残值）×月折旧率

=固定资产应计提折旧总额×月折旧率

这种方法一开始就要考虑固定资产净残值，然后按不变的折旧基数（即原值减去净残值）乘以逐年递减的折旧率来计算各期折旧额。

与前面的年限平均法和工作量法相比较，加速折旧法是比较合理和系统的一种计提折旧的方法。因为这种方法前期计提的折旧费较多而维修费较少，后期计提的折旧费较少而维修费较多，从而保持了各个会计期间负担的固定资产使用成本的均衡；另外，这种方法由于前期计提的折旧费较多，能使固定资产的成本在前期较多地收回，可减少或降低企业拥有这种固定资产可能承担的各种风险。除此之外，在税法允许将各种方法计提的折旧费作为税前费用扣除的前提下，还能够减少前期的所得税额。

企业在计提折旧时，应该根据具体情况选择不同的折旧方法，但是某种折旧方法一经选定，不应随意改变。如果企业根据具体情况的变化需要改变折旧的方法，应该将变更理由及折旧方法改变后对损益的影响在会计报表附注中予以揭示。

（五）固定资产折旧的账务处理

在会计实务中，企业一般按月计提折旧。本月计提的折旧额是以上月所计提的折旧额为基础，对上月固定资产的增减情况进行调整后计算而得出的。其计算公式如下：

本月固定资产应计提的折旧额=上月固定资产计提的折旧额+

上月增加固定资产应计提的折旧额−

上月减少固定资产应计提的折旧额

企业按月计提的折旧应当记入"累计折旧"账户，并根据固定资产的使用部门或用途计入相关成本或者当期损益。"累计折旧"是固定资产的备抵调整账户，其借方登记因出售、报废、盘亏等原因减少固定资产而相应转销其所提折旧额；其贷方登记计提固定资产的折旧额和由于增加固定资产而相应增加其已提折旧额；期末余额在贷方，反映企业现有固定资产的累计折旧额。

在会计实务中，企业计提折旧一般是在月末通过编制"固定资产折旧计算分配表"来完成的，并据此进行账务处理。企业基本生产车间使用的固定资产，其计提的折旧应记入"制造费用";管理部门使用的固定资产,其计提的折旧应记入"管理费用";销售部门使用的固定资产,其计提的折旧应记入"销售费用";企业自行建造固定资产过程中使用的固定资产,其计提的折旧应记入"在建工程";经营租出的固定资产,其计提的折旧应记入"其他业务成本"。企业计提固定资产折旧时,借记"制造费用""管理费用""销售费用""在建工程"等账户,贷记"累计折旧"账户。

二、工作过程

1. 固定资产折旧平均年限法的计算

【会计工作7】锦兴公司购入一台机器,原价为3 000 000元,预计可使用10年,预计该机器报废时的净残值率为4%。采用平均年限法计提折旧。

固定资产折旧

【会计凭证】固定资产折旧计算表。

【工作指导】

年折旧率=(1−4%)/10=9.6%

月折旧率=9.6%÷12=0.8%

月折旧额=3 000 000×0.8%=24 000(元)

或: 年折旧额=3 000 000×(1−4%)/10=288 000(元)

月折旧额=288 000÷12=24 000(元)

2. 固定资产折旧工作量法的计算

【会计工作8】锦兴公司有运输卡车一辆,原价50万元,预计行驶50万千米,预计净残值率为5%;本月行驶10 000千米。采用工作量法计提折旧。

【会计凭证】固定资产折旧计算表。

【工作指导】

单位里程应计折旧额=500 000×(1−5%)/500 000=0.95(元/千米)

本月折旧额=10 000×0.95=9 500(元)

3. 固定资产折旧双倍余额递减法的计算

【会计工作9】锦兴公司有一项原价为200 000元的固定资产,预计使用年限5年,预计到期残值为20 000元,预计清理费用为10 000元。采用双倍余额递减法计提折旧。

【会计凭证】固定资产折旧计算表。

【工作指导】

① 该固定资产的原值为: 200 000元,预计净残值=20 000−10 000=10 000(元)

② 年折旧率=2/5×100%=40%

③ 第一年应计提折旧额=200 000×40%=80 000(元)

④ 第二年应计提折旧额=(200 000−80 000)×40%=48 000(元)

⑤ 第三年应计提折旧额=(120 000−48 000)×40%=28 800(元)

⑥ 从第四年起改用年限平均法计提折旧:

第四年、第五年各年折旧额=(72 000−28 800−10 000)/2=16 600(元)

或: 第四年、第五年各年折旧额=(200 000−10 000−80 000−48 000−28 800)/2=16 600(元)

每年各月折旧额等于每年折旧额除以12。

4. 固定资产折旧年数总和法的计算

【会计工作10】锦兴公司（小规模纳税人）购入管理用设备一台，买价为200 000元，增值税34 000元，另外发生运杂费1 000元，款项用银行存款付清。该设备当日投入使用。预计使用期限为5年，估计残值收入12 000元，估计清理费用2 000元。采用年数总和法计提折旧。

【会计凭证】固定资产折旧计算表。

【工作指导】

① 该设备的入账原值=200 000+34 000+1 000=235 000（元）

预计净残值=12 000−2 000=10 000（元）

② 第一年折旧额=(235 000−10 000)×5/15=75 000（元）

③ 第二年折旧额=(235 000−10 000)×4/15=60 000（元）

④ 第三年折旧额=(235 000−10 000)×3/15=45 000（元）

⑤ 第四年折旧额=(235 000−10 000)×2/15=30 000（元）

⑥ 第五年折旧额=(235 000−10 000)×1/15=15 000（元）

每年各月折旧额等于每年折旧额除以12。

5. 固定资产折旧的处理

【会计工作11】某企业2016年10月末编制固定资产折旧计算表如表9-2，据此进行账务处理。

表9-2 固定资产折旧计算表

2016年10月　　　　　　　　　　　　　　　　　　　　元

使用部门	上月折旧额	上月增加固定资产增加折旧额	上月减少固定资产减少折旧额	本月折旧额
生产车间	120 000	10 000	20 000	110 000
厂行政管理部门	56 000		5 000	51 000
销售部门	9 000	1 000		10 000
经营性租出	6 600			6 600
合　计	191 600	11 000	25 000	177 600

【会计凭证】固定资产折旧计算表。

【工作指导】企业应作如下会计处理：

借：制造费用　　　　　　　　　　　　　　　　　　　　110 000
　　管理费用　　　　　　　　　　　　　　　　　　　　 51 000
　　销售费用　　　　　　　　　　　　　　　　　　　　 10 000
　　其他业务成本　　　　　　　　　　　　　　　　　　　6 600
　　贷：累计折旧　　　　　　　　　　　　　　　　　　177 600

三、知识拓展

最新固定资产计算折旧年限

除国务院财政、税务主管部门另有规定外，固定资产计算折旧的最低年限如下：
1. 房屋、建筑物，为20年。
2. 飞机、火车、轮船、机器、机械和其他生产设备，为10年。
3. 与生产经营活动有关的器具、工具、家具等，为5年。
4. 飞机、火车、轮船以外的运输工具，为4年。
5. 电子设备，为3年。

四、任务总结

经营租赁与融资租赁固定资产折旧的会计处理如表9-3所示。

表9-3 经营租赁与融资租赁固定资产折旧的会计处理

项　目	是否计提折旧
经营租出的固定资产	是
经营租入的固定资产	否
融资租入的固定资产	是
融资租出的固定资产	否

课堂训练

1. 某企业购进设备一台，该设备的入账价值为150万元，预计净残值5万元，预计使用年限为4年。在采用双倍余额递减法计提折旧的情况下，该项设备第三年应提折旧额为（　　）万元。

　A. 36.25　　　　B. 16.25　　　　C. 18.75　　　　D. 37.5

2. 某项固定资产原值为31 000元，预计使用年限为5年，预计净残值为1 000元，按双倍余额递减法计提折旧，则第二年年末该固定资产的账面价值为（　　）元。

　A. 11 160　　　B. 12 640　　　C. 11 800　　　D. 13 000

3. 企业2008年3月购入并投入使用不需要安装的设备一台，原值840万元，预计使用年限5年，预计净残值2万元，采用年数总和法计提折旧，则企业在2009年应计提的折旧额为（　　）万元。

　A. 237.43　　　B. 238　　　　　C. 224　　　　　D. 167.6

任务3　固定资产的后续支出

固定资产（3）

一、相关知识

（一）固定资产后续支出的概述

1. 固定资产后续支出的含义

固定资产后续支出是指固定资产在使用过程中发生的更新改造支出和修理费用等。

企业的固定资产在投入使用后，为了适应新技术发展的需要，或者为维护或提高固定资产的使用效能，往往需要对现有固定资产进行维护、改建、扩建或者改良，这些都是固定资产的后续支出。

2. 固定资产后续支出的处理原则

固定资产发生的后续支出符合固定资产确认条件的，即与该项固定资产有关的经济利益很可能流入企业、该资产的成本能够可靠地计量的，应当将其资本化，计入固定资产成本，同时扣除被替换部分的账面价值；若不符合固定资产确认条件的，应当将其费用化，计入当期损益。

（二）固定资产后续支出的账务处理

1. 资本化固定资产后续支出的账务处理

为了提高固定资产的质量或提高固定资产的生产能力，企业会对固定资产进行改扩建。在进行固定资产改扩建期间，由于停止使用，工期又比较长，因而应转销原固定资产的账面价值，将其转入在建工程，借记"在建工程""累计折旧"等账户，贷记"固定资产"账户；固定资产发生的改良支出，通过"在建工程"账户核算，借记"在建工程"账户，贷记"银行存款"等账户；拆除部分的固定资产账面价值，应冲减"在建工程"，借记"银行存款"等账户，贷记"在建工程"账户，同时，其差记入"营业外支出"账户。

要注意的是：原固定资产在改良期间因已转入在建工程而停止计提的折旧，待转入固定资产后要重新确定入账价值、重新估计使用寿命及净残值，再重新计算以后各期的折旧额。

2. 费用化固定资产后续支出的账务处理

固定资产在长期使用过程中，由于自然损耗或使用磨损等原因，往往发生部分零部件的损坏。为了保证固定资产的正常运转及使用，企业需要经常对固定资产进行必要的修理。与固定资产有关的修理费用等后续支出，一般不符合固定资产确认条件，属于收益性支出，因此发生时应当根据不同情况分别计入当期管理费用或销售费用，借记"管理费用"或"销售费用"等账户，贷记"银行存款"等账户。企业生产车间和行政管理部门的日常修理费用记入"管理费用"。

二、工作过程

1. 资本化固定资产后续支出的处理

【会计工作12】某企业于2016年3月3日，采用出包方式对一条生产流水线进行改良，该生产流水线原值为 6 000 000 元，预计使用寿命 10 年，预计净残值率 4%，累计已提折旧 1 200 000 元。按照合同规定，企业于 3 月 3 日支付工程款 800 000 元。该项改良工程将于 5 月 20 日完工并交付使用。另外，在改良过程中企业取得变价收入 10 000 元，且这批被换下零配件的账面价值是 100 000 元。工程改良竣工后，该生产流水线预计可使用寿命为 8 年，预计净残值率仍为 4%。采用年限平均法计提折旧。该企业应用如下账务处理。

【会计凭证】转账支票存根、银行进账单、收款收据、固定资产入库单、固定资产折旧计算表。

【工作指导】① 2016 年 3 月 3 日，将生产流水线转入改良工程时：

借：在建工程——生产流水线改良工程　　　　　4 800 000
　　累计折旧　　　　　　　　　　　　　　　　1 200 000
　　贷：固定资产　　　　　　　　　　　　　　　　　　6 000 000

② 3 月 3 日支付工程款时：

借：在建工程——生产流水线改良工程　　　　　800 000
　　贷：银行存款　　　　　　　　　　　　　　　　　800 000

③ 处理被替换下的零配件时：

借：银行存款　　　　　　　　　　　　　　　　10 000
　　营业外支出　　　　　　　　　　　　　　　90 000
　　贷：在建工程——生产流水线改良工程　　　　　　100 000

④ 5 月 20 日，工程完工交付使用时：

借：固定资产　　　　　　　　　　　　　　　　5 500 000
　　贷：在建工程——生产流水线改良工程　　　　　　5 500 000

⑤ 自 6 月份起，改良后的生产流水线每月计提折旧时：

年折旧额 = 5 500 000 × (1−4%) ÷ 8 = 660 000（元）

月折旧额 = 660 000 ÷ 12 = 55 000（元）

借：制造费用　　　　　　　　　　　　　　　　55 000
　　贷：累计折旧　　　　　　　　　　　　　　　　55 000

2. 费用化固定资产后续支出的处理

【会计工作 13】2016 年 9 月，某企业对现有的一台管理用设备进行日常维修，修理过程中用银行存款支付了修理费用 10 000 元，另外发生维修人员工资 5 000 元。

【会计凭证】转账支票存根、职工薪酬计算分配表。

【工作指导】企业应作如下会计处理：

借：管理费用　　　　　　　　　　　　　　　　15 000
　　贷：银行存款　　　　　　　　　　　　　　　　10 000
　　　　应付职工薪酬——工资　　　　　　　　　　5 000

任务4　固定资产的清查

一、相关知识

（一）固定资产清查概述

企业的固定资产由于种类多、用途各异，如果管理不严密就可能造成账实不符，甚至被损坏。因此为了保证固定资产的安全完整、做到账实相符，也为了掌握固定资产的有效利用情况，一般来说，每年至少应在编制财务报告之前对固定资产进行一次全面清查，平时可进行日常清查。此外，企业在清产核资、固定资产保管人员调动、企业组织形式改变时，也需要对固定资产进行临时清查。

固定资产清查一般采用实地盘点法，即以实地盘点的固定资产实有数量与固定资产卡片进行核算，检查是否账实相符。对清查过程中发现的盘盈、盘亏等固定资产，应及时查明原因，并编制"固定资产盘盈盘亏报告表"，经会计部门审核汇总后，作为调整固定资产账簿的依据，并按照规定程序报批处理。

盘亏或毁损的固定资产，应通过"待处理财产损溢"账户进行核算，盘盈的固定资产应通过"以前年度损益调整"账户进行核算。企业的固定资产损溢，应查明原因，在期末结账前处理完毕后"待处理财产损溢"账户应无余额。

（二）固定资产盘盈、盘亏的账务处理

1. 固定资产盘盈的账务处理

在固定资产清查过程中发现的盘盈固定资产，经查明属企业所有，应按重置成本确认入账价值。

企业盘盈的固定资产，一般是以前年度发生的会计差错作为前期差错。在按管理权限报经批准处理前应根据其确定的入账价值，借记"固定资产"账户，贷记"以前年度损益调整"账户。最后结转至"留存收益"。

"以前年度损益调整"是损益类收入性质账户，核算企业本年度发生的、调整以前年度损益的事项，以及本年度发现的重要前期差错更正涉及调整以前年度损益的事项。

2. 固定资产盘亏的账务处理

在固定资产清查过程中发现的盘亏固定资产，应根据账面价值，借记"待处理财产损溢"账户，根据已提折旧借记"累计折旧"账户，根据该项目固定资产已计提的减值准备，借记"固定资产减值准备"账户，根据盘亏固定资产的原值，贷记"固定资产"账户；报经有关部门批准转销时，应按可收回的过失人赔偿款或保险赔偿款，借记"其他应收款"账户，按盘亏净损失，借记"营业外支出——盘亏毁损损失"，贷记"待处理财产损溢"账户。

二、工作过程

1. 固定资产盘盈的处理

【会计工作14】2016年10月底，企业在对固定资产清查过程中，发现一台机器设备尚未入账，重置成本估计为 86 000 元。根据规定，该盘盈固定资产作为前期差错进行处理。假定企业适用的所得税税率为 25%，按净利润的 10%计提法定盈余公积，不考虑相关税费及其他因素的影响。

【会计凭证】固定资产盘点报告表、固定资产入库单。

【工作指导】① 盘盈固定资产时：

借：固定资产　　　　　　　　　　　　　　　　　　　　　　　86 000
　　贷：以前年度损益调整　　　　　　　　　　　　　　　　　　　86 000

② 确定应交所得税时：

借：以前年度损益调整　　　　　　　　　　　　　　　　　　　21 500
　　贷：应交税费——应交所得税　　　　　　　　　　　　　　　21 500

③ 结转为留存收益时：

借：以前年度损益调整　　　　　　　　　　　　　　　　　　　64 500
　　贷：盈余公积——法定盈余公积　　　　　　　　　　　　　　6 450
　　　　利润分配——未分配利润　　　　　　　　　　　　　　　58 050

2. 固定资产盘亏的处理

【会计工作 15】某企业进行财产清查时发现盘亏一台设备，其账面原价为 20 000 元，已提折旧 12 000 元。经批准，该盘亏设备作为营业外支出处理。

【会计凭证】固定资产盘点报告表。

【工作指导】① 盘亏固定资产时：

借：待处理财产损溢　　　　　　　　　　　　　　　　　　　　8 000
　　累计折旧　　　　　　　　　　　　　　　　　　　　　　　12 000
　　贷：固定资产　　　　　　　　　　　　　　　　　　　　　20 000

② 报经批准转销时：

借：营业外支出　　　　　　　　　　　　　　　　　　　　　　8 000
　　贷：待处理财产损溢　　　　　　　　　　　　　　　　　　　8 000

三、任务总结

固定资产盘点的会计处理如表 9-4 所示。

表 9-4　固定资产盘点的会计处理

资产	盘盈	盘亏
固定资产	借：固定资产（重置成本） 　　贷：以前年度损益调整 借：以前年度损益调整 　　贷：盈余公积 　　　　利润分配——未分配利润	借：待处理财产损溢 　　累计折旧 　　固定资产减值准备 　　贷：固定资产 借：其他应收款（保险公司或过失人赔偿） 　　营业外支出——盘亏损失 　　贷：待处理财产损溢

任务5　固定资产减值

一、相关知识

（一）固定资产减值的含义

在使用过程中，企业的固定资产由于机械损耗、自然磨损或技术陈旧以及其他经济原因，发生资产减值是必然的。企业在每年年末，应对存在减值迹象的固定资产进行减值测试。如果发现某项固定资产价值减损，为了不虚增资产价值则应计提固定资产减值准备。

固定资产由于发生损坏、技术陈旧或者其他经济原因，导致其可收回金额低于其账面价值，这种情况就称为固定资产减值。

（二）固定资产可收回金额的确定

在每年会计期末，企业应当对固定资产进行逐项检查，如果出现下列情况之一的，应当进行减值测试，对其可收回金额进行估计：

① 固定资产的市价大幅度下跌，其跌幅明显高于因时间的推移或者正常使用而预计的跌幅。

② 企业经营所处的经济、技术或者法律等环境以及固定资产所处的市场在当期或者将在近期发生重大变化，从而对企业产生不利影响。

③ 市场利率或者其他市场投资报酬率在当期已经提高，从而影响企业计算固定资产预计未来现金流量现值的折现率，导致资产可回收金额大幅度降低。

④ 有证据表明固定资产已经陈旧过时或者其实体已经损坏。

⑤ 固定资产已经或者将被闲置，终止使用或者计划提前处置。

⑥ 企业内部报告的证据表明固定资产的经济绩效已经低于或者将低于预期，如固定资产所创造的净现金流量或者实现的营业利润（或者亏损）远远低于（或者高于）预计金额等。

⑦ 其他表明固定资产可能已经发生减值的迹象。

固定资产可收回金额应当根据固定资产的公允价值减去处置费用后的净额与固定资产预计未来现金流量的现值两者之间较高者确定。需注意的是：

① 固定资产的公允价值应当根据公平交易中销售协议价格确定，不存在销售协议但存在资产活跃市场的，应当按照其市场价格确定。

② 处置费用包括与固定资产处置有关的法律费用、相关税费、搬运费以及为使固定资产达到可使用状态所发生的各项费用。

③ 固定资产预计未来现金流量的现值，应当按照资产在持续使用过程中和最终处置时所产生的预计未来现金流量，选择恰当的折现率对其进行折现后的金额加以确定。

（三）固定资产减值的判断及账务处理

如果固定资产可收回金额低于其账面价值，就表明固定资产发生了减值，企业就应当确认减值损失，将固定资产的账面价值减记至可收回金额，并按可收回金额低于账面价值的差额计提固定资产减值准备，借记"资产减值损失"账户，贷记"固定资产减值准备"账户。固定资产减值准备一经确认，在以后会计期间不允许转回。

在进行账务处理时，需注意两点：

① 固定资产减值准备确认后，减值固定资产的折旧费用应当在未来作相应调整，以使该固定资产在剩余使用寿命内，系统地分摊调整后的固定资产账面价值。

② 企业处置已计提减值准备的固定资产时，应当结转相应的减值准备。

二、工作过程

【会计工作16】 某企业于2016年购入一台设备，到2017年12月31日，该设备存在可能发生减值的迹象。经计算，该设备预计可收回金额为730 000元，账面价值为850 000元。以前年度未对该设备计提减值准备。

【会计凭证】 设备预计可收回金额计算表。

【工作指导】 由于该设备可收回金额为730 000元，账面价值为850 000元。可收回金额低于账面价值，应按两者之间的差额120 000（850 000-730 000）元计提固定资产减值准备。

借：资产减值损失　　　　　　　　　　　　　　　　　　　　120 000
　　贷：固定资产减值准备　　　　　　　　　　　　　　　　　　120 000

任务6　固定资产的处置

一、相关知识

（一）固定资产处置的内容

企业在生产经营过程中，对那些不适用或不需用的固定资产可以出售转让。对那些由于使用而不断磨损以致最终报废，或者由于技术进步等原因提前报废，或由于遭受自然灾害等非常损失发生毁损的固定资产应及时进行清理。因对外投资、抵债、调拨、非货币性资产交换、债务重组等原因减少的固定资产，也属于固定资产的处置。

（二）固定资产终止确认的条件

固定资产满足下列条件之一的，应当予以终止确认：
① 该固定资产处于处置状态。
② 该固定资产预期通过使用或处置不能产生经济效益。

（三）固定资产处置的账务处理

企业因出售、报废、毁损等原因减少的固定资产，应通过"固定资产清理"账户核算。"固定资产清理"账户的借方登记清理过程中发生的各项费用，包括转入清理过程的固定资产账面价值、清理过程中发生的清理费用以及销售不动产等应缴纳的税金；贷方登记清理过程中发生的各项收入，包括清理固定资产取得的变价收入、残料收入以及应向保险公司或者有关责任人收取的赔款等。该账户贷方发生额大于借方发生额的差额，为清理过程中发生的净收益，应作为营业外收入或管理费用从该账户借方转出；反之，则为清理过程中发生的净损失，应作为营业外支出或管理费用从该账户的贷方转出。经过上述结转后，该账户应无余额。

固定资产清理的账务处理一般包括六个步骤。

1. 固定资产转入清理

企业出售、报废和毁损的固定资产转入清理时，应按固定资产账面价值，借记"固定资产清理"账户，按已提折旧额，借记"累计折旧"账户，按已计提的减值准备，借记"固定资产减值准备"账户，按固定资产原值，贷记"固定资产"账户。

要注意的是，固定资产的账面价值是指固定资产成本扣减累计折旧和固定资产减值准备后的金额。

2. 发生清理费用

固定资产清理过程中发生清理费用时，应借记"固定资产清理"账户，贷记"银行存款"等账户。

3. 计算应缴纳的增值税

出售固定资产，按税法规定计算应该缴纳的增值税时，应借记"固定资产清理"账户，贷记"应交税费——应交增值税"账户。实际缴纳时，借记"应交税费——应交增值税"账户，贷记"银行存款"账户。根据具体情况决定是否按简易征收方式。

4. 取得出售收入和残料

企业收回出售固定资产的价款、报废固定资产取得残料价值和变价收入等时应冲减清理支出，借记"银行存款""原材料"等账户，贷记"固定资产清理"账户。

5. 获得保险赔偿

企业获得的应由保险公司或过失人赔偿的损失时，应冲减清理支出，借记"银行存款""其他应收款"账户，贷记"固定资产清理"账户。

6. 清理净损益的处理

固定资产清理完毕后的净收益，如果是属于生产经营期间的，借记"固定资产清理"账户，贷记"营业外收入"账户；如果是属于筹建期间的，借记"固定资产清理"账户，贷记"管理费用"账户。固定资产清理完毕后的净损失，如果是属于生产经营期间的，借记"营业外支出"账户，贷记"固定资产清理"账户；如果属于筹建期间的，借记"管理费用"账户，贷记"固定资产清理"账户。

二、工作过程

1. 出售固定资产的处理

【会计工作17】某企业出售房屋一栋，原价为 3 000 000 元，已提折旧 1 300 000 元。出售过程中支付各种清理费用共计 20 000 元，房屋出售取得价款收入为 2 000 000 元，款项收到已存入银行，假如房屋出售应交的增值税是 100 000 元。假定该企业以前没有对该房屋计提过减值准备，也不考虑除增值税以外的其他税费。该企业应作何账务处理？

【会计凭证】固定资产出售调拨单、收款收据、银行进账单（收款通知）、转账支票存根、增值税计算表。

【工作指导】① 将固定资产转入清理时：

借：固定资产清理　　　　　　　　　　　　　　　　　　1 700 000
　　累计折旧　　　　　　　　　　　　　　　　　　　　1 300 000
　　　贷：固定资产　　　　　　　　　　　　　　　　　　　　　　3 000 000

② 支付清理费用时：

借：固定资产清理　　　　　　　　　　　　　　　　　　　　20 000
　　　贷：银行存款　　　　　　　　　　　　　　　　　　　　　　　20 000

③ 收到出售价款时：

借：银行存款　　　　　　　　　　　　　　　　　　　2 000 000
　　　贷：固定资产清理　　　　　　　　　　　　　　　　　　　2 000 000

④ 计算结转应交增值税时：

借：固定资产清理　　　　　　　　　　　　　　　　　　　100 000
　　　贷：应交税费——应交增值税　　　　　　　　　　　　　　　100 000

⑤ 结转固定资产清理净损益时：

固定资产清理净损益=2 000 000－(1 700 000+20 000+100 000)=180 000（元）

借：固定资产清理　　　　　　　　　　　　　　　　　　　180 000
　　　贷：营业外收入——处置非流动资产利得　　　　　　　　　180 000

2. 定资产报废的处理

【会计工作18】某企业经批准报废一台生产用设备，其原价为900 000元。已计提折旧600 000元，已计提减值准备120 000元。在清理过程中，以银行存款支付清理费用15 000元，取得残料变价收入50 000元，款已存入银行。

【会计凭证】设备报废申请单、收款收据、转账支票存根、银行进账单（收款通知）。

【工作指导】① 将固定资产转入清理时：

借：固定资产清理　　　　　　　　　　　　　　　　　　　180 000
　　累计折旧　　　　　　　　　　　　　　　　　　　　　600 000
　　固定资产减值准备　　　　　　　　　　　　　　　　　120 000
　　　贷：固定资产　　　　　　　　　　　　　　　　　　　　　900 000

② 支付清理费用时：

借：固定资产清理　　　　　　　　　　　　　　　　　　　　15 000
　　　贷：银行存款　　　　　　　　　　　　　　　　　　　　　　15 000

③ 取得变价收入时：

借：银行存款　　　　　　　　　　　　　　　　　　　　　50 000
　　　贷：固定资产清理　　　　　　　　　　　　　　　　　　　　50 000

④ 结转固定资产清理净损益时：

固定资产清理净损益=50 000－(180 000+15 000)=－145 000（元）

借：营业外支出——处置非流动资产损失　　　　　　　　　　145 000
　　　贷：固定资产清理　　　　　　　　　　　　　　　　　　　145 000

项目 10

投资性房地产

学习目标

掌握投资性房地产的定义、性质、界定标准；结合业务工作能完成投资性房地产的确认与初始计量、后续计量，会处理投资性房地产与非投资性房地产的相互转换及投资性房地产的处置业务。通过技能训练，掌握与投资性房地产业务相关的计算与会计处理。

工作情境

张旭东是企业财务科的助理会计，公司根据业务需要安排其主要负责投资性房地产业务的核算与其相关工作。财务科李科长要求张旭东掌握投资性房地产管理制度和核算办法，具体内容有：

负责对投资性房地产管理和会计核算，正确划分投资性房地产和固定资产的界限，编制投资性房地产目录，按照财务制度的有关规定负责投资性房地产的明细核算；督促有关部门或管理人员对增加和减少的投资性房地产办理会计手续，如实反映其全部会计核算内容，包括正确计算投资性房地产记账价值，以及完成领导交办的其他工作。

任务1 认知投资性房地产

相关知识

（一）投资性房地产的定义

投资性房地产，是指为赚取租金或资本增值，或两者兼有而持有的房地产。投资性房地产应当能够单独计量和出售。

房地产是土地和房屋及其权属的总称。随着我国社会主义市场经济的发展和完善，房地产市场日益活跃，企业持有的房地产除了用作自身管理、生产经营活动场所和对外销售之外，有的房地产还可用于赚取租金或增值收益的活动，这甚至是个别企业的主营业务。用于出租或增值的房地产就是投资性房地产。

在我国，土地归国家或集体所有，企业只能取得土地的使用权。因此，房地产中的土地是指土地使用权。房屋是指土地上的房屋等建筑物及构筑物。

（二）投资性房地产的性质

1. 投资性房地产是一种经营性活动

投资性房地产的主要形式是出租建筑物、出租土地使用权，这实质上属于一种让渡资产使用权行为。房地产租金就是让渡资产使用权取得的使用费收入，是企业为完成其经营目标所从事的经营性活动以及与之相关的其他活动形成的经济利益总流入。投资性房地产的另一种形式是持有准备增值后转让的土地使用权，尽管其增值收益通常与市场供求、经济发展等因素有关，但目的是增值后转让以赚取增值收益，也是企业为完成其经营目标所从事的经营性活动以及与之相关的其他活动形成的经济利益总流入。

根据税法规定，企业出租房地产、转让土地使用权均视为一种经营活动，其取得的租金收入或土地使用权转让收益应当缴纳增值税；如果土地使用权转让增值额达到法定标准的，还应当缴纳土地增值税。

就某些企业而言，投资性房地产属于日常经营性活动，形成的租金收入或转让增值收益确认为企业的主营业务收入，但对于大部分企业而言，属于与经营性活动相关的其他经营活动，形成的租金收入或转让增值收益构成企业的其他业务收入。

2. 投资性房地产为企业带来经济利益流入的方式与自用房地产明显不同

企业持有的房地产既可能用作自身管理、生产经营的场所，也可能作为投资性房地产用于赚取租金或获取增值收益。投资性房地产为企业带来的经济利益流入的方式主要是通过获取租金收益和处置收益来实现的，与自用房地产明显不同，因此应当作为一项单独资产进行核算和反映。企业在日常核算过程中，应该对相关资产重新分类，符合投资性房地产定义和确认条件的建筑物和土地使用权，应当划分为投资性房地产。

3. 投资性房地产的后续计量有两种模式

投资性房地产的后续计量有成本计量和公允价值计量两种计量模式。一般情况下，投资性房地产采用成本计量模式，在满足特定条件下可以采用公允价值计量模式。而企业的固定资产和无形资产一般采用成本计量。

（三）投资性房地产的范围

投资性房地产的范围包括：已出租的土地使用权、持有并准备增值后转让的土地使用权及已出租的建筑物。

1. 已出租的土地使用权

已出租的土地使用权，是指企业通过出让或转让方式取得的、以经营租赁方式出租的土地使用权。企业取得的土地使用权通常包括在一级市场上以交纳土地出让金的方式取得的土地使用权，也包括在二级市场上接受其他单位转让的土地使用权。

企业计划用于出租但尚未出租的土地使用权，不属于投资性房地产。计划用于出租的土地使用权自租赁协议约定的租赁期开始日方能确认为投资性房地产。例如：2014 年 5 月 10 日，甲公司与乙公司签署了土地使用权租赁协议，将其原有一块堆放材料的土地租赁给乙公司使用，协议约定租赁期自 2014 年 6 月 1 日起至 2016 年 5 月 31 日止。甲公司在 2010 年 6

月 1 日方可确认该土地使用权为投资性房地产。

对于以经营租赁方式租入土地使用权再转租给其他单位的，不能确认为投资性房地产。例如：2014 年 5 月 10 日，甲公司与乙公司签署了土地使用权租赁协议，将其原有一块堆放材料的土地租赁给乙公司使用，协议约定租赁期自 2014 年 6 月 1 日起至 2016 年 5 月 31 日止；2015 年 1 月 1 日乙公司因经营调整，将该土地使用权转租给丙公司使用，双方约定租赁期限自 2015 年 1 月 1 日起至 2016 年 5 月 31 日止，此时，乙公司不得确认该土地使用权为投资性房地产。

2. 持有并准备增值后转让的土地使用权

持有并准备增值后转让的土地使用权，是指企业取得的、准备增值后转让的土地使用权。这类土地使用权很可能给企业带来资本增值收益，符合投资性房地产的定义。

按照国家有关规定认定的闲置土地，不属于持有并准备增值后转让的土地使用权，也就不属于投资性房地产。闲置土地，是指土地使用者依法取得土地使用权后，未经原批准用地的人民政府同意，超过规定的期限未动工开发建设的建设用地。闲置土地应当按照国家《闲置土地处置办法》的规定处理。

3. 已出租的建筑物

已出租的建筑物是指企业拥有产权的、以经营租赁方式出租的建筑物，包括自行建造或开发活动完成后用于出租的建筑物。

企业在判断和确认已出租的建筑物时，应当把握以下要点：

① 用于出租的建筑物是指企业拥有产权的建筑物。企业以经营租赁方式租入再转租给其他人使用的建筑物不属于投资性房地产。例如：2016 年 1 月 1 日甲公司与乙公司签订了一项经营租赁合同，甲公司将其拥有产权的一栋办公楼出租给乙公司，为期 5 年；乙公司将该办公楼装修后用于自行经营商品销售；2 年后，由于连续亏损，乙公司将该办公楼转租给丙公司，合同期为 3 年，以赚取租金差价。这种情况下，对于乙公司而言，该栋办公楼不属于其投资性房地产。

② 已出租的建筑物是企业已经与其他方签订了租赁协议，约定以经营租赁方式出租的建筑物。一般应自租赁协议规定的租赁期开始日起，经营租出的建筑物才属于已出租的建筑物。通常情况下，对企业持有以备经营出租的空置建筑物，如董事会或类似机构作出书面决议，明确表明将其用于经营租出且短期内不再发生变化的，即使尚未签订租赁协议，也应视为投资性房地产。这里的空置建筑物，是指企业新购入、自行建造或开发完成但尚未使用的建筑物，以及不再用于日常生产经营活动且经整理后达到可经营出租状态的建筑物。

③ 企业将建筑物出租，按租赁协议向承租人提供的相关辅助服务在整个协议中不重大，应当将该建筑物确认为投资性房地产。例如：甲公司在市中心有一栋写字楼，共 5 层，其中 1 层出租给某家大型超市，2 层出租给某会计师事务所办公使用，3~5 层出租给丙公司。合同约定甲公司为该写字楼提供保安、维修等日常辅助服务。本例中，甲公司将写字楼出租，同时提供的辅助服务不重大，故该写字楼属于甲公司的投资性房地产。

（四）不属于投资性房地产的范围

下列项目不属于投资性房地产。

1. 自用房地产

自用房地产是指为生产商品、提供劳务或者经营管理而持有的房地产。例如，企业生产经营用的厂房和办公楼属于固定资产，企业生产经营用的土地使用权属于无形资产。再如，企业出租给本企业职工居住的宿舍，虽然也收取租金，但间接为企业自身的生产经营服务，因此具有自用房地产的性质。

2. 作为存货的房地产

作为存货的房地产通常是指房地产开发企业在正常经营过程中销售的或为销售而正在开发的商品房和土地。这部分房地产属于房地产开发企业的存货，不属于投资性房地产。

从事房地产经营开发的企业依法取得的、用于开发后出售的土地使用权，属于房地产开发企业的存货，即使房地产开发企业决定待增值后再转让其开发的土地，也不得将其确认为投资性房地产。

实务中，存在某项房地产部分自用或作为存货出售、部分用于赚取租金或资本增值的情形。如果某项投资性房地产不同使用的部分能够单独计量出售的，应当分别确认为固定资产（或无形资产、存货）和投资性房地产。例如：甲公司在市中心开发一栋商住楼，共5层，其中1层出租给某家大型超市，2层出租给某会计师事务所办公使用，均已经签订租赁合同；3~5层为住宅正在对外销售。这种情况下，如果1、2层能够单独计量和出售，应当确认为甲公司的投资性房地产，3~5层为甲企业的存货，即开发产品。

课堂训练

（一）单选题

1. 下列项目不属于投资性房地产的是（　　）。

A. 已出租的土地使用权

B. 持有并准备增值后转让的房屋

C. 已出租的建筑物

D. 持有并准备增值后转让的土地使用权

2. 下列不属于企业投资性房地产的是（　　）。

A. 企业持有并准备转让的土地使用权

B. 企业开发完成后用于出租的房地产

C. 房地产开发企业将作为存货的商品房以经营租赁方式出租

D. 房地产企业拥有并自行经营的饭店

（二）多选题

下列属于企业的投资性房地产的有（　　）。

A. 企业经营租赁方式出租的生产线

B. 企业自行建造后用于出租的房地产

C. 企业生产经营用的土地使用权

D. 企业以经营租赁方式出租的厂房

任务2　投资性房地产的确认和初始计量

一、相关知识

（一）投资性房地产的确认条件

一项资产在符合投资性房地产的概念并同时满足下列两个条件时，才能确认为投资性房地产：

① 与该投资性房地产有关的经济利益很可能流入企业。
② 该投资性房地产的成本能够可靠计量。

企业外购的房地产，只有在购入的同时开始对外出租或用于资本增值，才能作为投资性房地产。企业自行建造的房地产，只有在自行建造活动完成（即达到预定可使用状态）的同时开始对外出租或用于资本增值，才能确认为投资性房地产。对于已出租的土地使用权、已出租的建筑物，其作为投资性房地产的确认时点为租赁期开始日，即承租人有权行使其使用租赁资产权利的日期。对持有并准备持有增值后转让的土地使用权，其作为投资性房地产的确认时点为企业将该土地使用权停止自用、准备增值后转让的日期。

（二）投资性房地产的初始计量

投资性房地产初始计量时，应当按照成本进行。

1. 账户设置

企业应当设置"投资性房地产"账户，用于对投资性房地产的核算。通过外购或自行建造等取得的投资性房地产，借记"投资性房地产"账户，贷记"银行存款""在建工程"等相关账户。

成本模式下的投资性房地产会计处理比较简单，企业应当设置"投资性房地产"账户，比照"固定资产"或"无形资产"账户进行核算，反映投资性房地产的成本。

公允价值模式下投资性房地产实际成本的确定与成本模式下投资性房地产实际成本的确定是一致的，但企业应当在"投资性房地产"账户下设置"成本"和"公允价值变动"两个明细账户，其中"成本"明细账户反映投资性房地产的取得成本。

2. 投资性房地产初始计量的核算

（1）外购投资性房地产

外购采用成本模式计量的土地使用权和建筑物，应当按照取得时的实际成本进行初始计量，其成本包括购买价款、相关税费和可直接归属于投资性房地产的其他支出。

（2）自行建造的投资性房地产

自行建造的采用成本模式计量的投资性房地产，其成本由建造该项投资性房地产达到预定可使用状态前发生的必要支出构成，包括土地开发费、建造成本、应予以资本化的借款费用、支付的其他费用和分摊的间接费用等。建造过程中发生的非正常性损失直接计入当期损益，不计入建造成本。企业在建造过程中发生的支出通过"在建工程"账户进行归集，待该项投资性房地产达到预定可使用状态时将建造支出由"在建工程"转入"投资性房地产"账户，将相应的土地使用权由"无形资产"转入"投资性房地产"。

二、工作过程

1. 外购投资性房地产

【会计工作1】2016年5月，顺达公司从其他企业购入一幢办公楼用于对外经营租赁，双方在合同中将交易日期定于2016年7月1日，交易价格为400万元。2016年6月，顺达公司与A企业签订办公楼经营租赁合同，双方约定从2016年7月1日顺达公司取得该办公楼所有权后A企业开始租用。2016年7月1日，顺达公司取得该办公楼所有权，以银行存款支付。

【会计凭证】固定资产购置合同、房产证、土地使用权证、交易税费完税凭证、固定资产验收单、转账支票存根、收款凭证、房屋租赁合同等。

【工作指导】顺达公司应作如下会计处理：

① 假定顺达公司采用成本模式计量：

借：投资性房地产——办公楼　　　　　　　　　　　　　　　4 000 000
　　贷：银行存款　　　　　　　　　　　　　　　　　　　　　　　4 000 000

② 假定顺达公司采用公允价值模式计量：

借：投资性房地产——办公楼——成本　　　　　　　　　　　4 000 000
　　贷：银行存款　　　　　　　　　　　　　　　　　　　　　　　4 000 000

2. 自行建造的投资性房地产

【会计工作2】2016年5月，顺达公司从其他企业购入一块土地，成本为200万元，并在这块土地上自行建造一幢办公楼。2016年10月，顺达公司预计办公楼即将完工，与A企业签订了经营租赁合同，将该办公楼租赁给A企业使用，约定从办公楼完工时开始起租。2016年11月1日，办公楼完工，实际造价为200万元。2016年11月1日该办公楼完工。

【会计凭证】固定资产验收单、房屋租赁合同。

【工作指导】顺达公司应作如下会计处理：

① 假定顺达公司采用成本模式计量：

借：投资性房地产　　　　　　　　　　　　　　　　　　　　　4 000 000
　　贷：在建工程　　　　　　　　　　　　　　　　　　　　　　　2 000 000
　　　　无形资产——土地使用权　　　　　　　　　　　　　　　　2 000 000

② 假定顺达公司采用公允价值模式计量：

借：投资性房地产——办公楼——成本　　　　　　　　　　　4 000 000
　　贷：在建工程　　　　　　　　　　　　　　　　　　　　　　　2 000 000
　　　　无形资产——土地使用权　　　　　　　　　　　　　　　　2 000 000

课堂训练

1. 丁公司有关资料如下：

（1）2016年12月丁公司以银行存款购入一栋写字楼，价款为51 000万元；其中包括土地使用权为1 000万元，丁公司作为投资性房地产，写字楼预计尚可使用年限为40年，写字楼相关手续于当日办理完毕；土地使用权预计尚可使用年限为50年，土地使用权相关手续于2017年1月1日办理完毕。写字楼和土地使用权的预计净残值为零，均采用直线法计提折旧和摊销。假定按年计提折旧和进行摊销。

（2）2017 年 1 月丁公司与 B 公司签订租赁协议，将该写字楼整体出租给 B 公司，租期为 3 年，年租金为 2 000 万元，每年年初支付。

（3）若在 2018 年年末写字楼的市场价值为 46 550 万元，考虑递延所得税，税率 33%。

要求：① 编制 2016 年 12 月购入房地产的有关会计分录。

② 编制收到租金及有关增值税的相关会计分录。

③ 编制成本法下按年对投资性房地产计提折旧和进行摊销的会计分录。

④ 发生了减值的处理。

2. 2016 年 1 月 25 日，甲公司对所属某建筑物（属于投资性房地产，采用成本法核算）进行装修，发生如下有关支出：领用生产用原材料 10 000 元，购进该批原材料时支付的增值税进项税额为 1 700 元；辅助生产车间为建筑物装修工程提供的劳务支出为 14 660 元；计提有关人员工资 26 000 元、福利费 3 640 元。2016 年 12 月 26 日，建筑物装修完工，达到预定可使用状态交付使用，甲公司预计下次装修时间为 2027 年 12 月。2019 年 12 月 31 日，甲公司预计对该建筑物重新装修。假定该建筑物装修支出符合后续支出资本化条件；该建筑物预计尚可使用年限为 6 年；装修形成的投资性房地产预计净残值为 2 000 元，预计可收回金额为 120 000 元。采用直线法计提折旧，不考虑其他因素。

要求：编制上述业务的有关会计分录。

任务 3　投资性房地产的后续计量

一、相关知识

投资性房地产的后续计量，通常应当采用成本模式进行，只有满足特定条件的情况下才可以采用公允价值模式计量。在采用成本计量模式下，企业对建筑物的后续计量按照固定资产进行相关处理（具体参阅《企业会计准则第 4 号——固定资产》），对土地使用权的后续计量按照无形资产进行相关处理（具体参阅《企业会计准则第 6 号——无形资产》）。

（一）投资性房地产的后续计量

投资性房地产的后续计量，同一企业只能采用一种计量模式进行，不得同时采用两种计量模式。

1. 采用成本模式进行后续计量的投资性房地产

采用成本模式对投资性房地产进行后续计量的，应当设置"投资性房地产累计折旧（摊销）"账户。按期（月）计提折旧或摊销时，借记"其他业务成本"等账户，贷记"投资性房地产累计折旧（摊销）"账户；取得租金收入时，借记"银行存款"等账户，贷记"其他业务收入"等账户。

2. 采用公允价值模式进行后续计量的投资性房地产

企业有确凿证据表明其公允价值能够持续可靠取得的，可以采用公允价值计量模式。采用公允价值模式计量投资性房地产，应当同时满足以下两个条件：

① 投资性房地产所在地有活跃的房地产交易市场。

② 企业能够从房地产交易市场上取得同类或类似房地产的市场价格及其他相关信息，从而对投资性房地产的公允价值作出合理的估计。

企业选择公允价值模式，就应当对其所有投资性房地产采用公允价值模式进行后续计量，不得对一部分投资性房地产采用成本模式进行后续计量，对另一部分投资性房地产采用公允价值模式进行后续计量。

采用公允价值模式的，应当在附注中详细披露公允价值确定的依据和方法以及公允价值变动对损益的影响。

采用公允价值模式进行后续计量的投资性房地产，不提折旧、不摊销、不减值，应以资产负债表日的公允价值计量。资产负债表日，投资性房地产的公允价值与原账面价值的差额，记入"公允价值变动损益"。

（二）投资性房地产的后续支出

与投资性房地产有关的后续支出分为两部分：一是资本化支出；二是费用化支出。企业为了提高投资性房地产的使用效能，往往需要对投资性房地产进行改建、扩建而使其更加坚固耐用，或者通过装修而改善其室内装潢。改扩建支出或装修支出等后续支出满足投资性房地产确认条件的，应当予以资本化，计入投资性房地产的成本。企业对投资性房地产进行日常维护所发生的支出等，不满足投资性房地产确认条件的，应当予以费用化，计入当期损益。

1. 资本化的后续支出

企业对投资性房地产进行改扩建或装修等再开发且将来仍作为投资性房地产的，再开发期间应继续将其作为投资性房地产核算，再开发期间不计提折旧或摊销。企业应当在"投资性房地产"科目下增设"在建"明细科目，以便对资本化的后续支出进行核算。

① 采用成本模式进行计量的，投资性房地产进入改扩建或装修阶段后，应将其账面价值转入改扩建工程。企业应在"投资性房地产"账户下设置"在建"明细账户，用于对改扩建或装修投资性房地产的核算。

在投资性房地产进入改扩建或装修阶段后，借记"投资性房地产——在建""投资性房地产累计折旧"等账户，贷记"投资性房地产"账户；发生资本化的改扩建或装修支出时，通过"投资性房地产——在建"账户进行归集，借记"投资性房地产——在建"账户，贷记"银行存款""应付账款"等相关账户；待改扩建或装修完成后，借记"投资性房地产"账户，贷记"投资性房地产——在建"账户。

② 采用公允价值模式计量的，投资性房地产进入改扩建或装修阶段后，企业应借记"投资性房地产——在建"账户，贷记"投资性房地产——成本""投资性房地产——公允价值变动"等账户。在改扩建或装修完成后，借记"投资性房地产——成本"账户，贷记"投资性房地产——在建"账户。

2. 费用化的后续支出

与投资性房地产有关的不满足资本化条件的后续支出，应当在发生时计入当期损益。会计处理为：借记"其他业务成本"科目，贷记"银行存款"等科目。

（三）投资性房地产计量模式的变更

1. 投资性房地产由成本计量模式转为公允价值计量模式的处理

为保证会计信息的可比性，企业对投资性房地产的计量模式一经确定，不得随意变更。

只有在房地产市场比较成熟、能够满足采用公允价值模式条件的情况下，才允许企业对投资性房地产从成本模式计量变更为公允价值模式计量。

成本模式转为公允价值模式的，由于涉及会计计量基础的变更，应当作为会计政策变更处理，以计量模式变更时公允价值作为投资性房地产初始成本，并将变更时公允价值与账面价值的差额调整期初留存收益。在计量模式变更日，企业应按照投资性房地产的公允价值，借记"投资性房地产——成本"账户，按照已经计提的折旧或摊销，借记"投资性房地产累计折旧（或摊销）"账户，按照原已计提的减值准备，借记"投资性房地产减值准备"账户，按照账面余额，贷记"投资性房地产"账户，按照该投资性房地产公允价值与其账面价值间的差额，贷记或借记"利润分配——未分配利润""盈余公积"等账户。

2. 投资性房地产由公允价值计量模式转为成本计量模式的规定

准则规定：已采用公允价值模式计量的投资性房地产，不得从公允价值模式转为成本模式。

二、工作过程

（一）投资性房地产的后续计量

1. 采用成本模式进行后续计量的投资性房地产

【会计工作3】2016年3月1日，顺达公司将其一幢办公楼出租给A企业使用，已经确认为投资性房地产，采用成本计量模式进行后续计量。假定该办公楼的成本为4 800 000元，采用直线折旧法计提折旧，预计使用年限20年、预计净残值为0。根据合同，A企业每月支付顺达公司租金5万元。

【会计凭证】固定资产折旧计算表、银行存款到账通知单、收款凭证。

【工作指导】顺达公司应进行如下会计处理：

① 从2016年3月起，按月计提办公楼折旧：

$$4\ 800\ 000 \div 20 \div 12 = 20\ 000（元）$$

借：其他业务成本	20 000
贷：投资性房地产累计折旧	20 000

② 按月取得办公楼租金：

借：银行存款	50 000
贷：其他业务收入	50 000

2. 采用公允价值模式进行后续计量的投资性房地产

【会计工作4】2016年3月1日，顺达公司将其一幢办公楼租赁给A企业使用，双方约定租赁期限为5年，该办公楼账面价值为4 800 000元。2016年12月31日，该办公楼的公允价值为6 000 000元，顺达公司采用公允价值计量模式。

【会计凭证】固定资产估价的相关凭证。

【工作指导】计算公允价值变动：6 000 000 – 4 800 000 = 1 200 000（元），会计处理如下：

借：投资性房地产——公允价值变动	1 200 000
贷：公允价值变动损益	1 200 000

（二）投资性房地产的后续支出

1. 资本化的后续支出

（1）采用成本模式进行计量的处理

【会计工作5】2016年5月，顺达公司决定将其一幢办公楼租赁给A企业（合同到期日为2016年5月31日）。在租期届满时进行改造，以提高该办公楼的租金收入，并与B企业签订了租赁合同，商定自改造完工时将该办公楼租赁给B企业。5月31日，租期届满，顺达公司对办公楼进行改造，该办公楼原值5 000 000元，已经计提折旧1 000 000元；6月30日办公楼改造工程完工，共支出2 000 000元，均以银行存款支付，即日起按合同租赁给B企业。假定顺达公司采用成本计量模式。

【会计凭证】固定资产验收单、固定资产改造工程相关票据、转账支票存根等。

【工作指导】顺达公司相关的会计处理如下：

① 2016年5月31日，该办公楼转入改扩建工程：

借：投资性房地产——办公楼——在建　　　　　　　　　　　4 000 000
　　投资性房地产累计折旧　　　　　　　　　　　　　　　　1 000 000
　　贷：投资性房地产——办公楼　　　　　　　　　　　　　　　　5 000 000

② 5月31日至6月30日期间，发生改造支出：

借：投资性房地产——办公楼——在建　　　　　　　　　　　2 000 000
　　贷：银行存款　　　　　　　　　　　　　　　　　　　　　　　2 000 000

③ 6月30日，改造完工：

借：投资性房地产——办公楼　　　　　　　　　　　　　　　6 000 000
　　贷：投资性房地产——办公楼——在建　　　　　　　　　　　　6 000 000

（2）采用公允价值模式计量的处理

【会计工作6】2016年5月，顺达公司决定将其一幢租赁给A企业的办公楼（合同到期日为2016年5月31日）在租期届满时进行改造，以提高该办公楼的租金收入，并与B企业签订了租赁合同，商定自改造完工时将该办公楼租赁给B企业。5月31日，租期届满，顺达公司对办公楼进行改造，该办公楼账面价值为5 000 000元，其中成本为4 000 000元，累计公允价值变动1 000 000元；6月30日办公楼改造工程完工，共支出2 000 000元，均以银行存款支付，即日起按合同租赁给B企业。假定顺达公司采用公允价值计量模式。

【会计凭证】固定资产验收单、固定资产改造工程相关票据、房屋租赁合同、转账支票存根等。

【工作指导】顺达公司相关的会计处理如下：

① 2016年5月31日，该办公楼转入改扩建工程：

借：投资性房地产——办公楼——在建　　　　　　　　　　　5 000 000
　　贷：投资性房地产——办公楼——成本　　　　　　　　　　　　4 000 000
　　　　　　　　　　　　　　——公允价值变动　　　　　　　　　1 000 000

② 5月31日至6月30日期间，发生改造支出：

借：投资性房地产——办公楼——在建　　　　　　　　　　　2 000 000
　　贷：银行存款　　　　　　　　　　　　　　　　　　　　　　　2 000 000

③ 6月30日，改造完工：
借：投资性房地产——办公楼——成本　　　　　　　　　　　6 000 000
　　贷：投资性房地产——办公楼——在建　　　　　　　　　　6 000 000

2. 费用化的后续支出

【会计工作7】 2016年5月，顺达公司对其已经确认为投资性房地产的一幢出租给A企业的办公楼进行日常维修，发生维修费用12 000元，其中在库房领用维修材料8 000元，支付维修人员工资4 000元。

【会计凭证】 材料领用单、工资领取签字表、固定资产维修验收单等。

【工作指导】 顺达公司相关的会计处理如下：
借：其他业务成本　　　　　　　　　　　　　　　　　　　　　　12 000
　　贷：原材料　　　　　　　　　　　　　　　　　　　　　　　　8 000
　　　　库存现金　　　　　　　　　　　　　　　　　　　　　　　4 000

（三）投资性房地产计量模式的变更

1. 投资性房地产由成本计量模式转为公允价值计量模式的处理（原来已经是投资性房地产的成本计量了）

【会计工作8】 2016年，顺达公司将一幢办公楼对外出租，采用成本模式进行后续计量。2018年5月1日，假设顺达公司持有的投资性房地产满足采用公允价值模式条件，公司决定采用公允价值模式对该办公楼进行后续计量。2018年5月1日，该办公楼的原价为5 000 000元，已计提折旧500 000元，账面价值为4 500 000元，公允价值为6 000 000元。顺达公司按净利润的10%计提盈余公积。

【会计凭证】 固定资产估价的凭证、盈余公积提取计算表。

【工作指导】 顺达公司相关的会计处理如下：
借：投资性房地产——成本　　　　　　　　　　　　　　　　6 000 000
　　投资性房地产累计折旧　　　　　　　　　　　　　　　　　500 000
　　贷：投资性房地产　　　　　　　　　　　　　　　　　　　5 000 000
　　　　利润分配——未分配利润　　　　　　　　　　　　　　1 350 000
　　　　盈余公积　　　　　　　　　　　　　　　　　　　　　　150 000

投资性房地产不得从公允价值模式转为成本模式。

2. 内部转换形成的投资性房地产，原来本身不是投资性房地产计量

三、任务总结

投资性房地产的有关会计处理如表10-1所示。

表10-1　投资性房地产的有关会计处理

事项	成本计量	公允模式
企业将作为存货的房地产转换为投资性房地产	借：投资性房地产（转换日的账面余额） 　　存货跌价准备（转换日已提减值准备） 　　贷：开发产品（账面余额）	借：投资性房地产——成本（转换日的公允价值） 　　存货跌价准备（转换日已提减值准备）

续表

事项	成本计量	公允模式
		贷：开发产品（账面余额） 借差：公允价值变动损益 贷差：其他综合收益
企业将自用的建筑物等转换为投资性房地产	借：投资性房地产（转换日的资产原价） 　　累计折旧（摊销） 　　固定资产（无形资产）减值准备（转换日已提减值准备） 　贷：固定资产（无形资产）（账面原价） 　　投资性房地产累计折旧（摊销） 　　投资性房地产减值准备	借：投资性房地产——成本（转换日的公允价值） 　　累计折旧（摊销） 　　固定资产（无形资产）减值准备（转换日已提减值准备） 　贷：固定资产（无形资产）（账面原价） 借差：公允价值变动损益 贷差：其他综合收益

课堂训练

甲企业将某一栋写字楼租赁给乙公司使用，并一直采用成本模式进行后续计量。2016年1月1日，甲企业认为，出租给乙公司使用的写字楼，其所在地的房地产交易市场比较成熟，具备了采用公允价值模式计量的条件，决定对该项投资性房地产从成本模式转换为公允价值模式计量。该写字楼的原造价为90 000 000元，已计提折旧2 700 000元，账面价值为87 300 000元。2016年1月1日，该写字楼的公允价值为95 000 000元。假设甲企业按净利润的10%计提盈余公积。

要求：编制上述业务的有关会计分录。

任务4　投资性房地产的减值和处置

一、相关知识

（一）投资性房地产的减值

资产的基本特征是预期能够为企业带来经济利益的流入，资产的账面价值应当反映其预期为企业带来的经济利益流入的金额。如果某项资产预期为企业带来的经济利益低于其账面价值，则该项资产应当按照预期能够为企业带来经济利益流入的金额进行计量，并计提相应的减值准备，确认资产减值损失。

由于采用公允价值计量模式进行计量的投资性房地产的账面余额反映其公允价值，所以不需要考虑减值问题。

采用成本计量模式进行计量的投资性房地产，在资产负债表日如果存在减值迹象的，适用资产减值的有关规定。经过减值测试后确定减值的，应当计提减值准备。企业应按照该项投资性房地产确定的减值金额，借记"资产减值损失"账户，贷记"投资性房地产减值准备"账户。已经计提减值准备的投资性房地产,其减值损失在以后的会计期间不得转回。

（二）投资性房地产的处置

当投资性房地产被处置,或者永久退出使用且预计不能从其处置中取得经济利益时,应当终止确认该项投资性房地产。

企业可以通过对外出售或转让的方式处置投资性房地产,取得投资收益。对于那些由于使用而不断磨损直到报废,或者由于遭受自然灾害等非正常损失发生毁损的投资性房地产应当及时清理。此外,企业因其他原因,如非货币性交易等而减少投资性房地产也属于投资性房地产的处置。企业出售、转让、报废投资性房地产或者发生投资性房地产毁损,应当将处置收入扣除其账面价值和相关税费后的金额计入当期损益。

1. 采用成本模式计量的投资性房地产的处置

处置采用成本模式计量的投资性房地产时,应当按实际收到的金额,借记"银行存款"等账户,贷记"其他业务收入"账户;按该项投资性房地产的账面价值,借记"其他业务成本"账户,按其账面余额贷记"投资性房地产"账户;按照已计提的折旧或摊销借记"投资性房地产累计折旧（摊销）"账户,原已计提减值准备的借记"投资性房地产减值准备"账户。

2. 采用公允价值模式计量的投资性房地产的处置

处置采用公允价值模式计量的投资性房地产时,应当按实际收到的金额,借记"银行存款"等账户,贷记"其他业务收入"账户;按该项投资性房地产的账面余额,借记"其他业务成本"账户,按其成本贷记"投资性房地产——成本"账户,按其累计公允价值变动,贷记或借记"投资性房地产——公允价值变动"账户。同时结转投资性房地产累计"公允价值变动损益"。若存在原转换日计入"其他综合收益"的金额,也一并结转。

二、工作过程

（一）投资性房地产的减值

【会计工作9】2016年3月31日,顺达公司确认为投资性房地产的处于出租期间的一幢办公楼出现减值迹象,经专业机构测试确定该办公楼发生减值20万元。假定顺达公司采用成本模式计量。

【会计凭证】房屋技术鉴定书、房产估价书。

【工作指导】顺达公司的会计处理如下:

借：资产减值损失　　　　　　　　　　　　　　　　　　　　　200 000
　　贷：投资性房地产减值准备　　　　　　　　　　　　　　　　200 000

（二）投资性房地产的处置

1. 采用成本模式计量的投资性房地产的处置

【会计工作10】2016年3月31日,顺达公司确认为投资性房地产的一幢办公楼租期届满,经董事会研究决定将其对外出售给A企业。顺达公司当日与A企业签订合同,合同交易金额为600万元,A企业于当日支付款项。假定该办公楼原采用成本模式计量,出售当日办公楼的账面成本为500万元，已经计提折旧100万元，不考虑此项交易的相关税费。

【会计凭证】不动产销售合同、固定资产清理相关资料。

【工作指导】顺达公司的会计处理如下：

借：银行存款　　　　　　　　　　　　　　　　　6 000 000
　　贷：其他业务收入　　　　　　　　　　　　　　　6 000 000
借：其他业务成本　　　　　　　　　　　　　　　4 000 000
　　投资性房地产累计折旧　　　　　　　　　　　1 000 000
　　贷：投资性房地产——办公楼　　　　　　　　　5 000 000

2. 采用公允价值模式计量的投资性房地产的处置

【业务工作11】2016年3月31日，顺达公司确认为投资性房地产的一幢办公楼租期届满，经董事会研究决定将其对外出售给A企业。顺达公司当日与A企业签订合同，合同交易金额为600万元，A企业于当日支付款项。假定该办公楼原采用公允价值计量模式，出售当日办公楼的账面成本为500万元，其累计公允价值变动余额为100万元（贷方），不考虑此项交易的相关税费。

【会计凭证】董事会会议纪要、不动产销售合同、银行存款到账通知。

【工作指导】顺达公司的会计处理如下：

借：银行存款　　　　　　　　　　　　　　　　　6 000 000
　　贷：其他业务收入　　　　　　　　　　　　　　　6 000 000
借：其他业务成本　　　　　　　　　　　　　　　4 000 000
　　投资性房地产——公允价值变动　　　　　　　1 000 000
　　贷：投资性房地产——办公楼——成本　　　　　5 000 000
同时，借：其他业务成本　　　　　　　　　　　　1 000 000
　　　　贷：公允价值变动损溢　　　　　　　　　　　1 000 000

课堂训练

（一）选择题

1. 企业出售、转让、报废投资性房地产时，应当将处置收入记入（　　）账户。
A. 公允价值变动损益　　　　　　　B. 营业外收入
C. 其他业务收入　　　　　　　　　D. 资本公积

2. 下列各项中，不影响企业当期损益的是（　　）。
A. 采用成本计量模式，期末投资性房地产的可收回金额高于账面价值
B. 采用成本计量模式，期末投资性房地产的可收回金额高于账面余额
C. 采用公允价值计量模式，期末投资性房地产的公允价值高于账面余额
D. 自用的房地产转换为采用公允价值模式计量的投资性房地产时，转换日房地产的公允价值大于账面价值

3. 某企业投资性房地产采用公允价值模式计量，2016年7月1日购入一幢建筑物用于出租。该建筑物的成本为510万元，用银行存款支付，预计使用年限为20年，预计净残值为10万元。2016年12月31日，该投资性房地产的公允价值为508万元。2017年4月30

日该企业将此项投资性房地产出售，售价为 550 万元，该企业应确认的处置损益为（　　）万元。

A. 42　　　　　　B. 40　　　　　　C. 44　　　　　　D. 38

4. 采用公允价值模式计量的投资性房地产转换为自用或处置时，以下表述不正确的有（　　）。

A. 转换为自用时，以转换当日的公允价值作为自用房地产的入账价值

B. 转换为自用时，以转换当日的公允价值作为自用房地产的账面价值，公允价值与原账面价值的差额计入公允价值变动损益

C. 转换为自用时，以转换当日的公允价值作为自用房地产的账面价值，公允价值与原账面价值的差额计入资本公积

D. 处置房地产时，原公允价值变动的影响应转为营业收入

E. 处置房地产时，原计入资本公积部分应转为营业成本

（二）判断题（正确的在括号内打"√"，错误的打"×"。）

企业出售投资性房地产或者发生投资性房地产毁损，应当将处置收入扣除其账面价值和相关税费后的金额直接计入所有者权益。（　　）

（三）业务分析题

1. 甲股份有限公司（以下简称甲公司）为华北地区的一家上市公司，甲公司 2016 年至 2018 年与投资性房地产有关的业务资料如下：

（1）2016 年 1 月，甲公司购入一幢建筑物，取得的增值税专用发票上注明的价款为 8 000 000 元，款项以银行存款转账支付。不考虑其他相关税费。

（2）甲公司购入的上述用于出租的建筑物预计使用寿命为 15 年，预计净残值为 36 万元，采用年限平均法按年计提折旧。

（3）甲公司将取得的该项建筑物自当月起用于对外经营租赁，甲公司对该房地产采用成本模式进行后续计量。

（4）甲公司该项房地产 2016 年取得租金收入为 900 000 元，已存入银行。假定不考虑其他相关税费。

（5）2018 年 12 月，甲公司将原用于出租的建筑物收回，作为公司经营管理用固定资产处理。

要求：

（1）编制甲公司 2016 年 1 月取得该项建筑物的会计分录。

（2）计算 2016 年度甲公司对该项建筑物计提的折旧额，并编制相应的会计分录。

（3）编制甲公司 2016 年取得该项建筑物租金收入的会计分录。

（4）计算甲公司该项房地产 2017 年年末的账面价值。

（5）编制甲公司 2018 年收回该项建筑物的会计分录。

2. 蓝天房地产公司于 2016 年 12 月 31 日将其一栋写字楼对外出租，并采用成本模式计量，租期为 2 年，每年 12 月 31 日收取租金 400 万元，出租时，该写字楼的成本为 6 000 万元，已提折旧 1 000 万元，已提减值准备 600 万元，尚可使用年限为 20 年，公允价值为 3 600

万元，蓝天房地产公司对该建筑物采用年限平均法计提折旧，无残值。2017年12月31日该写字楼的公允价值减去处置费用后的净额为4 000万元，预计未来现金流量值为3 900万元。2018年12月31日该写字楼的公允价值减去处置费用后的净额为3 300万元，预计未来现金流量值为3 400万元。假定不考虑相关税费。

要求：编制蓝天公司上述经济业务的会计分录。

项目 11

无形资产及其他资产的核算

无形资产及其他资产（1）

学习目标

了解无形资产的性质和分类；了解无形资产减值的核算方法；了解长期待摊费用的核算方法；理解无形资产出租的核算方法；掌握无形资产取得、摊销、出售的核算方法。

工作情境

李贵自担任固定资产核算员以来，工作认真负责，表现出色。为了锻炼年轻人，经部门领导商量，一致同意李贵从下个月起兼任无形资产核算员。重担压肩，李贵不敢掉以轻心，虚心向前任学习。前任刘云很喜欢这个虚心好学的小伙子，详细地把无形资产核算员的工作职责告诉了李贵：

主要是制定、完善无形资产的管理制度；建立无形资产档案，做好无形资产的使用及专利申请等工作；对无形资产及时入账，并对无形资产进行清查、使用、处置管理，提高无形资产的使用效益。

任务1　认知无形资产

一、相关知识

（一）无形资产的概念

无形资产是指企业拥有或者控制的没有实物形态，且为企业带来多少经济利益具有较大不确定性的可辨认非货币资产。一般来说，只有同时具有以下特征的非货币资产才能确认为无形资产。

1. 没有实物形态

无形资产没有实物形态，这是确认无形资产的先决条件，也是无形资产区别于其他资产的显著特征。无形资产通常表现为某种权利、某项技术或是某种获取超额利润的综合能力，它们不具有实物形态，看不见、摸不着。但需要注意的是：并不是所有没有实物形态的都是无形资产，如应收账款、对外投资等。

2. 不确定性

无形资产能为企业未来带来多少经济利益具有较大的不确定性。科学技术的迅猛发展、市场供求的变化等因素的影响，使得许多无形资产的经济寿命难以准确地预计，因而也使得无形资产能为企业未来带来多少经济利益难以准确地预计。因此，在会计核算中应谨慎对待。

3. 可辨认性

无形资产能够从企业中分离或者划分出来，并能单独用于出售或转让等，而不需要同时处置在同一获利活动中的其他资产，则说明无形资产可以辨认。某些情况下，无形资产可能需要与有关的合同一起用于出售转让等，也视为可辨认无形资产。这一特征，主要是与商誉等不可辨认资产相对而言的。

4. 独占性

无形资产具有排他专用性，由法律和合同所赋予，因此受法律保护，其他任何企业不得侵占。

无形资产的上述特征表明了企业的资产只有在满足了下列基本条件时，才能作为无形资产确认入账：

① 该资产为企业获得的经济利益很可能流入企业。

② 该资产的成本能够可靠地计量。

（二）无形资产的分类

无形资产按照不同的标准，可以分为不同的类别。

1. 按经济内容分类

无形资产按其反映的经济内容，可以分为专利权、非专利技术、商标权、著作权、土地使用权和特许权等。

（1）专利权

专利权属于常见知识产权中的一种。它是指经国家专利管理机关审定并授予发明者在法定期限内对其成果的制造、使用和出售的专门权利。专利权一般包括发明专利权、实用新型专利权和外观设计专利权等。专利权受法律保护。在某项专利权的有效期间，其他任何人未经持有者同意，不得利用该项专利进行生产或出售使用该项专利制造的产品，否则就视为侵犯了专利权。

（2）非专利技术

非专利技术也称专有技术，它是指不为外界所知、在生产经营活动中已采用了的、不享有法律保护的、可以带来经济效益的各种技术和诀窍。非专利技术包括先进的生产经验、先进的技术设计资料以及先进的原料配方等。非专利技术不需要到有关管理机关注册登记，只靠少数技术持有者采用保密方式维持其独占性。只要非专利技术不泄露于外界，就可以由其持有者长期享用，因而非专利技术没有固定的有效期。

（3）商标权

商标是指商品名称或商品符号，是用来辨认特定商品和劳务的标记。它综合表现了企业的信誉和形象。商标权是指企业拥有的在某类指定的商品上使用特定名称或图案的权利，属于一种知识产权。商标经商标管理机关核准后，成为注册商标，受法律保护。商标持有人在注册范围内独家使用该商标。

（4）著作权

著作权也称为版权，属于知识产权的一种。它是指著作者或文艺作品创作者以及出版商依法享有的在一定年限内发表、制作、出版和发行其作品的专有权利。著作权包括发表权、署名权、修改权、保护作品完整权，还包括发行权、展览权、信息网络传播权等。著作权受法律保护，未经著作权所有者许可或转让，他人不得占有和行使。

（5）土地使用权

土地使用权是指企业经国家土地管理机关批准享有的在一定期间对国有土地开发、利用和经营的权利。根据我国《土地管理法》的规定，我国土地实行公有制，任何单位或个人只能拥有土地使用权，没有土地所有权。企业可以通过行政划拨、外购以及投资者投资等方式取得土地使用权。

（6）特许权

特许权又称专营权，是指企业在某一地区享有经营或销售某种特定商品的权利，或是依照双方签订的协议一家企业授予另一家企业使用其商标、商号、技术秘密等的权利。特许权有两种：一是政府授予企业或个人的特权，如在某一地区的水、电、气、邮电通信等的专营权；二是企业之间的特许权，如连锁商店等。

2. 按取得方式分类

无形资产按其取得方式，可以分为外来无形资产和自创无形资产。

① 外来无形资产是指企业用货币资金或可以变现的资产从其他企业或个人购进的无形资产以及接受投资或接受捐赠形成的无形资产。

② 自创无形资产是指企业自行开发、研制的无形资产。

3. 按有无固定使用寿命分类

无形资产按有无固定使用寿命，可以分为有固定使用寿命的无形资产和无固定使用寿命的无形资产。

① 有固定使用寿命的无形资产是指在有关法律中规定有最长有效期限的无形资产，如专利权、商标权、著作权、土地使用权和特许权等。这些无形资产，在法律规定的有效期限内受法律保护；有效期满时，如果企业未继续办理有关手续，将不再受法律保护。

② 无固定使用寿命的无形资产是指没有相应法律规定其有效期限，其经济寿命难以预先准确估计的无形资产，如非专利技术。这些无形资产的经济寿命取决于技术进步的快慢以及技术保密工作的好坏等因素。当新的可替代技术成果出现时，旧的非专利技术自然贬值甚至无价值可言。

二、知识拓展

无形资产新旧准则的变化与比较

财政部于 2006 年 2 月发布了《企业会计准则第 6 号——无形资产》。与旧准则相比，新准则主要在以下 6 个方面发生了变化。

1. 无形资产的适用范围

新准则中的"无形资产"是指企业拥有或控制的没有实物形态的可辨认非货币性资产。与旧准则相比，新准则强调了无形资产的"可辨认性"特征，这样就把企业自创的商誉以及企业内部产生的品牌、报刊名等排除在外了。这样就使得我国无形资产的会计确定、计量和报告同国际上的通例具有了可比性。

2. 研究开发费用的费用化和资本化会计处理的修订

新准则对研究开发费用的费用化进行了修订，研究费用依然是费用化处理，进入开发程序后，开发过程中的费用如果符合相关条件可以资本化。这就要求企业能正确划分研究与开发两个阶段，只有这样才能确定费用化与资本化的支出。企业内部研究开发项目的研究阶段，其最大的特点在于探索性，已进行的研究项目将来是否会转入开发，开发后会否形成无形资产等，均具有较大的不确定性，该阶段的支出不能资本化自然是合理的。而开发费用的资本化，可以减轻管理者在开发阶段的利润指标压力，从而提高企业在开发投入上的热情，促使企业开发新产品、新工艺和新技术，增强技术创新能力。

3. 增加了不确定使用寿命的无形资产

新准则增加了不确定使用寿命的无形资产。根据可获得的相关信息判断，如果无法合理估计某项无形资产的使用寿命的，应将其作为使用寿命不确定的无形资产进行核算，并对其进行了规定："使用寿命不确定的无形资产无法预见其为企业带来的经济利益，对于使用寿命不确定的无形资产，在持有期间不需要进行摊销，但应当在每个会计期间进行减值测试。"这样做有可能改变企业的资产和损益情况。

4. 无形资产摊销的变化

新准则规定，企业摊销无形资产，应当自无形资产可供使用时起至不再作为无形资产确认时止，按照反映与该项无形资产有关的经济利益的预期实现方式进行摊销，无法可靠确定预期实现方式的，应当采用直线法摊销。新准则还增加了每年年末对使用寿命有限的无形资产的使用寿命以及摊销方法进行复核的规定，以及在每个会计期间对使用寿命不确定的无形资产的使用寿命进行复核的规定。一旦发现无形资产的使用寿命及摊销方法与以前估计不同，可以及时调整，使会计处理更加符合当前的经济实质，比较客观地反映无形资产的摊销额及账面价值。

5. 无形资产初始计量的变化

新准则对不同渠道取得的无形资产的初始计量均作出了规定。

（1）外购的无形资产

新准则规定更全面：首先，规定了外购无形资产的成本应包括的内容，包括购买价款、进口关税和其他税费以及直接归属于使该项资产达到预定用途所发生的其他支出。其次，新准则又进一步规定，对于购入无形资产超过正常信用条件延期支付价款，实质上具有融资性质的，无形资产的初始成本以购买价款的现值为基础确定，实际支付的价款与购买价款的现值之间的差额，除按照《企业会计准则第17号——借款费用》应予资本化的以外，应当在信用期间采用实际利率法进行摊销，计入当期损益。

（2）自行开发的无形资产

根据新准则，自行开发的无形资产的成本包括满足无形资产确认的三个条件和追加的确认条件后至达到预定用途前所发生的支出总额。

（3）投资者投入的无形资产

新准则规定，投资者投入的无形资产应按照投资合同或协议约定的价值作为成本，但合同或协议约定的价值不公允的除外。

（4）非货币性资产交换、债务重组、政府补助和企业合并取得的无形资产

这种无形资产的成本，应当分别按照相关准则确定。

6. 无形资产的披露

新准则要求披露使用寿命有限的无形资产，其使用寿命的估计情况；使用寿命不确定的无形资产，使用寿命不确定的判断依据；无形资产的期初和期末账面余额；累计减值损失金额；无形资产摊销方法、累计摊销额；作为抵押的无形资产账面价值、当期摊销额等情况。

任务 2 无形资产的核算

一、相关知识

（一）无形资产取得的账务处理

企业取得的无形资产，只有在其产生的经济利益很可能流入企业且其成本能够可靠计量的情况下，才能加以确认。无形资产通常是按实际成本计量，即以取得无形资产并使之达到预定用途而发生的全部支出作为无形资产的成本。不同来源取得的无形资产，其成本的构成也不尽相同。

为了反映无形资产的实际成本，应设置"无形资产"账户进行核算。该账户属资产类账户，借方登记取得无形资产的实际成本；贷方登记转出的无形资产原始价值。期末余额在借方，表示企业现有的无形资产的原始价值。该账户应按无形资产的类别设置明细账进行明细分类核算。

企业取得的无形资产，主要有以下四种形式。

1. 外购的无形资产

企业外购无形资产的实际成本，包括购买价款、相关税费以及直接归属于使该项资产达到预定使用状态所发生的其他各项支出，如咨询费、律师费、鉴定费、公证费、注册登记费等。企业购入无形资产时，应根据外购无形资产的实际成本，借记"无形资产"账户，贷记"银行存款"等账户。

2. 接受投资者投入的无形资产

企业接受投资者投入的无形资产时，应按双方协商确认的价值计价，借记"无形资产"账户，按该项投资在企业注册资本中应享有的份额，贷记"实收资本"账户。如果无形资产的协商确认价值大于投资方在企业注册资本中占有的份额，其差额贷记"资本公积"账户。

3. 接受捐赠的无形资产

企业接受捐赠的无形资产，应按下列情况分别计价：

① 如果捐赠者提供了有关凭据，应按凭据中的金额加上应支付的相关税费计价。

② 如果捐赠者没有提供有关凭据，则应按下列顺序计价。

a. 同类或类似无形资产存在活跃的市场，应参照同类或类似无形资产的市场价格估计的金额加上应支付的相关税费计价。

b. 同类或类似无形资产不存在活跃的市场，应按其预计未来现金流量的现值计价。

企业接受无形资产捐赠时，应根据确定的价值，借记"无形资产"账户，贷记"营业外收入"账户。

4. 自行研究开发的无形资产

企业自行研究开发项目的支出，应当区分研究阶段支出与开发阶段支出。研究和开发阶段的支出应设置"研发支出"账户进行费用归集。

研究阶段是指为获取新的科学或技术知识而进行的有计划的独创性调查。研究阶段是建立在有计划的市场调查基础上，特点在于其属于探索性的过程，它是为进一步的开发活动进行资料及相关方面的准备，在这一阶段不会形成阶段性成果。从已经进行的研究活动看，将来是否能够转入开发、开发后是否会形成无形资产等具有较大的不确定性，企业也无法证明其研究活动一定能够形成带来未来经济利益的无形资产。为此，企业研究阶段发生的支出，应予以费用化，在发生时计入当期损益。企业应根据自行研究开发项目在研究阶段发生的支出，借记"研发支出——费用化支出"账户，贷记有关账户；期末应根据发生的全部研究支出，借记"管理费用"账户，贷记"研发支出——费用化支出"账户。

开发阶段是指在进行商业性生产或使用前，将研究成果或其他知识应用于某项计划或设计，以生产出新的或具有实质性改进的材料、装置、产品等。开发阶段相对研究阶段而言，应当是完成了研究阶段的工作，在很大程度上形成一项新产品或新技术的基本条件已经具备。此时如果企业能够证明满足无形资产的定义及相关确认条件，则所发生的开发支出可资本化，确认为无形资产的成本。

企业开发阶段发生的应予以资本化的支出，应借记"研发支出——资本化支出"账户，贷记有关账户；在确认无形资产时，应根据发生的全部开发支出，借记"无形资产"账户，贷记"研发支出——资本化支出"账户。

企业取得的仍处于研究阶段的无形资产，在取得后发生的支出也应当按照上述规定处理。

无法区分研究阶段支出和开发阶段支出的，应当将其所发生的研发支出全部费用化。

（二）无形资产摊销的账务处理

无形资产属于企业的非流动资产，其成本应在预计有效使用寿命内合理摊销，计入各期损益。无形资产摊销的关键是合理估计其使用寿命。只有使用寿命有限的无形资产才需要采用合理方法摊销，对于使用寿命不确定的无形资产则不摊销。

1. 无形资产的摊销期限

企业应当于取得无形资产时分析判断其使用寿命。如果无形资产的使用寿命是有限的，则应估计该使用寿命的年限或者构成使用寿命的产量等类似计量单位数量。

使用寿命有限的无形资产，其应摊销金额应当在使用寿命内系统合理摊销。无形资产的**摊销期**自其可供使用时（即其达到预定用途）开始至终止确认时止。如果预计使用寿命超过了相关合同规定的受益年限或法律规定的有效年限，无形资产的摊销期限，一般按下列原则

确定:

① 合同规定了受益年限但法律没有规定有效年限的,摊销年限不应超过合同规定的受益年限。

② 合同没有规定受益年限但法律规定了有效年限的,摊销年限不应超过法律规定的有效年限。

③ 合同规定了受益年限,法律也规定了有效年限的,摊销年限不应超过受益年限和有效年限两者之中较短者。

有确凿证据表明无法预见为企业带来经济利益期限的无形资产,才能作为使用寿命不确定的无形资产。对于使用寿命不确定的无形资产,不摊销,每期期末进行减值测试,计提减值准备。

2. 无形资产的摊销方法

在无形资产的使用寿命内系统地分摊其应摊销金额,存在多种方法。无形资产的摊销方法,应当反映与该项无形资产有关的经济利益的预期实现方式,可以采用直线法、生产总量法等。无法可靠确定预期实现方式的,应当采用直线法摊销。

无形资产的应摊销金额是指无形资产的成本扣除预计残值后的金额。使用寿命有限的无形资产,其残值一般为零。除非有第三方承诺在无形资产使用寿命结束时愿意以一定价格购买该无形资产,或可以根据活跃市场得到预计残值信息,并且该市场在无形资产使用寿命结束时很可能存在,则可以预计其残值。已计提减值准备的无形资产,还应扣除已计提的无形资产减值准备累计金额。

为了分别反映无形资产的原始价值和累计摊销额,应设置"累计摊销"这一备抵账户。该账户属于资产类账户,是核算企业对使用寿命有限的无形资产计提的累计摊销。企业按月摊销无形资产价值时,应借记"管理费用"账户,贷记"累计摊销"账户。处置无形资产时还应结转累计摊销。该账户期末余额在贷方,反映无形资产的累计摊销额。

(三) 无形资产减值的账务处理

1. 无形资产的可收回金额

按规定,企业应定期对无形资产的账面价值进行检查,至少于每年年末检查一次。如果出现减值迹象,应对无形资产的可收回金额进行估计,并将该无形资产的可收回金额低于其账面价值的部分确认为减值准备。可收回金额应当根据无形资产的公允价值减去处置费用后的净额与无形资产预计未来现金流量的现值两者之间较高者确定。

2. 无形资产计提减值准备的账务处理

为了核算无形资产计提的减值准备,企业应当设置"无形资产减值准备"账户。该账户属于资产类账户,是无形资产账户的备抵调整账户。借方登记因处置等原因所注销的无形资产减值准备;贷方登记计提的无形资产减值准备;期末贷方余额表示企业已提取的无形资产减值准备。

无形资产可收回金额的计量结果表明,无形资产的可收回金额低于其账面价值的,应当将无形资产的账面价值减记至可收回金额,借记"资产减值损失"账户,贷记"无形资产减值准备"账户。

无形资产减值损失确认后,减值无形资产的摊销费用应当在未来作相应调整,以使该无形资产在剩余使用寿命内系统地分摊调整后的无形资产账面价值。

无形资产减值损失一经确认,在以后会计期间不得转回。

(四)无形资产处置的账务处理

无形资产的处置包括无形资产的对外出租、出售和报废等。

1. 无形资产出租的处理

无形资产的出租,是指将无形资产的使用权转让给他人,企业仍保留对无形资产的所有权,所以不能注销无形资产的账面价值。在满足准则规定的确认标准的情况下,应确认相关的收入及成本。

企业出租无形资产所取得的转让收入应记入"其他业务收入"账户。取得该项收入时,应借记"银行存款"等账户,贷记"其他业务收入"账户。企业取得无形资产出租收入以后,还应缴纳增值税。另外,城市维护建设税和教育费附加等相关税费,按照配比原则,这些税费应由取得的收入来补偿。结转已缴纳的相关税费时,应借记"税金及附加"账户,贷记"应交税费"账户。企业在出租无形资产的过程中,还可能支付律师费、咨询费等费用。这些费用,也应由取得的收入来补偿。支付费用时,应借记"其他业务成本"账户,贷记"银行存款"等账户。

企业出租无形资产以后,无形资产价值的摊销,一般有以下三种方法。

(1)全部计入其他业务成本

由取得的收入来补偿。如果企业在出租无形资产以后,自己不再使用该项无形资产,则其摊销价值应全部计入其他业务成本,而不应再计入管理费用。摊销时,应借记"其他业务成本"账户,贷记"累计摊销"账户。

(2)全部计入管理费用

如果企业出租无形资产取得的收入所占比例不大,也可以将无形资产的摊销价值全部计入管理费用。摊销时,应借记"管理费用"账户,贷记"累计摊销"账户。

(3)一部分计入其他业务成本,由取得的收入来补偿,另一部分计入管理费用

如果企业在出租无形资产以后,自己仍在使用该项无形资产,则其摊销价值应按照一定标准进行分配,一部分计入其他业务成本,由出租收入来补偿,另一部分计入管理费用。摊销时,应借记"其他业务成本""管理费用"账户,贷记"累计摊销"账户。

2. 无形资产出售的处理

无形资产的出售是指将无形资产的所有权转让给他人,即在出售以后,企业放弃无形资产的所有权,不再对该项无形资产拥有占有、使用、收益、处置的权利。

企业出售无形资产时,应将出售所取得的价款扣除相关税费和该项无形资产账面价值后的差额,确认为当期损益。企业应按出售无形资产实际收到的价款,借记"银行存款"等账户,按已摊销的累计摊销额,借记"累计摊销"账户,按原已计提的减值准备,借记"无形资产减值准备"账户;按应缴纳的税费,贷记"应交税费"等账户,按无形资产的原始价值,贷记"无形资产"账户,按其差额,贷记"营业外收入"(出售盈利)或借记"营业外支出"(出售亏损)账户。

3. 无形资产报废的处理

无形资产报废是指无形资产由于已被其他新技术所代替或不再受法律保护等原因,预期

不能为企业带来经济利益而进行的处置。无形资产报废时，应按照已摊销的累计摊销额，借记"累计摊销"账户，按照原已计提的减值准备，借记"无形资产减值准备"账户，按照原始价值，贷记"无形资产"账户；按照其差额，借记"营业外支出"账户。

二、工作过程

1. 外购无形资产

【会计工作1】某企业从海尔集团购入一项专利技术，双方协商确认的价值为960 000元，以银行存款支付。

【会计凭证】购买合同、发票、转账支票。

【工作指导】企业应作如下会计处理：

借：无形资产——专利权　　　　　　　　　　　　　　960 000
　　贷：银行存款　　　　　　　　　　　　　　　　　　960 000

2. 接受投资者投入无形资产

【会计工作2】某企业接受投资者以土地使用权作价投资，经资产评估机构评估，土地使用权作价650 000元。

【会计凭证】无形资产投资合同、验资报告、公证书、接受清单。

【工作指导】企业应作如下会计处理：

借：无形资产——土地使用权　　　　　　　　　　　　650 000
　　贷：实收资本　　　　　　　　　　　　　　　　　　650 000

【会计工作3】某公司接受一项专利权投资，投资双方协议的价值为1 200 000元，该项投资在公司注册资本中所占份额为10%。公司接受该项投资后的所有者权益总额为1 000 000元。

【会计凭证】投资合同、验资报告、公证书、接受清单。

【工作指导】企业应作如下会计处理：

借：无形资产——专利权　　　　　　　　　　　　　　1 200 000
　　贷：实收资本　　　　　　　　　　　　　　　　　　1 000 000
　　　　资本公积　　　　　　　　　　　　　　　　　　　200 000

3. 接受捐赠的无形资产

【会计工作4】某企业接受一项商标权捐赠，捐赠者提供的有关凭据表明该项商标权的价值为300 000元。

【会计凭证】捐赠合同、验资报告、公证书、接受清单。

【工作指导】企业应作如下会计处理：

借：无形资产——商标权　　　　　　　　　　　　　　300 000
　　贷：营业外收入　　　　　　　　　　　　　　　　　300 000

4. 自行研究开发无形资产

【会计工作5】某企业自行研究开发某项专利技术，研究阶段发生的相关支出共计450 000元，开发阶段共发生各项支出730 000元。现该项专利技术研制成功并依法取得专利权，现发生注册费用10 700元，以银行存款支付。

【会计凭证】有关发票、转账支票、材料领用单、职工薪酬费用分配表。
【工作指导】① 将研究阶段发生的支出计入当期损益时：

借：管理费用　　　　　　　　　　　　　　　　　　　450 000
　　贷：研发支出——费用化支出　　　　　　　　　　　　　450 000

② 开发阶段发生各项支出时：

借：研发支出——资本化支出　　　　　　　　　　　　730 000
　　贷：银行存款（或原材料、应付职工薪酬等）　　　　　　730 000

③ 登记注册后，将相关费用确认为无形资产成本时：

借：无形资产——专利权　　　　　　　　　　　　　　740 700
　　贷：研发支出——资本化支出　　　　　　　　　　　　　730 000
　　　　银行存款　　　　　　　　　　　　　　　　　　　　10 700

5. 无形资产摊销的处理

【会计工作6】某企业有一项专利权，价值960 000元，法律规定的有效年限为40年，合同规定的受益年限为20年，采用直线法摊销，不考虑残值的因素。

【会计凭证】无形资产摊销计算表。

【工作指导】

年摊销额=960 000÷20=48 000（元）

月摊销额=48 000÷12=4 000（元）

借：管理费用　　　　　　　　　　　　　　　　　　　　4 000
　　贷：累计摊销　　　　　　　　　　　　　　　　　　　　　4 000

6. 无形资产减值的处理

【会计工作7】某企业2013年1月3日购入一项专利权，实际支付价款600 000元，预计使用年限为10年。2016年12月31日，该项专利权发生减值，预计未来现金流量的现值为320 000元，无公允价值。该项专利权发生减值以后，预计剩余使用年限为5年。

【会计凭证】无形资产摊销计算表。

【工作指导】① 计算该项专利权在计提减值准备前的账面余额：

账面余额=600 000−600 000÷10×4=360 000（元）

② 计提减值准备：

应计提的减值准备=360 000−320 000=40 000（元）

借：资产减值损失　　　　　　　　　　　　　　　　　40 000
　　贷：无形资产减值准备　　　　　　　　　　　　　　　　40 000

③ 计算剩余使用年限内年摊销额：

剩余使用年限内年摊销额=320 000÷5=64 000（元）

借：管理费用　　　　　　　　　　　　　　　　　　　64 000
　　贷：累计摊销　　　　　　　　　　　　　　　　　　　　64 000

7. 无形资产出租的处理

【会计工作8】某企业出租其所拥有的一项商标权，该商标权账面余额为160 000元，摊销期限为10年。当年取得转让收入55 000元已存入银行。应交增值税1 600元。

【会计凭证】银行进账单（收账通知）、无形资产摊销计算表、增值税计算表。

【工作指导】① 取得转让收入时：

借：银行存款　　　　　　　　　　　　　　　　　　　　　　　56 600

　　贷：其他业务收入　　　　　　　　　　　　　　　　　　　55 000

　　　　应交税费——应交增值税　　　　　　　　　　　　　　 1 600

② 每年摊销时：

借：其他业务成本　　　　　　　　　　　　　　　　　　　　　16 000

　　贷：累计摊销　　　　　　　　　　　　　　　　　　　　　16 000

8. 无形资产出售的处理

【会计工作9】某企业出售一项无形资产，收取价款210 000元，应交增值税8 100元，应交城市维护建设税560元，应交教育费附加230元，该项无形资产的原始价值为220 000元，累计摊销额为47 000元，计提减值准备20 000元。

【会计凭证】银行进账单（收账通知）、增值税计算表、城市维护建设税及教育费附加计算表、无形资产摊销计算表、出售合同。

【工作指导】

借：银行存款　　　　　　　　　　　　　　　　　　　　　　210 000

　　无形资产减值准备　　　　　　　　　　　　　　　　　　 20 000

　　累计摊销　　　　　　　　　　　　　　　　　　　　　　 47 000

　　贷：应交税费——应交增值税　　　　　　　　　　　　　 8 100

　　　　　　　　——应交城市维护建设税　　　　　　　　　　 560

　　　　　　　　——应交教育费附加　　　　　　　　　　　　 230

　　　　无形资产　　　　　　　　　　　　　　　　　　　　220 000

　　　　营业外收入　　　　　　　　　　　　　　　　　　　 48 110

9. 无形资产报废的处理

【会计工作10】某企业的一项专利技术，其原始价值为680 000元，摊销期限为10年，采用直线法进行摊销，已摊销了6年，假定不考虑残值，已计提的减值准备为170 500元。今年起用其生产的产品已没有市场，应予转销。

【会计凭证】无形资产摊销计算表。

【工作指导】

借：累计摊销　　　　　　　　　　　　　　　　　　　　　　408 000

　　无形资产减值准备　　　　　　　　　　　　　　　　　　170 500

　　营业外支出　　　　　　　　　　　　　　　　　　　　　101 500

　　贷：无形资产——专利权　　　　　　　　　　　　　　　680 000

三、任务总结

有关资产减值的账务处理如表11-1所示。

表 11-1　有关资产减值的账务处理

具体资产	是否考虑计提减值	比较基础	能否转回	账务处理
1. 存货	√	可变现净值 借：资产减值损失 　　（减少营业利润） 　贷：存货跌价准备	√	借：存货跌价准备 　贷：资产减值损失 　　（增加营业利润）
2. 应收款项	√	预计未来现金流量现值 借：资产减值损失 　贷：坏账准备	√	借：坏账准备 　贷：资产减值损失
3. 固定资产	√	可回收金额 借：资产减值损失 　贷：固定资产减值准备	×	×
4. 无形资产	√	可回收金额 借：资产减值损失 　贷：无形资产减值准备	×	×
5. 投资性房地产（成本模式）	√	可收回金额 借：资产减值损失 　贷：投资性房地产减值准备	×	×
6. 投资性房地产（公允价值模式）		×		×
7. 交易性金融资产		×		×
8. 持有至到期投资	√	预计未来现金流量现值 借：资产减值损失 　贷：持有至到期投资减值准备	√	借：持有至到期投资减值准备 　贷：资产减值损失
9. 可供出售金融资产	√	公允价值 借：资产减值损失 　贷：可供出售金融资产——减值准备 　　其他综合收益	√ （分两种情况）	债务工具（债券） 借：可供出售金融资产 　　——减值准备 　贷：资产减值损失 权益工具（股票） 借：可供出售金融资产 　　——减值准备 　贷：其他综合收益
10. 长期股权投资	√	可回收金额 借：资产减值损失 　贷：长期股权投资减值准备	×	×

课堂训练

1. 某企业 2020 年 12 月 15 日以 700 万元的价格转让一项无形资产，并开出增值税专用发票，适用的增值税税率为 6%。该无形资产为 2016 年 12 月 10 日以 900 万元购入，合同规定的受益年限为 10 年，法律规定的有效使用年限为 12 年，采用直线法进行摊销。不考虑减值准备及其他相关税费，企业在转让该无形资产时确认的净收益为（　　　）万元（合同期、法律期、可使用期年限用孰低法)。

A. 58　　　　B. 118　　　　C. 125　　　　D. 160

2. 2016年1月1日中唐公司接受甲公司以一项账面价值为210万元的专利权投资,投资合同约定价值为165万元(该价值为公允)。中唐公司预计该专利权尚可使用年限为10年,采用直线法进行摊销。则2015年中唐公司对该项无形资产的摊销额为(　　)万元。

A. 25　　　　B. 33　　　　C. 13　　　　D. 16.5

3. 乙公司出售所拥有的无形资产一项,取得收入200万元,增值税10万元。该无形资产取得时实际成本为400万元,已摊销120万元,已计提减值准备50万元。乙公司出售该项无形资产应计入当期损益的金额为(　　)万元。

A. −200　　　B. −40　　　C. 300　　　D. 55

任务3　其他资产的核算

无形资产及其他资产(2)

一、相关知识

（一）长期待摊费用的核算

其他资产是除货币资金、交易性金融资产、应收及预付款项、存货、长期股权投资、固定资产、无形资产等以外的资产,如长期待摊费用等。

长期待摊费用是企业已经发生但应由本期和以后各期负担的分摊期限在一年以上的各项费用,如开办费、以经营租赁方式租入的固定资产发生的改良支出等。

长期待摊费用与无形资产不同。长期待摊费用虽然也没有实物形态,也是一项长期资产,但其本身没有交换价值,不可转让。长期待摊费用是一种预付费用,一经发生,其消费过程就会结束,只是尚未计入产品成本和期间费用,因此长期待摊费用不具有抵偿债务的价值,更不具有转让价值。

1. 开办费

开办费是指企业在筹建期间发生的一切必需支出,包括筹建期间发生的注册登记费、人员工资、差旅费、职工培训费、水电费、办公费以及不计入固定资产和无形资产成本的汇兑损益和利息支出等。

企业在筹建期间发生的有些费用并不能列入开办费,如应由投资者个人负担的费用、为取得各项资产发生的应计入该资产成本的支出等。

开办费的入账价值是按照筹建期间实际发生的支出确定的。筹建期是从企业被批准筹建之日起至开始投入生产经营（包括试生产、试营业）之日。开办费待企业开始生产经营起一次计入开始生产经营当期的损益。

企业发生各项开办费时,应借记"长期待摊费用"账户,贷记有关账户;企业开始生产经营一次计入当期损益时,借记"管理费用"等账户,贷记"长期待摊费用"账户。

2. 固定资产大修理支出

企业以经营租赁方式租入的固定资产,如按租约规定,承租企业在租约期间可对租入的固定资产加以改良,则这些改良支出称为租入固定资产的改良支出,应在一定期限内将改良支出摊销，摊销期限应按改良装置本身的耐用期限和租约期限孰短为原则。需要注意的是，只有那些与租入固定资产不可分离的改良装置支出及其相关费用，才可列入改良支出。发生大修理支出时，应借记"长期待摊费用"账户，贷记有关账户；分期摊销时，应借记"制造费用""管理费用"等科目，贷记"长期待摊费用"账户。

（二）其他长期资产

企业的其他长期资产是指除流动资产、长期投资、固定资产、无形资产和长期待摊费用以外的各项资产，主要包括国家批准储备的特种储备物资、银行冻结存款及物资（即法院依照法律规定强制冻结的存款和物资）和涉及诉讼中的财产（即涉及诉讼而被查封、扣押、冻结的各项资产）等。

其他长期资产的账务处理比较简单，若企业发生此类业务时，可根据具体情况自行设置相应的账户进行核算，如"特准储备物资""特准储备资金"账户等。

二、工作过程

【会计工作 11】某企业在筹建期间以银行存款支付有关人员工资 17 000 元，注册登记费 2 000 元，其他开支 6 000 元，合计 25 000 元。

【会计凭证】长期待摊费用计算表、转账支票、发票。

【工作指导】

借：长期待摊费用　　　　　　　　　　　　　　　　　　　　　　　25 000
　　贷：银行存款　　　　　　　　　　　　　　　　　　　　　　　　25 000

假如企业已正式投入营业，上述开办费一次计入当期损益：

借：管理费用——开办费　　　　　　　　　　　　　　　　　　　　25 000
　　贷：长期待摊费用　　　　　　　　　　　　　　　　　　　　　　25 000

【会计工作 12】某企业对一台机器设备进行大修理，用银行存款支付大修理费 96 000 元，采用分期摊销法在 4 年内平均摊销，每月摊销 2 000 元 [96 000/（4×12）]。

【会计凭证】长期待摊费用计算表、转账支票、发票、制造费用计算表。

【工作指导】① 支付大修理费：

借：长期待摊费用　　　　　　　　　　　　　　　　　　　　　　　96 000
　　贷：银行存款　　　　　　　　　　　　　　　　　　　　　　　　96 000

② 分期摊销：

借：制造费用　　　　　　　　　　　　　　　　　　　　　　　　　 2 000
　　贷：长期待摊费用　　　　　　　　　　　　　　　　　　　　　　 2 000

项目 12

负债的核算

学习目标

能确认短期借款、应付及预收款项、应付职工薪酬、应交税费、应付股利及其他应付款等流动负债；掌握长期借款的核算，了解应付债券及长期应付款等长期负债的核算。

工作情境

小陈2016年7月大学毕业，应聘到一家公司做会计。公司财务经理安排小陈先协助王会计师工作。王会计让小陈协助做往来核算的日常工作。

王会计师首先对往来岗位的核算作简单讲解：往来岗位主要包括应收、应付、其他应收、其他应付、预收、预付等业务。

企业最日常的业务就是付款，付款遵守以下严格的审批手续，这样付款环节会更加严密。

1. 审有无合同，没有采购合同肯定不予付款。
2. 审年初有无计划，如果年初各部室、车间没有计划肯定不予付款。
3. 审以前有无往来关系，以前付款后销货或提供劳务的收款方的收款收据是否开具，前款未清、后款不付，前款应收回的收据未清，后款不予支付。
4. 借款单上有无相关部门及财务部领导签字，签字不全，或借款单填写有误者不予付款。
5. 看往来账上此户的账面贷方数是否大于要付款数，因企业一般都是批量付款来发票的。如果不看往来账上贷方金额是否大于付款数，就很有可能发生多付款，即成为预付款、债权。如果当月月末前采购部门承诺发票肯定能到可以考虑先付款，否则不行。

任务1 短期借款的核算

一、相关知识

（一）短期借款的概念

负债是指企业过去的交易或者事项形成的、预期会导致经济利益流出企业的现实义务。负债按偿还时间的长短划分为流动负债和非流动负债两类。流动负债是指将在一年以内（含一年）或者超过一年的一个营业周期内偿还的债务。流动负债主要包括短期借款、应付票据、应付账款、应付利息、预收账款、应付职工薪酬、应交税费、应付股利、其他应付款等。长期负债是指偿还期在1年或超过1年的一个营业周期以上的债务，包括长期借款、应付债券、长期应付款、预计负债等。

短期借款是指企业为了满足正常生产经营的需要，向银行或其他金融机构等借入的期限在一年以下（含一年）的各种借款。目前我国企业短期借款主要有流动资金借款、临时借款、结算借款等。

（二）短期借款的账务处理

为了核算企业的短期借款，应设置"短期借款""应付利息"科目。"短期借款"账户的贷方登记取得借款的本金数额，借方登记偿还借款的本金数额，余额在贷方，表示尚未偿还的借款本金数额。本科目按照债权人的名称设置明细科目，并按借款种类、贷款人和币种进行明细核算。

二、工作过程

1. 借入短期借款

【会计工作1】甲股份有限公司于2016年1月1日向银行借入一笔生产经营用的短期借款30 000元，期限9个月，年利率为8%，根据与银行签署的借款协议，该借款到期后一次归还，利息分月预提，按季支付。

【会计凭证】借款合同、银行回单。

【工作指导】企业从银行或其他金融机构取得短期借款时，借记"银行存款"科目，贷记"短期借款"科目。2016年1月1日借入款项时：

借：银行存款　　　　　　　　　　　　　　　　　　　　　30 000
　　贷：短期借款　　　　　　　　　　　　　　　　　　　　　30 000

2. 短期借款利息的处理

【会计工作2】承【会计工作1】，利息按月预提。

【会计凭证】预提利息一般没有原始外来单据，但应该自制凭证内容，一般要注明预提的原因，由经办人和主管领导签名盖章，就是原始凭证。

【工作指导】在实际工作中，银行一般于每季度末收取短期借款利息，为此，企业的短期借款利息一般采用月末预提的方式进行核算，借记"财务费用"科目，贷记"应付利息"科目；实际支付利息时，借记"应付利息"科目，贷记"银行存款"科目。

每月应计提的利息金额=30 000×8%÷12=200（元），1月月末预提当月利息的会计处理：

借：财务费用　　　　　　　　　　　　　　　　　　　　　　　200
　　贷：应付利息　　　　　　　　　　　　　　　　　　　　　　　　200

2月月末预提当月利息的处理同上。

【会计工作3】承【会计工作1】，按季支付利息。

【会计凭证】电子缴费付款凭证（回单）。

【工作指导】3月末支付本季度（第一季度）应付银行借款利息时的会计处理：

借：财务费用　　　　　　　　　　　　　　　　　　　　　　　200
　　应付利息　　　　　　　　　　　　　　　　　　　　　　　400
　　贷：银行存款　　　　　　　　　　　　　　　　　　　　　　　　600

第二、三季度的会计处理同【会计工作3】。

3. 归还短期借款

【会计工作4】承【会计工作1】，10月1日归还借款本金。

【会计凭证】电子缴费付款凭证（回单）。

【工作指导】

借：短期借款　　　　　　　　　　　　　　　　　　　　　　30 000
　　贷：银行存款　　　　　　　　　　　　　　　　　　　　　　　30 000

如果上述借款期限是8个月，则到期日为9月1日，8月末之前的会计处理与上述相同。9月1日偿还本金及支付未付利息时作如下会计分录：

借：短期借款　　　　　　　　　　　　　　　　　　　　　　30 000
　　应付利息　　　　　　　　　　　　　　　　　　　　　　　400
　　贷：银行存款　　　　　　　　　　　　　　　　　　　　　　　30 400

任务2　应付及预收款项的核算

应付及预收账款

应付票据

一、相关知识

（一）应付账款

1. 应付账款的概念

应付账款是指企业因购买材料、商品或接受劳务供应等经营活动应支付的款项。应付账款，一般应在与所购买物资所有权相关的主要风险和报酬已经转移，或者所购买的劳务已经接受时确认。在实务工作中，为了使所购入物资的金额、品种、数量和质量等与合同规定的条款相符，避免因验收时发现所购物资存在数量或质量问题而对入账的物资或应付款项金额进行改动，在物资和发票账单同时到达的情况下，一般在所购物自验收入库后，再根据发票账单登记入账，确认应付账款。在所购物资已经验收入库，但是发票账单未能同时到达的情况下，企业应付物资供应单位的债务已经成立，在会计期末，为了反映企业的负债情况，需要将所购物资和相关的应付账款暂估入账，待下月初再用红字予以冲回，或作相反分录冲回。

企业应通过"应付账款"科目，核算应付账款的发生、偿还、转销等情况。贷方登记企业购买材料、商品和接受劳务等而发生的应付账款，借方登记偿还的应付账款，或开出商业汇票抵付应付账款的款项，或已冲销的无法支付的应付账款。该科目具有双重性质，余额可能在借方，但一般在贷方，表示企业尚未支付的应付账款余额。本科目一般应按照债权人设置明细科目进行核算。

2. 应付账款的账务处理

（1）发生应付账款

企业购入材料、商品或接受劳务等所发生的应付账款，应按应付金额入账。购入材料、商品等验收入库，但货款尚未支付，根据有关凭证（发票账单、随货同行发票上记载的实际价款或暂估价值），借记"材料采购""在途物资"等科目，按可抵扣的增值税税额，借记"应交税费——应交增值税（进项税额）"科目，按应付的价款，贷记"应付账款"科目。企业接受供应单位提供劳务而发生的应付未付款项，根据供应单位的发票账单，借记"生产成本""管理费用"等科目，贷记"应付账款"科目。

应付款项附有现金折扣的，在会计实务中应用总价法，即按照扣除现金折扣前的应付款总额入账。因在折扣期限内付款而获得的现金折扣作为理财收益，应在偿付应付账款时冲减财务费用。

（2）偿还应付账款

企业偿还应付账款而开出商业汇票抵付应付账款时，借记"应付账款"科目，贷记"银行存款""应付票据"等科目。

（3）转销应付账款

企业转销确实无法支付的应付账款（比如因债权人撤销等原因而产生无法支付的应付账款），应按其账面余额计入营业外收入，借记"应付账款"科目，贷记"营业外收入"科目。

（二）应付票据

1. 应付票据概述

应付票据是指企业购买材料、商品和接受劳务供应等而开出、承兑的商业汇票，包括商业承兑汇票和银行承兑汇票。企业应当设置"应付票据备查簿"，详细登记商业汇票的种类、号数和出票日期、到期日、票面余额、交易合同号和收款人姓名或单位名称以及付款日期和金额等资料。应付票据到期结清时，应当在备查簿内予以注销。

商业汇票按是否带息，分为带息票据和不带息票据。不带息票据，其面值就是企业到期时应支付的金额。带息票据的票面金额仅表示本金，票据到期时除按票面支付外，还应另行支付。

企业应通过"应付票据"科目，核算应付票据的发生、偿付等情况。该科目贷方登记开出、承兑汇票的面值及带息票据的预提利息，借方登记支付票据的金额，余额在贷方，表示企业尚未到期的商业汇票的票面金额和应计未付的利息。

2. 不带息应付票据的账务处理

（1）发生应付票据

通常而言，商业汇票的付款期限不超过 6 个月，因此在会计上应作为流动负债管理和核算。同时，由于应付票据的偿付时间较短，在会计实务中，一般均按照开出、承兑的应付票据的面值入账。

企业因购买材料、商品和接受劳务供应而开出、承兑的商业汇票，应当按其票面金额作为应付票据的入账金额，借记"材料采购""原材料""库存商品""应付账款""应交税费——应交增值税（进项税额）"等科目，贷记"应付票据"科目。

企业支付的银行承兑汇票手续费应当计入当期财务费用，借记"财务费用"科目，贷记"银行存款"科目。

（2）偿还应付票据

应付票据到期支付票款时，应按票面余额予以结转，借记"应付票据"科目，贷记"银行存款"科目。

（3）转销应付票据

应付商业承兑汇票到期，如企业无力支付票款，应将应付票据按账面余额转作应付账款，借记"应付票据"科目，贷记"应付账款"科目。应付银行承兑汇票到期，如企业无力支付票款，应将应付票据的账面余额转作短期借款，借记"应付票据"科目，贷记"短期借款"科目。

3. 带息应付票据的账务处理

带息应付票据与不带息应付票据的会计处理的不同之处是，企业开出、承兑的带息票据，应于期末计算应付利息，计入当期财务费用，借记"财务费用"科目，贷记"应付票据"科目。

（三）应付利息

1. 应付利息的概念

应付利息核算企业按照合同约定应支付的利息，包括短期借款、分期付息到期还本的长期借款、企业债券等应支付的利息。企业应当设置"应付利息"科目，按照债权人设置明细科目进行明细核算。该科目期末贷方余额反映企业按照合同约定应支付但尚未支付的利息。

2. 应付利息的账务处理

企业采用合同约定的名义利率计算确定利息费用时，应按合同约定的名义利率计算确定的应付利息的金额，记入"应付利息"科目；实际支付利息时，借记"应付利息"科目，贷记"银行存款"等科目。

（四）预收账款

1. 预收账款的概念

预收账款是指企业按照合同规定向购货单位预收的款项。与应付账款不同，预收账款所形成的负债不是以货币偿付，而是以货物偿付。

2. 预收账款的账务处理

企业应通过"预付款项"科目，核算预收款项的取得、偿付等情况。该科目贷方登记发生的预收账款数额和购货单位补足账款的数额，借方登记企业向购货方发货后冲销的预收账款数额和退回购货方多付款项的数额；余额一般在贷方，反映企业应收的款项。企业应当按照购货单位设置明细科目进行明细核算。预收货款业务不多的企业，可以不单独设置"预收账款"科目，其所发生的预收货款，可通过"应收账款"科目核算。

企业预收购货单位的款项时，借记"银行存款"科目，贷记"预收账款"科目；销售实现时，按实现的收入和应交的增值税销项税额，借记"预收款项"科目，按照实现的营业收入，贷记"主营业务收入"科目，按照增值税专用发票上注明的增值税税额，贷记"应交税费——应交增值税（销项税额）"等科目；企业收到购货单位补付的款项，借记"银行存款"科目，贷记"预收账款"科目；向购货单位退回其多付的款项时，借记"预收账款"科目，贷记"银行存款"科目。

二、工作过程

1. 发生应付账款

【会计工作5】甲企业为增值税一般纳税人，2016年3月1日，甲企业从A公司购入一批材料，货款100 000元，增值税17 000元，对方代垫运杂费1 000元。材料已运到并验收入库（该企业材料按实际成本计价核算），款项尚未支付。该企业的有关会计分录如下：

【会计凭证】 增值税专用发票、运输业发票、入库单。

【工作指导】

借：原材料	101 000
应交税费——应交增值税（进项税额）	17 000
贷：应付账款——A公司	118 000

【会计工作6】乙百货商场于2016年4月2日，从A公司购入一批家电产品并已验收入库。增值税专用发票上列明，该批家电的价款为100万元，增值税为17万元。按照购货协议的规定，乙百货商场如在15天内付清货款，将获得1%的现金折扣（假定计算现金折扣时需考虑增值税）。

【会计凭证】 增值税专用发票、购货协议、入库单。

【工作指导】乙百货商场的有关会计处理如下：

借：库存商品	1 000 000
应交税费——应交增值税（进项税额）	170 000
贷：应付账款——A公司	1 170 000

【会计工作7】根据供电部门通知，丙企业本月应支付电费24 000元。其中生产车间电费16 000元、企业行政管理部门电费8 000元，款项尚未支付。

【会计凭证】缴费通知单。

【工作指导】企业的会计处理如下：

借：制造费用	16 000
管理费用	8 000
贷：应付账款——××电力公司	24 000

2. 偿还应付账款

【会计工作8】承【会计工作5】，2015年3月31日，甲企业用银行存款支付上述应付账款。

【会计凭证】转账支票。

【工作指导】企业的会计处理如下：

借：应付账款——A公司	118 000
贷：银行存款	118 000

【会计共作9】承【会计工作6】，乙百货商场于2016年4月10日，按照扣除现金折扣后的金额，用银行存款付清了所欠A公司的货款。

【会计凭证】转账支票。

【工作指导】乙百货商场在4月10日（即购货后的第8天）付清所欠A公司的货款，按照购货协议可以获得现金折扣。乙百货商场获得的现金折扣=1 170 000×1%=11 700（元），实际支付的货款=1 170 000-1 170 000×1%=1 158 300（元）。会计分录如下：

  借：应付账款——A公司   1 170 000
    贷：银行存款   1 158 300
      财务费用   11 700

3. 转销应付账款

【会计工作10】2016年12月31日，丁企业确定一笔应付账款3 000元为无法支付的款项，应予转销。

【会计凭证】相关证明（通过税务局审查备案）。

【工作指导】企业的有关会计处理如下：

  借：应付账款   3 000
    贷：营业外收入——其他   3 000

4. 不带息应付票据的账务处理

（1）发生应付票据

【会计工作11】甲企业为增值税一般纳税人，该企业2016年2月6日，开出并承兑一张面值为58 500元、期限5个月的不带息商业承兑汇票，用以采购一批材料，材料已收到，按计划成本核算。增值税专用发票上注明的材料价款为50 000元，增值税税额为8 500元。

【会计凭证】增值税专用发票、商业承兑汇票。

【工作指导】企业的有关会计处理如下：

  借：材料采购   50 000
    应交税费——应交增值税（进项税额）   8 500
    贷：应付票据   58 500

【会计工作12】承【会计工作11】，假设上例中的商业汇票为银行承兑汇票，甲企业已经缴纳承兑手续费29.25元。

【会计凭证】电子缴费付款凭证（回单）。

【工作指导】该企业的有关会计处理如下：

  借：财务费用   29.25
    贷：银行存款   29.25

（2）偿还应付票据

【会计工作13】承【会计工作11】，2016年7月6日，甲企业于2月6日开出的商业承兑汇票到期。甲企业通知其开户银行以银行存款支付票款。

【会计凭证】电汇凭证（回单）。

【工作指导】企业的有关会计处理如下：

  借：应付票据   58 500
    贷：银行存款   58 500

(3) 转销应付票据

【会计工作 14】 承【会计工作 11】，假设上述商业汇票为银行承兑汇票，该汇票到期时甲企业无力支付票款。

【会计凭证】 借款合同。

【工作指导】 企业的有关会计处理如下：

借：应付票据　　　　　　　　　　　　　　　　　　　　　　58 500
　　贷：短期借款　　　　　　　　　　　　　　　　　　　　　　58 500

5. 带息应付票据的账务处理

【会计工作 15】 2016 年 3 月 1 日，乙企业开出带息商业汇票一张，面值 320 000 元，用于抵付其前欠大发公司的货款。该票据票面利率 6%，期限为 3 个月。

【会计凭证】 商业承兑汇票。

【工作指导】 企业的有关会计处理如下：

借：应付账款——大发公司　　　　　　　　　　　　　　　320 000
　　贷：应付票据　　　　　　　　　　　　　　　　　　　　　320 000

【会计工作 16】 承【会计工作 15】，3 月 31 日，乙企业计算开出的带息应付票据应计利息。

【会计凭证】 商业承兑汇票利息计算单。

【工作指导】 3 月份应计提的应付票据利息=320 000×6%÷12=1 600（元）

企业会计处理如下：

借：财务费用　　　　　　　　　　　　　　　　　　　　　　1 600
　　贷：应付票据　　　　　　　　　　　　　　　　　　　　　　1 600

乙企业 4 月月末和 5 月月末的会计处理同上。

【会计工作 17】 承【会计工作 15】，6 月 1 日，乙企业开出的带息商业承兑汇票到期，企业以银行存款全额支付到期票款和 3 个月的票据利息。

【会计凭证】 转账支票。

【会计工作】 该商业承兑汇票到期应偿还的金额=本金+利息
　　　　　　=320 000+320 000×6%÷12×3=324 800（元）

该企业的有关会计处理如下：

借：应付票据　　　　　　　　　　　　　　　　　　　　　324 800
　　贷：银行存款　　　　　　　　　　　　　　　　　　　　　324 800

【会计工作 18】 承【会计工作 15】，6 月 1 日，带息商业承兑汇票到期，乙企业无力支付票款。

【会计凭证】 借款合同。

【会计工作】 应将应付票据的账面余额转入"应付账款"科目。会计处理如下：

借：应付票据　　　　　　　　　　　　　　　　　　　　　324 800
　　贷：应付账款　　　　　　　　　　　　　　　　　　　　　324 800

【会计工作 19】 某企业借入 5 年期到期还本每年付息的长期借款 5 000 000 元，合同约定年利率为 3.5%。

【会计凭证】 借款合同、利息计算表、转账支票。

【工作指导】 ① 每年计算确定利息费用时：

借：财务费用 175 000
　　贷：应付利息 175 000

企业每年应支付的利息=5 000 000×3.5%=175 000（元）

② 每年实际支付利息时：

借：应付利息 175 000
　　贷：银行存款 175 000

【会计工作20】甲公司为增值税一般纳税人。2016年6月3日，甲公司与乙公司签订供货合同，向其出售一批产品，货款金额共计100 000元，应交增值税17 000元。根据购货合同的规定，乙公司在购货合同签订后一周内，应当向甲公司预付货款60 000元，剩余货款在交货后付清。2016年6月9日，甲公司收到乙公司交来的预付货款60 000元并存入银行，6月19日甲公司将货物发到乙公司并开出增值税专用发票，乙公司验收后付清了剩余货款。

【会计凭证】增值税专用发票、银行进账单（收账通知）、购货合同。

【工作指导】① 6月9日收到乙公司交来的预付货款60 000元：

借：银行存款 60 000
　　贷：预收账款——乙公司 60 000

② 6月19日按合同规定，向乙公司发出货物：

借：预收账款——乙公司 117 000
　　贷：主营业务收入 100 000
　　　　应交税费——应交增值税（销项税额） 17 000

③ 收到乙公司补付的货款：

借：银行存款 57 000
　　贷：预收账款 57 000

【会计工作21】承【会计工作20】，假设甲公司不设置"预收账款"科目，通过"应收账款"科目核算有关业务。

【会计凭证】增值税专用发票、银行进账单（收账通知）、购货合同。

【工作指导】① 6月9日收到乙公司交来的预付货款60 000元：

借：银行存款 60 000
　　贷：应收账款——乙公司 60 000

② 6月19日按合同规定，向乙公司发出货物：

借：应收账款——乙公司 117 000
　　贷：主营业务收入 100 000
　　　　应交税费——应交增值税（销项税额） 17 000

③ 收到乙公司补付的货款：

借：银行存款 57 000
　　贷：应收账款——乙公司 57 000

三、任务总结

利息费用的会计处理如表12-1所示。

表 12-1 利息费用的会计处理

利息费用	利息费用支付时间	利息费用账务处理
金额较大	按季度支付利息	月末预提利息费用 借：财务费用 　　贷：应付利息 实际支付时 借：应付利息 　　贷：银行存款
	利息是在借款到期时连同本金一起归还	
金额不大	按月支付利息	实际支付或收到银行的计息通知时： 借：财务费用 　　贷：银行存款
	利息是在借款到期时连同本金一起归还	

任务 3　应付职工薪酬的核算

一、相关知识

（一）职工和职工薪酬的范围及分类

1. 职工的概念

职工，是指与企业订立劳动合同的所有人员，含全职、兼职和临时职工，也包括虽未与企业订立劳动合同但由企业正式任命的人员。

具体包括：

① 与企业订立劳动合同的所有人员，含全职、兼职和临时职工。

② 未与企业订立劳动合同但由企业正式任命的人员，如董事会成员、监事会成员等。

③ 在企业的计划和控制下，虽未与企业订立劳动合同或未由其正式任命，但向企业所提供服务与职工所提供服务类似的人员，也属于职工范畴，包括通过企业与劳务中介公司签订用工合同而向企业提供服务的人员。

2. 职工薪酬的概念

（1）职工薪酬的含义

职工薪酬，是指企业为获得职工提供的服务或终止劳动合同关系而给予的各种形式的报酬或补偿。企业提供给职工配偶、子女、受赡养人、已故员工遗属及其他受益人等的福利，也属于职工薪酬。

（2）职工薪酬的内容

① 短期薪酬。

短期薪酬是指企业在职工提供相关服务的年度报告期间结束后十二个月内需要全部予以支付的职工薪酬，因解除与职工的劳动关系给予的补偿（属辞退福利）除外。

短期薪酬具体包括：

a. 职工工资、奖金、津贴和补贴。

b. 职工福利费。

一是为职工卫生保健、生活等发放或支付的各项现金补贴和非货币性福利，包括职工因公赴外地就医费用、职工疗养费用、防暑降温费等。

二是企业尚未分离的内设集体福利部门所发生的设备、设施和人员费用。

三是发放给在职职工的生活困难补助以及按规定发生的其他职工福利支出，如丧葬补助费、抚恤费、职工异地安家费、独生子女费等。

c. 医疗保险费、工伤保险费和生育保险费等社会保险费。

d. 住房公积金。

e. 工会经费和职工教育经费。

f. 短期带薪缺勤，指企业支付工资或提供补偿的职工缺勤，包括年休假、病假、短期伤残、婚假、产假、丧假、探亲假等。

g. 短期利润分享计划，指因职工提供服务而与职工达成的基于利润或其他经营成果提供薪酬的协议。

h. 其他短期薪酬。

② 离职后福利。

离职后福利是指企业为获得职工提供的服务而在职工退休或与企业解除劳动关系后，提供的各种形式的报酬和福利，属于短期薪酬和辞退福利的除外。

按其特征可分为：

a. 设定提存计划。设定提存计划是指向独立的基金缴存固定费用后，企业不再承担进一步支付义务的离职后福利计划，即养老保险费和失业保险费。

b. 设定受益计划。设定受益计划是指除设定提存计划以外的离职后福利计划。

③ 辞退福利。

辞退福利是指企业在职工劳动合同到期之前解除与职工的劳动关系，或者为鼓励职工自愿接受裁减而给予职工的补偿。

④ 其他长期职工福利。

其他长期职工福利是指除短期薪酬、离职后福利、辞退福利之外所有的职工薪酬，包括长期带薪缺勤、长期残疾福利、长期利润分享计划等。

（二）短期薪酬的确认和计量

1. 货币性短期薪酬

（1）货币性短期薪酬的范围

① 职工工资、奖金、津贴和补贴。

② 大部分的职工福利费。

③ 医疗保险费、工伤保险费和生育保险费。

④ 住房公积金。

⑤ 工会经费和职工教育经费。

（2）货币性短期薪酬的会计处理原则

企业应当在职工为其提供服务的会计期间，将实际发生的短期薪酬确认为负债，并计入当期损益，其他会计准则要求或允许计入资产成本的除外。

一般会计分录如下：

借：生产成本（一线工人薪酬）

制造费用（生产管理人员薪酬）
管理费用（行政人员薪酬）
销售费用（销售人员薪酬）
研发支出（从事研发人员的薪酬）
在建工程（从事工程建设人员的薪酬）
　　贷：应付职工薪酬

2. 带薪缺勤

（1）带薪缺勤的内容

① 累积带薪缺勤。累积带薪缺勤是指带薪缺勤权利可以结转下期的带薪缺勤，本期尚未用完的带薪缺勤权利可以在未来使用。

② 非累积带薪缺勤。非累积带薪缺勤是指带薪缺勤权利不能结转下期的带薪缺勤，本期尚未用完的带薪缺勤权利将予以取消，并且职工离开企业时也无权获得现金支付。

我国企业职工休婚假、产假、丧假、探亲假、病假期间的工资通常属于非累积带薪缺勤。

（2）累积带薪缺勤的会计处理

企业应当在职工提供服务从而增加了其未来享有的带薪缺勤权利时，确认与累积带薪缺勤相关的职工薪酬，并以累积未行使权利而增加的预期支付金额计量。

【例】乙公司共有1 000名职工，从2016年1月1日起，该公司实行累积带薪缺勤制度。该制度规定，每个职工每年可享受5个工作日带薪年休假，未使用的年休假只能向后结转一个日历年度，超过1年未使用的权利作废；职工休年休假时，首先使用当年可享受的权利，不足部分再从上年结转的带薪年休假中扣除；职工离开公司时，对未使用的累积带薪年休假无权获得现金支付。

2016年12月31日，每个职工当年平均未使用带薪年休假为2天。乙公司预计2017年有950名职工将享受不超过5天的带薪年休假，剩余50名职工每人将平均享受6天半年休假，假定这50名职工全部为总部管理人员，该公司平均每名职工每个工作日工资为300元。

【工作指导】乙公司在2015年12月31日预计由于职工累积未使用的带薪年休假权利，而导致预期将支付的工资负债即为75天（50×1.5）的年休假工资金额为22 500元（75×300），并作如下账务处理：

　　借：管理费用　　　　　　　　　　　　　　　　　　　　　　　22 500
　　　　贷：应付职工薪酬——累积带薪缺勤　　　　　　　　　　　 22 500

（3）非累积带薪缺勤的会计处理

企业应当在职工实际发生缺勤的会计期间确认与非累积带薪缺勤相关的职工薪酬。即非累积带薪缺勤发生时视为全勤，按正常全勤状态进行会计处理。

3. 短期利润分享计划

同时满足下列条件的，企业应付职工薪酬：

① 企业因过去事项导致现在具有支付职工薪酬的法定义务或推定义务。

② 因利润分享计划所产生的应付职工薪酬义务金额能够可靠估计。

属于下列三种情形之一的，视为义务金额能够可靠估计：

① 在财务报告批准报出之前企业已确定应支付的薪酬金额。
② 该短期利润分享计划的正式条款中包括确定薪酬金额的方式。
③ 过去的惯例为企业确定推定义务金额提供了明显证据。

职工只有在企业工作一段特定期间才能分享利润的,企业在计量利润分享计划产生的应付职工薪酬时,应当反映职工因离职而无法享受利润分享计划福利的可能性。

如果企业在职工为其提供相关服务的年度报告期间结束后 12 个月内,不需要全部支付利润分享计划产生的应付职工薪酬,该利润分享计划应当适用其他长期职工福利的有关规定。

【例】丙公司有一项利润分享计划,要求丙公司将其在 2016 年 12 月 31 日前会计年度的税前利润的指定比例支付给在 2016 年 7 月 1 日至 2017 年 6 月 30 日为丙公司提供服务的职工。该奖金于 2017 年 6 月 30 日支付。2016 年 12 月 31 日止财务年度的税前利润 1 000 万元人民币。如果丙公司在 2016 年 7 月 1 日至 2017 年 6 月 30 日期间没有职工离职,则当年的利润分享支付总额为税前利润的 3%。丙公司估计职工离职将使支付额降低至税前利润的 2.5%(其中,直接参加生产的职工享有 1%、总部管理人员享有 1.5%),不考虑个人所得税影响。

2017 年 6 月 30 日,丙公司的职工离职使其支付的利润分享金额为 2016 年度税前利润的 2.8%(直接参加生产的职工享有 1.1%、总部管理人员享有 1.7%)。

【工作指导】① 2016 年 12 月 31 日的财务处理如下:
(2016 年 7 月 1 日至 2016 年 12 月 31 日为半年期,即为 50%)
借:生产成本(10 000 000×50%×1%)   50 000
    管理费用(10 000 000×50%×1.5%)   75 000
    贷:应付职工薪酬——利润分享计划(10 000 000×50%×2.5%)   125 000
② 2017 年 6 月 30 日的账务处理如下:
借:生产成本(10 000 000×1.1%−50 000)   60 000
    管理费用(10 000 000×1.7%−75 000)   95 000
    贷:应付职工薪酬——利润分享计划(10 000 000×2.8%−125 000) 155 000

4. 非货币性福利

企业向职工提供非货币性福利的,应当按照公允价值计量。公允价值不能可靠取得的,可以采用成本计量。

(1)企业以其"自产产品"作为非货币性福利发放给职工

企业以"自产产品"作为非货币性福利发放给职工的,应当根据受益对象,按照该产品的公允价值和相关税费,计入相关资产成本或当期损益,同时确认应付职工薪酬。相关收入、成本的处理与正常商品销售相同。

一般账务处理:
① 借:管理费用等(以产品的价税合计认定)〔根据受益对象部门选择对应科目〕
    贷:应付职工薪酬
② 借:应付职工薪酬
    贷:主营业务收入
        应交税费——应交增值税(销项税额)

③ 借：主营业务成本
　　贷：库存商品
（2）"购买商品"发放给职工作为福利
① 以商品的价税合计认定福利费用：
借：生产成本、制造费用或管理费用等
　　贷：应付职工薪酬（含税）
② 购买商品时：
借：库存商品
　　应交税费——应交增值税（进项税额）
　　贷：银行存款
③ 发放时（发放时有进项税转出）：
借：应付职工薪酬
　　贷：库存商品
　　　　应交税费——应交增值税（进项税额转出）
（3）企业将拥有的房屋等资产无偿提供给职工使用

企业将拥有的房屋等资产无偿提供给职工使用的，应当根据受益对象，将该住房每期应计提的折旧计入相关资产成本或当期损益，同时确认应付职工薪酬。租赁住房等资产供职工无偿使用的，应当根据受益对象，将每期应付的租金计入相关资产成本或当期损益，并确认应付职工薪酬。

一般账务处理如下：
① 借：管理费用等（如为企业自有资产，则以折旧费用认定费用标准；如为企业经营租入的，则以租金认定费用标准）
　　贷：应付职工薪酬
② 借：应付职工薪酬
　　贷：累计折旧（企业自有资产的折旧计提）
　　　　银行存款或其他应付款（企业经营租入房屋等资产支付或应付的租金）

难以认定受益对象的非货币性福利，直接计入当期损益和应付职工薪酬。

（4）向职工提供企业支付了补贴的商品或服务
① 如果合同规定职工在取得住房等商品或服务后至少应提供服务的年限，企业应将出售商品或服务的价格与其成本间的差额，作为长期待摊费用处理，在合同规定的服务年限内平均摊销，根据受益对象分别计入相关资产成本或当期损益。
② 如果合同没有规定职工在取得住房等商品或服务后至少应提供服务的年限，企业应将出售商品或服务的价格与其成本间的差额，作为对职工过去提供服务的一种补偿，直接计入向职工出售商品或服务当期的损益。

（三）离职后福利的确认与计量

1. 离职后福利的概念

离职后福利，是指企业为获得职工提供的服务而在职工退休或与企业解除劳动关系后，提供的各种形式的报酬和福利，属于短期薪酬和辞退福利的除外。

2. 离职后福利的内容

① 设定提存计划（法定业务），是指向独立的基金（如社会保障部门）缴存固定费用后，企业不再承担进一步支付义务的离职后福利计划（如养老保险和失业保险在法定离职后或者退休时就由所在地社会保障部门支付，原所在工作单位、本企业不再支付）。

② 设定受益计划（约定的福利），是指除设定提存计划以外的离职后福利计划（如额外养老金计划，由自己原工作单位、本企业另按合同约定支付一笔福利款项）。

3. 设定提存计划的会计处理

企业应当在职工为其提供服务的会计期间，将根据设定提存计划计算的应缴存金额确认为负债，并计入当期损益或相关资产成本。根据设定提存计划，预期不会在职工提供相关服务的年度报告期结束后 12 个月内支付全部应缴存金额的，应当参照规定的折现率，将全部应缴存金额以折现后的金额计量应付职工薪酬。

【例】甲企业为管理人员设立了一项企业年金：每月该企业按照每个管理人员工资的 5% 向独立于甲企业的年金基金缴存企业年金，年金基金将其计入该管理人员个人账户并负责资金的运作。该管理人员退休时可以一次性获得其个人账户的累积额，包括公司历年来的缴存额以及相应的投资收益。公司除了按照约定向年金基金缴存之外不再负有其他义务，既不享有缴存资金产生的收益，也不承担投资风险。因此，该福利计划为设定提存计划。2015 年，按照计划安排，该企业向年金基金缴存的金额为 1 000 万元。

【工作指导】账务处理如下：

借：管理费用　　　　　　　　　　　　　　　　　　　　　10 000 000
　　　贷：应付职工薪酬　　　　　　　　　　　　　　　　　　10 000 000
借：应付职工薪酬　　　　　　　　　　　　　　　　　　　　10 000 000
　　　贷：银行存款　　　　　　　　　　　　　　　　　　　　10 000 000

（四）发放职工薪酬

1. 支付职工工资、奖金、津贴和补贴

企业按照有关规定向职工支付工资、奖金、津贴等，借记"应付职工薪酬——工资"科目，贷记"银行存款""库存现金"等科目；企业从应付职工薪酬中扣除的各种款项（代垫的家属药费、个人所得税等），借记"应付职工薪酬"科目，贷记"银行存款""库存现金""其他应收款""应交税费——应交个人所得税"等科目。

实务中，企业一般在每月发放工资前，根据"工资结算汇总表"中的"实发金额"栏的合计数向开户银行提取现金，借记"库存现金"科目，贷记"银行存款"科目，然后再向职工发放。

2. 支付职工福利费

企业向职工食堂、职工医院、生活困难职工等支付职工福利费时，借记"应付职工薪酬——职工福利"科目，贷记"银行存款""库存现金"等科目。

3. 支付工会经费、职工教育经费和缴纳社会保险费、住房公积金

企业支付工会经费和职工教育经费用于工会运作和职工培训，或按照国家有关规定缴纳社会保险费或住房公积金时，借记"应付职工薪酬——公费经费（或职工教育经费、社会保险费、住房公积金）"科目，贷记"银行存款""库存现金"等科目。

4. 发放非货币性福利

企业以自产产品作为职工薪酬发放给职工时，应确认主营业务收入，借记"应付职工薪酬——非货币性福利"科目，贷记"主营业务收入"科目，同时结转相关成本，涉及增值税销项税额的，还应进行相应的处理。

企业支付租赁住房等资产供职工无偿使用所发生的租金，借记"应付职工薪酬——非货币性福利"科目，贷记"银行会计"等科目。

二、工作过程

1. 货币性职工薪酬

【会计工作 22】乙企业本月应付工资总额 46 200 元，工资费用分配汇总表中列示的产品生产人员工资为 320 000 元，车间管理人员工资为 70 000，企业行政管理人员工资为 60 400 元，销售人员工资为 11 600 元。

【会计凭证】工资费用分配汇总表。

【工作指导】企业的有关会计处理如下：

借：生产成本——基本生产成本　　　　　　　　　　　320 000
　　　制造费用　　　　　　　　　　　　　　　　　　　70 000
　　　管理费用　　　　　　　　　　　　　　　　　　　60 400
　　　销售费用　　　　　　　　　　　　　　　　　　　11 600
　　贷：应付职工薪酬——工资　　　　　　　　　　　　462 000

【会计工作 23】丙企业下设一所职工食堂，每月根据在岗职工数量及岗位分布情况、相关历史经验数据等计算需要补贴食堂的金额，从而确定企业每期因职工食堂需要承担的福利费金额。2017 年 11 月，企业在岗职工共计 100 人，其中管理部门 20 人，生产车间 80 人，企业的历史经验数据表明，每个职工每月需补贴食堂 150 元。

【会计凭证】在岗职工数量及岗位分布表。

【工作指导】丙企业应当提取的职工福利=150×100=15 000（元），会计处理如下：

借：生产成本　　　　　　　　　　　　　　　　　　　12 000
　　　管理费用　　　　　　　　　　　　　　　　　　　3 000
　　贷：应付职工薪酬——职工福利　　　　　　　　　　15 000

【会计工作 24】根据国家规定的计提标准计算，甲企业本月应向社会保险经办机构缴纳职工基本养老保险费共计 64 680 元，其中，应计入基本生产车间生产成本的金额为 44 800 元、应计入制造费用的全额为 9 800 元、应计入管理费用的金额为 10 080 元。

【会计凭证】国家规定的计提标准。

【工作指导】企业的有关会计处理如下：

借：生产成本——基本生产成本　　　　　　　　　　　44 800
　　　制造费用　　　　　　　　　　　　　　　　　　　9 800
　　　管理费用　　　　　　　　　　　　　　　　　　　10 080
　　贷：应付职工薪酬——社会保险费（基本养老保险）　642 000

2. 非货币性职工薪酬

【会计工作 25】B 公司为小家电生产企业，共有职工 200 名，其中 170 名为直接参加生产的职工，30名为总部管理人员。2016年2月，B公司以其生产的每台成本为450元的电暖器作为春节福利发放给公司每名职工。该型号的电暖器市场售价为每台500元，B公司适用的增值税税率为17%。

【会计凭证】工资费用分配汇总表。

【工作指导】发放电暖器给公司每名职工时，应确认的应付职工薪酬=200×500×17%+200×500=117 000（元），其中，应记入"生产成本"科目的金额=170×500×17%+170×500=99 450（元），应记入"管理费用"科目的金额=30×500×17%+30×500=17 550（元）。会计处理如下：

  借：生产成本   99 450
    管理费用   17 550
     贷：应付职工薪酬——非货币性福利   117 000

【会计工作26】发达公司为总部各部门经理级别以上的职工提供汽车免费使用，同时为副总裁以上高级管理人员每人租赁一套住房。发达公司总部共有部门经理以上职工20名，每人提供一辆桑塔纳汽车免费使用，假定每辆桑塔纳汽车每月计提折旧1 000元；该公司总共有副总裁以上高级管理人员5名，公司为其每人租赁一套面积为200平方米带有家具和电器的公寓，月租金为每套8 000元。

【会计凭证】工资费用分配汇总表。

【工作指导】发达公司应确认的应付职工薪酬=20×1 000+5×8 000=60 000（元），其中，提供企业拥有的汽车供职工使用的非货币性福利=20×1 000=20 000（元），租赁住房供职工使用的非货币性福利=5×8 000=40 000（元）。此外，发达公司将其拥有的汽车无偿提供给职工使用的，还应当按照该部分非货币性福利20 000元借记"应付职工薪酬——非货币性福利"科目，贷记"累计折旧"科目。会计分录如下：

  借：管理费用   60 000
    贷：应付职工薪酬——非货币性福利   60 000
  借：应付职工薪酬——非货币性福利   20 000
    贷：累计折旧   20 000

3. 发放职工薪酬

【会计工作27】A企业根据"工资结算汇总表"结算本月应付职工工资总额462 000元，其中代扣职工房租40 000元，企业代垫职工家属医药费2 000元，实发工资420 000元。

【会计凭证】工资结算汇总表、支票存根。

【工作指导】① 向银行提取现金：

  借：库存现金   420 000
    贷：银行存款   420 000

② 发放工资，支付现金：

  借：应付职工薪酬——工资   420 000
    贷：库存现金   420 000

③ 代扣款项：

  借：应付职工薪酬——工资   42 000
    贷：其他应收款——职工房租   40 000
         ——代垫医药费   2 000

4. 支付职工福利费

【会计工作28】2016年9月，甲企业以现金支付职工张某生活困难补助800元。

【会计凭证】工资结算汇总表。

【工作指导】甲企业的有关会计处理如下：

 借：应付职工薪酬——职工福利   800
   贷：库存现金   800

【会计工作29】承【会计工作23】，2016年11月，丙企业支付15 000元补贴给食堂。

【会计凭证】工资结算汇总表。

【工作指导】丙企业的有关会计处理如下：

 借：应付职工薪酬——职工福利   15 000
   贷：库存现金   15 000

【会计工作30】B企业以银行存款缴纳参加职工医疗保险的医疗保险费40 000元。

【会计凭证】转账支票。

【工作指导】B企业的有关会计分录如下：

 借：应付职工薪酬——社会保险费   40 000
   贷：银行存款   40 000

【会计工作31】承【会计工作25】，B公司向职工发放电暖器作为福利，该企业增值税税率为17%。

【会计凭证】工资结算汇总表、增值税专用发票、出库单。

【工作指导】向职工发放电暖器作为福利，应确认主营业务收入，同时要根据相关税收规定，计算增值税销项税额。

    B公司应确认的主营业务收入=200×500=1 000 000（元）
    B公司应确认的增值税销项税额=200×500×17%=17 000（元）
    B公司应结转的销售成本=200×450=90 000（元）

公司会计处理如下：

 借：应付职工薪酬——非货币性福利   117 000
   贷：主营业务收入   100 000
     应交税费——应交增值税（销项税额）   17 000
 借：主营业务成本   90 000
   贷：库存商品   90 000

【会计工作32】C公司每月支付副总裁以上高级管理人员住房租金40 000元。

【会计凭证】工资结算汇总表、转账支票。

【工作指导】每月支付高级管理人员住房租金时作如下会计处理：

 借：应付职工薪酬——非货币性福利   40 000
   贷：银行存款   40 000

三、任务总结

职工薪酬的账务处理如表12-2所示。

表 12-2　职工薪酬的账务处理

项　目		职工薪酬
短期薪酬	职工工资、奖金、津贴、补贴、职工福利费，医疗保险、工伤保险和生育保险等社会保险费，短期带薪缺勤，短期利润分享计划，其他短期薪酬	1. 货币性职工福利计提（根据不同受益对象）： 借：生产成本（生产工人的薪酬） 　　制造费用（车间管理人员的薪酬） 　　劳务成本（提供劳务人员的薪酬） 　　管理费用（行政管理人员的薪酬） 　　销售费用（专设销售机构人员的薪酬） 　　在建工程（在建工程人员的薪酬） 　　研发支出（研发人员的薪酬） 　贷：应付职工薪酬——工资、奖金、津贴和补贴 　　　　　　　　——职工福利费（14%） 　　　　　　　　——工会经费（2%） 　　　　　　　　——职工教育经费（2.5%） 　　　　　　　　——社会保险费 　　　　　　　　——住房公积金等 实际发放短期薪酬时： 借：应付职工薪酬——工资、奖金、津贴和补贴等 　贷：银行存款 2. 企业为职工代垫医药费时： 借：其他应收款 　贷：银行存款 3. 企业从应付职工薪酬中扣还的各项款项（代垫的家属医疗费等） 借：应付职工薪酬——工资、奖金、津贴和补贴等 　贷：其他应收款——代垫医疗费 【提示】需要注意的是，代垫医药费这部分虽然涉及应付职工薪酬，但是这部分不属于应付职工薪酬核算范畴，分录中涉及这个科目和属于这个科目的核算范畴不是一回事，不能同等看待
离职后福利	设定提存计划和设定收益计划	借：生产成本 　　制造费用 　　管理费用 　　销售费用等 　贷：应付职工薪酬——设定提存计划
辞退福利	企业在职工劳动合同到期之前解除与职工的劳动关系，或者为鼓励职工自愿接受裁减而给予职工的补偿	借：管理费用 　贷：应付职工薪酬——辞退福利 借：应付职工薪酬——辞退福利 　贷：银行存款
其他长期职工福利	长期带薪缺勤、长期残疾福利、长期利润分享计划等	

续表

项　目	职工薪酬
自产产品发放给职工	确认时：借：生产成本 　　　　　销售费用 　　　　　管理费用（公允价值+销项税额） 　　　　贷：应付职工薪酬——非货币性福利（公允价值+销项税额） 发放时：借：应付职工薪酬——非货币性福利 　　　　贷：主营业务收入（公允价值） 　　　　　　应交税费——应交增值税（销项税额）（公允价值+销项税额） 　　借：主营业务成本 　　　贷：库存商品
自有房屋等资产无偿提供给职工使用	借：生产成本 　　管理费用 　　销售费用 　　制造费用等 　贷：应付职工薪酬——非货币性福利 同时：借：应付职工薪酬——非货币性福利 　　　　贷：累计折旧
租赁住房等资产提供给职工无偿使用	借：生产成本 　　管理费用 　　销售费用 　　制造费用等 　贷：应付职工薪酬——非货币性福利 实际支付租金时： 借：应付职工薪酬——非货币性福利 　贷：银行存款

课堂训练

1. 2016 年夏季即将到来，甲公司在本单位食堂安装数台自产的产品——cool 牌空调，作为广大职工的一种福利提供给食堂使用，该产品的成本为每台 1 500 元，一共安装了 5 台，计税价格为每台 2 000 元，增值税税率为 17%，则甲公司实际发放时计入应付职工薪酬借方的金额为（　　）元。

　　A. 11 700　　　　B. 7 500　　　　C. 10 000　　　　D. 30 000

2. 某饮料生产企业为增值税一般纳税人，年末将本企业生产的一批饮料发放给职工作为福利。该饮料市场售价为 12 万元（不含增值税），增值税适用税率为 17%，实际成本为 10 万元。假定不考虑其他因素，该企业应确认的应付职工薪酬为（　　）万元。

　　A. 10　　　　　B. 11.7　　　　　C. 12　　　　　D. 14.04

任务 4　应交税费的核算

一、相关知识

（一）应交税费概述

1. 应交税费的内容

企业根据税法规定应缴纳的各种税费包括：增值税、消费税、城市维护建设税、资源税、所得税、土地增值税、房产税、车船税、土地使用税、教育费附加、矿产资源补偿费、印花税、耕地占用税等。

2. 应交税费的账务处理

企业应通过"应交税费"科目，总结反映各种税费的交纳情况，并按照应交税费的种类进行明细核算。该科目贷方登记应缴纳的各种税费等，借方登记实际缴纳的税费；期末余额一般在贷方，反映企业尚未缴纳的税费，期末余额如在借方，反映企业多缴纳或尚未抵扣的税费。企业缴纳的印花税、耕地占用税、契税等不需要预计应交数的税金，不通过"应交税费"科目核算。

（二）应交增值税

1. 增值税概述

增值税是以商品（含应税劳务）在流转过程中产生的增值额作为计税依据而征收的一种流转税。按照我国增值税法的规定，增值税的纳税人是在我国境内销售货物、进口货物，或提供加工、修理修配劳务的企业单位和个人。按照纳税人的经营规模及会计核算的健全程度，增值纳税人分为一般纳税人和小规模纳税人。一般纳税人应纳增值税税额，根据当期销项税额减去当期进项税额计算确定；小规模纳税人应纳增值税税额，按照销售额和规定的征收率计算确定。各国实行的增值税在计算增值额时一般都实行税额抵扣制度，即在计算企业应纳税额时，要扣除商品在以前生产环节已负担的税款，以避免重复征税。依据实行增值税的各个国家允许抵扣已纳税款的扣除项目范围的大小，增值税分为生产型增值税、收入型增值税和消费型增值税三种类型。它们之间的主要区别在于对购入固定资产的处理上。生产型增值税在计算增值额时，对购入的固定资产及其折旧均不予扣除。收入型增值税允许将用于生产、经营的固定资产，已提折旧的价值额予以扣除。消费型增值税允许将用于生产、经营的固定资产价值中已含的税款，在购置当期全部一次扣除。2008 年，我国修订了《中华人民共和国增值税暂行条例》，实现了生产型增值税向消费型增值税的转型。修订后的《中华人民共和国增值税暂行条例》自 2009 年 1 月 1 日起在全国范围内实施。

在税收征管上，从世界各国来看，一般都实行凭购物发票进行抵扣。按照《中华人民共和国增值税暂行条例》规定，企业购入货物或应税劳务支付的增值税（即进项税额），可从销售货物或提供劳务规定收取的增值税（即销项税额）中抵扣。准予从销项税额中抵扣的进项税额通常包括：

① 从销售方面取得或从运输部门等提供服务方的增值税专用发票上注明的增值税税额。
② 从海关取得的完税凭证上注明的增值税税额。

2. 一般纳税企业的增值税账务处理

为了核算企业应交增值税的发生、抵扣、交纳、退税及转出等情况，应在"应交税费"科目下设置"应交增值税"明细科目，并在"应交增值税"明细账内设置"进项税额""已交税金""销项税额""出口退税""进项税额转出"等专栏。

（1）采购商品和接受应税劳务

企业从国内采购商品或接受应税劳务等，根据增值税专用发票上记载的应计入采购成本或应计入加工、修理修配等物资成本的金额，借记"固定资产""材料采购""在途物资""原材料""库存商品"或"生产成本""制造费用""委托加工物资""管理费用"等科目，根据增值税专用发票上注明的可抵扣的增值税税额，借记"应交税费——应交增值税（进项税额）"科目，按照应付或实际支付的总额，贷记"应付账款""应付票据""银行存款"等科目。购入货物发生的退货，作相反的会计分录。

（2）进项税额转出

企业购进的货物发生非正常损失，如管理不善造成的，以及将购进货物改变用途（如用于免税项目、集体福利或个人消费等），其进项税额应通过"应交税费——应交增值税（进项税额转出）"科目转入有关科目，借记"待处理财产损溢""在建工程""应付职工薪酬"等科目，贷记"应交税费——应交增值税（进项税额转出）"科目；属于转作待处理财产损失的进项税额，应与遭受非正常损失的购进货物、在产品或库存商品的成本一并处理。

购进货物改变用途通常是指购进的货物在没有经过任何加工的情况下，对内改变用途的行为，如企业下属医务室等福利部门领用原材料等。

（3）销售物资或者提供应税劳务

企业销售货物或者提供应税劳务，按照营业收入和应收取的增值税税额，借记"应收账款""应收票据""银行存款"等科目。发生的销售退回，作相反的会计分录。

（4）视同销售行为

企业的有些交易和事项从会计角度看不属于销售行为，不能确认销售收入，但是按照税法规定，应视同销售处理，计算应交增值税。视同销售需要缴纳增值税的事项，如企业将自产或委托加工的货物用于集体福利或个人消费，将自产、委托加工或购买的货物作为投资分配给股东或者投资者、无偿赠送他人等。在这些情况下，企业应当借记"在建工程""长期股权投资""营业外支出"等科目，贷记"应交税费——应交增值税（销项税额）"科目等。

（5）出口退税

企业出口产品按规定退税的，按应收的出口退税额，借记"其他应收款"科目，贷记"应交税费——应交增值税（出口退税）"科目。

（6）缴纳增值税

企业缴纳的增值税，借记"应交税费——应交增值税（已交税金）"科目，贷记"银行存款"科目。"应交税费——应交增值税"科目的贷方余额，表示企业应缴纳的增值税。

（7）应税服务

2016年5月1日后营改增的项目。

3. 小规模纳税企业的增值税财务处理

小规模纳税企业应当按照不含税销售额和规定的增值税征收率计算缴纳增值税，销售货物或提供应税劳务时只能开具普通发票，不能开具增值税专用发票。小规模纳税企业不享有进项税额的抵扣权，其购进货物或接受应税劳务支付的增值税直接计入有关货物或劳务的成本。因此，小规模纳税企业只需在"应交税费"科目下设置"应交增值税"明细科目，不需要在"应交增值税"明细科目中设置专栏，"应交税费——应交增值税"科目贷方登记应缴纳的增值税，借方登记已缴纳的增值税；期末贷方余额为尚未缴纳的增值税，借方余额为多缴纳的增值税。

小规模纳税企业购进货物和接受应税劳务时支付的增值税，直接计入有关货物和劳务成本，借记"材料采购""在途物资"等科目，贷记"银行存款"或"应付账款"等科目。

（三）应交消费税

1. 消费税概述

消费税是指在我国境内生产、委托加工和进口应税消费品的单位和个人，按其流转额缴纳的一种税。消费税有从价定率和从量定额两种征收方法。采取从价定率方法征收的消费税，以不含增值税的销售额为税基，按照税法规定的税率计算。企业的销售收入包含增值税的，应将其换算为不含增值税的销售额。采取从量定额计征的消费税，根据税法确定的企业应税消费品的数量和单位应税消费品应缴纳的消费税计算确定。

2. 应交消费税的账务处理

企业应在"应交税费"科目下设置"应交消费税"明细科目，核算应交消费税的发生、缴纳情况。该科目贷方登记应缴纳的消费税，借方登记已缴纳的消费税；期末贷方余额为尚未缴纳的消费税，借方余额为多缴纳的消费税。

（1）销售应税消费品

企业销售应税消费品应交消费税，应借记"税金及附加"科目，贷记"应交税费——应交消费税"科目。

（2）自产自用应税消费品

企业将生产的应税消费品用于在建工程等非生产机构时，按规定应交消费税，借记"在建工程"等科目，贷记"应交税费——应交消费税"科目。

（3）委托加工应税消费品

企业如有应交消费税的委托加工物资，一般应由受托方代收代缴税款，受托方按照应交税款金额，借记"应收账款""银行存款"等科目，贷记"应交税费——应交消费税"科目。受托加工或翻新改制金银首饰按照规定由受托方缴纳消费税。

委托加工物资收回后，直接用于销售的，应将受托方代收代缴的消费税计入委托加工物资的成本，借记"委托加工物资"等科目，贷记"应付账款""银行存款"等科目；委托加工物资收回后用于连续生产、按规定准予抵扣的，应按已由受托方代收代缴的消费税，借记"应交税费——应交消费税"科目，贷记"应付账款""银行存款"等科目。

（4）进口应税消费品

企业进口应税物资在进口环节应交的消费税，计入该项物资的成本，借记"材料采购""固定资产"等科目，贷记"银行存款"科目。

（四）其他应交税费

其他应交税费是指除上述应交税费以外的应交税费，包括应交资源税、应交城市维护建设税、应交土地增值税、应交房产税、应交土地使用税、应交车船税、应交教育费附加、应交矿产资源补偿税、应交个人所得税等。企业应当在"应交税费"科目下设置相应的明细科目进行核算，贷方登记应缴纳的有关税费，借方登记已缴纳的有关税费，期末贷方表示尚未缴纳的有关税费。

1. 应交资源税

资源税是对在我国境内开采矿产品或者生产的单位和个人征收的税。资源税按照应税产品的课税标准和规定的单位税率计算。现在的原油、天然气、煤炭是从价征收，其余都是从量征收。

对外销售应税产品的应交资源税应借记"税金及附加"科目，贷记"应交税费——应交资源税"科目；自产自用应税产品的应交资源税应借记"生产成本""制造费用"等科目，贷记"应交税费——应交资源税"科目。

2. 应交城市维护建设税

城市维护建设税是以增值税、消费税为计税依据征收的一种税。其纳税人为缴纳增值税、消费税的单位和个人，税率因纳税人所在地不同从1%到7%不等。公式为：

$$应纳税额=（应交增值税+应交消费税）\times 适用税率$$

企业应交城市维护建设税，借记"税金及附加"等科目，贷记"应交税费——应交城市维护建设税"科目。

3. 应交教育费附加

教育费附加是为了发展教育事业而面向企业征收的附加费用，按企业应交流转税的一定比例计算缴纳。企业应交的教育费附加，借记"税金及附加"等科目，贷记"应交税费——应交教育费附加"科目。

4. 应交土地增值税

土地增值税是指我国境内有偿转让无形资产土地使用权及地上建筑物和其他附着物产权的单位和个人，就其土地的增值额征收的一种税。土地增值税是指转让收入减去规定扣除项目金额后的余额。转让收入包括货币收入、实物收入和其他收入。扣除项目主要包括取得土地使用权所支付的金额、开发土地的费用、新建及配套设施的成本、旧房及建筑物的评估价格等。

企业应交的土地增值税视情况记入不同科目：企业转让的土地使用权连同地上建筑物及其附着物一并在"固定资产"科目核算的，转让时应交的土地增值税，借记"固定资产清理"科目，贷记"应交税费——应交土地增值税"科目；土地使用权在"无形资产"科目核算的，按实际收到的金额，借记"银行存款"科目，按应交的土地增值税，贷记"应交税费——应交土地增值税"科目，同时冲销土地使用权的账面价值，贷记"无形资产"，借记"累计摊销""无形资产减值准备"等科目，按其差额，借记"营业外支出"科目或贷记"营业外收入"科目。

5. 应交房产税、土地使用税、车船税和矿产资源补偿费

房产税是国家对城市、县城、建制县和工矿区征收的、由产权所有人缴纳的一种税。房产税依照房产原值一次扣除10%～30%后的余额计算缴纳。没有房产原值作为依据的，由房产所在地税务机关参考同类房产核定；房产出租的，以房产租金收入为房产税的计税依据。

土地使用税是国家为了合理利用城镇土地，调节土地级差收入，提高土地使用效益，加强土地管理而开征的一种税，以纳税人实际占用的土地面积为计税依据，按照规定税额计算征收。

车船税由拥有并且使用车船的单位和个人按照适用税额计算缴纳。

矿产资源税补偿费是对在我国领域和管辖海域开采矿产资源而征收的费用。矿产资源补偿费按照矿产品销售收入的一定比例计征，由采矿人交纳。

企业应交的房产税、土地使用税、车船税、矿产资源补偿费，借记"税金及附加"科目，贷记"应交税费——应交房产税（或应交土地使用税、应交车船税、应交矿产资源补偿费）"科目。

6. 应交个人所得税

企业按规定计算的代扣代缴的职工个人所得税，借记"应付职工薪酬"科目，贷记"应交税费——应交个人所得税"科目；企业缴纳个人所得税时，借记"应交税费——应交个人所得税"科目，贷记"银行存款"等科目。

二、工作过程

1. 应交增值税

（1）采购商品和接受应税劳务

【会计工作33】A企业购入原材料一批，增值税专用发票上注明货款60 000元，增值税税额10 200元，货物尚未到达，货物和进项税额已用银行存款支付。该企业采用计划成本对原材料进行核算。

【会计凭证】增值税专用发票、付款通知、入库单。

【工作指导】该企业会计处理如下：

借：材料采购　　　　　　　　　　　　　　　　　　　　　　　60 000
　　应交税费——应交增值税（进项税额）　　　　　　　　　　10 200
　　　贷：银行存款　　　　　　　　　　　　　　　　　　　　　　70 200

【会计工作34】B企业购入不需要安装设备一台，价款及运输保险等费用合计300 000元，增值税专用发票上注明的增值税税额为51 000元，款项尚未支付。

【会计凭证】增值税专用发票、固定资产验收单。

【工作指导】根据修订后的增值税暂行条例，企业购进固定资产所支付的增值税额为51 000元，允许在购置当期全部一次性扣除。企业会计处理如下：

借：固定资产　　　　　　　　　　　　　　　　　　　　　　　300 000
　　应交税费——应交增值税（进项税额）　　　　　　　　　　51 000
　　　贷：应付账款　　　　　　　　　　　　　　　　　　　　　351 000

按照增值税暂行条例，企业购入免征增值税货物，一般不能抵扣增值税销项税额。但对于购入免税农产品，可以按照买价和规定的扣除率计算进项税额，并准予从企业的销项税额抵扣，借记"应交税费——应交增值税（进项税额）"科目，按买价扣除规定计算进项税额，借记"材料采购""原材料""商品采购""库存商品"等科目，按照应付或实际支付的价款，贷记"应付账款""银行存款"等科目。

【会计工作35】企业购入免税农产品一批，价款100 000元，规定的扣除率为13%，货物尚未到达，货款已用银行存款支付。

【会计凭证】采购合同、付款通知、入库单。

【工作指导】进项税额=购入价款×扣除率=100 000×13%=13 000（元），会计处理如下：

借：在途物资 87 000
　　应交税费——应交增值税（进项税额） 13 000
　　贷：银行存款 100 000

【会计工作36】大发企业生产车间委托外单位修理机器设备，增值税专用发票上注明修理费用20 000元、增值税税额3 400元，款项已用银行存款支付。

【会计凭证】增值税专用发票、付款通知。

【工作指导】按照增值税暂行条例，购进或者销售货物以及在生产经营过程中支付运输费用的，按照运输费用结算单据上注明的运输费用金额和规定的扣除率计算进项税额。

该企业的有关会计处理如下：

借：制造费用 20 000
　　应交税费——应交增值税（进项税额） 3 400
　　贷：银行存款 23 400

【会计工作37】某企业从外地购入原材料一批，增值税专用发票上注明货款10 000元，另外向运输公司支付运输费用5 000元，并取得发票。货物已运抵并验收入库，按计划成本核算。货款、进项税款和运输费用已用银行存款支付。增值税税率为17%，运输费用的进项税额的扣除率为11%。

【会计凭证】增值税专用发票、运输业发票、入库单。

【工作指导】进项税额=10 000×17%+5 000×11%=2 250（元）

材料成本=10 000+5 000=15 000（元）

企业会计处理如下：

借：材料采购 15 000
　　应交税费——应交增值税（进项税额） 2 250
　　贷：银行存款 17 250

（2）进项税额转出

【会计工作38】企业库存材料因管理不善，造成一批材料被盗，有关增值税专用发票确认的成本为10 000元，增值税税额1 700元。

【会计凭证】实存账存对比表、增值税专用发票。

【工作指导】企业会计处理如下：

借：待处理财产损溢——待处理流动资产损溢 11 700
　　贷：原材料 10 000
　　　　应交税费——应交增值税（进项税额转出） 1 700

【会计工作39】F企业因管理不善火灾毁损库存商品一批，其实际成本80 000元，经确认损失采购材料的增值税136 000元。

【会计凭证】实存账存对比表、增值税专用发票。

【工作指导】企业会计处理如下：

借：待处理财产损溢——待处理流动资产损溢 93 600
　　贷：库存商品 80 000
　　　　应交税费——应交增值税（进项税额转出） 13 600

【会计工作40】甲企业所属的职工医院维修领用原材料8 000元，其购入时支付的增值税为 1 360 元。

【会计凭证】增值税专用发票、领料单。

【工作指导】企业会计处理如下：

借：应付职工薪酬——职工福利　　　　　　　　　　　　　　5 850
　　贷：原材料　　　　　　　　　　　　　　　　　　　　　　　5 000
　　　　应交税费——应交增值税（进项税额转出）　　　　　　　　850

（3）销售物资或者提供应税劳务

【会计工作41】K企业销售产品一批，价款500 000元，按规定应收取增值税税额85 000元，提货单和增值税专用发票已交给买方，款项尚未收到。

【会计凭证】提货单、增值税专用发票。

【工作指导】企业会计处理如下：

借：应收账款　　　　　　　　　　　　　　　　　　　　　　585 000
　　贷：主营业务收入　　　　　　　　　　　　　　　　　　　500 000
　　　　应交税费——应交增值税（销项税额）　　　　　　　　85 000

【会计工作42】嘉陵企业为外单位加工电脑桌500个，每个收取加工费100元，适用的增值税税率为17%，加工完成，款项已收到并存入银行。

【会计凭证】增值税专用发票、加工合同、收账通知。

【工作指导】企业会计处理如下：

借：银行存款　　　　　　　　　　　　　　　　　　　　　　　58 500
　　贷：主营业务收入　　　　　　　　　　　　　　　　　　　　50 000
　　　　应交税费——应交增值税（销项税额）　　　　　　　　　8 500

此外，企业将自产、委托加工或购买的货物分配给股东，应当参照企业销售物资或者提供应税劳务进行会计处理。

（4）视同销售行为

【会计工作43】发达企业将自己生产的产品用于建造职工俱乐部。该批产品的成本为400 000元，计税价格为600 000元，增值税税率为17%。

【会计凭证】出库单。

【工作指导】企业在建工程领用自己生产的产品销项税额=600 000×17%=102 000（元）

企业会计处理如下：

借：在建工程　　　　　　　　　　　　　　　　　　　　　　502 000
　　贷：库存商品　　　　　　　　　　　　　　　　　　　　　400 000
　　　　应交税费——应交增值税（销项税额）　　　　　　　　102 000

（5）缴纳增值税

【会计工作44】某企业以银行存款本月预缴纳增值税150 000元。

【会计凭证】付款通知、增值税纳税申报表。

【工作指导】企业会计处理如下：

借：应交税费——应交增值税（已交税金）　　　　　　　　　150 000
　　贷：银行存款　　　　　　　　　　　　　　　　　　　　　150 000

【会计工作45】某企业本月发生销项税额合计86 700元，进项税额转出25 500元，进项税额 17 000 元，已交增值税 70 000 元。

【工作指导】该企业本月"应交税费——应交增值税"科目的余额为：

$$86\ 700+25\ 500-17\ 000-70\ 000=25\ 200（元）$$

该余额在贷方，表示企业尚未缴纳增值税 25 200 元。

2. 小规模纳税企业的账务处理

【会计工作 46】某小规模纳税企业购入材料一批，取得的专用发票中注明货款为 40 000 元、增值税为 6 800 元，款项以银行存款支付，材料已验收入库（该企业按实际成本计价核算）。

【会计凭证】增值税专用发票、付款通知、入库单。

【工作指导】企业会计处理如下：

借：原材料　　　　　　　　　　　　　　　　　　46 800
　　贷：银行存款　　　　　　　　　　　　　　　　46 800

【会计工作 47】某小规模纳税企业销售产品一批，所开出的普通发票注明的货款（含税）为 20 600 元，增值税征收率为 3%，款项已存入银行。

【会计凭证】普通发票、收账通知。

【工作指导】不含税销售额=含税销售额÷（1+征收率）

$$=20\ 6000÷（1+3\%）=20\ 000（元）$$

应纳增值税=不含税销售额×征收率=20 000×3%=600（元）

企业会计处理如下：

借：银行存款　　　　　　　　　　　　　　　　　20 600
　　贷：主营业务收入　　　　　　　　　　　　　　20 000
　　　　应交税费——应交增值税　　　　　　　　　　600

【会计工作 48】承【会计工作 47】，该小规模纳税企业月末以银行存款上交增值税 600 元。

【会计凭证】付款通知、增值税纳税申报表。

【工作指导】有关会计处理如下：

借：应交税费——应交增值税　　　　　　　　　　600
　　贷：银行存款　　　　　　　　　　　　　　　　600

此外，企业购入材料不能取得增值税专用发票的，比小规模纳税企业进行处理，发生的增值税计入材料采购成本，借记"材料采购""在途物资"等科目，贷记"银行存款"等科目。

3. 消费税的账务处理

（1）销售应税消费品

【会计工作 49】某企业销售所生产的化妆品，价款 2 000 000 元（不含增值税），适用的消费税税率为 30%。

【会计凭证】增值税专用发票。

【工作指导】应纳消费税额=2 000 000×30%=600 000（元），会计处理如下：

借：税金及附加　　　　　　　　　　　　　　　600 000
　　贷：应交税费——应交消费税　　　　　　　　600 000

（2）自产自用应税消费品

【会计工作 50】发达企业在建工程领用自产柴油成本为 50 000 元，按市场价计算应纳增值税6 000元。

【会计凭证】出库单。

【工作指导】企业会计处理如下：

借：在建工程 56 000
　　贷：库存商品 50 000
　　　　应交税费——应交增值税（销项税额） 6 000

【会计工作51】A企业下设的职工食堂享受企业提供的补贴，本月领用自产产品一批，该产品的账面价值40 000元，市场价格60 000元（不含增值税），使用的消费税税率为10%，增值税税率为17%。

【会计凭证】出库单。

【工作过程】企业会计处理如下：

借：应付职工薪酬——职工福利 70 200
　　贷：主营业务收入 60 000
　　　　应交税费——应交增值税（销项税额） 10 200
借：税金及附加 6 000
　　贷：应交税费——应交消费税 6 000
借：主营业务成本 40 000
　　贷：库存商品 40 000

（3）委托加工应税消费品

【会计工作52】嘉陵企业委托B企业代为加工一批应交消费税的材料（非金银首饰）。嘉陵企业的材料成本为1 000 000元，加工费为200 000元，由B企业代收代缴的消费税为80 000元（不考虑增值税）。材料已经加工完成，并由嘉陵企业收回验收入库，加工费尚未支付。嘉陵企业采用实际成本法进行原材料的核算。

【会计凭证】出库单、入库单、委托加工合同。

【工作指导】①如果嘉陵企业收回的委托加工物资用于继续生产应税消费品，该企业会计处理如下：

借：委托加工物资 1 000 000
　　贷：原材料 1 000 000
借：委托加工物资 200 000
　　应交税费——应交消费税 80 000
　　贷：应付账款 280 000
借：原材料 1 200 000
　　贷：委托加工物资 1 200 000

②如果嘉陵企业收回的委托加工物资直接用于对外销售，企业会计处理如下：

借：委托加工物资 1 000 000
　　贷：原材料 1 000 000
借：委托加工物资 280 000
　　贷：应付账款 280 000
借：原材料 1 280 000

　　　　贷：委托加工物资　　　　　　　　　　　　　　　　　　　　　1 280 000
③ B企业对应收取的受托加工代收代缴消费税的会计分录如下：
　　借：应付账款　　　　　　　　　　　　　　　　　　　　　　　　　　80 000
　　　　贷：应交税费——应交消费税　　　　　　　　　　　　　　　　　　80 000
（4）进口应税消费品
【会计工作53】发达企业国外进口一批需要缴纳消费税的商品，商品价值2 000 000元，进口环节需要缴纳的消费税为400 000元（不考虑增值税），采购的商品已经验收入库，货款尚未支付，税款已经用银行存款支付。
【会计凭证】海关完税凭证、入库单、付款通知。
【工作指导】发达企业的会计处理如下：
　　借：库存商品　　　　　　　　　　　　　　　　　　　　　　　　　2 400 000
　　　　贷：应付账款　　　　　　　　　　　　　　　　　　　　　　　2 000 000
　　　　　　银行存款　　　　　　　　　　　　　　　　　　　　　　　　400 000
【会计工作54】某企业出售一栋办公楼，出售收入320 000元已存入银行。该办公楼的账面原价为400 000元，已提折旧100 000元，未计提减值准备；出售过程中用银行存款支付清理费5 000元。假如应交增值税16 000元。
【会计凭证】产权转让凭证、收款通知、付款通知。
【工作指导】① 将固定资产转入清理：
　　借：固定资产清理　　　　　　　　　　　　　　　　　　　　　　　　300 000
　　　　累计折旧　　　　　　　　　　　　　　　　　　　　　　　　　　100 000
　　　　贷：固定资产　　　　　　　　　　　　　　　　　　　　　　　　400 000
② 收到出售收入320 000元时：
　　借：银行存款　　　　　　　　　　　　　　　　　　　　　　　　　　320 000
　　　　贷：固定资产清理　　　　　　　　　　　　　　　　　　　　　　320 000
③ 支付清理费用5 000元时：
　　借：固定资产清理　　　　　　　　　　　　　　　　　　　　　　　　5 000
　　　　贷：银行存款　　　　　　　　　　　　　　　　　　　　　　　　5 000
④ 计算应交增值税
　　借：固定资产清理　　　　　　　　　　　　　　　　　　　　　　　　16 000
　　　　贷：应交税费——应交增值税（销项税额）　　　　　　　　　　　　16 000
⑤ 结转销售固定资产的净损失：
　　借：营业外支出　　　　　　　　　　　　　　　　　　　　　　　　　1 000
　　　　贷：固定资产清理　　　　　　　　　　　　　　　　　　　　　　1 000

4. 其他税费的账务处理

（1）应交资源税

【会计工作55】某企业对外销售某种资源税矿产品2 000吨，每吨应交资源税5元。
【会计凭证】增值税专用发票。
【工作指导】企业对外销售应税产品而应交的资源税=2 000×5=10 000（元）
会计处理如下：

借：税金及附加 10 000
　　贷：应交税费——应交资源税 10 000

【会计工作56】某企业将自产的资源税应税矿产品500吨用于企业的产品生产，每吨应交资源税5元。

【会计凭证】领料单。

【工作指导】开采或生产应税产品自用的，以自用数量为课税数量。企业自产自用应税矿产应交纳的资源税=500×5=2 500（元），会计处理如下：

借：生产成本 2 500
　　贷：应交税费——应交资源税 2 500

（2）应交城市维护建设税

【会计工作57】某企业本期实际应上交增值税400 000元、消费税241 000元。该企业适用税的城市维护建设税税率为7%。

【会计凭证】相关纳税申报表、完税凭证等。

【工作指导】① 计算应交的城市维护建设税：

应交城市维护建设税=（400 000+241 000）×7%=44 870（元）

借：税金及附加 44 870
　　贷：应交税费——应交城市维护建设税 44 870

② 用银行存款上交城市维护建设税：

借：应交税费——应交城市维护建设税 44 870
　　贷：银行存款 44 870

（3）应交教育费附加

【会计工作58】某企业按税法规定计算，2016年度第4季度应缴纳的教育费附加300 000元。款项已经用银行存款支付。

【会计凭证】相关纳税申报表、转账支票、完税凭证等。

【工作指导】企业会计处理如下：

借：税金及附加 300 000
　　贷：应交税费——应交教育费附加 300 000
借：应交税费——应交教育费附加 300 000
　　贷：银行存款 300 000

（4）应交土地增值税

【会计工作59】某企业对外转让一栋厂房，根据税法规定计算的应交土地增值税为27 000元。

【会计凭证】产权转让凭证、完税凭证等。

【工作指导】① 计算应缴纳的土地增值税：

借：固定资产清理 27 000
　　贷：应交税费——应交土地增值税 27 000

② 企业用银行存款缴纳土地增值税税款：

借：应交税费——应交土地增值税 27 000
　　贷：银行存款 27 000

(5) 应交个人所得税

【会计工作60】某企业结算本月应付职工工资总额200 000元,代扣职工个人所得税共计2 000元,实发工资198 000元。

【会计凭证】工资表。

【工作指导】企业的会计处理如下:

借: 应付职工薪酬——工资　　　　　　　　　　　　　　　　　2 000
　　贷: 应交税费——应交个人所得税　　　　　　　　　　　　　　2 000

三、任务总结

视同销售的有关处理如表12-3所示。

表12-3　视同销售的有关处理

事　项		视同销售	进项税额转出
自产产品或委托加工物资	1. 用于集体福利和个人销售	√	×
	2. 用于对外投资、分配给股东、无偿赠送给他人	√	×
	3. 用于设备安装	×	×
外购货物	1. 用于集体福利和个人消费	×	√
	2. 用于对外投资、分配给股东、无偿赠送给他人	√	×
	3. 用于设备安装	×	×
	4. 发生自然灾害损失	×	×
	5. 发生管理不善损失	×	√

有关税费的会计处理如表12-4所示。

表12-4　有关税费的会计处理

税种	会计处理
1. 增值税	增值税属于价外税,缴纳的增值税不影响当期的损益。 (1) 一般纳税人,记入"应交税费"科目 【提示】① "一般纳税人"接受应税劳务和应税服务支付或负担的增值税额,通常包括: a. 从销售方或供货方取得的增值税专用发票上注明的增值税额; b. 从海关取得的海关进口增值税专用缴款书上注明的增值税额; c. 购进农产品,除增值税专用发票或者是海关进口增值税专用缴款书外,按照农产品收购发票或者销售发票采用购进扣税法计算当期增值税应纳税额: 当期应纳税额=当期销项税额-当期进项税额。 ② "当期销项税额"是指纳税人当期销售货物、提供应税劳务和应税服务,按照销售额和增值税税率(基本税率为17%,低税率,零税率)计算的增值税额。 ③ "当期进项税额"是指纳税人当期购进货物、票上注明的农产品买价和13%的扣税率计算进项税额;接受境外单位或者个人提供的应税服务,从税务机关或者境内代理人取得的解缴税款的中华人民共和国税收缴款凭证(以下称税收缴款凭证)上注明的增值税税额。 (2) 小规模纳税人,计入相关资产成本 【提示】小规模纳税人销售货物、提供应税劳务和应税服务,实行按照销售额和征收率计算应纳税额的简易方法,但不得抵扣进项税额。 应纳税额计算公式: 应纳税额=销售额×征税率(3%)

续表

税种	会计处理
2. 消费税	（1）企业销售应税消费品记入"税金及附加"科目 （2）企业将自产的应税消费品用于在建资产等非生产机构，记入"在建工程"等科目 （3）企业将自产的应税消费品用于对外投资、分配给本企业职工等，记入"税金及附加"科目 （4）委托加工收回后：① 直接销售，计入委托加工物资成本；② 继续加工应税消费品，借记"应交税费——应交消费税"科目 （5）进口应税物资在进口环节的消费税计入存货成本
3. 城市维护建设税和教育费附加	记入"税金及附加"科目 【提示】增值税和消费税是城市维护建设税和教育费附加的计税基础
4. 资源税	（1）对外销售应税产品，记入"税金及附加"科目 （2）自产自用应税产品，记入"生产成本、制造费用"科目 （3）收购未税矿产品代收代缴的资源税计入资产成本
5. 土地使用税	（1）房地产开发经营企业，记入"税金及附加"科目 （2）非房地产经营企业：① 转让不动产（含土地使用权），通过"固定资产清理"记入"营业外收入或营业外支出"科目。② 转让土地使用权（无形资产），记入"营业外收入或营业外支出"科目
6. 印花税、房产税（非投资性房地相关）、使用税、矿产资源补偿费	记入"税金及附加"科目 【提示】（1）企业缴纳的印花税，不需要预计应交数的税金，不通过"应交税费"科目核算 实际发生时： 借：税金及附加 　　贷：银行存款 （2）房产税正常应该在税金及附加里面核算，但是作为投资性房地产核算交纳的房地产，是属于日常活动产生的，应记入"税金及附加"核算
7. 契税和车辆购置税	计入相关资产成本 【提示】企业缴纳的契税、车辆购置税、不需要预计应交数的税金，不通过"应交税费"科目核算。
8. 耕地占用税	（1）购置土地发生的，作为无形资产核算 借：无形资产 　　贷：银行存款 （2）如果是针对房地产开发经营企业，记入"开发支出"科目核算 【提示】企业缴纳的耕地占用税，不需要预计应交数的税金，不通过"应交税费"科目核算
9. 个人所得税	企业按规定计提代扣代缴的职工个人所得税： 借：应付职工薪酬——工资、奖金、津贴和补贴 　　贷：应交税费——应交个人所得税 实际交纳时： 借：应交税费——应交个人所得税 　　贷：银行存款等
10. 关税	进口环节缴纳的关税，计入存货成本

任务 5　应付股利及其他应付款的核算

应付股利及其他应付款

一、相关知识

（一）应付股利

1. 应付股利的概念

应付股利是指企业根据股东大会或类似机构审议批准的利润分配方案确定分配给投资者的现金股利或利润。企业通过"应付股利"科目，核算企业或宣告支付但尚未支付的现金股利或利润。该科目贷方登记应支付的现金股利或利润，借方登记实际支付的现金股利或利润，期末贷方余额反映企业未付的现金股利或利润。该科目应按照投资者设置明细科目进行明细核算。

2. 应付股利的核算

企业根据股东大会或类似机构审议批准的利润分配方案，确认应付给投资者的现金股利或利润时，借记"利润分配——应付现金股利或利润"科目，贷记"应付股利"科目；向投资者实际支付的现金股利或利润时，借记"应付股利"科目，贷记"银行存款"等科目。

（二）其他应付款

1. 其他应付款的概念

其他应付款是指企业除应付票据、应付账款、预收账款、应付职工薪酬、应交税费、应付股利等经营活动以外的其他各项应付、暂收的款项，如应租入包装物租金、存入保证金等。企业通过"其他应付款"科目，核算其他应付款的增减变动及其结存情况，并按照其他应付款的项目和对方单位（或个人）设置明细科目进行明细核算。该科目的贷方登记发生的各种应付、暂收款项，借方登记偿还或转销的各种应付、暂收款项；该科目贷方余额，反映企业应付未付的其他应付款项。

2. 其他应付款的账务处理

企业发生其他各种应付、暂收款项时，借记"管理费用"等科目，贷记"其他应付款"科目；支付或者退回其他各种应付、暂收款项时，借记"其他应付款"科目，贷记"银行存款"等科目。

二、工作过程

【会计工作61】A 有限责任公司有甲、乙两个股东，分别占注册资本的 40% 和 60%。2010 年度该公司实现净利润 4 000 000 元，经过股东大会批准，决定 2016 年分配股利 2 500 000 元。股利用银行存款支付。

【会计凭证】股东会股利分配决议。

【工作指导】甲股东应分配的股利=2 500 000×40%=1 000 000（元）

乙股东应分配的股利=2 500 000×60%=1 500 000（元）

公司的有关会计处理如下：

借：利润分配——应付股利　　　　　　　　　　　　　　　　2 500 000

　　　　贷：应付股利——甲股东　　　　　　　　　　　　　　　1 000 000
　　　　　　　　　　——乙股东　　　　　　　　　　　　　　　1 500 000
　　　借：应付股利——甲股东　　　　　　　　　　　　　　　1 000 000
　　　　　　　　　——乙股东　　　　　　　　　　　　　　　1 500 000
　　　　贷：银行存款　　　　　　　　　　　　　　　　　　　2 500 000

需要说明的是，企业董事会或类似机构通过的利润分配方案中拟分配的现金股利或利润，不做账务处理，不作为应付股利核算，但应在附注中披露。企业分配的股票股利不通过"应付股利"科目核算。

【会计工作62】甲公司从2016年1月1日起，以经营租赁的方式租入管理用办公设备一批，每月租金10 000元，按季支付。3月31日，甲公司以银行存款支付租金。

【会计凭证】经营租赁合同、付款通知。

【工作指导】① 1月31日计提应付经营租入固定资产租金：
　　　借：管理费用　　　　　　　　　　　　　　　　　　　　　10 000
　　　　贷：其他应付款　　　　　　　　　　　　　　　　　　　　　10 000
2月底计提应付经营租入固定资产租金的会计处理同上。
② 3月31日支付租金：
　　　借：其他应付款　　　　　　　　　　　　　　　　　　　　　20 000
　　　　　管理费用　　　　　　　　　　　　　　　　　　　　　　10 000
　　　　贷：银行存款　　　　　　　　　　　　　　　　　　　　　30 000

任务6　长期借款的核算

一、相关知识

（一）长期借款概述

长期借款是指企业向银行或其他金融机构借入的期限在1年以上（不含1年）的各种借款，一般用于固定资产的购建、改扩建工程、大修理工程、对外投资以及保持长期经营能力等方面，它是企业长期负债的重要组成部分，必须加强管理与核算。

由于长期借款的使用关系到企业的生产经营规模和效益，企业除了要遵守有关的贷款规定、编制借款计划并要有不同形式的担保外，还应监督借款的使用、按期支付长期借款的利息以及按规定的期限归还借款本金等。因此，长期借款会计处理的基本要求是反映和监督企业长期借款的借入、借款利息的结算和借款本息的归还情况，促使企业遵守信贷纪律、提高信用等级，同时也要确保长期借款发挥效益。

（二）长期借款的账务处理

企业应通过"长期借款"科目，核算长期借款的借入、归还等情况。该科目可按照贷款单位和贷款种类设置明细账，分别通过"本金""利息调整"等进行明细核算。该科目的贷方登记长期借款本息的增加额，借方登记本息的减少额，贷方余额表示企业尚未偿还的长期借款。

长期借款的账务处理包括取得长期借款、发生长期借款利息、归还长期借款等环节。

1. 取得长期借款

企业借入长期借款，应按实际收到的金额，借记"银行存款"科目，贷记"长期借款——本金"科目；如存在差额，还应借记"长期借款——利息调整"科目。

2. 发生长期借款利息

长期借款利息费用应当在资产负债表日按照实际利率法计算确定，实际利率与合同利率差异较小的，也可以采用合同利率计算确定利息费用。长期借款计算确定的利息费用，应当按以下原则计入有关成本、费用：属于筹建期间的，计入管理费用；属于生产经营期间的，计入财务费用。如果长期借款用于购建固定资产等符合资本化条件的资产，在资产尚未达到预定可使用状态前，所发生的利息支出数应当资本化，计入在建工程等相关资产成本；资产达到预定可使用状态后发生的利息支出，以及按规定不予资本化的利息支出，计入财务费用。长期借款按合同利率计算确定的应付未付利息，记入"应付利息"科目，借记"在建工程""制造费用""财务费用""研发支出"等科目，属于分期付息贷记"应付利息"，属于到期一次性还本付息贷记"长期借款——应计利息"。

3. 归还长期借款

企业归还长期借款的本金时，应按归还的金额，借记"长期借款——本金"科目，贷记"银行存款"科目；按归还的利息，借记"应付利息"科目或"长期借款——应计利息"科目，贷记"银行存款"科目。

二、工作过程

1. 取得长期借款

【会计工作63】发达企业为增值税一般纳税人，于2016年11月30日从银行借入资金4 000 000元，借款期限为3年，年利率为8.4%（到期一次还本付息，不计复利）。借款项已存入银行。A企业用该借款于当日购买不需安装的设备一台，价款3 000 000元，增值税税额510 000元，另支付保险等费用100 000元，设备已于当日投入使用。

【会计凭证】借款合同、增值税专用发票、付款通知。

【工作指导】① 取得借款时：

借：银行存款　　　　　　　　　　　　　　　　　　　　4 000 000
　　贷：长期借款——本金　　　　　　　　　　　　　　　　4 000 000

② 支付设备款保险费时：

借：固定资产　　　　　　　　　　　　　　　　　　　　3 100 000
　　应交税费——应交增值税（进项税额）　　　　　　　　　510 000
　　贷：银行存款　　　　　　　　　　　　　　　　　　　3 610 000

2. 发生长期借款利息

【会计工作64】承【会计工作63】，A企业于2016年12月31日计提长期借款利息。

【会计凭证】借款合同。

【工作指导】2016年12月31日计提的"长期借款——应计利息"=4 000 000×8.4%÷12=28 000（元）

企业会计处理如下：

借：财务费用 28 000
　　贷：长期借款——应计利息 28 000

2017年1月至2018年10月预提利息分录同上。

3. 归还长期借款

【会计工作65】承【会计工作64】，2018年11月30日，企业偿还该笔银行借款本息。

【会计凭证】借款合同。

【工作指导】企业会计处理如下：

借：财务费用 28 000
　　长期借款——本金 4 000 000
　　　　　　——应计利息 980 000
　　贷：银行存款 5 008 000

任务7　应付债券及长期应付款的核算

一、相关知识

（一）应付债券

1. 应付债券概述

应付债券是指企业为筹资（长期）资金而发放的债券。债券是企业为筹资长期使用资金而发行的一种书面凭证。企业通过发行债券取得资金是以将来履行归还购买债券者的本金和利息的义务作为保证的。企业应当设置"企业债券备查账簿"，详细登记每一个企业债券的票面金额、债券票面利率、还本付息期限与方式、发行总额、发行日期和编号、委托代售单位、转换股份等资料。企业债券到期结清时，应当在备查账簿内逐笔注销。

企业债券发行价格的高低一般取决于债券票面金额、债券票面利率、发行当时的市场利率以及债券期限的长短等因素。债券发行有面值发行、溢价发行和折价发行三种情况。企业债券按其面值出售的，称为面值发行。此外，债券还可能按低于或高于其面值的价格出售，即折价发行和溢价发行。折价发行是指债券以低于面值的价格发行；溢价发行则是指债券按高于面值的价格发行。

2. 应付债券的账务处理

企业应该设置"应付债券"科目，并在该科目下设置"面值""利息调整""应计利息"等明细科目，核算应付债券发行、计提利息、还本付息等情况。该科目贷方登记应付债券的本金和利息，借方登记归还的债券本金和利息，期末贷方余额表示企业尚未归还的长期债券。

（1）发行债券

企业按面值发行债券时，应按实际收到的金额，借记"银行存款"等科目，按债券票面金额，贷记"应付债券——面值"科目；存在差额的，还应借记或贷记"应付债券——利息调整"科目。

（2）发行债券利息

发行长期债券的企业，应按期计提利息。对于按面值发行的债券，在每期采用票面利率计算计提利息时，应当按照与长期借款相一致的原则计入有关成本费用，借记"在建工程""制造费用""财务费用""研发支出"等科目；其中，对于分期付息、到期一次还本的债券，其按票面利率计算确定的应付未付利息通过"应付利息"科目核算，对于一次还本付息的债券，其按票面利率计算确定的应付未付利息通过"应付债券——应计利息"科目核算。应付债券按实际利率（实际利率与票面利率差异较小时也可按票面利率）计算确定的利息费用，应按照与长期借款相一致的原则计入有关成本、费用。

（3）债券还本付息

长期债券到期，企业支付债券本息时，借记"应付债券——面值"和"应付债券——应计利息""应付利息"等科目，贷记"银行存款"等科目。

（二）长期应付款

1. 长期应付款的概念

长期应付款是指企业除长期借款和应付债券以外的其他各种长期应付款项，包括应付融资租入固定资产的租赁费、以分期付款方式购入固定资产发生的应付款项等。

2. 长期应付款的核算

企业应设置"长期应付款"账户，用以核算企业融资租入固定资产和以分期付款方式购入固定资产时应付的款项及偿还情况。该账户可按长期应付款的种类和债权人进行明细核算。

3. 长期应付款的种类

（1）应付融资租赁款

应付融资租赁款，是指企业融资租入固定资产而发生的应付款，是在租赁开始日承租人应向出租人支付的最低租赁付款额。

融资租入固定资产时，在租赁期开始日，按应计入固定资产成本的金额（租赁开始日租赁资产公允价值与租赁付款额现值两者中较低者，加上初始直接费用），借记"在建工程"或"固定资产"账户，按最低租赁付款额，贷记"长期应付款"账户，按发生的初始直接费用，贷记"银行存款"等账户，按其差额，借记"未确认融资费用"账户，按期支付融资租赁费时，借记"长期预付款——应付融资租赁款"账户，贷记"银行存款"账户。

企业在计算最低租赁付款额的现值时，能够取得租入租赁内含利率的，应当采用租赁内含利率作为折现率；否则，应当采用租赁合同规定的利率作为折现率。企业无法取得出租人的租赁内含利率且租赁合同没有规定利率的，应当采用同期银行贷款利率作为折现率。租赁内含利率，是指在租赁开始日，使最低租赁收款额的现值与未担保余值的现值之和等于租赁资产公允价值与出租人的初始直接费用之和的折现率。

未确认融资费用应当在租赁期内各个期间进行分摊。企业应当采用实际利率法计算确认当期的融资费用。

（2）具有融资性质的延期付款购买资产

企业购买资产有可能延期支付有关价款。如果延期支付的购买价款超过信用条件，实质上具有融资性质的，所购资产的成本应当以延期支付购买价款的现值为基础确定。实际支付的价款与购买价款的现值之间的差额，应当在信用期内采用实际利率法进行摊销，计入相关资产成本或当期损益。具体来说，当企业购入资产超过正常信用条件延期支付款实质上具有融资性质时，应按购买价款的现值，借记"固定资产""在建工程"等科目，按应支付的价款总额，贷记"长期应付款"科目，按其差额，借记"未确认融资费用"科目。

二、工作过程

1. 发行债券

【会计工作66】宏达公司于2016年7月1日发行三年期、到期时一次还本付息、年利率8%（不计复利）、发行面值总额为40 000 000元的债券，假定年利率等于实际利率。该债券按面值发行。

【会计凭证】代理机构取得的交割单、银行进账单（收账通知）。

【工作指导】宏达公司会计处理如下：

借：银行存款　　　　　　　　　　　　　　　　　　　　40 000 000
　　贷：应付债券——面值　　　　　　　　　　　　　　　　40 000 000

2. 发行债券利息

【会计工作67】承【会计工作66】，宏达公司发行债券所筹资金于当日用于建造固定资产，至2016年12月31日时工程尚未完工，计提本年长期债券利息。

【会计凭证】债券、建造合同。

【工作指导】企业按照《企业会计准则第17号——借款费用》的规定计算，该期债券产生的实际利息费用应全部资本化，作为在建工程成本。

本工作中，至2016年12月31日，公司债券发行在外的时间为6个月，该年应计的债券利息为：40 000 000×8%÷12×6=1 600 000（元）。由于该长期债券为延期时一次还本付息，因此利息1 600 000元应记入"应付债券——应计利息"科目。

会计处理如下：

借：在建工程　　　　　　　　　　　　　　　　　　　　1 600 000
　　贷：应付债券——应计利息　　　　　　　　　　　　　　1 600 000

3. 债券还本付息

【会计工作68】承【会计工作66】、【会计工作67】，2019年7月1日，宏达公司偿还债券本金和利息。

【会计凭证】债券、付款通知。

【工作指导】2016年7月1日至2019年7月1日，宏达公司长期债券的应计利息=40 000 000×8%×3=9 600 000（元），公司会计处理如下：

借：应付债券——面值　　　　　　　　　　　　　　　　40 000 000
　　　　　　——应计利息　　　　　　　　　　　　　　　 9 600 000
　　贷：银行存款　　　　　　　　　　　　　　　　　　　49 600 000

三、知识拓展

融资租赁与分期付款的区别

分期付款是一种买卖交易，买者不仅获得了所交易物品的使用权，而且获得了物品的所有权。而融资租赁则是一种租赁行为，尽管承租人实际上承担了由租赁物引起的成本与风险，但从法律上讲，租赁物所有权名义上仍归出租人所有。

融资租赁和分期付款在会计处理上也有所不同。融资租赁中租赁物所有权属出租人所有，因此，作为出租人资产纳入其资产负债表中，并对租赁物计提折旧，而承租人将租赁费用计入生产成本。而分期付款购买的物品归买主所有，因而列入买方的资产负债表并由买方负责摊提折旧。

前述内容导致两者在税务待遇上也有所区别。融资租赁中的出租人可将摊提的折旧从应计收入中扣除，而承租人则可将摊提的折旧费从应纳税收入中扣除，在分期付款交易中则是买方可将摊提的折旧费从应纳税收入中扣除，买者还能将所花费的利息成本从应纳税收入中扣除，此外，购买某些固定资产在某些西方国家还能享受投资免税优惠。

在期限上，分期付款的付款期限往往低于交易物品的经济寿命期限，而融资租赁的租赁期限则往往和租赁物品的经济寿命相当。因此，同样的物品采用融资租赁方式较采用分期付款方式所获得的信贷期限要长。

分期付款不是全额信贷，买方通常要即期支付贷款的一部分；而融资租赁则是一种全额信贷，它对租赁物价款的全部甚至运输、保险、安装等附加费用都提供资金融通。虽然融资租赁通常也要在租赁开始时支付一定的保证金，但这笔费用一般较分期付款交易所需的即期付款额要少得多（例如在进出口贸易中买方至少需现款支付15%的贷款）。因此，同样一件物品，采用融资租赁方式提供的信贷总额一般比分期付款交易方式所能够提供的要大。

融资租赁与分期付款交易在付款时间上也有差别。后者一般在每期期末，通常在分期付款之前还有一宽限期。融资租赁一般没有宽限期，租赁开始后就需支付租金，因此，租金支付通常在每期期初。

融资租赁期满时租赁物通常留有残值，承租人一般不能对租赁物任意处理，需办理交换手续或购买等手续。而分期付款交易的买者在规定的分期付款后即拥有了所交易物品，可对其任意处理。

融资租赁的对象一般是寿命较长、价值较高的物品，如机械设备等。

（资料来源：2011.1.17　互联网）

课堂训练

1. 下列对长期借款利息费用的会计处理，正确的有（　　）。
   A. 筹建期间不符合资本化条件的借款利息计入管理费用
   B. 筹建期间不符合资本化条件的借款利息计入长期待摊费用
   C. 日常生产经营活动不符合资本化条件的借款利息计入财务费用
   D. 符合资本化条件的借款利息计入相关资产成本

2. 下列对长期借款利息费用的会计处理，正确的有（　　）。
   A. 筹建期间的借款利息计入管理费用
   B. 资产达到预定可使用状态后发生的利息支出计入相关资产成本
   C. 日常生产经营活动的借款利息计入财务费用
   D. 符合资本化成本条件的借款利息计入相关成本

项目 13

所有者权益的核算

实收资本

学习目标

了解实收资本、资本公积、留存收益的概念和形成;掌握实收资本、资本公积、留存收益的核算方法。

工作情境

小王大学毕业4年后,在一家上市公司协助财务总监的工作。小王主要从事公司股东权益的核算,日常工作主要是股票的登记,股本的增加、减少的核算,公司利润分配的核算等。工作中,小王对所有者权益的特征有了更深的认识:

1. 所有者权益不像负债那样需要偿还,除非发生减资、清算,企业不需要偿还其所有者。
2. 企业在清算时,负债往往优先偿还,而所有者权益只有在清偿所有负债之后才返还给所有者。
3. 所有者权益能够分享利润,而负债不能参与利润的分配。

所有者权益表明企业的产权关系,即企业归谁所有,即企业的资产和剩余利益归谁所有,它是企业资金的主要来源,在会计核算上占有非常重要的地位。

任务1 实收资本的核算

一、相关知识

我国《企业法人登记管理条例》规定,企业申请开业,必须具备国家规定的与其生产经营和服务规模相适应的资金。为了反映和监督投资者投入资本的增减变动情况,企业必须按照国家统一的会计制度的规定进行实收资本的核算,真实地反映所有者投入企业资本的状况,维护所有者各方面在企业的权益。除股份有限公司以外,其他各类企业应通过"实收资本"科目核算,股份有限公司应通过"股本"科目核算。

企业收到所有者投资后,应根据有关投资原始凭证(如投资清单、银行通知单等),分别以不同的出资方式进行会计处理。

(一)接受现金资产投资

1. 股份有限公司以外的企业接受现金资产投资

企业收到投资者投入的货币资金时,按实际收到的金额,借记"库存现金""银行存款"账户,贷记"实收资本"账户。

2. 股份有限公司接受现金资产投资

股份有限公司发行股票时,既可以按面值发行股票,也可以溢价发行,即公司发行股票的收入大于股本总额(我国目前不准许折价发行)。股份有限公司在核定的股本总额及核定的股份总额的范围内发行股票时,应在实际收到现金资产时进行会计处理。

(二)接受非现金资产投资

我国公司法规定,股东既可用货币出资,也可以用实物、知识产权、土地使用权等可以用货币估价并可以依法转让的非货币财产作价出资;但法律、行政法规规定不得作为出资的财产除外。对作为出资的非货币财产应当评估作价,核实财产,不得高估或者低估作价。法律、行政法规对评估作价有规定的,从其规定。全体股东的货币出资金额不得低于有限责任公司注册资本的30%。不论以何种方式出资,投资者如在投资过程中违反投资合约,不按规定如期缴足出资额,企业可以依法追究投资者的违约责任。

企业接受非现金资产投资时,应按投资合同或协议约定价值确定非现金资产价值(但投资合同或协议约定价值不公允的除外)和在注册资本中应享有的份额。

1. 接受投入固定资产

企业接受投资者作价投入的房屋、建筑物、机器设备等固定资产,应按投资合同或协议约定价值确定固定资产价值(但投资合同或协议约定价值不公允的除外)和在注册资本中应享有的份额。

2. 接受投入材料物资

企业接受投资者作价投入的材料物资,应按投资合同或协议约定价值确定材料物资价值(但投资合同或协议约定价值不公允的除外)和在注册资本中应享有的份额。

3. 接受投入无形资产

企业收到以无形资产方式投入的资本,应按投资合同或协议约定价值确定无形资产价值(但投资合同或协议约定价值不公允的除外)和在注册资本中应享有的份额。

(三)实收资本(或股本)的增减变动

一般情况下,企业的实收资本应相对固定不变,但在某些特定情况下,实收资本也可能发生增减变化。我国企业法人登记管理条例中规定,除国家另有规定外,企业的注册资金应当与实收资本相一致,当实收资本比原注册资金增加或减少的幅度超过20%时,应持资金信用证明或者验资证明,向原登记主管机关申请变更登记。如擅自改变注册资本或抽逃资金,要受到工商行政管理部门的处罚。

1. 实收资本(或股本)的增加

一般企业增加实收资本主要有三个途径:接受投资者追加投资、资本公积转增资本和盈余公积转增资本。

需要注意的是，由于资本公积和盈余公积均属于所有者权益，用其转增资本时，如果是独资企业比较简单，直接结转即可。如果是股份公司或有限责任公司应该按照原投资者各出资比例相应增加各投资者的出资额。

2. 实收资本（或股本）的减少

企业减少实收资本应按法定程序报经批准，股份有限公司采用收购本公司股票方式减资的，按股票面值和注销股数计算的股票面值总额冲减股本，按注销库存股的账面余额与所冲减股本的差额冲减股本溢价，股本溢价不足冲减的，再冲减盈余公积直至未分配利润。如果购回股票支付的价款低于面值总额的，所注销库存股的账面余额与所冲减股本的差额作为增加股本溢价处理。

二、工作过程

1. 接受现金资产投资

【会计工作1】A、B、C共同投资成立发达有限责任公司，注册资本为20 000 000元，A、B、C持股比例分别为60%、25%和15%。按照章程规定，A、B、C投入资本分别为12 000 000元、5 000 000元和3 000 000元。发达公司已如期收到各投资者一次缴足的款项。

【会计凭证】投资协议书、银行进账单（收账通知）。

【工作指导】发达有限责任公司应作如下会计处理：

借：银行存款	20 000 000
贷：实收资本——A	12 000 000
——B	5 000 000
——C	3 000 000

实收资本的构成比例即投资者的出资比例或股东的股份比例，是确定所有者在企业所有者权益中所占的份额和参与企业财务经营决策的基础，也是企业进行利润分配或股利分配的依据，同时还是企业清算时确定所有者对净资产的要求权的依据。

【会计工作2】甲股份有限公司发行普通股100 000 000股，每股面值1元，每股发行价格5元。假定股票发行成功，股款500 000 000元已全部收到，不考虑发行过程中的税费等因素。

【会计凭证】银行进账单（收账通知）、证券机构取得的交割单。

【工作指导】公司发行股票实际收到的款项为500 000 000元，应借记"银行存款"科目；实际发行的股票面值为100 000 000元，应贷记"股本"科目，按其差额，贷记"资本公积——股本溢价"科目。

应记入"资本公积"科目的金额=500 000 000−100 000 000=400 000 000（元），甲股份有限公司应作如下账务处理：

借：银行存款	500 000 000
贷：股本	100 000 000
资本公积——股本溢价	400 000 000

2. 接受非现金资产投资

（1）接受投入固定资产

【会计工作3】甲有限责任公司于设立时收到乙公司作为资本投入的不需要安装的机器设

备一台,合同约定该机器设备的价值为 1 000 000 元,增值税进项税额为 170 000 元(假设不允许抵扣),合同约定的固定资产价值与公允价值相符,不考虑其他因素。

【会计凭证】投资协议书、产权转移书、固定资产验收单。

【工作指导】该项固定资产合同约定的价值与公允价值相符,并且甲公司接受的固定资产投资产生的相关增值税进项税额不允许抵扣,因此,固定资产应按合同约定价值与增值税进项税额的合计金额 1 170 000 元入账。甲公司接受乙公司投入的固定资产按合同约定全额作为实收资本,因此,可按 1 170 000 元的金额贷记"实收资本"科目。甲公司进行会计处理如下:

借:固定资产　　　　　　　　　　　　　　　　　　　　1 170 000
　　贷:实收资本——乙公司　　　　　　　　　　　　　　　　　1 170 000

(2) 接受投入材料物资

【会计工作4】嘉陵有限公司于设立时收到 B 公司作为资本投入的原材料一批,该批原材料投资合同或协议约定价值(不含可抵扣的增值税进项税额部分)为 100 000 元,增值税进项税额为 17 000 元。B 公司已开具了增值税专用发票。假设合同约定的价值与公允价值相符,该进项税额允许抵扣,不考虑其他因素。

【会计凭证】投资协议书(产权转移书)、入库单。

【工作指导】原材料的合同约定价值与公允价值相符,因此,可按照 100 000 元的金额借记"原材料"科目;同时,该进项税额允许抵扣,因此,增值税专用发票上注明的增值税税额 17 000 元,应借记"应交税费——应交增值税(进项税额)"科目。嘉陵公司接受 B 公司投入的原材料按合同约定金额作为实收资本,因此可按 117 000 元的金额贷记"实收资本"科目。嘉陵有限公司应作如下会计处理:

借:原材料　　　　　　　　　　　　　　　　　　　　　　100 000
　　应交税费——应交增值税(进项税额)　　　　　　　　　 17 000
　　贷:实收资本——B 公司　　　　　　　　　　　　　　　　　117 000

(3) 接受投入无形资产

【会计工作5】正达有限责任公司于设立时收到 A 公司作为资本投入的非专利技术一项,该非专利技术投资合同约定价值为 500 000 元,同时收到 B 公司作为资本投入的土地使用权一项,投资合同约定价值为 800 000 元。假设正达公司接受该非专利技术和土地使用权符合国家注册资本管理的有关规定,可按合同约定作实收资本入账,合同约定的价值与公允价值相符,不考虑其他因素。

【会计凭证】投资协议书(产权转移书)。

【工作指导】非专利技术与土地使用权的合同约定价值与公允价值相符,因此,可分别按照 500 000 元和 800 000 元的金额借记"无形资产"科目。A、B 公司投入的非专利技术和土地使用权按合同约定金额作为实收资本,因此可分别按 500 000 元和 800 000 元的金额贷记"实收资本"科目。正达有限责任公司应作如下会计处理:

借:无形资产——非专利技术　　　　　　　　　　　　　　500 000
　　　　　　——土地使用权　　　　　　　　　　　　　　800 000
　　贷:实收资本——A 公司　　　　　　　　　　　　　　　　　500 000
　　　　　　　　——B 公司　　　　　　　　　　　　　　　　　800 000

3. 实收资本（或股本）的增减变动

（1）实收资本（或股本）的增加

【会计工作6】 甲、乙、丙三人共同投资设立B有限责任公司，原注册资本为2 000 000元，甲、乙、丙分别出资250 000元、1 000 000元和750 000元。为扩大经营规模，经批准，B公司注册资本扩大为3 000 000元，甲、乙、丙按照原出资比例分别追加投资125 000元、500 000元和375 000元。B公司如期收到甲、乙、丙追加的现金投资。

【会计凭证】 投资协议书、银行进账单（收账通知）。

【工作指导】 甲、乙、丙按原出资比例追加实收资本，因此，B公司应分别按照125 000元、500 000元和375 000元的金额贷记"实收资本"科目中甲、乙、丙明细分类账，并作如下会计处理：

借：银行存款　　　　　　　　　　　　　　　　　　　1 000 000
　　贷：实收资本——甲　　　　　　　　　　　　　　　　125 000
　　　　　　　　——乙　　　　　　　　　　　　　　　　500 000
　　　　　　　　——丙　　　　　　　　　　　　　　　　375 000

【会计工作7】 因扩大经营规模需要，经批准，B公司按原出资比例将资本公积1 000 000元转增资本。

【会计凭证】 分配决议书、增资批准文件。

【工作指导】 资本公积1 000 000元按原出资比例转增实收资本，因此，B公司应分别按照125 000元、500 000元和375 000元的金额贷记"实收资本"科目中甲、乙、丙明细分类账，并作如下会计处理：

借：资本公积——资本溢价　　　　　　　　　　　　　1 000 000
　　贷：实收资本——甲　　　　　　　　　　　　　　　　125 000
　　　　　　　　——乙　　　　　　　　　　　　　　　　500 000
　　　　　　　　——丙　　　　　　　　　　　　　　　　375 000

【会计工作8】 因扩大经营规模需要，经批准，B公司按原出资比例将盈余公积500 000元转增资本。

【会计凭证】 分配决议书、增资批准文件。

【工作指导】 盈余公积500 000元按原出资比例转增实收资本，因此，B公司应分别按照62 500元、250 000元和187 500元的金额贷记"实收资本"科目中甲、乙、丙明细分类账，并作如下会计处理：

借：盈余公积　　　　　　　　　　　　　　　　　　　　500 000
　　贷：实收资本——甲　　　　　　　　　　　　　　　　 62 500
　　　　　　　　——乙　　　　　　　　　　　　　　　　250 000
　　　　　　　　——丙　　　　　　　　　　　　　　　　187 500

（2）实收资本（或股本）的减少

【会计工作9】 A公司2016年12月31日的股本为100 000 000股，面值为1元，资本公积（股本溢价）15 000 000元，盈余公积20 000 000元。经股东大会批准，A公司以现金回购本公司股票10 000 000股并注销。假定A公司按每股2元回购股票，不考虑其他因素。

【会计凭证】汇款委托书（回单）、证券机构取得的交割单。

【工作指导】① 回购本公司股票时：

借：库存股　　　　　　　　　　　　　　　　　　　　　　　　　20 000 000
　　贷：银行存款　　　　　　　　　　　　　　　　　　　　　　　　　20 000 000

　　　　　　库存股成本=10 000 000×2=20 000 000（元）

② 注销本公司股票时：

借：股本　　　　　　　　　　　　　　　　　　　　　　　　　　10 000 000
　　资本公积——股本溢价　　　　　　　　　　　　　　　　　　　10 000 000
　　贷：库存股　　　　　　　　　　　　　　　　　　　　　　　　　20 000 000

　　　应冲减的资本公积：10 000 000×2-10 000 000×1=10 000 000（元）

【会计工作10】假定A公司按每股3元回购股票，其他条件不变，A公司的会计处理如下：

【工作指导】① 回购本公司股票时：

借：库存股　　　　　　　　　　　　　　　　　　　　　　　　　30 000 000
　　贷：银行存款　　　　　　　　　　　　　　　　　　　　　　　　　30 000 000

　　　　　　库存股成本=10 000 000×3=30 000 000（元）

② 注销本公司股票时：

借：股本　　　　　　　　　　　　　　　　　　　　　　　　　　10 000 000
　　资本公积　　　　　　　　　　　　　　　　　　　　　　　　　15 000 000
　　盈余公积　　　　　　　　　　　　　　　　　　　　　　　　　 5 000 000
　　贷：库存股　　　　　　　　　　　　　　　　　　　　　　　　　30 000 000

应冲减的资本公积=10 000 000×3-10 000 000×1=20 000 000（元）。由于应冲减的资本公积大于公司现有的资本公积（15 000 000元），所以只能冲减资本公积15 000 000元，剩余的5 000 000元应冲减盈余公积。

【会计工作11】假定A公司按每股0.95元回购股票，其他条件不变。

【工作指导】A公司的会计处理如下：

① 回购本公司股票：

借：库存股　　　　　　　　　　　　　　　　　　　　　　　　　 9 500 000
　　贷：银行存款　　　　　　　　　　　　　　　　　　　　　　　　　 9 500 000

　　　　　　库存股成本=10 000 000×0.95=9 500 000（元）

② 注销本公司股票时：

借：股本　　　　　　　　　　　　　　　　　　　　　　　　　　10 000 000
　　贷：库存股　　　　　　　　　　　　　　　　　　　　　　　　　 9 500 000
　　　　资本公积——股本溢价　　　　　　　　　　　　　　　　　　　 500 000

应增加的资本公积=10 000 000×1-10 000 000×0.95=500 000（元）。因折价回购，股本与库存股成本的差额500 000元应作增加资本公积处理。

三、知识拓展

验资报告中责任风险的主要表现形式

验资是指注册会计师依法接受委托，对被审验单位注册资本的实收情况或注册资本及实收资本的变更情况进行审验，并出具验资报告的业务活动。我国公司法规定，股东全部缴纳出资后，必须经法定的验资机构出具验资报告。验资报告是对截至验资日实际收到出资者投入的注册资本金额的证明，是办理工商登记、颁发企业法人营业执照的重要依据之一。

验资风险是指注册会计师在验资过程中由于违约、过失、欺诈等原因出具的验资报告中存在不恰当意见而导致注册会计师承担相应的行政、经济、法律责任的可能性。可见，风险的承担主体是注册会计师；承担验资风险的原因是验资报告出具的不恰当意见。出具不恰当意见的原因有违约、过失和欺诈等。承担验资风险的法律后果包括行政、经济、法律责任。责任风险的主要表现形式有：

1. *股东以实物出资的*。有些公司为了增加注册资本，在增资时将其购买的实物财产作为股东出资，导致了股东虚假出资，而验资报告在披露信息时运用了专业术语含糊点到，把风险转移给登记机关。

2. *股东以货币出资增加公司注册资本及实收资本的*。企业新增注册资本时，验资过程中忽略对原股东出资的注册资本在企业存续情况的审计；以资本公积、盈余公积、未分配利润转增资本时，没有审计核实其项目内容的金额；债权转为股权投资时，未核实债权发生时间及依据，未签订债权转为股权投资协议书；合并、设立变更注册资本时，未发表债务清偿公告或债务担保证明，未经债权人的认可。

3. *在减资变更中*，往往对债权债务的处理、股东减少的资本退回等未进行详细验资。

4. *增资前净资产的关注及披露*。其存在问题如下：未经过审计、核实与净资产出资有关的资产、负债等金额；整体评估报告价值未经股东会确认；未办妥过户相关资产的产权手续，出资者又没签署在规定期限内办妥有关手续的承诺书。

四、任务总结

投资者加入的有关账务处理如表 13-1 所示。

表 13-1　投资者加入的有关账务处理

新投资者加入	财 务 处 理
现金资产投资	借：银行存款（实际收到的金额） 贷：实收资本/股本（按合同约定的投资者在注册资本中所占份额部分） 　　资本公积——资本溢价/股本溢价（收到的金额超过其注册资本所占份额的部分）
非现金资产投资	借：固定资产（投资合同或协议约定的价值） 　　无形资产（投资合同或协议约定的价值） 　　原材料等（投资合同或协议约定的价值） 　　应交税费——应交增值税（进项税额） 贷：实收资本/股本（合同或协议约定的投资者在企业注册资本中享有份额） 　　资本公积——资本溢价/股本溢价（差额）

任务 2　资本公积的核算

一、相关知识

（一）资本公积概念与内容

1. 资本公积的来源

资本公积是企业收到投资者的超出其在企业注册资本（或股本）中所占份额的投资，以及直接计入所有者权益的利得和损失等。其包括资本溢价（或股本溢价）和直接计入所有者权益的利得和损失等。

资本溢价（或股本溢价）是指企业收到投资者的超出其在企业注册资本（或股本）中所占份额的投资。形成资本溢价（或股本溢价）的原因有溢价发行股票、投资者超额缴入资本等。

直接计入所有者权益的利得和损失是指不应计入当期损益、会导致所有者权益发生增减变动的、与所有者投入资本或者向所有者分配利润无关的利得或者损失。

资本公积的核算包括资本溢价（或股本溢价）的核算、其他资本公积的核算以及资本公积转增资本的核算等内容。

2. 资本公积与实收资本（或股本）、留存收益的区别

（1）资本公积与实收资本（或股本）的区别

从来源和性质来看，实收资本（或股本）是指投资者按照企业章程或合同协议的约定，实际投入企业并依法进行注册的资本，它体现了企业所有者对企业的基本产权关系。资本公积是投资者的出资中超出其在注册资本中所占份额的部分，以及直接计入所有者权益的利得和损失，它不直接表明所有者对企业的基本产权关系。

从用途来看，实收资本（或股本）的构成比例是确定所有者参与企业财务经营决策的基础，也是企业进行利润分配或股利分配的依据，同时还是企业清算时确定所有者对净资产的要求权的依据。资本公积的用途主要是转增资本（或股本）。资本公积不体现各所有者的占有比例，也不能作为所有者参与企业财务经营决策或进行利润分配（或股利分配）的依据。

（2）资本公积与留存收益的区别

留存收益（包括盈余公积和未分配利润）是企业历年实现的利润中提取的或形成的留存于企业的内部积累，来源于企业生产经营活动实现的利润。

资本公积的来源不是企业实现的利润，其主要来自资本溢价（或股本溢价）等。

（二）资本公积的账务处理

1. 资本溢价（或股本溢价）的核算

（1）资本溢价

除股份有限公司外的其他类型的企业，其创立时，投资者认缴的出资额与注册资本一致，一般不会产生资本溢价。但在企业重组或有新的投资者加入时，往往会出现资本溢价。因在企业进行正常生产经营后，其资本利润率通常要高于企业初创阶段的资本利润率，同时，企业一般有内部积累，新投资者加入企业后，对这些积累也要分享，所以新加入的投资者往往要付出大于原投资者的出资额,才能取得与原投资者相同的出资比例。新加入的投资者多缴的部分就形成了资本溢价。

(2) 股本溢价

股份有限公司是以发行股票的方式筹集股本的,股票可按面值发行,也可按溢价发行(我国目前不准折价发行)。与其他类型的企业不同,股份有限公司在成立时可能会溢价发行股票,因而在成立之初,就可能会产生股本溢价。

股本溢价的数额等于股份有限公司发行股票时实际收到的款额超过股票面值总额的部分。

在按面值发行股票的情况下,企业发行股票取得的收入应全部作为股本处理;在溢价发行股票的情况下,企业发行股票取得的收入等于股票面值部分作为股本处理,超出股票面值的溢价收入应作股本溢价处理。

发行股票相关的手续费、佣金等交易费用,在溢价发行股票时,应从溢价中抵扣,冲减资本公积(股本溢价);如无溢价发行股票或溢价金额不足以抵扣相关的手续费、佣金等交易费用时,应将不足抵扣的部分冲减盈余公积和未分配利润。

2. 其他资本公积的核算

其他资本公积是指除资本溢价(或股本溢价)项目以外所形成的资本公积。

以项目 7 "长期股权投资的核算"之任务 3 "核算长期股权投资的权益法"为例介绍相关的其他资本公积的核算。

企业对某被投资单位的长期股权投资采用权益法核算的,在持股比例不变的情况下,对因被投资单位除净损益、其他综合收益和利润分配以外的所有者权益的其他变动,如果是利得,则应按持股比例计算其应享有被投资单位所有者权益的增加数额;如果是损失,则作相反的分录。在处置长期股权投资时,应转销与该笔投资相关的其他资本公积。

3. 资本公积转增资本的核算

经股东大会或类似机构决议,用资本公积转增资本时,应冲减资本公积,并且按照转增前的实收资本(或股本)的结构或比例,将转增的金额记入"实收资本"(或"股本")科目下各所有者的明细分类账。

二、工作过程

1. 资本溢价(或股本溢价)的核算

【会计工作 12】发达有限责任公司由两位投资者投资 400 000 元设立,每人各出资 200 000 元。一年后,为扩大经营规模,经批准,发达有限责任公司注册资本增加到 600 000 元,并引入第三位投资者。按照投资协议,新投资者需缴入现金 220 000 元,同时享有该公司三分之一的股份。发达有限责任公司已收到该现金投资,假定不考虑其他因素。

【会计凭证】投资协议书、银行进账单(收账通知)。

【工作指导】发达有限责任公司收到第三位投资者的现金投资 220 000 元中,200 000 元属于第三位投资者在注册资本中所享有的份额,应记入"实收资本"科目,20 000 元属于资本溢价,应记入"资本公积——资本溢价"科目。公司会计处理如下:

借:银行存款 220 000
　　贷:实收资本 200 000
　　　　资本公积——资本溢价 20 000

【会计工作13】A股份有限公司首次公开发行了普通股100 000 000股，每股面值1元，每股发行价格为4元。A公司以银行存款支付发行手续费、咨询费等费用共计12 000 000元。假定发行收入已全部收到，发行费用已全部支付，不考虑其他因素。

【会计凭证】银行进账单（收账通知）、证券机构取得的交割单。

【工作指导】A公司收到发行单位的现金=100 000 000×4–12 000 000=388 000 000（元）

记入"资本公积——股本溢价"科目的金额=溢价收入–发行手续费、咨询费等
=100 000 000×(4–1)–12 000 000
=288 000 000（元）

借：银行存款　　　　　　　　　　　　　　　　　　　388 000 000
　　贷：股本　　　　　　　　　　　　　　　　　　　100 000 000
　　　　资本公积——股本溢价　　　　　　　　　　　288 000 000

2. 其他资本公积的核算

【会计工作14】B有限责任公司于2016年1月1日向C公司投资10 000 000元，拥有该公司25%的股份，并对该公司有重大影响，因而对C公司长期股权投资采用权益法核算。2017年12月31日，C公司除净损益、其他综合收益和利润分配之外的所有者权益增加了2 000 000元。假定除此以外，C公司的所有者权益没有变化，B有限责任公司的持股比例没有变化，C公司资产的账面价值与公允价值一致，不考虑其他因素。

【会计凭证】报表（公告）。

【工作指导】B有限责任公司对C公司的长期股权投资采用权益法核算，持股比例未发生变化，C公司发生了除净损益之外的所有者权益的其他变动，B有限责任公司应按其持股比例计算应享有C公司权益的数额，作为增加其他资本公积处理。

B有限责任公司增加的资本公积=2 000 000×25%=500 000（元）。其会计处理如下：

借：长期股权投资——F公司——其他权益变动　　　　500 000
　　贷：资本公积——其他资本公积　　　　　　　　　500 000

3. 资本公积转增资本的核算

参见本项目【会计工作7】。

三、任务总结

资本公积及其他综合收益的财务处理如表13-2所示。

表13-2　资本公积及其他综合收益的账务处理

项 目	财 务 处 理
资本公积的来源	1. 资本公积——资本溢价或股本溢价 ① 溢价发行股票 ② 投资者超额缴入资本 ③ 回购股票支付的价款小于面值总额的部分 【提示】对于股份有限公司发行股票的手续费、佣金等交易费用，如果溢价发行股票的，应从溢价中抵扣，冲减资本公积——股本溢价，非溢价发行股票或溢价金额不足以抵扣的，应将不足抵扣的部分依次冲减盈余公积和未分配利润。 2. 资本公积——其他资本公积 ① 长期股权投资采用权益法核算，根据持股比例确认的因被投资单位除净损益、其他综合

续表

项 目	财 务 处 理
资本公积的来源	收益和利润分配外所有者权益的其他变动，投资企业根据持股比例应享有的份额 借：长期股权投资——其他权益变动 　　贷：资本公积——其他资本公积（或做相反的分录） ② 企业根据国家有关规定实行股权激励的，如果在等待期内取消了授予的权益工具，企业应在进行权益工具加速行权处理时，将剩余等待期内应确认的金额立即计入当期损益，同时确认资本公积（无须关注具体财务处理） ③ 企业集团（由母公司和全部子公司构成）内发生的股份支付交易，如结算企业是接受服务企业的投资者，应当按照授权日权益工具的公允价值或应承担负债的公允价值确认为对接受服务企业的长期股权投资，同时确认资本公积或负债（无须关注具体财务处理）
其他综合收益的来源	1. 可供出售金融资产公允价值变动形成的差额 借：可供出售金融资产——公允价值变动 　　贷：其他综合收益（或作相反的分录） 2. 长期股权投资者采用权益法核算，被投资单位实现其他综合收益（可供出售金融资产公允价值变动），投资者企业根据持股比例应享有的份额 借：长期股权投资——其他综合收益 　　贷：其他综合收益（或作相反的分录） 3. 自用建筑物等转为采用公允价值模式计量的投资性房地产，公允价值大于账面价值的差额 借：投资性房地产——成本 　　累计折旧 　　固定资产减值准备 　　贷：固定资产 　　　　其他综合收益（贷方差额） 4. 存货转为采用公允价值模式计量的投资性房地产，公允价值大于账面价值的差额 借：投资性房地产——成本 　　存货跌价准备 　　贷：开发产品 　　　　其他综合收益（贷方差额） 5. 可供出售外币非货币性金融资产的汇兑差额 【提示】利得和损失分别直接计入所有者权益的利得和损失（如计入其他综合收益），和直接计入当期损益的利得和损失（如计入营业外收入或营业外支出），最终影响所有者权益

任务3　留存收益的核算

一、相关知识

（一）留存收益概述

留存收益是指企业从历年实现的利润中提取或形成的留存于企业的内部积累，包括盈余公积和未分配利润两部分。

盈余公积是指企业按照有关规定从净利润中提取的积累资金。公司制企业的盈余公积包括法定盈余公积和任意盈余公积。法定盈余公积是指企业按照规定的比例从净利润中提取的盈余公积；任意盈余公积是指企业按照股东大会或股东大会决议提取的盈余公积。

企业提取的盈余公积可用于弥补亏损、扩大生产经营、转增资本或派送新股等。

未分配利润是企业实现的净利润经过弥补亏损、提取盈余公积和向投资者分配利润后留存在企业的、历年结存的利润。相对于所有者权益的其他部分来说，企业对于未分配利润的使用有较大的自主权。

（二）留存收益的账务处理

1. 利润分配

利润分配是企业根据国家有关规定和企业章程、投资者协议等，对企业当年可供分配的利润所进行的分配。

$$可供分配的利润=当年实现的净利润+年初未分配的利润$$
$$（或-年初未弥补的亏损）+其他转入$$

可供分配的利润，按下列顺序分配：

① 提取法定盈余公积。
② 提取任意盈余公积。
③ 向投资者分配利润。

企业应通过"利润分配"科目，核算企业利润的分配（或亏损的弥补）和历年分配（或弥补）后的未分配利润（或未弥补亏损）。该科目应分别"提取法定盈余公积""提取任意盈余公积""应付现金股利或利润""盈余公积补亏""未分配利润"等进行明细核算。企业未分配利润通过"利润分配——未分配利润"明细科目进行核算。年度终了，企业应将全年实现的净利润或发生的净亏损，自"本年利润"科目转入"利润分配——未分配利润"科目，并将"利润分配"科目所属其他明细科目的余额，转入"未分配利润"明细科目。结转后，"利润分配——未分配利润"科目如为贷方余额，表示累积未分配的利润数额；如为借方余额，则表示累积未弥补的亏损数额。

2. 盈余公积

盈余公积是指企业按规定从净利润中提取的企业积累资金。公司制企业的盈余公积包括法定盈余公积和任意盈余公积。

按照公司法有关规定，公司制企业应当按照净利润（减去弥补以前年度亏损，下同）的10%提取法定盈余公积。非公司制企业法定盈余公积的提取比例可超过净利润的10%。法定盈余公积累计额已达注册资本的50%时可以不再提取。值得注意的是，在计算提取法定盈余公积的基数时，不应包括企业年初未分配利润。

公司制企业可根据股东大会的决议提取任意盈余公积。非公司制企业经类似权力机构批准，也可提取任意盈余公积。

法定盈余公积和任意盈余公积的区别在于其各自计提的依据不同，前者以国家的法律法规为依据；后者由企业的权力机构自行决定。

企业提取的盈余公积经批准主要可用于以下几个方面：

① 用于弥补亏损。企业弥补亏损的渠道主要有三条：一是用以后年度税前利润弥补。按照现行会计准则规定，企业发生亏损时，可以用以后连续5年内实现的税前利润弥补，即税前利润弥补亏损的期间为五年。二是用以后年度税后利润弥补。企业发生的亏损经过五年时

间未弥补完的，尚未弥补的亏损用税后利润弥补。三是用盈余公积弥补亏损。企业以盈余公积弥补亏损，应由公司董事会提议，经股东大会批准。同时，企业以前年度亏损未弥补完毕，不能提取法定盈余公积和任意盈余公积。

② 转增资本。企业以盈余公积转增资本，必须经股东大会决议批准。在实际以盈余公积转增资本时，要按照股东原有持股比例结转。盈余公积转增资本时，转增后的盈余公积的数额不得少于注册资本的25%。

③ 分派股利。以盈余公积分派股利这种情况不常见。其主要是企业在累计盈余公积比较多、未分配利润比较少的情况下，为维持其信誉，给投资者以合理的回报而进行的一种行为。

二、工作过程

1. 利润分配

【会计工作15】升达股份有限公司年初未分配利润为0，本年实现净利润 4 000 000 元，本年提取法定盈余公积 400 000 元，宣告发放现金股利 1 000 000 元。假定不考虑其他因素。

【会计凭证】报表（公告）。

【工作指导】首先将本年实现净利润结转至"利润分配——未分配利润"账户；如企业当年发生亏损，则应借记"利润分配——未分配利润"科目，贷记"本年利润"科目。为此，公司会计处理如下：

① 结转本年利润：

借：本年利润   4 000 000

    贷：利润分配——未分配利润   4 000 000

② 提取法定盈余公积、宣告发放现金股利：

借：利润分配——提取法定盈余公积   400 000

           ——应付现金股利   1 000 000

    贷：盈余公积   400 000

       应付股利   1 000 000

同时，

借：利润分配——未分配利润   1 400 000

    贷：利润分配——提取法定盈余公积   400 000

           ——应付现金股利   1 000 000

结转后，如果"未分配利润"明细科目的余额在贷方，表示累计未分配的利润；如果余额在借方，则表示累积未弥补的亏损。本会计工作中，"利润分配——未分配利润"明细科目的余额在贷方，贷方余额 2 600 000 元（4 000 000（本年利润）-400 000（提取法定盈余公积）-100 000（支付现金股利））即为升达股份有限公司本年年末的累计未分配利润。

2. 盈余公积

（1）提取盈余公积

【会计工作16】发达股份有限公司 2016 年实现净利润 10 000 000 元，年初未分配利润为 0。经股东大会批准，发达股份有限公司按当年净利润的 10% 提取法定盈余公积。假定不考虑其他因素。

【会计凭证】股东大会决议。

【工作指导】本年提取盈余公积金额=10 000 000×10%=1 000 000（元），会计处理如下：

借：利润分配——提取法定盈余公积　　　　　　　　　　　　　1 000 000
　　贷：盈余公积——法定盈余公积　　　　　　　　　　　　　　　　1 000 000

（2）盈余公积补亏

【会计工作17】经股东大会批准，发达股份有限公司用以前年度提取的盈余公积弥补当年亏损，当年弥补亏损的数额为1 200 000元。假定不考虑其他因素。

【会计凭证】股东大会决议。

【工作指导】发达股份有限公司的会计处理如下：

借：盈余公积　　　　　　　　　　　　　　　　　　　　　　　　1 200 000
　　贷：利润分配——盈余公积补亏　　　　　　　　　　　　　　　　1 200 000

（3）盈余公积转增资本

【会计工作18】因扩大经营规模需要，经股东大会批准，ABC股份有限公司将盈余公积8 000 000元转增股本。假定不考虑其他因素。

【会计凭证】股东大会决议。

【工作指导】ABC股份有限公司的会计处理如下：

借：盈余公积　　　　　　　　　　　　　　　　　　　　　　　　8 000 000
　　贷：股本　　　　　　　　　　　　　　　　　　　　　　　　　　8 000 000

（4）用盈余公积发放现金股利或利润

【会计工作19】AB股份有限公司2016年12月31日发放普通股100 000 000股，每股面值1元，可供投资者分配的利润为10 000 000元，盈余公积30 000 000元。2017年4月20日，股东大会批准了2016年度利润分配方案，以2016年12月31日为登记日，按每股0.2元发放现金股利。AB股份有限公司共需要分派20 000 000元现金股利，其中动用可供投资者分配的利润为10 000 000元、盈余公积为10 000 000元。假定不考虑其他因素。

【会计凭证】股东大会决议。

【工作指导】AB股份有限公司经股东大会批准，以未分配利润和盈余公积发放现金股利，属于以未分配利润发放现金股利的部分10 000 000元应记入"利润分配——应付现金股利"科目，属于以盈余公积发放现金股利的部分10 000 000元应记入"盈余公积"科目。其会计处理如下：

① 宣告分派股利时：

借：利润分配——应付现金股利　　　　　　　　　　　　　　　　10 000 000
　　盈余公积　　　　　　　　　　　　　　　　　　　　　　　　10 000 000
　　贷：应付股利　　　　　　　　　　　　　　　　　　　　　　　20 000 000

② 支付股利时：

借：应付股利　　　　　　　　　　　　　　　　　　　　　　　　20 000 000
　　贷：银行存款　　　　　　　　　　　　　　　　　　　　　　　20 000 000

三、任务总结

回购股票及注销库存股如表13-3所示。

表 13-3 回购股票及注销库存股

项目	财务处理
回购	借：库存股（每股回购价格×注销股数） 　　贷：银行存款 【提示】库存股一般是指非发行状态的股票，比如准备再次出售或是准备注销的股票，库存股属于所有者权益的备抵科目，类似坏账准备是应收账款的备抵科目。库存股作为所有者权益的抵减项，列示在所有者权益项目中。
注销	购回股票支付的价款高于面值总额：借：股本（每股面值×注销股数） 　　　资本公积——股本溢价 　　　盈余公积 　　　利润分配——未分配利润 　　贷：库存股（每股回购价格×注销股数）
	购回股票支付的价款低于面值总额：借：股本（每股面值×注销股数） 　　贷：库存股（每股回收价格×注销股数） 　　　资本公积——资本溢价

留存收益的有关会计处理如表 13-4 所示。

表 13-4 留存收益的有关会计处理

项目	会计处理	对留存收益总额的影响
1. 当期实现净利润	权益类结转	增加留存收益
2. 当期发生净亏损	权益类结转	减少留存收益
3. 提取盈余公积	借：利润分配——提取盈余公积 　　贷：盈余公积 【提示】如果以前年度未分配利润有盈余（即年初未分配利润余额为正数），在计算提取法定盈余公积的基数时，不应包括企业年初未分配利润；如果以前年度有亏损（即年初未分配利润为负数），应先弥补以前年度亏损再提取盈余公积	不影响留存收益总额
4. 宣告分配现金股利	借：利润分配——应付现金股利 　　贷：应付股利	减少留存收益
5. 实际发放现金股利	借：应付股利 　　贷：银行存款	不影响留存收益总额
6. 宣告分配股票股利	不作财务处理	不影响留存收益总额
7. 实际发放股票股利	借：利润分配——转作股本的股利 　　贷：股本	减少留存收益
8. 资本公积转增资本	借：资本公积 　　贷：实收资本/股本 【提示】资本公积的主要用途是转增资本	不影响留存收益总额
9. 盈余公积转增资本	借：盈余公积 　　贷：实收资本/股本	减少留存收益

续表

项 目	会 计 处 理	对留存收益总额的影响
10. 盈余公积补亏	借：盈余公积 　　贷：利润分配——盈余公积补亏	不影响留存收益总额
11. 税后利润补亏	无单独会计处理	不影响留存收益总额
12. 盈余公积分配现金股利	借：盈余公积 　　贷：应付股利——应付现金股利	减少留存收益
13. 回购股票	借：库存股 　　贷：银行存款	不影响留存收益总额
14. 注销库存股	借：股本 　　资本公积——股本溢价 　　盈余公积 　　利润分配——未分配利润 　　贷：库存股	高于面值回购时，股本溢价不足以冲减的，减少留存收益
15. 盘盈固定资产	借：固定资产 　　贷：以前年度损益调整 借：以前年度损益调整 　　贷：盈余公积 　　利润分配——未分配利润	增加期初留存收益
16. 投资性房地产后续计量成本模式变更为公允价值模式	借：投资性房地产——成本 　　投资性房地产累计折旧（摊销） 　　投资性房地产减值准备 　　贷：投资性房地产 　　　　盈余公积（差额，或借） 　　　　利润分配——未分配利润（差额，或借）	转换日，投资性房地产的公允价值高于其账面价值，增加期初留存收益；反之，减少期初留存收益

所有者权益变动的有关会计处理如表 13-5 所示。

表 13-5　所有者权益变动的有关会计处理

项 目	会 计 处 理	对所有者权益总额的影响
1. 当期实现净利润	损益类结转	增加所有者权益
2. 当期发生净亏损	损益类结转	减少所有者权益
3. 提取盈余公积	借：利润分配——提取盈余公积 　　贷：应付股利	不影响所有者权益总额
4. 宣告分配现金股利	借：利润分配——应付现金股利 　　贷：应付股利	减少所有者权益
5. 实际发放现金股利	借：应付股利 　　贷：银行存款	不影响所有者权益总额
6. 宣告分配股票股利	不作财务处理	不影响所有者权益总额
7. 实际发放股票股利	借：利润分配——转作股本的股利 　　贷：股本	不影响所有者权益总额

续表

项　目	会 计 处 理	对留存收益总额的影响
8. 资本公积转增资本	借：资本公积 　贷：实收资本/股本	不影响所有者权益总额
9. 盈余公积转增资本	借：盈余公积 　贷：实收资本/股本	不影响所有者权益总额
10. 盈余公积补亏	借：盈余公积 　贷：利润分配——盈余公积补亏	不影响所有者权益总额
11. 税后利润补亏	无单独会计处理	不影响所有者权益总额
12. 盈余公积分配现金股利	借：盈余公积 　贷：应付股利——应付现金股利	减少所有者权益
13. 回购本公司股票	借：库存股 　贷：银行存款	减少所有者权益
14. 注销库存股	(1) 回购股票支付的价款高于面值总额的 借：股本 　资本公积——股本溢价 　盈余公积 　利润分配——未分配利润 　贷：库存股 　　购回股票支付的价款低于面值总额的 借：股本 　贷：库存股 　　资本公积——股本溢价	不影响所有者权益总额

课堂训练

1. 下列可引起所有者权益减少的事项有（　　）。
   A. 发生亏损　　　　　　　　　　B. 用盈余公积弥补亏损
   C. 发放股票股利　　　　　　　　D. 向投资者分配利润

2. 所有者权益的来源包括（　　）。
   A. 所有者投入的资本　　　　　　B. 直接计入所有者权益的利得和损失
   C. 留存收益　　　　　　　　　　D. 计入当期损益的利得和损失

3. 下列仅影响所有者权益这一要素结构变动的项目有（　　）。
   A. 用盈余公积弥补亏损　　　　　B. 用盈余公积转增资本
   C. 分配现金股利　　　　　　　　D. 分配股票股利

项目 14

收入的核算

学习目标

学会收入的确认；掌握销售商品收入、提供劳务收入、让渡资产使用权的使用费收入的账务处理；掌握营业外收入、政府补助收入的核算。

工作情境

小张 2016 年 7 月大学毕业，年底应聘到一家公司做会计。公司财务李经理安排小张先协助陈会计师做收入核算工作。陈会计让小张首先了解收入核算员的一般职责：

编制收入计划；办理销售款项结算业务（负责应收账款、应收票据管理等）；负责收入的明细核算；计提、申报、交缴各项税金及附加；交缴城建及有关税费报表；负责有关收入保险费的计提、交缴；编制收入报表；购买、印制发票；协助有关部门对产成品进行清查盘点以及完成领导交办的其他工作。

陈会计师让小张学习收入会计准则，特别是公司的一些特殊事项的收入确认及账务处理。在小张的虚心请教和刻苦学习下，慢慢地，小张就进入了工作状态并顺利开展本职工作……

任务 1 销售商品收入的核算

销售商品收入(1)　销售商品收入(2)　销售商品收入(3)

一、相关知识

（一）收入的概念

收入是指企业在日常活动中所形成的、会导致所有者权益增加的、与所有者投入资本无关的经济利益的总流入。收入通常包括销售商品收入、提供劳务收入、让渡资产使用权收入等，但不包括为第三方或客户代收的款项，如增值税、代收的款项等。收入具有以下特点：

1. 收入是企业在日常活动中形成的经济利益的总流入

日常活动是指企业为完成其经营目标所从事的经营性活动以及与之相关的活动。比如，工业企业的产品销售、咨询公司提供的咨询服务、安装公司提供的安装服务、租赁公司出租资产等，这些均为企业日常的经常性活动，由此形成的经济利益的总流入就构成收入。如工业企业对外出售不需要用的原材料、对外转让无形资产使用权、对外进行权益性投资或债权性投资等活动，尽管不属于企业的经常性活动，但属于企业为完成其经营目标而从事的与经常性活动相关的活动，由此形成的经济利益的总流入也同样构成企业收入。

需要注意的是，企业发生的某些活动同样为企业带来经济利益，因不属于为完成其经营目标所从事的经常性活动，也不属于与经常性活动相关的活动，如企业处置固定资产、无形资产，因其他企业违约收取罚款等，由于该经济利益的总流入不属于企业的利得而不是收入。

2. 收入会导致企业所有者权益的增加

经济利益总流入企业的形式多种多样，有可能表现为资产的增加，如企业增加了货币资金、应收账款等，也可能表现为负债的减少，如减少预收账款，还可能表现为两者的组合，如销售实现时，既可对预收账款的冲减，又可能部分增加银行存款。收入形成的经济利益总流入能增加资产或减少负债或两者兼而有之。根据会计等式"资产-负债=所有者权益"，收入一定能使得企业所有者权益增加。

当然，企业为第三方或客户代收的款项（如代国家收取的增值税等），一方面增加企业的资产，另一方面也增加企业的负债，所有者权益并无增加，因此它不构成企业的收入。

3. 收入与所有者投入资本无关

所有者投入企业的资本，其目的是谋求企业资产的剩余权益，其经济利益的总流入不构成收入，只能作为企业所有者权益的组成部分。

（二）收入的分类

根据不同的标准可以对收入进行分类：

1. 按企业从事日常活动的性质，可以分为销售商品收入、提供劳务收入和让渡资产使用权收入等

（1）销售商品收入

销售商品收入主要指企业通过销售商品实现的收入。商品包括企业为销售而生产的产品和为转售而购进的商品，如企业生产的产品、商业企业购进的商品等，企业销售的其他存货，如原材料、包装物等，也视同企业的商品。

（2）提供劳务收入

提供劳务收入是指企业通过提供劳务实现的收入。主要有企业提供旅游、运输、饮食、广告、理发、照相、洗染、咨询、代理、培训、产品安装等劳务所获取的收入。

（3）让渡资产使用权收入

让渡资产使用权收入指企业通过让渡资产使用权所取得的收入，包括利息收入和使用费收入等。利息收入，主要是指金融企业对外贷款形成的利息收入，以及同业之间发生往来形成的利息收入等。使用费收入主要指让渡专利权、商标权、专营权、版权、计算机软件等无形资产的使用权而收取的使用费收入。企业对外出租资产收取的租金、进行债权投资收取的利息、进行股权投资取得的现金股利，也构成让渡资产使用权收入。

2. 按企业经营业务的主次，收入可分为主营业务收入和其他业务收入

（1）主营业务收入

主营业务收入指企业为完成经营目标所从事的经营性活动所实现的收入，一般占企业收入的比重较大，对企业的经济效益产生较大的影响。比如，工业性企业的主营业务收入主要包括销售产品、自制半成品、代制品、代修品、提供工业性劳务等取得的收入；商业企业的主营业务收入主要包括销售商品实现的收入；咨询公司的主营业务收入主要包括提供咨询服务实现的收入。

（2）其他业务收入

其他业务收入指企业为完成其经营目标所从事的与经营性活动相关的活动实现的收入。其他业务收入属于企业日常活动中次要交易实现的收入，一般占企业总收入的比重较小。如对外销售材料、固定资产经营出租、无形资产出租（即转让无形资产的使用权取得的使用费收入）、出租包装物收入等。

（三）销售商品收入的确认

企业会计准则规定，销售商品收入同时满足下列条件的，才能予以确认。

1. 企业已将商品所有权上的主要风险和报酬转移给购货方

企业已将商品所有权上的主要风险和报酬转移给购货方，是指与商品所有权有关的主要风险和报酬同时转移。它是确认销售商品收入的重要条件。与商品所有权有关的风险，是指商品可能发生减值或毁损等形成的损失；与商品所有权有关的报酬，是指商品价值增值或通过使用商品等形成的经济利益。

如何判断企业是否已将商品所有权上的主要风险和报酬转移给购货方，关键应当关注交易的实质，并结合所有权凭证的转移和实物的交付进行判断。如果与商品所有权有关的任何损失均不需要销货方承担，与商品所有权有关的任何经济利益也不归销货方所有，则表明商品所有权上的主要风险和报酬转移给了购货方。

通常，转移商品所有权凭证并交付实物后，商品所有权上的主要风险和报酬也随之转移，如大多数零售商品、预收款销售商品等。

某些情况下，转移商品所有权凭证但未交付实物，商品所有权上的主要风险和报酬随之转移，企业只保留了次要风险和报酬，如以交款提货方式销售商品。有时，已交付实物但未转移商品所有权凭证，商品所有权上的主要风险和报酬未随之转移，如采用收取手续费方式委托代销的商品。

2. 企业既没有保留通常与所有权相联系的继续管理权，也没有对已售出的商品实施有效控制

通常，企业出售商品后不再保留与商品所有权相联系的继续管理权，也不再对售出商品实施有效控制，商品所有权上的主要风险和报酬已经转移给购货方，通常应在发出商品时确认收入。如果企业在商品销售后保留了与商品所有权相联系的继续管理权，或能够继续对其实施有效控制，说明商品所有权上的主要风险和报酬没有转移，销售交易不能成立，不应确认收入，如售后租回。

3. 相关经济利益很可能流入企业

相关的经济利益很可能流入企业，是指销售商品价款收回的可能性大于不能收回的可能性，即销售商品价款收回的可能性超过50%。反之，即使收入确认的其他条件均已满足，也不应当确认收入。

企业在确定销售商品价款收回的可能性时，应当结合以前和购买方交往的直接经验、政府有关政策、其他方面取得的信息等因素进行分析。企业销售的商品符合合同或协议要求，已将发票账单交付买方，买方承诺付款，通常表明满足本确认条件（相关的经济利益很可能流入企业）。如果企业根据以前与买方交往的直接经验判断买方信誉较差，或销售时得知买方在另一项交易中发生了巨额亏损，资金周转十分困难，或在出口商品时不能肯定进口企业所在国政府是否允许将款项汇出等，就可能会出现与销售商品相关的经济利益不能流入企业的情况，不应确认收入。如果企业判断销售商品收入满足确认条件，确认了一笔应收债权，以后由于购货方资金周转困难无法收回该债权时，不应调整原确认的收入，而应对该债权计提坏账准备，确认坏账损失。

4. 收入的金额能够可靠地计量

收入的金额能够可靠地计量，是指收入的金额能够合理地估计。收入金额能够合理地估计是确认收入的基本前提，如果收入的金额不能够合理估计，就无法确认收入。企业在销售商品时，商品销售价格通常已经确定。但是由于销售商品过程中某些不确定因素的影响，也有可能存在商品销售价格发生变动的情况。在这种情况下，新的商品销售价格未确定前，通常不应确认销售商品收入。

5. 相关的已发生或将发生的成本能够可靠地计量

相关的已发生或将发生的成本能够可靠地计量，是指与销售商品有关的已发生或将发生的成本能够合理地估计。

根据收入和费用配比原则，销售商品收入满足其他确认条件时，相关的已发生或将发生的成本通常能够合理地估计，如本企业生产的库存商品的成本、外购商品的购买成本。如果与销售商品相关的已发生或将发生的成本不能够合理地估计，此时企业不应确认收入，若已收到价款，应将已收到的价款确认为负债。

（四）销售商品收入的会计处理

销售商品收入的会计处理主要涉及一般销售商品业务、已经发出商品但不符合收入确认条件的销售业务、销售折让、销售退回、采用预收款方式销售商品、采用支付手续费方式委托代销商品等情况。

为整体地反映主营业务收入的实现情况，企业应设置以下账户：

"主营业务收入"账户，该账户核算企业销售商品和提供劳务发生的收入，企业发生的销货退回、销售折让都作为冲减销售商品收入处理。该账户的贷方登记出售商品、自制半成品、提供劳务等取得的收入，借方登记发生的销货退回、销售折让时冲减的主营业务收入以及期末结转入"本年利润"账户的主营业务收入，结转后该账户应无余额。该账户应按商品或劳务种类设置明细分类账，进行明细分类核算。

"主营业务成本"账户，用来核算企业销售商品、提供劳务等日常活动中的主要业务交易所发生的实际成本，该账户的借方登记本期结转的销售商品、提供劳务的实际成本，贷方反映期末结转入"本年利润"账户的成本以及因销售退回而冲减的主营业务成本，结转后该账户应无余额。

"其他业务收入"账户，核算企业除主营业务以外的其他销售或其他业务取得的收入。如材料销售、代购代销、包装物出租等业务的收入。企业实现的其他业务收入，按实际价款，借记"库存现金""银行存款""应收账款""应收票据"等账户，按实现的营业收入，贷记"其他业务收入"，按专用发票上注明的增值税额，贷记"应交税费——应交增值税（销项税额）"账户。月末将"其他业务收入"账户的余额转入"本年利润"账户，结转后无余额。该账户应按其他业务的种类设置明细账，进行明细分类核算。

"其他业务成本"账户，核算企业除主营业务以外的其他销售或其他业务所发生的支出，包括销售成本、提供劳务而发生的相关成本、费用及缴纳的税金等。企业发生的其他业务成本，借记"其他业务成本"账户，贷记"原材料""包装物""应付职工薪酬""应交税费""银行存款""其他应付款"等有关账户。期末应将本账户的余额转入"本年利润"账户，结转后本账户无余额。本账户应按其他业务的种类设置明细账，进行明细分类核算。

"税金及附加"账户，主要用来核算企业销售商品、销售材料、提供劳务等日常营业活动中的业务交易所负担的销售税金及附加，包括消费税、城市维护建设税、资源税和教育费附加等。该账户的借方登记按照规定计算出的企业日常营业活动应负担的销售税金及附加，贷方反映期末结转入"本年利润"账户的税金及附加，结转后该账户应无余额。

1. 一般商品销售业务

在进行销售商品的会计处理时，首先要考虑销售商品收入是否符合收入确认条件，符合所规定的五个确认条件的，企业应及时确认收入，并结转相关成本。

① 销售商品收入应在收入确认时，按确定的收入金额与应收取的增值税额借记"银行存款""应收账款""应收票据"等账户，按确定的收入金额贷记"主营业务收入"账户，按应收取的增值税额，贷记"应交税费——应交增值税（销项税额）"账户。

② 企业销售商品、提供劳务，通常在月份终了，编制"商品发出汇总表"，汇总结转已销商品、已提供劳务的实际成本，按结转的实际成本，借记"主营业务成本"账户，贷记"库存商品""发出商品"等账户。采用分期收款销售商品，应按销售收入与全部销售收入的比率，计算确定本期应结转的销售成本。

③ 企业销售商品、提供劳务，应按规定计算销售商品、销售材料、提供劳务等日常营业活动应交的消费税、资源税、城市维护建设税和教育费附加，按计算得出的税金和附加费，借记"税金及附加"账户，贷记"应交税费（按各税金分列明细科目）"账户。

2. 已经发出但不符合销售商品收入确认条件的商品的处理

如果企业售出的商品不符合销售收入确认的五项条件中的任何一条，均不应确认收入。对于在一般销售方式下，已经发出但尚未确认销售收入的商品成本应通过"发出商品"账户核算。"发出商品"账户是一个资产类账户，专门用于核算一般销售方式下，已经发出但尚未确认销售收入的商品成本。对尚未确认收入的发出商品，在发出时记入该账户的借方，待确认收入后，按已实现收入的商品实际成本记入该账户的贷方，其余额表示尚未确认收入的发出商品实际成本。

3. 商业折扣、现金折扣、销售折让的处理

应收账款是指企业因销售商品、产品、提供劳务等业务，应向购货单位或接受劳务单位收取的款项，是企业因销售商品、产品、提供劳务等经营活动所形成的债权。核算时，要求应收账款应按实际发生额计价入账。其入账价值包括：销售货物或提供劳务的价款、增值税，以及代购货单位垫付的包装费、运杂费等。在确认应收账款的入账价值时，还要考虑商业折扣、现金折扣和销售折让等因素。

（1）商业折扣

商业折扣是指销售企业为了鼓励客户多购商品而在商品标价上给予的扣除。它是企业最常用的促销手段。通常用百分数来表示，如10%、20%等。扣减后的净额才是实际销售价格。商业折扣一般在交易发生时即已确定，它仅仅是确定实际销售价格的一种手段，不需在买卖双方任何一方的账上反映，所以商业折扣对应收账款的入账价值没有影响。因此，在存在商业折扣的情况下，企业应收账款入账金额应按扣除商业折扣以后的实际售价确认。

（2）现金折扣

现金折扣是指债权人为了鼓励债务人在规定的期限内早日付款，而向债务人提供的债务扣除。现金折扣通常发生在以赊销方式销售商品及提供劳务的交易中。企业为了鼓励客户提前偿付货款，通常与债务人达成协议，债务人在不同的期限内付款可享受不同比例的折扣优惠。现金折扣一般用符号"折扣率/付款期限"来表示。例如"2/10、1/20、N/30"分别表示，10天内付款，可按售价给予2%的折扣；20天内付款按售价给予1%的折扣；30天内付款则不给折扣。

现金折扣的会计处理方法有两种：一是总价法；二是净价法。我国《企业会计准则》规定，应收账款入账价值，应按总价法确定。总价法是将未减去现金折扣前的金额作为实际售价，计入应收账款的入账价值。现金折扣只有客户在折扣期内支付货款时，才予以确认。实际发生的现金折扣作为一种理财费用，计入发生当期的财务费用。

（3）销售折让

销售折让是指企业因售出商品的质量不合格等原因而在售价上给予的减让。企业发生销售折让，应在实际发生时冲减发生当期的销售收入，发生销售折让时，如按规定允许扣减当期销项税额的，应用红字冲减"应交税费——应交增值税（销项税额）"账户。但是，如果发生销售折让时，企业尚未确认销售商品收入，则应直接按扣除折让后的金额确认销售商品收入。

4. 销售退回的处理

销售退回是指企业售出的商品由于质量、品种等不符合合同规定的要求而发生的退货。销售退回应分别根据以下情况进行会计处理：

① 尚未确认销售商品收入的售出商品发生销售退回时，只需要将已记入"发出商品"账户的商品成本转回"库存商品"账户即可，借记"库存商品"账户，贷记"发出商品"账户。

② 企业已经确认销售商品收入的售出商品发生销售退回时，除属于资产负债表日后事项外，一般应在发生时冲减退回当月的销售商品收入，同时冲减退回当月的销售商品成本。借记"主营业务收入"账户，贷记"银行存款""应收账款""应付账款"等账户，按增值税发票上注明的应冲减的增值税用红字贷记"应交税费——应交增值税（销项税额）"账户。同时应借记"库存商品"账户，贷记"主营业务成本"账户。

③ 已确认销售商品收入的售出商品发生的销售退回，属于资产负债表日后事项的，应当按照有关资产负债表日后事项的相关规定进行会计处理。

5. 采用预收款方式销售商品的处理

预收款方式分销售下，销售方直接收到最后一笔款项才将商品交付购货方，表明商品所有权上的主要风险和报酬只有在收到最后一笔款项时才转移给购货方，企业通常应在发出商品时确认收入，在此之前预收的货款应确认为预收账款。

6. 代销商品的处理

委托其他单位代销商品的企业应设置"发出商品"账户。代销通常有视同买断和收取手续费两种方式。

（1）视同买断方式

视同买断方式即由委托方和受托方签订协议，委托方按协议价收取所代销的货款，实际售价可由受托方自行确定，实际售价与协议价之间的差额归受托方所有的销售方式。在这种销售方式下，由于委托方将商品交付给受托方时，商品所有权上的风险和报酬并未转移给受托方，因此，委托方在交付商品时不确认收入，受托方也不作购进商品处理。

受托方将商品售出后，应按实际售价确认为销售收入，并向委托方开具代销清单。委托方收到代销清单时，再确认本企业的销售收入。

企业委托其他单位代销商品，在发出代销商品时不确认收入的实现，应按发出商品的实际成本，借记"发出商品"账户，贷记"库存商品"账户；在收到代销单位的代销清单时确认收入，并按协议价和按规定计算的增值税，借记"应收账款"账户，按协议价格贷记"主营业务收入"账户，按增值税额贷记"应交税费——应交增值税（销项税额）"账户；同时按代销商品的实际成本，借记"主营业务成本"账户，贷记"发出商品"账户。

（2）收取手续费方式

收取手续费方式即受托方根据代销的商品数量向委托方收取手续费的代销方式。对受托方来说，收取的手续费实际上是一种劳务收入。这种代销方式与视同买断方式相比，主要特点是，受托方通常按照委托方规定的价格销售，不得自行改变售价。

7. 销售材料等存货业务的处理

企业在日常活动中发生的销售材料、包装物等存货也视同商品销售，其收入的确认和计量原则比照商品销售处理。

企业为了反映和监督销售材料、包装物等存货实现的收入以及结转的相关成本，应设置"其他业务收入"和"其他业务成本"两账户进行核算。期末两账户结转入"本年利润"科目，结转后两账户科目均应无余额。

二、工作过程

1. 一般商品销售业务

【会计工作1】企业于5月8日发给嘉陵机器厂A产品100件，增值税专用发票上注明货款60 000元、增值税款10 200元，以银行存款代垫运杂费2 000元，银行收下嘉陵机器厂交来的转账支票和进账单。月末结转该批产品的成本40 000元。

【会计凭证】增值税专用发票、转账支票、运输发票、银行进账单（收账通知）、出库单。

【工作指导】该业务会计处理如下：

借：银行存款　　　　　　　　　　　　　　　　　　　　　　72 200
　　贷：主营业务收入　　　　　　　　　　　　　　　　　　60 000
　　　　应交税费——应交增值税（销项税额）　　　　　　　10 200
　　　　银行存款　　　　　　　　　　　　　　　　　　　　 2 000

同时结转成本：

借：主营业务成本　　　　　　　　　　　　　　　　　　　　　　40 000
　　贷：库存商品　　　　　　　　　　　　　　　　　　　　　　　　40 000

【会计工作2】企业5月末，计算应缴纳的消费税为62 000元，城市维护建设税为14 800元，教育费附加4 500元。

【会计凭证】消费税计算表、城市维护建设税及教育费附加计算表。

【工作指导】该业务会计处理如下：

借：税金及附加　　　　　　　　　　　　　　　　　　　　　　　81 300
　　贷：应交税费——应交消费税　　　　　　　　　　　　　　　　62 000
　　　　　　　　——应交城市维护建设税　　　　　　　　　　　　14 800
　　　　　　　　——应交教育费附加　　　　　　　　　　　　　　 4 500

2. 已经发出但不符合销售商品收入确认条件的商品的处理

【会计工作3】企业于2016年8月6日发给嘉陵机器厂200件B产品，该批商品的成本为100 000元，增值税专用发票上注明货款140 000元、增值税款23 800元，已向银行办妥托收手续。在发出商品并办妥托收手续后得知，该厂在另一笔交易中发生巨额损失，资金周转十分困难，经与购货方交涉，确定此项收入本月收回的可能性不大，决定不确认收入。

【会计凭证】增值税专用发票、托收凭证（受理回单）、出库单。

【工作指导】按收入确认条件之相关经济利益很可能流入企业的要求：销售商品价款收回的可能性大于不能收回的可能性，即销售商品价款收回的可能性超过50%；反之，即使收入确认的其他条件均已满足，也不应当确认收入。

① 将已发出商品成本转入"发出商品"科目：

借：发出商品　　　　　　　　　　　　　　　　　　　　　　　 100 000
　　贷：库存商品——B产品　　　　　　　　　　　　　　　　　　100 000

② 将增值税发票上注明的增值税额转入应收账款：

借：应收账款——嘉陵机器厂　　　　　　　　　　　　　　　　　23 800
　　贷：应交税费——应交增值税（销项税额）　　　　　　　　　　23 800

如果销售该批商品的纳税义务尚未发生，则不作上述处理，可待纳税义务发生时再作应交增值税的处理。

③ 2017年3月10日该企业得知嘉陵机器厂经营和财务状况已经好转，嘉陵机器厂也承诺付款。此时，该企业应确认该项收入。

借：应收账款——嘉陵机器厂　　　　　　　　　　　　　　　　 140 000
　　贷：主营业务收入　　　　　　　　　　　　　　　　　　　　 140 000

同时结转成本：

借：主营业务成本　　　　　　　　　　　　　　　　　　　　　 100 000
　　贷：发出商品　　　　　　　　　　　　　　　　　　　　　　 100 000

④ 公司于当年6月6日收到嘉陵机械厂支付的货款，应作如下会计处理：

借：银行存款　　　　　　　　　　　　　　　　　　　　　　　 163 800
　　贷：应收账款　　　　　　　　　　　　　　　　　　　　　　 163 800

3. 商业折扣、现金折扣、销售折让的处理

【会计工作4】嘉陵公司销售一批产品给丙企业，按价目表标明的价格计算，金额为30 000元，由于是成批销售，企业给丙企业10%的商业折扣，折扣金额为3 000元，增值税率为17%，款未收。

【会计凭证】增值税专用发票、托收凭证（受理回单）、出库单。

【工作指导】企业发生的应收账款，在有商业折扣的情况下，应按扣除商业折扣后的金额入账。该业务会计处理如下：

借：应收账款——丙企业　　　　　　　　　　　　　　　　　　　　　　31 590
　贷：主营业务收入　　　　　　　　　　　　　　　　　　　　　　　　27 000
　　　应交税费——应交增值税（销项税额）　　　　　　　　　　　　　　4 590

企业收到银行收款通知，并收到上述货款时，作如下账务处理：

借：银行存款　　　　　　　　　　　　　　　　　　　　　　　　　　　31 590
　贷：应收账款——丙企业　　　　　　　　　　　　　　　　　　　　　31 590

【会计工作5】嘉陵公司在2016年3月10日销售一批产品给丁公司，增值税专用发票上注明售价为20 000元，规定的现金折扣条件为2/10、1/20、N/30，适用的增值税税率为17%，产品交付并办妥托收手续。

【会计凭证】增值税专用发票、托收凭证（受理回单）、出库单。

【工作指导】企业发生的应收账款在有现金折扣的情况下，采用总价法入账，发生的现金折扣作为财务费用处理。该业务会计处理如下：

借：应收账款——丁公司　　　　　　　　　　　　　　　　　　　　　　23 400
　贷：主营业务收入　　　　　　　　　　　　　　　　　　　　　　　　20 000
　　　应交税费——应交增值税（销项税额）　　　　　　　　　　　　　　3 400

如果丁公司在10日内付款，计算现金折扣时不考虑增值税，企业应作如下账务处理：

借：银行存款　　　　　　　　　　　　　　　　　　　　　　　　　　　23 000
　　财务费用　　　　　　　　　　　　　　　　　　　　　　　　　　　　400
　贷：应收账款——丁公司　　　　　　　　　　　　　　　　　　　　　23 400

如果丁公司在20日内付款，计算现金折扣时不考虑增值税，企业应作如下账务处理：

借：银行存款　　　　　　　　　　　　　　　　　　　　　　　　　　　23 200
　　财务费用　　　　　　　　　　　　　　　　　　　　　　　　　　　　200
　贷：应收账款——丁公司　　　　　　　　　　　　　　　　　　　　　23 400

如果丁公司超过了现金折扣的最后期限付款，企业应作如下账务处理：

借：银行存款　　　　　　　　　　　　　　　　　　　　　　　　　　　23 400
　贷：应收账款——丁公司　　　　　　　　　　　　　　　　　　　　　23 400

【会计工作6】嘉陵公司4月份销售给B公司一批商品，增值税专用发票上注明的售价为100 000元、增值税额为17 000元。该批商品的成本为60 000元。货到后，B公司发现商品质量有问题，经双方协商同意给予5%的折让，计5 000元。该批商品的销售收入，已于4月份确认入账，但货款尚未收到。发生的销售折让允许扣减当期增值税销项税额。

【会计凭证】增值税专用发票、托收凭证（受理回单）出库单。

【工作指导】① 销售实现时：

借：应收账款——B公司　　　　　　　　　　　　　　　　　　　　　　117 000

　　　　贷：主营业务收入　　　　　　　　　　　　　　　　　　　　　100 000
　　　　　　应交税费——应交增值税（销项税额）　　　　　　　　　　17 000
　　借：主营业务成本　　　　　　　　　　　　　　　　　　　　　　　60 000
　　　　贷：库存商品　　　　　　　　　　　　　　　　　　　　　　　60 000
　② 发生销售折让时：
　　借：主营业务收入——销售折让　　　　　　　　　　　　　　　　　5 000
　　　　应交税费——应交增值税（销项税额）　　　　　　　　　　　　　850
　　　　贷：应收账款——B公司　　　　　　　　　　　　　　　　　　5 850
　③ 实际收到款项时：
　　借：银行存款　　　　　　　　　　　　　　　　　　　　　　　　111 150
　　　　贷：应收账款——B公司　　　　　　　　　　　　　　　　　111 150

4. 销售退回的处理

【会计工作7】嘉陵公司2016年4月5日收到3月发给乙企业的不合格B产品50件，增值税专用发票上注明的售价为30 000元、增值税5 100元，该批商品的成本为20 000元。乙企业已于上月付款，该商品因出现严重质量问题本月被退回，该企业同意并办妥了有关手续，所收货款以银行存款退回，A产品的单位成本为250元，上月已结转，甲企业应作如下会计分录：

【会计凭证】增值税专用发票（红字）、汇款委托书（回单）、入库单。

【工作指导】① 销售实现时：
　　借：应收账款——乙企业　　　　　　　　　　　　　　　　　　　35 100
　　　　贷：主营业务收入　　　　　　　　　　　　　　　　　　　　30 000
　　　　　　应交税费——应交增值税（销项税额）　　　　　　　　　　5 100
　　借：主营业务成本　　　　　　　　　　　　　　　　　　　　　　20 000
　　　　贷：库存商品　　　　　　　　　　　　　　　　　　　　　　20 000
　② 实际收到款项时：
　　借：银行存款　　　　　　　　　　　　　　　　　　　　　　　　35 100
　　　　贷：应收账款——B公司　　　　　　　　　　　　　　　　　35 100
　③ 销售退回时：
　　借：主营业务收入　　　　　　　　　　　　　　　　　　　　　　30 000
　　　　应交税费——应交增值税（销项税额）　　　　　　（红字金额）5 100
　　　　贷：银行存款　　　　　　　　　　　　　　　　　　　　　　35 100
　　借：库存商品——B产品　　　　　　　　　　　　　　　　　　　20 000
　　　　贷：主营业务成本　　　　　　　　　　　　　　　　　　　　20 000

5. 采用预收款方式销售商品的处理

【会计工作8】嘉陵公司与乙公司签订协议，采用预收款方式向乙公司销售一批商品。2016年5月15日，嘉陵公司收到乙公司预付的货款200 000元，存入银行。2016年6月21日，嘉陵公司向乙公司发出该批商品，增值税专用发票上注明的售价为400 000元、增值税额为68 000元；该批商品实际成本为300 000元。协议约定，不足的货款于1个月后支付。

【会计凭证】增值税专用发票、进账单（收账通知）收款收据、出库单。

【工作指导】① 5月15日收到货款时：
借：银行存款　　　　　　　　　　　　　　　　　　　　　　200 000
　　贷：预收账款——乙公司　　　　　　　　　　　　　　　　　200 000
② 6月21日发出商品时：
借：预收账款　　　　　　　　　　　　　　　　　　　　　　468 000
　　贷：主营业务收入　　　　　　　　　　　　　　　　　　　400 000
　　　　应交税费——应交增值税（销项税额）　　　　　　　　　68 000
③ 6月末结转该批产品成本时：
借：主营业务成本　　　　　　　　　　　　　　　　　　　　300 000
　　贷：库存商品　　　　　　　　　　　　　　　　　　　　　300 000
④ 1个月后收到乙公司补付的货款时：
借：银行存款　　　　　　　　　　　　　　　　　　　　　　268 000
　　贷：预收账款　　　　　　　　　　　　　　　　　　　　　268 000

6. 代销商品的处理

【会计工作9】嘉陵公司委托乙企业代销A商品300件，双方签订的代销协议确定的协议价为1 170元（含17%的增值税）、单位成本700元，于2016年6月20日发出该商品。7月20日收到乙企业转来的代销清单上表明售出300件，嘉陵公司开具增值税专用发票，注明售价300 000元、增值税51 000元。乙企业实际销售时开具增值税专用发票，注明售价400 000元、增值税68 000元。7月25日，嘉陵公司收到乙企业按合同协议价格支付的款项351 000元。

【会计凭证】增值税专用发票、进账单（收账通知）、收款收据、代销协议、出库单。

【工作指导】① 嘉陵公司应作如下会计处理：
a. 发出代销商品时：
借：发出商品——A产品（乙企业）　　　　　　　　　　　　210 000
　　贷：库存商品——A产品　　　　　　　　　　　　　　　　210 000
b. 7月20日收到代销清单时：
借：应收账款——乙企业　　　　　　　　　　　　　　　　　351 000
　　贷：主营业务收入　　　　　　　　　　　　　　　　　　　300 000
　　　　应交税费——应交增值税（销项税额）　　　　　　　　　51 000
借：主营业务成本　　　　　　　　　　　　　　　　　　　　210 000
　　贷：发出商品——A产品（乙企业）　　　　　　　　　　　210 000
c. 收到乙企业汇来的货款时：
借：银行存款　　　　　　　　　　　　　　　　　　　　　　351 000
　　贷：应收账款——乙企业　　　　　　　　　　　　　　　　351 000
② 乙企业应作如下会计处理：
a. 收到发来的A商品时：
借：受托代销商品——A产品（嘉陵公司）　　　　　　　　　300 000
　　贷：受托代销商品款　　　　　　　　　　　　　　　　　　300 000
b. 实际销售A商品时：
借：银行存款　　　　　　　　　　　　　　　　　　　　　　468 000

贷：主营业务收入	400 000
应交税费——应交增值税（销项税额）	68 000
借：主营业务成本	300 000
贷：受托代销商品——A产品（嘉陵公司）	300 000
借：受托代销商品款——嘉陵公司	300 000
应交税费——应交增值税（进项税额）	51 000
贷：应付账款——嘉陵公司	351 000

c. 按合同协议价将款项付给嘉陵公司时：

借：应付账款——嘉陵公司	351 000
贷：银行存款	351 000

【会计工作10】嘉陵公司委托乙企业代销A商品300件，双方签订的代销协议确定的协议价为1 170元（含17%的增值税），每件支付手续费100元。A产品单位成本700元，嘉陵公司于2016年6月20日发出该商品。7月20日收到乙企业转来的代销清单上表明售出200件，开具增值税专用发票注明售价200 000元、增值税34 000元。嘉陵公司收到乙企业开具的代销清单时，向乙企业开具了一张相同金额的增值税专用发票。次月25日，嘉陵公司收到乙企业按合同协议价格支付的代销货款净额。

【会计凭证】增值税专用发票、进账单（收账通知）、收款收据、代销协议、出库单。

【工作指导】① 嘉陵公司应作如下会计处理：

a. 发出代销商品时：

借：委托代销商品——A产品（乙企业）	210 000
贷：库存商品——A产品	210 000

b. 7月20日收到代销清单时：

借：应收账款——乙企业	234 000
贷：主营业务收入	200 000
应交税费——应交增值税（销项税额）	34 000
借：主营业务成本	140 000
贷：委托代销商品——A产品（乙企业）	140 000
借：销售费用——代销手续费	20 000
贷：应收账款——乙企业	20 000

代销手续费=200×100=20 000（元）

c. 收到乙企业汇来的代销货款净额时：

借：银行存款	214 000
贷：应收账款——乙企业	214 000

② 乙企业应作如下会计处理（见表14-4）：

a. 收到发来的A商品时：

借：受托代销商品——A产品（嘉陵公司）	300 000
贷：受托代销商品款	300 000

b. 对外销售A商品时：

借：银行存款	234 000	
贷：受托代销商品——A产品（嘉陵公司）		200 000
应交税费——应交增值税（销项税额）		34 000

c. 收到增值税专用发票时：

借：应交税费——应交增值税（进项税额）	34 000	
贷：应付账款——嘉陵公司		34 000
借：受托代销商品款——嘉陵公司	20 000	
贷：主营业务收入（或其他业务收入）		20 000

d. 将代销货款净额支付给嘉陵公司和确认手续费时：

借：受托代销商品款	180 000	
应付账款——嘉陵公司	34 000	
贷：银行存款		214 000
借：应付账款	23 400	
贷：银行存款		214 000
其他业务收入		20 000

7. 销售材料等存货业务的处理

【会计工作11】企业向A公司销售一批甲材料，增值税专用发票上注明价款10 000元、增值税1 700元，该批材料的实际成本为7 000元。款已收到。

【会计凭证】增值税专用发票、进账单（收账通知）、出库单。

【工作指导】企业应作如下会计处理：

借：银行存款	11 700	
贷：其他业务收入——材料销售		10 000
应交税费——应交增值税（销项税额）		1 700

同时结转已销材料的实际成本：

借：其他业务成本	7 000	
贷：原材料——甲材料		7 000

三、知识拓展

【拓展1】

新准则下商品收入确认实例

1. 下列商品销售时，通常按规定的时点确认为收入，有证据表明不满足收入确认条件的除外：

（1）销售商品采用托收承付方式的，在办妥托收手续时确认收入。

（2）销售商品采用预收款方式的，在发出商品时确认收入，预收的货款应确认为负债。

（3）销售商品需要安装和检验的，在购买方接受商品以及安装和检验完毕前，不确认收入，待安装和检验完毕时确认收入。如果安装程序比较简单，可在发出商品时确认收入。

（4）销售商品采用以旧换新方式的，销售的商品应当按照销售商品收入确认条件确认收入，回收的商品作为购进商品处理。

（5）销售商品采用支付手续费方式委托代销的，在收到代销清单时确认收入。

2. 采用售后回购方式销售商品的，收到的款项应确认为负债；回购价格大于原售价的，差额应在回购期间按期计提利息，计入财务费用。有确凿证据表明售后回购交易满足销售商品收入确认条件的，销售的商品按售价确认收入，回购的商品作为购进商品处理。

3. 采用售后租回方式销售商品的，收到的款项应确认为负债；售价与资产账面价值之间的差额，应当采用合理的方法进行分摊，作为折旧费用或租金费用的调整。有确凿证据表明认定为经营租赁的售后租回交易是按照公允价值达成的，销售的商品按售价确认收入，并按账面价值结转成本。

【拓展2】

会计人员必须要知道的时间点

每月月底之前，增值税专用发票进项抵扣联要认证，最好20日前认证一次，若有不符事项及时退回，重新开具合格增值税专用发票（注意密码区不可折叠，不可涂改有污迹）。

每月1日（各地抄税日按照当地国税部门要求办），一般纳税人要抄税。

每月5日之前，一般纳税人要报税。

每月10日之前，纳税申报（国税、地税，一个都不能少。若有运费税，先向国税申报运费税抵扣报表）。一般纳税人远程电子申报；小规模纳税人电话申报，拨打12366，根据提示音进行纳税申报。纸制报表一个季度送一次，一式三份。

申报个人所得税不要忘了带上工资明细表复印件。

每月8日之前报送统计报表给市统计局。

2月15日以前申报上年度企业所得税，先要通过审计部门审查。

2月15日以前要记着地税的上年度自核自缴工作，同时要注意国税有没有这一要求。

3月15日以前要进行营业执照的工商年检（注意未分配利润若是负数，亏损不可超过注册资本的20%，否则对该企业是否能持续经营表示怀疑）。

3月份要进行软件企业年检（具体要问当地的软件协会，要早点问）。

3月份要进行上年度各项保险的结算（具体要问当地的劳动保险局，要早点问）。

4月份要进行企业代码证的年检（具体要问当地的技术监督局，要早点问）。

4月份要申报按职工人数和单位定额计算交纳的"水利基金"。

5月份要申报按4月份的工资计算缴纳的"在职职工教育费附加"。

6月份之前银行金融部门贷款证年检。国地税年检，一般纳税人资格年检看税务部门通知。行业性年检看行业主管部门的通知。

4月15日、7月15日、10月15日、1月15日前申报上季度企业所得税。

"房产税、土地使用税"于3月、6月、9月、12月的10日前在市地税申报各季度税金。

课堂训练

1. 下列业务发生时不能确认收入的有（　　）。

A. 采用预收款方式销售发出商品时

B. 采用支付手续费方式委托代销商品收到代销清单时

C. 采用预收款方式销售商品，收到商品款时

D. 采用支付手续费方式委托代销商品发出商品时

2. 甲企业委托乙企业代销一批商品 6 000 件，代销价款为 100 元/件。该商品成本为 60 元/件，甲企业适用增值税税率为 17%，2016 年 5 月，甲企业收到乙企业开来的代销清单上列明已销售代销商品的 50%，甲企业向乙企业开具增值税专用发票。甲企业按售价的 3% 支付给乙企业手续费。甲企业 2016 年 5 月应确认的销售收入为（　　）元。

   A. 300 000　　　　　B. 188 000　　　　　C. 400 000　　　　　D. 388 000

3. A 企业 2016 年 8 月 10 日收到 B 公司因质量问题而退回的商品 10 件，每件商品成本为 100 元。该批商品系 A 公司 2016 年 5 月 13 日出售给 B 公司，每件商品售价为 230 元，适用的增值税税率为 17%，货款尚未收到，A 公司尚未确认销售商品收入，也未开出增值税专用发票。因 B 公司提出的退货要求符合销售合同约定，A 公司同意退货。A 公司应在验收退货入库时所做的会计处理为（　　）。

   A. 借记"库存商品" 1 000，贷记"主营业务成本" 1 000

   B. 借记"主营业务收入" 2 691，贷记"应收账款" 2 691

   C. 借记"库存商品" 1 000，贷记"发出商品" 1 000

   D. 借记"应交税费——应交增值税（销项税额）" 391，贷记"应收账款" 391

任务 2　提供劳务收入的核算

提供劳务的收入

一、相关知识

企业提供的劳务种类很多，如运输、产品安装、旅游、咨询、广告等。有的一次便可完成，如现金交易的饮食、理发等；有的需花费一段时间方可完成，如安装、培训、远洋运输等。

企业提供劳务收入的确认应分为两类情况：一类是开始和完成都在同一会计期间的劳务，另一类是在资产负债表日未完成的劳务。

（一）在同一会计期间内开始并完成的劳务

对于劳务开始和完成都在同一会计期间的，应在提供劳务交易完成时确认收入，确认的金额通常为从接受劳务方已收或应收的合同或协议价款，其原则可参照销售商品收入的确认原则。

对于一次就能完成的劳务，企业应在提供劳务交易完成时确认收入及相关成本。对于持续一段时间但在同一会计期间开始并完成的劳务，企业应在为提供劳务交易发生相关支出时确认劳务成本，待劳务完成时再确认劳务收入并结转相关劳务成本。

企业对外提供劳务，如属企业的主营业务，所实现的收入作企业主营业务处理，结转的成本作主营业务成本处理；如属企业主营业务以外的其他经营活动，所实现的收入作其他业务收入处理，结转的相关成本作其他业务成本处理。

企业对外提供劳务发生的支出一般通过"劳务成本"科目予以归集，待确认为费用时，再从"劳务成本"科目转入"主营业务成本"或"其他业务成本"科目。

（二）劳务的开始和完成分属不同的会计期间

1. 提供劳务交易结果能够可靠估计

如劳务的开始和完成不在同一会计期间，且企业在资产负债表日提供劳务交易的结果能够可靠估计的，应当按照完工百分比法确认提供劳务收入。完工百分比法，是指按照提供劳务交易的完工进度确认收入与费用的方法。

提供劳务交易的结果能够可靠估计，是指同时具备以下条件：

① 收入的金额能够可靠计量。
② 相关的经济利益很可能流入企业。
③ 交易的完工进度能够可靠确定。

企业可以选用下列方法来确定提供劳务交易的完工进度：

a. 已完工作的测量：由专业测量师对已经提供的劳务进行测量，并按一定方法计算确定提供劳务交易的完工程度。

b. 已经提供的劳务占应提供劳务总量的比例：以劳务量为标准确定提供劳务交易的完工程度。

c. 已发生的成本占估计成本的比例：以成本为标准确定提供劳务交易的完工程度。

④ 交易中已发生的和将发生的成本能够可靠地计量。

2. 提供劳务交易结果不能可靠估计

如劳务的开始和完成不在同一会计期间，且企业在资产负债表日提供劳务交易的结果不能可靠估计的，即不能同时满足上述四个条件的，不能采用完工百分比法确认提供劳务收入。此时，企业应当正确预计已经发生的劳务成本能否得到补偿，应分别按下列情况处理：

① 已发生的劳务成本预计能够得到全部补偿的，应按已收或预计能够收回的金额确认劳务收入，同时结转已经发生的劳务成本。

② 已发生的劳务成本预计能够得到部分补偿的，应按能够得到部分补偿的劳务成本金额确认提供劳务收入，同时结转已经发生的劳务成本。

③ 已发生的劳务成本预计全部不能得到补偿的，应当将已经发生的劳务成本计入当期损益（主营业务成本或其他业务成本），不确认提供劳务收入。

二、工作过程

1. 在同一会计期间开始并完成的劳务

【会计工作 12】2016 年 4 月 5 日 A 公司接受一项设备安装任务，该安装任务可一次完成，合同总收入为 30 000 元，以银行存款实际支付安装费用 14 000 元。安装业务属于该公司的主营业务，不考虑相关税费。

【会计凭证】安装合同、汇款委托书（回单）。

【工作指导】① 确认所提供的劳务收入时：

借：应收账款（或银行存款） 30 000
　　贷：主营业务收入 30 000

② 发生并确认有关成本费用时：

借：主营业务成本 14 000

　　　　贷：银行存款　　　　　　　　　　　　　　　　　　　　　　　　　　14 000

　　若上述安装任务需一段时间（不超过本会计期间）方能完成，则应在为其提供劳务而发生有关支出时作如下处理：

　　借：劳务成本
　　　　贷：银行存款等

　　【会计工作13】2016年5月6日A公司接受一项设备安装任务，合同规定该安装任务2016年8月10日前完成，合同总收入为30 000元，以银行存款实际支付安装费用14 000元。

　　【会计凭证】安装合同、汇款委托书（回单）。

　　【工作指导】① 发生有关成本费用时：

　　借：劳务成本　　　　　　　　　　　　　　　　　　　　　　　　　　　　14 000
　　　　贷：银行存款　　　　　　　　　　　　　　　　　　　　　　　　　　14 000

　　② 2016年8月10日前完成劳务，确认收入、费用时：

　　借：应收账款　　　　　　　　　　　　　　　　　　　　　　　　　　　　30 000
　　　　贷：主营业务收入　　　　　　　　　　　　　　　　　　　　　　　　30 000
　　借：主营业务成本　　　　　　　　　　　　　　　　　　　　　　　　　　14 000
　　　　贷：劳务成本　　　　　　　　　　　　　　　　　　　　　　　　　　14 000

2. 劳务的开始和完成分属不同的会计期间

　　【会计工作14】A公司2016年2月6日接受甲公司一项设备安装任务，合同规定该安装任务工期为6个月，2016年3月1日开始安装。合同总收入为90 000元，分三次等额支付，第一次在2016年2月28日，第二次在2016年5月30日，第三次在安装任务结束时。

　　2016年2月28日，甲公司预付A公司第一次安装费。A公司发生安装成本20 000元（假定均为安装人员薪酬）。2016年5月30日，甲公司支付A公司第二次安装费，A公司发生安装成本35 000元（假定均为安装人员薪酬）。至2016年6月底，A公司得知甲公司经营发生困难，下次安装费能否收回难以确定。假定不考虑相关税费，A公司会计处理为：

　　【会计凭证】安装合同、进账单（收账通知）、成本计算单。

　　【工作指导】① 2016年2月28日收到甲公司预付的第一次安装费：

　　借：银行存款　　　　　　　　　　　　　　　　　　　　　　　　　　　　30 000
　　　　贷：预收账款　　　　　　　　　　　　　　　　　　　　　　　　　　30 000

　　② 实际发生安装成本时：

　　借：劳务成本　　　　　　　　　　　　　　　　　　　　　　　　　　　　20 000
　　　　贷：应付职工薪酬　　　　　　　　　　　　　　　　　　　　　　　　20 000

　　③ 2016年4月30日确认劳务收入并结转劳务成本：

　　借：预收账款　　　　　　　　　　　　　　　　　　　　　　　　　　　　30 000
　　　　贷：主营业务收入　　　　　　　　　　　　　　　　　　　　　　　　30 000
　　借：主营业务成本　　　　　　　　　　　　　　　　　　　　　　　　　　20 000
　　　　贷：劳务成本　　　　　　　　　　　　　　　　　　　　　　　　　　20 000

　　④ 2016年5月30日收到甲公司预付的第二次安装费：

　　借：银行存款　　　　　　　　　　　　　　　　　　　　　　　　　　　　30 000
　　　　贷：预收账款　　　　　　　　　　　　　　　　　　　　　　　　　　30 000

⑤ 实际发生安装成本 35 000 元时：

借：劳务成本　　　　　　　　　　　　　　　　　　　　　　35 000
　　贷：应付职工薪酬　　　　　　　　　　　　　　　　　　　　35 000

⑥ 2016 年 6 月 30 日确认劳务收入并结转劳务成本：

借：预收账款　　　　　　　　　　　　　　　　　　　　　　30 000
　　贷：主营业务收入　　　　　　　　　　　　　　　　　　　　30 000
借：主营业务成本　　　　　　　　　　　　　　　　　　　　35 000
　　贷：劳务成本　　　　　　　　　　　　　　　　　　　　　　35 000

上述 A 公司第二次已经发生的劳务成本 35 000 元预计只能部分得以补偿，即只能按预收款项得到补偿，应按预收账款 30 000 元确认劳务收入，并将已经发生的劳务成本 35 000 元结转到当期损益。

三、知识拓展

财会人员必读的五类书

1. 操作技能类

有朋友戏说，自己因为在同事中 Excel 操作最好而被委以重任。其实此言不虚，当大家处于相同的平台时，专业技能之外的其他技能就成了决定发展的重要因素了。

（1）Excel 是财会人接触最多的工具，但也是了解最少的工具，众多财会人除了简单的加减乘除外，很少有掌握更多的公式以及其他功能的。不过，当你看到那些 Excel 高手弹指如一挥间将你需要数个小时才能做出来的结果呈现在你面前时，你除惊奇之外，不知是否有所触动？

（2）财会软件是财会人业务处理平台，除了应用，你对它还有多少了解呢？当你束手无策而软件技术人员几分钟就能解决时，且每年需要支付巨额的软件服务费时，精打细算的你内心是否平衡呢？或者说，是否意识到财会技能+软件技能能够让你身价倍增呢？即使不是完全掌握软件技能但熟悉了解了全部的流程，那不经意间你就能站在管理者的角度思考问题了。

2. 知识技能类

（1）财会工作是活到老学到老的职业，而这种学习来自经济的发展和环境的变化，如最新准则的发布等，所以这类的学习是最及时的。同时，财会人还需要面对众多的考证需求，国内的考证参考教材一般都是与最新的财会准则一致的，如职称考试、注册会计师考试等，所涉及的内容包含了会计、税法、经济法等一个财会人需要掌握的整体知识，以考代学也是件一举两得的事。

（2）学以致用。记账只是财会人最基础的工作，除此之外还有更多的管理性工作要做，如预算、财务分析、资金管理等，借助这些财务工具来提供管理决策信息，所以此类书是财会人更好发挥自己作用的助力器。

3. 沟通技能类

财会人普遍面临一种矛盾的局面，即如何将自己的专业术语以通俗的方式表达出来，以更好地让同事了解财会的作用。

（1）财会人应该说是单位内掌握最多信息资源的员工，所以所出具的报告在财会角度来看具有很高的权威性，但是否其他人也这样认为呢？这就需要财会人有效推广自己的工作产品。你花数年时间学会的财会知识如何通过只言片语形象表达呢？这种类型的书会助你一臂之力的，如《财报就像一本故事书》《跟着笨笨干会计》等，可以将内容拿来为我所用。

（2）专业沟通技能之外，财会更需要的是沟通技巧的掌握。财会是单位的"看门狗"，站在单位的角度看问题；业务是单位的发动机，站在单位和自身的角度看问题。摩擦不可避免，火花不断出现，是燃起熊熊大火还是化为灰烬，就看沟通的技巧了。

4. 传统文化类

有知识没文化成了现今职业人的写照，尤其传统文化的缺失让人重术轻道，缺少发展根基。

（1）不管是否承认，你的言行很大程度上受《论语》等古籍的影响，因为其中一些思想经过千年的发展已经深入你我脑海了。与现在的快餐文化相比，古文的特点在于韵味十足，短短数语所蕴含内容无穷。专家学者对古籍的解读让此类书变得活力十足，读书是"给思想一片飞翔的天空"。

（2）以史为鉴可以知古今。国之兴衰与单位的起伏有众多相似之处，因为都是人在起主导作用。不妨多读史，对人性有更多了解。

（3）读古诗词让你拥有更多浪漫气息。财会是带着枷锁跳舞的职业，长此以往头脑不自觉地被束缚，因此有着"秃头+眼镜+套袖+呆若木鸡+面无表情"的职业形象。古诗词是让思想跳舞的一项运动，不仅敞开心扉，更由此引出更多的工作思路。

5. 管理技能类

不想当将军的兵不是好兵，同样不想走上管理岗位的财会人不是好的财会人。

（1）管理是由美国一个叫德鲁克的人组织成体系的，他被称为管理学的开山鼻祖，其生前的一系列论述即使到现在都闪耀智慧的光芒。除了管理学开创者的著作外，还有很多发展者，如根据各国的实际经济、文化条件有效地改良，以惠及更多的企业家。

（2）幸福的家庭都是相似的，不幸的家庭各有各的不幸。管理部门、管理企业也是这样，当事人更有发言权，旁观者可借此"有则改之，无则加勉"。如杰克·韦尔奇的《赢》是其多年管理思想的一个总结，还有众多国内外的企业家的著述，读之可放宽眼界，与先行者用心交流。

课堂训练

（一）选择题

1. 甲公司 2016 年 5 月 11 日与客户签订了一项工程劳务合同，合同期为 9 个月，合同总收入 1 000 万元，预计合同总成本 700 万元；至 2016 年 12 月 31 日，实际发生成本 320 万元。甲公司按实际发生的成本占预计总成本的百分比确定劳务完成程度。在年末确认劳务收入时，甲公司发现，客户已发生严重的财务危机，估计只能从工程款中收回成本 300 万元。则甲公司 2011 年度应确认的劳务收入为（　　）万元。

A. 228.55　　　　B. 320　　　　C. 300　　　　D. 20

2. 某企业于 2016 年 9 月接受一项产品安装任务，安装期 5 个月，合同总收入 30 万元，年度预收款项 12 万元，余款在安装完成时收回，当年实际发生成本 15 万元，预计还将发生成本 3 万元。2016 年年末请专业测量师测量，产品安装程度为 60%。该项劳务影响 2016 年度利润总额的金额为（   ）。

    A. 不影响当年利润　　　　　　　B. 当年利润增加 7.2 万元
    C. 当年利润增加 15 万元　　　　D. 当年利润增加 30 万元

（二）判断题（正确的在括号内打"√"，错误的打"×"）

企业跨期提供的劳务交易，按新准则的规定必须按完工百分比法确认收入。（　　）

任务 3　让渡资产使用权收入的核算

让渡资产所有权收入

一、相关知识

让渡资产使用权收入主要指让渡无形资产等资产使用权的使用费收入。出租固定资产收取的租金、进行债权投资收取的利息、进行股权投资取得的现金股利也构成让渡资产使用权收入。

（一）让渡资产使用权收入的确认与计量

让渡资产使用权的使用费收入同时满足下列条件的，才能予以确认。

1. 相关的经济利益很可能流入企业

在确定使用费收入金额是否很可能收回时，应根据对方企业的信誉和财务状况等因素，综合判断。如收回的可能性不大，就不应确认收入。

2. 收入的金额能够可靠计量

当让渡资产使用权的使用费收入金额能够可靠估计时，企业才能确定让渡资产使用权的使用费收入。其金额应按照有关合同或协议约定的收费时间和方法计算确定。对于一次性收取使用费，且不提供后续服务的，应当视同销售该项资产，一次性确认收入；提供后续服务的，应在相关合同或协议规定的有效期内分期确认收入。如合同或协议规定分期收取使用费的，应按照合同或协议规定的收款时间和金额或规定的收费方法计算确定的金额分期确认收入。

（二）让渡资产使用权收入的账务处理

让渡资产使用权的使用费收入，一般通过"其他业务收入"科目核算；其让渡资产计提的摊销额等，一般通过"其他业务成本"核算。确认让渡资产使用权的使用费收入时，按确定的收入金额，借记"应收账款""银行存款"等科目，贷记"其他业务收入"科目。对让渡资产计提的摊销和与之有关的支出等，借记"其他业务成本"科目，贷记"累计摊销"等科目。

二、工作过程

【会计工作 15】 甲公司向丁公司转让其商品的商标使用权，一次性收取使用费 100 000 元，不提供后续服务，款项已经收到。假定不考虑相关税费。

【会计凭证】 银行进账单（收账通知）、转让协议。

【工作指导】 甲公司确认使用费收入时：

借：银行存款　　　　　　　　　　　　　　　　　　　　　　　　100 000
　　贷：其他业务收入　　　　　　　　　　　　　　　　　　　　　100 000

【会计工作 16】甲公司 2016 年 1 月 1 日向丁公司转让某商标使用权，约定期限为 5 年，丁公司每年年末按年销售收入的 15% 支付使用费。第一年，丁公司实现销售收入 400 000 元；第二年，丁公司实现销售收入 600 000 元。假定甲公司均于每年年末收到使用费，2016 年该商标使用权的摊销额为 24 000 元，2017 年该商标使用权的摊销额为 30 000 元，不考虑其他因素和相关税费。

【会计凭证】银行进账单（收账通知）、转让协议。

【工作指导】① 2016 年年末确认使用费收入：

借：银行存款（400 000×15%）	60 000
贷：其他业务收入	60 000

② 2016 年每月计提摊销额：

借：其他业务成本	2 000
贷：累计摊销	2 000

③ 2017 年年末确认使用费收入：

借：银行存款	90 000
贷：其他业务收入	90 000

④ 2017 年每月计提摊销额：

借：其他业务成本	2 500
贷：累计摊销	2 500

课堂训练

（一）选择题

下列项目中，应计入其他业务收入的是（　　）。

A. 转让无形资产所有权收入　　　B. 出租固定资产收入
C. 罚款收入　　　　　　　　　　D. 股票发行收入

（二）判断题

企业让渡资产使用权，如果合同或协议规定一次性收取使用费，且不提供后续服务的，应当视同销售该资产一次性确认收入。（　　）

任务 4　政府补助收入的核算

政府补助

一、相关知识

（一）政府补助的概念和特征

政府补助是指企业从政府无偿取得货币性资产或非货币性资产，但不包括政府作为企业所有者投入的资本。其"政府"包括各级人民政府以及政府组成部门（如财政、卫生部门）、政府直属机构（如税务、环保部门）等。联合国、世界银行等国际类似组织，也视同为政府。

政府补助具有以下特征：

1. 政府补助是无偿的

政府向企业提供补助属于非互惠交易，政府并不因此而享有企业的所有权，企业未来也不需要以提供服务、转让资产等方式偿还，具有无偿性。

2. 政府补助通常附有条件

其通常附有一定的条件，主要包括政策条件和使用条件。

（1）政策条件

政府补助是政府为了鼓励或扶持某个行业、区域或领域的发展而给予企业的一种财政支持，具有很强的政策性。因此，其政策条件（即申报条件）是不可缺少的。企业只有符合相关政府补助政策的规定，才有资格申报政府补助。但符合政策规定的，不一定都能够取得政府补助；不符合政策规定、不具备申报资格的，不能取得政府补助。例如，政府向企业提供的环保技术研究与开发资金补助，其条件必须是符合国家的环保政策。

（2）使用条件

企业已获批准取得政府补助的，应当按照政府相关文件等规定的用途使用政府补助。否则，政府有权按规定责令其改正、终止资金拨付，甚至收回已拨付的资金。例如，企业从政府无偿取得的农业机械化补贴资金，必须用于相关政策文件中规定的农业机械化补贴项目。

3. 政府补助不包括政府的资本性投入

政府以企业所有者身份向企业投入资本，享有企业相应的所有权，企业有义务向投资者分配利润，政府与企业之间是投资者与被投资者的关系，属于互惠交易。这与其他单位或个人对企业的投资在性质上是一致的。财政拨入的投资补助等专项拨款中，相关政策明确规定作为"资本公积"处理的部分，也属于资本性投入。政府的资本性投入无论采用何种形式，均不属于政府补助的范畴。例如，科技型中小企业技术创新基金对少数起点高、具有较广创新内涵、较高创新水平并有后续创新潜力、预计投产后具有较大的市场需求、有望形成新兴产业的项目，可以采用资本金投入方式，这里的"资本金投入"就不属于政府补助的范畴。

此外，政府代第三方支付给企业的款项，对于收款企业而言不属于政府补助，因为这项收入不是企业无偿取得的。例如，政府代农民交付的良种购买资金，属于供货企业的产品销售收入，不属于政府补助。

（二）政府补助的主要形式

政府补助通常为货币性资产形式，最常见的就是通过银行转账的方式；但由于历史原因也存在无偿划拨非货币性资产的情况，随着市场经济的逐步完善，这种情况已经趋于消失。

1. 财政拨款

财政拨款指政府为了支持企业而无偿拨付的款项。这类拨款通常具有严格的政策条件，只有符合申报条件的企业才能申请拨款，并附有明确的使用条件，政府在批准拨款时就规定了资金的具体用途。

财政拨款可以是事前支付，也可以是事后支付。前者是指符合申报条件的企业，经申请取得拨款之后，将拨款用于规定用途或其他用途。比如，符合申请科技型中小企业技术创新基金的企业，取得拨付资金后，用于购买设备等规定用途。后者是指符合申报条件的企业，从事相关活动、发生相关费用之后，再向政府部门申请拨款。例如，为支持中小企业参与国际竞争，政府给予中小企业的国际市场开拓资金可以采用事后支付的方式，企业完成开拓市场活动后,根据政府批复的支持金额获得补助资金。

2. 财政贴息

财政贴息指政府为支持特定领域或区域发展,根据国家宏观经济形势和政策目标,对承贷企业的银行贷款利息给予的补贴。财政贴息的补贴对象通常是符合申报条件的某类项目,例如农业产业化项目、中小企业技术创新项目等。贴息项目通常是综合性项目,包括设备购置、人员培训、研发费用、人员开支、购买服务等;也可以是单项的,比如仅限于固定资产贷款项目。

目前,财政贴息主要有两种方式:一是财政将贴息资金直接支付给受益企业,例如,政府为支持企业环保发展,对企业以银行贷款为主的环保项目提供贷款贴息;二是财政将贴息资金直接拨付贷款银行,由贷款银行以低于市场利率的政策性优惠利率向企业提供贷款。例如,某些扶贫资金,由农行系统发放贴息贷款,财政部与农业银行总行结算贴息资金,承贷企业按照实际发生的利率计算和确认利息费用。

3. 税收返还

税收返还指政府向企业返还的税款,属于以税收优惠形式给予的一种政府补助。其主要包括先征后返的所得税和先征后退、即征即退的流转税,其流转税包括增值税和消费税等。实务中,还存在税收奖励的情况,若采用先据实征收再以现金返还的方式,其本质上也属于税收返还。

除上述税收返还之外,税收优惠(包括直接减征、免征、增加计税抵扣额、抵免部分税额等形式)体现了政策导向,但政府并未直接向企业无偿提供资产,因此不作为企业会计准则规范的政府补助处理。

(三)与资产相关的政府补助的处理

与资产相关的政府补助是指企业取得的、用于购建或以其他方式形成长期资产的政府补助。该类补助一般以银行转账的方式拨付,如政府拨付的用于企业购买无形资产的财政拨款、政府对企业用于建造固定资产的相关贷款给予的财政贴息等,应当在实际收到款项时按照到账的实际金额确认和计量。在很少的情况下,这类补助也可能表现为政府向企业无偿划拨长期非货币性资产,应在实际取得资产并办妥相关受让手续时按照其公允价值确认和计量,公允价值不能可靠取得的,按名义金额(即1元人民币)计量。

按配比原则,企业取得与资产相关的政府补助,不能全额确认为当期收益,应当随着相关资产的使用逐渐计入以后各期的收益。即与资产相关的政府补助应当确认为递延收益,然后自相关资产可供使用时起,在该项资产使用寿命内平均分配,计入当期营业外收入。

需要说明的是:

① 递延收益分配的起点是"相关资产可供使用时"。对于应计提折旧或摊销的长期资产,即为资产开始折旧或摊销的时点。

② 递延收益分配的终点是"资产使用寿命结束或资产被处置时(孰早)"。相关资产在使用寿命结束前被处置(出售、转让、报废等),尚未分配的递延收益余额应当一次性转入资产处置当期的收益,不再予以递延。

(四)与收益相关的政府补助的处理

与收益相关的政府补助,指除与资产相关的政府补助之外的政府补助。其通常以银行转账的方式拨付,应当在实际收到款项时按到账的实际金额确认和计量。比如,按照有关规定对企业先征后返的增值税，企业应当在实际收到返还的增值税税款时将其确认为收益，而不应当在确认应付增值税时确认应收税收返还款。只有存在确凿证据表明该项补助是按照固定的定额标准拨付的，才可以在这项补助成为应收款时予以确认，并按照应收的金额计量。例如，按储备量和补助定额计算和拨付给企业的储备粮存储费用补贴，可以按照实际储备量和补贴定额计算应收政府补助款。

与收益相关的政府补助应当在其补偿的相关费用或损失发生期间计入当期损益，即用于补偿企业以后的相关费用或损失的，在取得时先确认为递延收益，然后在确认相关费用期间计入当期营业外收入；用于补偿企业已发生的相关费用或损失的，取得时直接计入当期营业外收入。

有些情况下，企业可能不容易分清与收益有关的政府补助是用于补偿已发生费用，还是用于补偿以后将发生的费用。根据重要性原则，企业通常可以将与收益相关的政府补助直接计入当期营业外收入，对于金额较大的补助，可以分期计入营业外收入。

（五）与资产和收益均相关的政府补助

政府补助的对象常常是综合性项目，可能既包括设备等长期资产的购置，也包括人工费、购买服务费、管理费等费用化支出的补偿，这种政府补助与资产和收益均相关。

例如，企业大部分研发补贴的对象是符合政策规定的特定研发项目，企业取得补贴后可以用于购置该研发项目所需的设备，或者购买试剂、支付劳务费等。再如，集成电路产业研究与开发专项资金的补贴内容包括：① 人工费，含集成电路人才培养、引进和奖励费；② 专用仪器及设备费；③ 专门用于研发活动的咨询和等效服务费用；④ 因研发活动而直接发生的如材料、供应品等日常费用；⑤ 因研发活动而直接发生的间接支出；⑥ 为管理研发资金而发生的必要费用。

企业取得这类政府补助时，需要将其分解为与资产相关的部分和与收益相关的部分，分别进行会计处理。在实务中，政府常常只补贴整个项目开支的一部分，企业可能确实难以区分某项政府补助中哪些与资产相关、哪些与收益相关，或者对其进行划分不符合重要性原则或成本效益原则。这种情况下，企业可以将整项政府补助归类为与收益相关的政府补助，视情况不同计入当期损益，或者在项目期内分期确认为当期收益。

二、工作过程

1. 与资产相关的政府补助的处理

【会计工作17】2016年1月1日，政府拨付给甲企业300万元财政拨款（同日到账），要求用于购买大型科研设备1台；并规定若有结余，留归企业自行支配。2016年3月1日，甲企业购入大型设备（假设不需安装），实际成本为288万元，使用寿命为10年。2024年3月1日，甲企业出售了这台设备。

【会计凭证】银行进账单（收账通知）、固定资产验收单、有关政府补助文件。

【工作指导】① 2016年1月1日实际收到财政拨款，确认政府补助：

借：银行存款　　　　　　　　　　　　　　　　　　　　　　3 000 000
　　贷：递延收益　　　　　　　　　　　　　　　　　　　　　　　3 000 000

② 2016年3月1日购入设备：

借：固定资产　　　　　　　　　　　　　　　　　　　　　　2 880 000
　　贷：银行存款　　　　　　　　　　　　　　　　　　　　　　　2 880 000

③ 从4月1日开始提折旧并确认政府补助收入。在该项固定资产的使用期间，每个月计

提折旧和分配递延收益：

借：研发支出 24 000
　　贷：累计折旧 24 000

同时：

借：递延收益（3 000 000÷10÷12） 25 000
　　贷：营业外收入 25 000

④ 2024 年 3 月 1 日出售该设备，并结转剩余年限对应的递延收益：

借：固定资产清理 576 000
　　累计折旧 2 304 000
　　贷：固定资产 2 880 000
借：递延收益 600 000
　　贷：营业外收入 600 000

【会计工作 18】2016 年 1 月 1 日，乙企业为建造一项环保工程向银行贷款 500 万元，期限为 2 年、年利率为 6%。当年 12 月 31 日，乙企业向当地政府提出财政贴息申请。经审核，当地政府批准按照实际贷款额 500 万元给予乙企业年利率为 3% 的财政贴息，共计 30 万元，分两次支付。2017 年 1 月 10 日，第一笔财政贴息资金 15 万元到账。2017 年 7 月 1 日，工程完工，第二笔财政贴息资金 15 万元到账，该工程预计使用寿命 10 年。

【会计凭证】贷款转存凭证（借款借据）、借款合同、有关政府补助文件。

【工作指导】① 2017 年 1 月 10 日实际收到财政贴息，确认政府补助：

借：银行存款 150 000
　　贷：递延收益 150 000

② 2017 年 7 月 1 日实际收到财政贴息，确认政府补助：

借：银行存款 150 000
　　贷：递延收益 150 000

③ 2017 年 7 月 1 日工程完工，开始分配递延收益，自 2017 年 7 月 1 日起，每个月资产负债表日：

借：递延收益 2 500
　　贷：营业外收入 2 500

2. 与收益相关的政府补助的处理

【会计工作 19】A 企业生产一种先进的模具产品，按照国家相关规定，该企业的这种产品适用增值税先征后返的政策，即先按规定征收增值税税率，然后按实际缴纳增值税税额返还 70%。2016 年 1 月，该企业实际缴纳增值税税额 150 万元。2016 年 2 月，该企业实际收到返还的增值税税额 105 万元。

【会计凭证】银行进账单（收账通知）、有关政府补助文件。

【工作指导】A 企业实际收到返还的增值税税额的会计处理如下：

借：银行存款 1 050 000
　　贷：营业外收入 1 050 000

【会计工作 20】B 企业为一家储备粮企业，2016 年实际粮食储备量 2 亿斤。根据国家有关规定，财政部门按照企业的实际储备量每季度给以每斤 0.045 元的粮食保管费补贴，于每个季度初支付。

【会计凭证】银行进账单（收账通知）、有关政府补助文件。
【工作指导】① 2016年1月，B企业收到财政拨付的补贴款时：

借：银行存款   9 000 000
　　贷：递延收益   9 000 000

② 2016年1月，将补偿1月份保管费的补贴计入当期收益：

借：递延收益   3 000 000
　　贷：营业外收入   3 000 000

（2016年2月和3月的会计处理同上）

【会计工作21】2016年3月，C粮食企业为购买储备粮从国家农业发展银行贷款6 000万元，同期银行贷款利率为6%。自2016年4月开始，财政部门于每季度初，按照C企业的实际贷款额和贷款利率拨付C企业贷款利息，C企业收到财政部门拨付的利息后再支付给银行。

【会计凭证】银行进账单（收账通知）、银行贷款合同、转账凭证、有关政府补助文件。
【工作指导】① 2016年4月，实际收到财政贴息900 000元时：

借：银行存款   900 000
　　贷：递延收益   900 000

② 将补偿2016年4月份利息费用的补贴计入当期收益：

借：递延收益   300 000
　　贷：营业外收入   300 000

（2016年5月和6月的会计处理同上）

3. 与资产和收益都相关的政府补助的处理

【会计工作22】甲公司2016年12月申请国家级数字印刷技术研发补贴，并于2016年1月启动该开发项目，预计总投资720万元、为期3年，已投入资金240万元。项目还需新增投资480万元（其中，购置固定资产160万元、场地租赁费80万元、人员费200万元、市场营销40万元），计划自筹资金240万元、申请财政拨款240万元。

2017年1月1日，主管部门批准了甲公司的申报，签订的补贴协议规定：批准甲公司补贴申请，共补贴款项240万元，分两次拨付。合同签订日拨付120万元，验收时支付120万元（如果不能通过验收，则不支付第二笔款项）。

【会计凭证】银行进账单（收账通知）、有关政府补助文件。
【工作指导】① 2017年1月1日，实际收到拨款1 200 000元时：

借：银行存款   1 200 000
　　贷：递延收益   1 200 000

② 自2017年1月1日至2019年1月1日，每个资产负债表日分配递延收益（假设按年分配）：

借：递延收益   600 000
　　贷：营业外收入   600 000

③ 2019年项目完工，假设通过验收，于4月1日实际收到拨付1 200 000元时：

借：银行存款   1 200 000
　　贷：营业外收入   1 200 000

【会计工作23】2016年9月A企业为其自主创新的新能源技术项目申报政府财政贴息，

申报材料中表明该项目已于2016年3月启动，预计共需投入资金4 000万元，项目期2.5年，已投入资金1 200万元。项目尚需新增投资2 800万元，其中计划贷款1 600万元，已与银行签订贷款协议，协议规定贷款年利率为6%、贷款期2年。

经审核，2016年11月政府批准拨付A企业贴息资金108万元，分别在2018年10月和2018年10月支付48万元和60万元。

【会计凭证】银行进账单（收账通知）、有关政府补助文件。

【工作指导】① 2017年10月实际收到贴息资金480 000元时：

借：银行存款　　　　　　　　　　　　　　　　　　　　　480 000
　　贷：递延收益　　　　　　　　　　　　　　　　　　　　　　480 000

② 2017年10月起，在项目期内分配递延收益（按月分配）：

借：递延收益　　　　　　　　　　　　　　　　　　　　　　40 000
　　贷：营业外收入　　　　　　　　　　　　　　　　　　　　　40 000

③ 2018年10月实际收到贴息资金600 000元时：

借：银行存款　　　　　　　　　　　　　　　　　　　　　600 000
　　贷：营业外收入　　　　　　　　　　　　　　　　　　　　600 000

三、知识拓展

发票和收据的区别

相同点：发票和收据都是原始凭证，它们都可以证明收支了某项款项。

不同点：收据收取的款项只能是往来款项，收据所收支款项不能作为成本、费用或收入，只能作为收取往来款项的凭证，而发票不但是收支款项的凭证，而且凭发票所收支的款项可以作为成本、费用或收入，也就是说发票是发生的成本、费用或收入的原始凭证。

特别需要注意的是：收据的种类较多，其中行政事业性收费收据等是可以税前列支的收据，该类收据应查看收据的监制章，如果是财政监制章，其收据的内容和收款的部门均合法，则该收据可以税前列支。

四、任务总结

几种销售方式确认销售收入的时点如表14-1所示。

表14-1　几种销售方式确认销售收入的时点

销售方式	确认收入时点
采用托收承付方式销售商品	在发出商品并办妥托收手续时确认收入
采用交款提货方式销售商品	在开出发票账单收到货款时确认收入
采用预收款方式销售商品	通常在发出商品时确认收入 【提示】发出商品之前预收货款： 借：银行存款 　　贷：预收账款 收到剩余货款时发出商品： 借：预收账款

续表

销售方式	确认收入时点

采用预收款方式销售商品	银行存款
	  贷：主营业务收入
	      应交税费——应交增值税（销项税额）
	借：主营业务成本
	  贷：库存商品

采用支付手续费委托代销方式销售商品	在收到代销清单时确认收入
采用分期收款方式销售商品	在满足收入确认条件时，应当根据应收款项的公允价值一次确认收入

有关折扣的会计处理如表14-2所示。

表14-2 有关折扣的会计处理

项目	关键点	账务处理
商业折扣	企业为了促进商品销售而给予的价格扣除	不涉及会计分录，直接按扣除商业折扣后的金额确认收入

现金折扣	债权人为了鼓励债务人在规定期限付款而向债务人提供的债务扣除。现金折扣一般用符号"折扣率/付款期限"表示，例如，"2/10、1/20、N/30"。企业在确认商品收入时不能确定现金折扣金额，因此，应当按照扣除现金折扣前的金额确定销售收入金额。
	【提示】(1)注意计算现金折扣时是否需要考虑增值税
	(2)现金折扣的付款期限，算头不算尾，是从购买当日开始计算的
		销售实现时：
		借：应收账款
		  贷：主营业务收入（扣除现金折扣前的金额）
		      应交税费——应交增值税（销项税额）
		借：主营业务成本
		  贷：库存商品
		收到货款（实际发生）时：
		借：银行存款（扣除现金折扣后的金额）
		    财务费用
		  贷：应收账款
		【提示】针对购货方而言，现金折扣实际发生时是冲减财务费用，即记入"财务费用"科目的贷方

销售折让、退回的会计处理如表14-3所示。

表14-3 销售折让、退回的会计处理

项目	概念	发生时间	账务处理			
销售折让	企业因售出商品质量、规格	确认销售收入之前发生的销售折让	销售收入直接扣除销售折让金额确认			

		已确认销售收入的售出商品发生销售折让	不属于资产负债表日后事项	销售实现时：
				借：应收账款
				  贷：主营业务收入
					已收款：
					借：银行存款
					  贷：应收账款
						发生折让时：
						借：主营业务收入
						    应交税费——应交增值税（销项税额）
						  贷：银行存款

续表

项目	概念	发生时间	账务处理		
销售折让	不符合要求等原因而在售价上给予的减让	已确认销售收入的售出商品发生销售折让	属于资产负债表日后事项但不涉及账务处理	应交税费——应交增值税（销项税额） 借：主营业务成本 贷：库存商品	未收款： 【提示】销售折让的处理涉及收入减少及增值税税额的变动，不涉及成本和存货的变动	发生折让时： 借：主营业务收入 　　应交税费—— 　　　应交增值税（销项税额） 贷：应收账款 实际收款时： 借：银行存款 贷：应收账款
销售退回	企业售出的商品由于质量、品种不符合要求等原因而发生的退回	尚未确认销售收入的售出商品发生的销售退回	借：库存商品 贷：发出商品			
		已确认销售收入的售出商品发生的销售退回	不属于资产负债表日后事项	销售实现时： 借：应收账款 贷：主营业务收入 　　应交税费 　　　——应交增值税（销项税额） 借：主营业务成本 贷：库存商品	已收款： 借：银行存款 贷：应收账款	销售退回时： 借：主营业务收入 　　应交税费——应交增值税（销项税额） 贷：银行存款 借：库存商品 贷：主营业务成本
			属于资产负债表日后事项但不涉及账务处理		未收款 【提示】销售折让的处理既涉及收入减少及增值税税额的变动，也涉及成本和存货的变动；销售退回发生的现金折扣，需调整财务费用的金额	销售退回时： 借：主营业务收入 　　应交税费——增值税（销项税额） 贷：应收账款 借：库存商品 贷：主营业务成本 实际收款时： 借：银行存款 贷：应收账款

委托代销业务的会计处理如表14-4所示。

表14-4 委托代销业务的会计处理

事项	委托方	事项	受托方
发出商品	借：委托代销商品（发出商品） 贷：库存商品	收到商品	借：受托代销商品 贷：受托代销商品款
收到委托方开具的代销清单，根据已售商品	借：应收账款 　　贷：主营业务收入 　　　　应交税费——应交增值税（销项税额） 借：主营业务成本 　　贷：委托代销商品(发出商品)	对外销售	借：银行存款 　　贷：委托代销商品 　　　　应交税费——应交增值税（销项税额） 借：委托代销商品款 　　贷：应付账款

续表

事 项	委托方	事 项	受托方
确定代销手续费	借：销售费用 　贷：应收账款	收到委托方开具的增值税专用发票（站在委托方的角度看属于进项税额）并确认手续费收入	借：应交税费——应交增值税 　　（进项税额） 　贷：应付账款 借：应付账款 　贷：其他业务收入（手续费）
收到款项	借：银行存款 　贷：应收账款	实际支付款项	借：应付账款 　贷：银行存款

课堂训练

（一）选择题

1. 下列各项中，可以计入递延收益项目的是（　　）。
   A. 罚款取得的款项　　　　　　B. 取得与资产相关的政府补助
   C. 接受捐赠资产　　　　　　　D. 捐赠支出

2. 下列关于政府补助的表述中，正确的有（　　）。
   A. 政府既可以银行转账的方式拨付政府补助，也可向企业无偿划拨长期非货币性资产
   B. 企业取得政府无偿划拨的非货币性资产，应以其公允价值确认和计量
   C. 企业取得政府无偿划拨的非货币性资产，应以其账面价值确认和计量
   D. 企业取得的与资产相关的政府补助，应自相关资产可供使用时确认为营业外收入

（二）判断题

政府向企业提供补助具有无偿性的特点。政府并不因此而享有企业的所有权，企业未来也不需要以提供服务、转让资产等方式偿还。（　　）

项目 15

费用的核算

学习目标

学会费用的确认；掌握正确划分成本费用和期间费用的方法；掌握营业成本的组成内容和核算；掌握税金及附加的内容及核算；掌握期间费用的内容及核算。

工作情境

小王 2016 年 7 月大学毕业，应聘到迅达公司做出纳。2016 年年底，公司安排小王先做成本费用核算工作。小王首先了解了成本费用核算工作的职责：

1. 严格遵守国家和公司的成本开支范围和费用开支标准，结合公司生产经营特点和管理要求，制定成本核算办法。
2. 根据公司生产经营计划编制成本、费用、利润等计划，并将指标分解落实，确保计划实现。
3. 按照成本核算办法的规定，确定成本核算对象，正确归集、分配生产费用。
4. 按时编制产品成本、费用报表。对照成本计划找出成本升降原因，提出降低成本、费用的途径，加强成本管理。
5. 协助有关部门定期对产成品进行盘库，核对产成品库存情况。
6. 开展班组群众性核算，落实经济责任制。
7. 完成领导交办的其他工作。

由于小王有出纳工作的经验，并且主动向领导请示，虚心向同行请教，很快就进入工作状态并顺利开展本职工作……

任务 1　营业成本的核算

一、相关知识

（一）费用的概念

费用是企业在日常活动中发生的、会导致所有者权益减少的、与向所有者分配利润无关的经济利益的总流出。

费用包括企业日常活动所产生的经济利益的总流出,主要是企业为取得营业收入进行产品销售等营业活动所发生的企业货币资金的流出,具体包括成本费用和期间费用。这些费用的发生与企业日常经营活动关系密切,是与企业一定会计期间经营成果有直接关系的经济利益流出,最终会导致企业所有者权益减少。具体包括:

① 主营业务成本。主营业务成本指企业销售商品、提供劳务等经常性活动所发生的成本。

② 其他业务成本。其他业务成本指企业除主营业务活动以外的其他经营活动所发生的成本。

③ 税金及附加。税金及附加指企业经营活动应负担的相关税费。

④ 销售费用。销售费用指企业在销售商品和材料、提供劳务过程中发生的各项费用。

⑤ 管理费用。管理费用指企业为组织和管理生产经营活动而发生的各种费用。

⑥ 财务费用。财务费用指企业为筹集生产经营所需资金等而发生的筹资费用。

⑦ 所得税费用。所得税费用指企业负担的所得税。

(二)营业成本的核算

营业成本是企业为生产产品、提供劳务等发生的可归属于产品成本、劳务成本等的费用,应当在确认产品销售收入、劳务收入等时,将已销售产品、已提供劳务的成本等计入当期损益。营业成本包括主营业务成本和其他业务成本。

1. 主营业务成本

主营业务成本是企业销售商品、提供劳务等经常性活动所发生的成本。企业一般在确认销售商品、提供劳务等主营业务收入时,或在月末,将已销售商品、已提供劳务的成本转入主营业务成本。主营业务成本按主营业务的种类进行明细核算,期末将主营业务成本的余额转入"本年利润"科目,结转后本科目无余额。

企业通过"主营业务成本"科目,核算主营业务成本的确认和结转情况。结转主营业务成本时,借记"主营业务成本"科目,贷记"库存商品""劳务成本"科目。期末应将"主营业务成本"科目余额转入"本年利润"科目,借记"本年利润"科目,贷记"主营业务成本"科目。

2. 其他业务成本

其他业务成本是企业确认的除主营业务活动以外的其他经营活动所发生的支出。其他业务成本包括销售材料的成本、出租固定资产的折旧额、出租无形资产的摊销额、出租包装物的成本或摊销额等。

企业应通过"其他业务成本"科目,核算其他业务成本的确认和结转情况。企业发生或结转的其他业务成本,借记"其他业务成本"科目,贷记"原材料""周转材料""累计折旧""累计摊销""投资性房地产累计折旧""投资性房地产累计摊销""银行存款"等科目。期末,将"其他业务成本"科目余额转入"本年利润"科目,借记"本年利润"科目,贷记"其他业务成本"科目。

二、工作过程

1. 主营业务成本的核算

【会计工作 1】发达公司向乙公司销售一批商品,开出的增值税专用发票上注明售价为

100 000 元，增值税税额为 17 000 元；发达公司已收到乙公司支付的货款 117 000 元，并将提货单送交乙公司；该批商品成本为 90 000 元。

【会计凭证】增值税专用发票、银行进账单（收账通知）、出库单。

【工作指导】① 确认收入：

借：银行存款　　　　　　　　　　　　　　　　　　　　　　　117 000
　　贷：主营业务收入　　　　　　　　　　　　　　　　　　　　100 000
　　　　应交税费——应交增值税（销项税额）　　　　　　　　　　17 000

② 结转成本：

借：主营业务成本　　　　　　　　　　　　　　　　　　　　　　90 000
　　贷：库存商品　　　　　　　　　　　　　　　　　　　　　　90 000

【会计工作 2】2016 年 3 月 10 日发达公司销售 A 产品 100 件，单价 1 000 元，单位成本 800 元，开出增值税专用发票上注明售价为 100 000 元、增值税税额为 17 000 元；购货方尚未付款，销售成立。当月 20 日，因产品质量问题购货方退货。

【会计凭证】增值税专用发票、欠款单、出库单。

【工作指导】① 确认收入：

借：应收账款　　　　　　　　　　　　　　　　　　　　　　　117 000
　　贷：主营业务收入　　　　　　　　　　　　　　　　　　　　100 000
　　　　应交税费——应交增值税（销项税额）　　　　　　　　　　17 000

② 结转成本：

借：主营业务成本　　　　　　　　　　　　　　　　　　　　　　80 000
　　贷：库存商品——A 产品　　　　　　　　　　　　　　　　　80 000

③ 销售退回时：

借：主营业务收入　　　　　　　　　　　　　　　　　　　　　100 000
　　应交税费——应交增值税（销项税额）　　　　　　　　　　　17 000
　　贷：应收账款　　　　　　　　　　　　　　　　　　　　　117 000
借：库存商品——A 产品　　　　　　　　　　　　　　　　　　80 000
　　贷：主营业务成本　　　　　　　　　　　　　　　　　　　　80 000

【会计工作 3】某安装公司于 2016 年 4 月 10 日接受一项安装任务，该任务可一次完成，合同总价款为 10 000 元，实际发生安装成本为 5 000 元，假定安装任务属于该公司的主营业务，该公司在安装时收到款项，不考虑相关税费。

【会计凭证】安装合同、银行进账单（收账通知）。

【工作指导】

借：银行存款　　　　　　　　　　　　　　　　　　　　　　　10 000
　　贷：主营业务收入　　　　　　　　　　　　　　　　　　　10 000
借：主营业务成本　　　　　　　　　　　　　　　　　　　　　5 000
　　贷：银行存款　　　　　　　　　　　　　　　　　　　　　5 000

若上述安装任务需要花费一段时间（不超过会计当期），则应在发生劳务相关支出时，先计入"劳务成本"科目，安装任务完成时再转入"主营业务成本"科目，假如第一次发生劳务支出 3 000 元，会计处理如下：

① 第一次发生劳务支出时：

借：劳务成本 3 000
　　贷：银行存款 3 000

② 待安装完成时确认所提供劳务的收入并结转该项劳务总成本 5 000 元时：

借：银行存款 10 000
　　贷：主营业务收入 10 000
借：主营业务成本 5 000
　　贷：劳务成本 5 000

③ 期末，结转主营业务成本：

借：本年利润 5 000
　　贷：主营业务成本 5 000

2. 其他业务成本的核算

【会计工作4】2016 年 5 月 2 日，发达公司销售一批原材料，开出的增值税专用发票上注明的售价为 20 000 元、增值税税额为 3 400 元，款项已由银行收妥。该批原材料的实际成本为 13 000 元。

【会计凭证】增值税专用发票、银行进账单（收账通知）、出库单。

【工作指导】① 取得原材料销售收入：

借：银行存款 23 400
　　贷：其他业务收入 20 000
　　　　应交税费——应交增值税（销项税额） 3 400

② 结转已销原材料的实际成本：

借：其他业务成本 13 000
　　贷：原材料 13 000

【会计工作5】2016 年 1 月 1 日，甲公司将自行开发完成的非专利技术出租给另一家公司，该非专利技术成本为 300 000 元，双方约定的租赁期限为 10 年，甲公司每月应摊销 2 500（300 000/10/12）元。

【会计凭证】出租合同。

【工作指导】① 每月摊销时：

借：其他业务成本 2 500
　　贷：累计摊销 2 500

② 期末结转成本到本年利润：

借：本年利润 2 500
　　贷：其他业务成本 2 500

【会计工作6】2016 年 1 月 22 日，某公司销售商品领用单独计价的包装物成本为 30 000 元，增值税专用发票上注明销售收入 80 000 元、增值税额为 13 600 元，款项已存入银行。假定不考虑材料成本差异。

【会计凭证】增值税专用发票、银行进账单（收账通知）、出库单。

【工作指导】① 出售包装时：

借：银行存款 93 600

贷：其他业务收入　　　　　　　　　　　　　　　　　　　　80 000
　　　　应交税费——应交增值税（销项税额）　　　　　　　　13 600
② 结转出售包装物成本：
借：其他业务成本　　　　　　　　　　　　　　　　　　　　30 000
　　贷：周转材料——包装物　　　　　　　　　　　　　　　　30 000
③ 期末结转至本年利润：
借：本年利润　　　　　　　　　　　　　　　　　　　　　　30 000
　　贷：其他业务成本　　　　　　　　　　　　　　　　　　　30 000

【会计工作7】 2016年5月12日，发达公司出租一幢办公楼给A公司使用，已确认为投资性房地产，采用成本模式进行后续计量。假设出租的办公楼的成本为1 200 000元，按直线法计提折旧，使用寿命为40年，预计净残值为零，按照合同规定，A公司按月支付甲公司租金。

【会计凭证】 出租合同。

【工作指导】 发达公司计提折旧时应编制的会计分录如下：

折旧额：1 200 000/40/12=2 500（元）

借：其他业务成本　　　　　　　　　　　　　　　　　　　　2 500
　　贷：投资性房地产累计折旧　　　　　　　　　　　　　　　2 500

课堂训练

1. 下列各项中，不应在利润表"营业成本"项目列示的是（　　）。
A. 对外出租无形资产摊销额　　　　B. 对外捐赠支出
C. 对外出售商品成本　　　　　　　D. 投资性房地产处置成本

2. 下列各项中，不应计入其他业务成本的是（　　）。
A. 库存商品盘亏净损失　　　　　　B. 出租无形资产计提的摊销额
C. 出售原材料结转的成本　　　　　D. 成本模式投资性房地产计提的折旧额

任务2　税金及附加的核算

一、相关知识

税金及附加是企业经营活动应负担的相关税费，包括消费税、城市维护建设税、教育费附加和资源税等。

消费税是对生产、委托加工及进口应税消费品（主要指烟、酒、化妆品、高档次及高能耗的消费品）征收的一种税。消费税的计税方法主要有从价定率、从量定额及从价定率和从量定额复合计税三种。从价定率是根据商品销售价格和规定的税率计算应交消费税；从量定率是根据商品销售数量和规定的单位税额计算应交的消费税；复合计税是二者的结合。

城市维护建设税（以下简称城建税）和教育费附加是对从事生产经营活动的单位和个人，以其实际缴纳的增值税、消费税为依据，按纳税人所在地适用的不同税率计算征收的一种税。

资源税是对在我国境内开采国家规定的矿产资源和生产用盐单位、个人征收的一种税，按应税数量和规定的单位税额计算。如开采石油、煤炭、天然气企业需按开采的数量计算缴纳资源税。

企业应通过"税金及附加"科目，核算企业经营活动发生的消费税、城市维护建设税、资源税和教育费附加等相关税费。

房产税、车船税、土地使用税、印花税在"税金及附加"科目核算。

企业按照规定计算确定的与经营活动相关的税费，借记"税金及附加"科目，贷记"应交税费"科目。

二、工作过程

【会计工作8】发达公司2016年2月1日取得应纳消费税的销售商品收入为4 000 000元，该产品适用的消费税税率为25%。

【会计凭证】消费税计算表、电子缴费付款凭证。

【工作指导】① 计算应交消费税：

发达公司本月应交消费税4 000 000×25%=1 000 000（元），其会计处理如下：

借：税金及附加　　　　　　　　　　　　　　　　　　　　　　1 000 000
　　贷：应交税费——应交消费税　　　　　　　　　　　　　　　　　1 000 000

② 缴纳消费税时：

借：应交税费——应交消费税　　　　　　　　　　　　　　　　1 000 000
　　贷：银行存款　　　　　　　　　　　　　　　　　　　　　　　　1 000 000

【会计工作9】某公司2016年1月1日对外提供运输业务，获得劳务收入400 000元，增值税11%，款项已存入银行。

【会计凭证】增值税专用发票、进账单（收账通知）、电子缴费付款凭证。

【工作指导】公司应作如下会计处理：

收到款项时：

借：银行存款　　　　　　　　　　　　　　　　　　　　　　　　444 000
　　贷：主营业务收入　　　　　　　　　　　　　　　　　　　　　　400 000
　　　　应交税费——应交增值税（销项税额）　　　　　　　　　　　　44 000

【会计工作10】2016年3月，某公司当月实际应交增值税为550 000元，应交消费税为150 000元，城市维护建设税率为7%，教育费附加为3%。

【会计凭证】城建税、教育费附加计算表，电子缴费付款凭证。

【工作指导】公司与城建税、教育费附加有关的会计处理如下：

① 计算应交城建税和教育费附加时：

　　　　　城建税：(550 000+150 000)×7%=49 000（元）

　　　　教育费附加：(550 000+150 000)×3%=21 000（元）

借：税金及附加　　　　　　　　　　　　　　　　　　　　　　　70 000
　　贷：应交税费——应交城建税　　　　　　　　　　　　　　　　　49 000
　　　　　　　　——应交教育费附加　　　　　　　　　　　　　　　21 000

② 实际缴纳城建税和教育费附加时：
借：应交税费——应交城建税　　　　　　　　　　　49 000
　　　　　　——应交教育费附加　　　　　　　　　21 000
　　贷：银行存款　　　　　　　　　　　　　　　　　　70 000

任务3　期间费用的核算

一、相关知识

1. 期间费用的内容

期间费用是企业日常活动发生的不能计入特定核算对象的成本，而应计入发生当期损益的费用。具体包含以下两种情况：

一是企业发生的支出不产生经济利益，或者即使产生经济利益但不符合或者不再符合资产确认条件的，应当在发生时确认为费用，计入当期损益。

二是企业发生的交易或者事项导致其承担了一项负债，而又不确认为一项资产的，应当在发生时确认为费用，计入当期损益。

期间费用是企业日常活动中所发生的经济利益的流出。由于期间费用是为组织和管理企业整个经营活动所发生的费用，与可以确定一定成本核算对象的材料采购、产成品生产等支出没有直接关系，因而期间费用不计入有关核算对象的成本，而是直接计入当期损益。

2. 期间费用的核算

期间费用包括销售费用、管理费用和财务费用。

（1）销售费用

销售费用是指企业销售商品和材料、提供劳务的过程中发生的各种费用，包括保险费、包装费、展览费、广告费、商品维修费、预计产品质量保证损失、运输费、装卸费等以及为销售本企业商品而专设的销售机构（含销售网点、售后服务网点等）的职工薪酬、业务费、折旧费等经营费用。企业发生的与专设销售机构相关的固定资产修理费用等后续支出也属于销售费用。

销售费用是与企业销售商品活动有关的费用，但不包括销售商品本身的成本和劳务成本。销售产品的成本属于"主营业务成本"，提供劳务所发生的成本属于"劳务成本"。

企业应通过"销售费用"科目，核算销售费用的发生和结转情况。

企业在销售商品过程中发生的各种销售费用，借记"销售费用"科目，贷记"库存现金"或"银行存款"等科目；企业发生的为销售商品而专设的销售机构的职工薪酬、业务费等经营费用，借记"销售费用"科目，贷记"应付职工薪酬""银行存款""累计折旧"等科目。期末将"销售费用"科目余额转入"本年利润"科目，借记"本年利润"科目，贷记"销售费用"科目，结转后该科目应无余额。

（2）管理费用

管理费用是指企业为组织和管理企业生产经营发生的各种费用，包括企业董事会和行政管理部门在企业的经营管理中发生的，或者应由企业统一负担的公司经费（包括行政管理部门职工工资、修理费、物料消耗、低值易耗品摊销、办公费和差旅费等）、工会经费、待业保险费、劳动保险费、董事会会费（包括董事会成员津贴、会议费和差旅费等）、聘请中介机构费、咨询费（含顾问费）、诉讼费、业务招待费、技术转让费、矿产资源补偿费、研究费用、排污费以及企业生产车间和行政管理部门发生的固定资产修理费用等。

企业应通过"管理费用"科目，核算管理费用的发生和结转情况。该科目借方登记企业发生的各项管理费用，贷方登记期末转入"本年利润"科目的管理费用，结转后该科目应无余额。该科目按管理费用的费用项目进行明细核算。

实务中，企业在筹建期间发生的开办费，包括人员工资、办公费、培训费、差旅费、印刷费、注册登记费等，借记"管理费用"科目，贷记"银行存款"科目；企业行政管理部门人员的职工薪酬，借记"管理费用"科目，贷记"应付职工薪酬"科目；企业行政管理部门发生的办公费、水电费、差旅费等以及企业发生的业务招待费、咨询费、研究费用等其他费用，借记"管理费用"科目，贷记"银行存款""研发支出"等科目。

（3）财务费用

财务费用是企业为筹集生产经营所需资金等而发生的筹资费用，包括利息支出（减利息收入）、汇兑损益以及相关的手续费、企业发生或收到的现金折扣等。

企业应通过"财务费用"科目，核算财务费用的发生和结转情况。

企业发生的各项财务费用，借记"财务费用"科目，贷记"银行存款""应收账款"等科目；企业发生的应冲减财务费用的利息收入、汇兑差额、现金折扣，借记"银行存款""应付账款"等科目，贷记"财务费用"科目。期末，应将"财务费用"科目余额转入"本年利润"科目，借记"本年利润"科目，贷记"财务费用"科目。

二、工作过程

1. 销售费用

【会计工作11】嘉陵公司为宣传新产品发生广告费 100 000 元，已用银行存款支付。

【会计凭证】广告合同、汇款委托书（回单）。

【工作指导】公司会计处理如下：

借：销售费用　　　　　　　　　　　　　　　　　　　　　　　100 000
　　贷：银行存款　　　　　　　　　　　　　　　　　　　　　　100 000

【会计工作12】某公司销售部2016年5月份共发生费用440 000元。其中，销售人员薪酬200 000元，销售部专用办公设备折旧费80 000元，业务费160 000元（均用银行存款支付）。

【会计凭证】薪酬计算表、折旧计算表、汇款委托书（回单）。

【工作指导】公司会计处理如下：

借：销售费用　　　　　　　　　　　　　　　　　　　　　　　440 000
　　贷：应付职工薪酬　　　　　　　　　　　　　　　　　　　　200 000
　　　　累计折旧　　　　　　　　　　　　　　　　　　　　　　 80 000
　　　　银行存款　　　　　　　　　　　　　　　　　　　　　　160 000

【会计工作13】某公司销售一批产品，销售过程中发生运输费8 000元、装卸费2 000元，均用银行存款支付。

【会计凭证】运输发票、装卸费收据、汇款委托书（回单）。

【工作指导】公司会计处理如下：

借：销售费用 10 000
　　贷：银行存款 10 000

【会计工作14】某公司2016年4月1日用银行存款支付产品保险费8 000元。

【会计凭证】保险合同、汇款委托书（回单）。

【工作指导】公司应作如下会计处理：

借：销售费用——保险费 8 000
　　贷：银行存款 8 000

【会计工作15】某公司2016年5月31日计算出当月专设的销售机构使用房屋应提取的折旧8 800元。

【会计凭证】折旧计算表。

【工作指导】公司应作如下会计处理：

借：销售费用——折旧费 8 800
　　贷：累计折旧 8 800

2. 管理费用

【会计工作16】某企业2016年5月为拓展产品销售市场发生业务招待费60 000元，已用银行存款支付。

【会计凭证】汇款委托书（回单）。

【工作指导】公司应作如下会计处理：

借：管理费用 60 000
　　贷：银行存款 60 000

【会计工作17】A公司行政部2016年5月共发生费用448 000元。其中，行政人员薪酬300 000元，行政部专用办公设备折旧费90 000元，报销行政人员差旅费42 000元（报销人均未预借差旅费），其他办公和水电费16 000元（均用银行存款支付）。

【会计凭证】薪酬计算表、折旧计算表、差旅费报销单、电子缴费付款凭证。

【工作指导】公司会计处理如下：

借：管理费用 448 000
　　贷：应付职工薪酬 300 000
　　　　累计折旧 90 000
　　　　库存现金 42 000
　　　　银行存款 16 000

【会计工作18】B公司2016年12月31日将"管理费用"科目余额95 000元转入"本年利润"科目。

【工作指导】

借：本年利润 95 000
　　贷：管理费用 95 000

3. 财务费用

【会计工作19】C企业于2016年4月30用银行存款支付本月应负担的短期借款利息30 000元。

【会计凭证】特种记账借方凭证。

【工作指导】企业会计处理如下：

借：财务费用——利息支出　　　　　　　　　　　　　　　30 000
　　贷：银行存款　　　　　　　　　　　　　　　　　　　　　　　30 000

【会计工作20】C企业于2016年6月3日用银行存款支付手续费500元。

【会计凭证】特种记账借方凭证。

【工作指导】企业会计处理如下：

借：财务费用——手续费　　　　　　　　　　　　　　　　　500
　　贷：银行存款　　　　　　　　　　　　　　　　　　　　　　　　500

【会计工作21】2016年7月7日，C企业在购买材料业务中，根据对方规定的现金折扣条件提前付款，获得对方给予的现金折扣3 000元。

【会计凭证】现金折扣协议、汇款委托书（回单）。

【工作指导】企业会计处理如下：

借：应付账款　　　　　　　　　　　　　　　　　　　　　3 000
　　贷：财务费用　　　　　　　　　　　　　　　　　　　　　　　3 000

项目 16

利润的核算

学习目标

了解利润的构成及其主要内容；掌握营业外收入、营业外支出的核算内容及账务处理；掌握应交所得税、所得税费用的计算及账务处理；掌握本年利润的结转方法及账务处理。

工作情境

小李 2016 年 7 月大学毕业，应聘到成材公司做会计。2016 年年底，公司安排小李到利润核算岗位工作。为尽快上手，小李首先了解了利润核算岗位的职责：

1. 负责编制利润计划。
2. 办理销售款项结算业务。
3. 负责利润的明细核算。
4. 负责利润分配的明细核算。
5. 编制利润报表。
6. 协助有关部门对产成品进行清查盘点。

由于小李认真好学，主动向领导请示、向同行请教，小李很快就进入工作状态并顺利开展工作，得到了领导和同事的一致好评。

任务 1 营业外收支的核算

营业外收支

一、相关知识

（一）利润的构成

利润是企业在一定会计期间的经营成果。利润包括收入减去费用后的净额、直接计入当期利润的利得和损失等。

未计入当期利润的利得和损失扣除所得税影响后的净额计入其他综合收益项目。净利润与其他综合收益的合计金额为综合收益总额。

利得是由企业非日常活动所形成的、会导致所有者权益增加的、与所有者投入资本无关的经济利益的流入。

损失是由企业非日常活动所发生的、会导致所有者权益减少的、与向所有者分配利润无关的经济利益的流出。

1. 营业利润

$$营业利润=营业收入-营业成本-税金及附加-销售费用-管理费用-$$
$$财务费用-资产减值损失+公允价值变动收益$$
$$(-公允价值变动损失)+投资收益(-投资损失)$$

其中：营业收入是企业经营业务所确认的收入总额，包括主营业务收入和其他业务收入。

营业成本是企业经营业务所发生的实际成本总额，包括主营业务成本和其他业务成本。

资产减值损失是企业计提各项资产减值准备所形成的损失。

公允价值变动收益（或损失）是企业交易性金融资产等公允价值变动形成的应计入当期损益的利得（或损失）。

投资收益（或损失）是企业以各种方式对外投资所取得的收益（或发生的损失）。

2. 利润总额

$$利润总额=营业利润+营业外收入-营业外支出$$

其中，营业外收入是企业发生的与其日常活动无直接关系的各项利得。营业外支出是企业发生的与其日常活动无直接关系的各项损失。

3. 净利润

$$净利润=利润总额-所得税费用$$

其中，所得税费用是企业确认的应从当期利润总额中扣除的所得税费用。

（二）营业外收支

1. 营业外收入

（1）营业外收入的核算内容

营业外收入是企业确认的与其日常活动无直接关系的各项利得，主要包括非流动资产处置利得、政府补助、盘盈利得、捐赠利得等。

其中，非流动资产处置利得包括固定资产处置利得和无形资产出售利得。固定资产处置利得是企业出售固定资产所取得的价款，或报废固定资产的材料价值和变价收入等，扣除被处置固定资产的账面价值、清理费用、与处置相关的税费后的净收益。无形资产出售利得是企业出售无形资产所取得的价款，扣除被出售无形资产的账面价值、与出售相关的税费后的净收益。

政府补助是企业从政府无偿取得货币性资产或非货币性资产形成的利得，不包括政府作为企业所有者对企业的资本投入。

盘盈利得是企业对现金等资产清查盘点时发生盘盈，报经批准后计入营业外收入的金额。

捐赠利得是企业接受捐赠产生的利得。

(2) 营业外收入的账务处理

企业应通过"营业外收入"科目，核算营业外收入的取得及结转情况。该科目可按营业外收入项目进行明细核算。

确认处置非流动资产利得时，借记"固定资产清理""银行存款""待处理财产损溢""无形资产""原材料"等科目，贷记"营业外收入"科目。

政府补助利得分为与资产相关的政府补助和与收益相关的政府补助。与资产相关的政府补助是企业取得的、用于购建或以其他方式形成长期资产的政府补助。确认与资产相关的政府补助，借记"银行存款"等科目，贷记"递延收益"科目，分配递延收益时，借记"递延收益"科目，贷记本科目。与收益相关的政府补助是指除与资产相关的政府补助之外的政府补助。企业确认与收益相关的政府补助，借记"银行存款"等科目，贷记本科目，或通过"递延收益"科目分期计入当期损益。

确认盘盈利得、捐赠利得计入营业外收入时，借记"库存现金""待处理财产损溢"等科目，贷记"营业外收入"科目。

期末，应将"营业外收入"科目余额转入"本年利润"科目，借记"营业外收入"科目，贷记"本年利润"科目，结转后本科目应无余额。

2. 营业外支出

(1) 营业外支出的核算内容

营业外支出是企业发生的与其日常活动无直接关系的各项损失，主要包括非流动资产处置损失、公益性捐赠支出、盘亏损失、非常损失、罚款支出等。

其中，非流动资产处置损失包括固定资产处置损失和无形资产出售损失。固定资产处置损失是企业出售固定资产所取得的价款，或报废固定资产的材料价值和变价收入等，抵补处置固定资产的账面价值、清理费用、处置相关税费后的净损失。无形资产出售损失是企业出售无形资产所取得的价款，抵补出售无形资产的账面价值、出售相关税费后的净损失。

盘亏损失主要是对于财产清查盘点中盘亏的资产，查明原因并报经批准计入营业外支出的金额。

公益性捐赠支出是企业对外进行公益性捐赠发生的支出。

非常损失是企业对于因客观因素（如自然灾害等）造成的损失，扣除保险公司赔偿后应计入营业外支出的净损失。

罚款支出是企业支付的行政罚款、税务罚款，以及其他违反法律法规、合同协议等而支付的罚款、违约金、赔偿金等支出。

(2) 营业外支出的账务处理

企业应通过"营业外支出"科目，核算营业外支出的发生及结转情况。该科目可按营业外支出项目进行明细核算。

确认处置非流动资产损失时，借记"营业外支出"科目，贷记"固定资产清理""无形资产""原材料"等科目。

确认盘亏、非常损失计入营业外支出时，借记"营业外支出"科目，贷记"待处理财产损溢""库存现金"等科目。

期末，应将"营业外支出"科目余额转入"本年利润"科目，借记"本年利润"科目，贷记"营业外支出"科目，结转后本科目应无余额。

二、工作过程

1. 营业外收入

【会计工作1】某企业将报废固定资产清理的净收益12 000元转作营业外收入。

【会计凭证】转账凭证。

【工作指导】企业会计处理如下：

借：固定资产清理　　　　　　　　　　　　　　　　　　　　　　　12 000
　　贷：营业外收入　　　　　　　　　　　　　　　　　　　　　　　　　12 000

【会计工作2】2016年1月1日，政府给予A企业300万元财政拨款（同日到账），要求用于购买大型科研设备1台，并规定若有结余，留归企业自行支配。2016年3月1日，A企业购入大型设备（假设不需安装），实际成本为270万元，使用寿命为5年。2019年3月1日，A企业出售了该设备。

【会计凭证】银行进账单（收账通知）、固定资产验收单、有关政府补助文件。

【工作指导】① 2016年1月1日实际收到财政拨款，确认政府补助：

借：银行存款　　　　　　　　　　　　　　　　　　　　　　　　3 000 000
　　贷：递延收益　　　　　　　　　　　　　　　　　　　　　　　　　3 000 000

② 2016年3月1日购入设备：

借：固定资产　　　　　　　　　　　　　　　　　　　　　　　　2 700 000
　　贷：银行存款　　　　　　　　　　　　　　　　　　　　　　　　　2 700 000

③ 在该项固定资产的使用期间，每个月计提折旧和分配递延收益：

借：研发支出　　　　　　　　　　　　　　　　　　　　　　　　　　45 000
　　贷：累计折旧　　　　　　　　　　　　　　　　　　　　　　　　　　45 000

借：递延收益（3 000 000÷5÷12）　　　　　　　　　　　　　　　　　50 000
　　贷：营业外收入　　　　　　　　　　　　　　　　　　　　　　　　　50 000

④ 2019年3月1日出售该设备：

　　　　　　已计提折旧数额=45 000×(10+12+12+2)=1 620 000（元）

借：固定资产清理　　　　　　　　　　　　　　　　　　　　　　　1 080 000
　　累计折旧　　　　　　　　　　　　　　　　　　　　　　　　　1 620 000
　　贷：固定资产　　　　　　　　　　　　　　　　　　　　　　　　　2 700 000

　　　　　　已分配递延收益=50 000×(10+12+12+2)=1 800 000（元）

　　　　　　尚未分配的递延收益=3 000 000−1 800 000=1 200 000（元）

将尚未分配的递延收益直接转入当期损益（2019年3月）：

借：递延收益　　　　　　　　　　　　　　　　　　　　　　　　1 200 000
　　贷：营业外收入　　　　　　　　　　　　　　　　　　　　　　　1 200 000

【会计工作3】2016年6月25日，A企业完成政府下达的职工技能培训任务，28日到账30 000元财政补助资金。

【会计凭证】银行进账单（收账通知）、有关政府补助文件。

【工作指导】A企业的会计处理如下：

借：银行存款 30 000
　　贷：营业外收入 30 000

2. 营业外支出

【会计工作 4】某企业发生原材料意外灾害损失，增值税专用发票确认的成本为 32 000 元，增值税额为 5 440 元。

【会计凭证】盘点表财产损失处理报告（意见）。

【工作指导】① 发生原材料意外灾害损失时：

借：待处理财产损溢——待处理流动资产损溢 37 440
　　贷：原材料 32 000
　　　　应交税费——应交增值税（进项税额转出） 5 440

② 批准处理时：

借：营业外支出 37 440
　　贷：待处理财产损溢——待处理流动资产损溢 37 440

【会计工作 5】某企业用银行存款支付税款滞纳金 10 000 元。

【会计凭证】税款滞纳金通知单、电子缴费付款凭证。

【工作指导】企业应作如下会计处理：

借：营业外支出 10 000
　　贷：银行存款 10 000

【会计工作 6】某公司将拥有的一项非专利技术出售，取得价款 800 000 元，应交的增值税为 40 000 元。该非专利技术的账面余额为 1 000 000 元，累计摊销额为 100 000 元，未计提减值准备。

【会计凭证】银行进账单（收账通知）、转让协议。

【工作指导】公司会计处理如下：

借：银行存款 800 000
　　累计摊销 100 000
　　营业外支出 140 000
　　贷：无形资产 1 000 000
　　　　应交税费——应交增值税 40 000

【会计工作 7】某企业本期营业外支出总额为 250 000 元，期末结转本年利润。

【会计凭证】转账凭证。

【工作指导】企业会计处理如下：

借：本年利润 250 000
　　贷：营业外支出 250 000

任务 2　所得税费用的核算

所得税费用

一、相关知识

企业的所得税费用包括当期所得税和递延所得税两部分，其中，当期所得税是当期应交所得税。

（一）应交所得税的计算

应交所得税是企业按照税法规定计算确定的针对当期发生的交易和事项，应缴纳给税务部门的所得税金额，即当期应交所得税。应纳税所得额是在企业税前会计利润（即利润总额）的基础上调整确定的，计算公式为：

$$应纳税所得额=税前会计利润+纳税调整增加额-纳税调整减少额$$

纳税调整增加额主要包括税法规定允许扣除项目中，企业已计入当期费用但超过税法规定扣除标准的金额（如超过税法规定标准的职工福利费、工会经费、职工教育经费、业务招待费、公益性捐赠支出、广告费和业务宣传费等），以及企业已计入当期损失但税法规定不允许扣除项目的金额（如税收滞纳金、罚金、罚款）。

纳税调整减少额主要包括按税法规定允许弥补的亏损和准予免税的项目，如前5年内未弥补亏损和国债利息收入等。企业当期所得税的计算公式为：

$$应交所得税=应纳税所得额\times 所得税税率$$

（二）所得税费用的账务处理

企业应根据会计准则的规定，计算确定的当期所得税和递延所得税费用之和。

$$所得税费用=当期所得税+递延所得税$$

企业应通过"所得税费用"科目，核算企业所得税费用的确认及其结转情况。期末，应将"所得税费用"科目的余额转入"本年利润"科目，借记"本年利润"科目，贷记"所得税费用"科目。

二、工作过程

【会计工作8】甲公司2016年度按企业会计准则计算的税前会计利润为1 800 000元，所得税税率为25%。当年按税法核定的全年计税工资为2 000 000元，甲公司全年实发工资为2 200 000元、职工福利费300 000元、工会经费45 000元、职工教育经费80 000元，经查，甲公司当年营业外支出中有15 000元为税款滞纳罚金。假定甲公司全年无其他纳税因素。

【会计凭证】纳税调整计算表。

【工作指导】甲公司有五项纳税调整因素：一是已计入当期费用但超过税法规定标准的工资支出（2 200 000–2 000 000）；二是职工福利费超过工资14%的部分（300 000–2 000 000×14%）；三是工会经费超过工资2%的部分（45 000–2 000 000×2%）；四是职工教育经费超过工资2.5%的部分（80 000–2 000 000×2.5%）；五是已计入当期营业外支出但税法规定不允许扣除的税款滞纳金（15 000元）。这五个因素均应调整增加应纳税所得额。甲公司当期所得税的计算如下：

纳税调整数=(2 200 000–2 000 000)+(300 000–280 000)+(45 000–40 000)+

(80 000–50 000)+15 000

=270 000（元）

应纳税所得额=1 800 000+270 000=2 070 000（元）

当期应交所得税额=2 070 000×25%=517 500（元）

【会计工作9】甲公司2016年度按企业会计准则计算的税前会计利润为1 000 000元,其中包括本年收到的国债利息收入40 000元,所得税税率为25%。假定甲公司全年无其他纳税调整因素。

【会计凭证】纳税调整计算表。

【工作指导】按税法的有关规定,企业购买国债的利息收入免交所得税,应在交所得税前将其扣除40 000元。

$$应纳税所得额=1\ 000\ 000–40\ 000=960\ 000(元)$$

$$当期应交所得税额=960\ 000×25\%=240\ 000(元)$$

【会计工作10】承【会计工作9】,甲公司递延所得税负债年初数为50 000元,年末数为65 000元,递延所得税资产年初数为30 000元,年末数为40 000元。

【会计凭证】所得税费用计算表。

【工作指导】甲公司递延所得税费用计算如下:

$$递延所得税=(65\ 000–50\ 000)+(30\ 000–40\ 000)=5\ 000(元)$$

$$所得税费用=240\ 000+5\ 000=245\ 000(元)$$

甲公司会计处理如下:

借:所得税费用　　　　　　　　　　　　　　　　　　　245 000
　　递延所得税资产　　　　　　　　　　　　　　　　　 10 000
　　贷:应交税费——应交所得税费　　　　　　　　　　 240 000
　　　　递延所得税负债　　　　　　　　　　　　　　　 15 000

任务3　本年利润的核算

本年利润

一、相关知识

（一）本年利润的结转方法

会计期末结转本年利润的方法有表结法和账结法两种。

1. 表结法

表结法下,各损益类账户每月月末只需结计出本月发生额和月末累计余额,不结转到"年利润"账户,只有在年末时才将全年累计余额转入"本年利润"账户。但每月月末要将损益类账户的本月发生额合计数填入利润表的本月数栏,同时将本月月末累计余额填入利润表的本年累计数栏,通过利润表计算反映各期的利润（或亏损）。表结法下,年中损益类账户无须结转入"本年利润"账户,从而减少了转账环节和工作量,同时并不影响利润表的编制及有关损益指标的利用。

2. 账结法

账结法下,每月月末均需编制转账凭证,将在账上结计出的各损益类账户的余额转入"本年利润"科目。结转后"本年利润"科目的本月合计数反映当月实现的利润或发生的亏损,"本年利润"科目的本年累计数反映本年累计实现的利润或发生的亏损。账结法在各月均可通过"本年利润"科目提供当月及本年累计的利润（或亏损）额,但增加了转账环节和工作量。

（二）结转本年利润的账务处理

企业应设置"本年利润"科目，核算企业本年度实现的净利润（或发生的净亏损）。

会计期末，企业应将"主营业务收入""其他业务收入""营业外收入"等科目的余额分别转入"本年利润"科目的贷方，将"主营业务成本""其他业务成本""税金及附加""销售费用""管理费用""财务费用""资产减值损失""营业外支出""所得税费用"等科目的余额分别转入"本年利润"科目的借方。企业还应将"公允价值变动损益""投资收益"科目的净收益转入"本年利润"科目的贷方，将"公允价值变动损益""投资收益"科目的净损失转入"本年利润"科目的借方。结转后"本年利润"科目如为贷方余额，表示当年实现的净利润；如为借方余额，表示当年发生的净亏损。

年度终了，企业还应将"本年利润"科目的本年累计余额转入"利润分配——未分配利润"科目。如"本年利润"为贷方余额，借记"本年利润"科目，贷记"利润分配——未分配利润"科目；如为借方余额，作相反的会计分录。结转后"本年利润"科目应无余额。

（三）利润分配的账务处理

为了核算企业利润的分配（或亏损的弥补）和历年利润分配（或亏损的弥补）后的积存余额，企业应设置"利润分配"账户。该账户一般应设置"提取法定盈余公积""应付现金股利（或利润）""提取任意盈余公积""未分配利润""盈余公积补亏"等明细账户。

1. 亏损的弥补

经批准用税前利润弥补亏损或用净利润弥补亏损时，不作账务处理。如果用盈余公积金弥补亏损时，应借记"盈余公积"账户，贷记"利润分配——盈余公积补亏"账户。

2. 按规定提取盈余公积

企业按规定提取盈余公积金时，借记"利润分配——提取法定盈余公积（提取任意盈余公积）"账户，贷记"盈余公积（法定盈余公积、任意盈余公积）"账户。

3. 向投资者分配现金股利或利润

企业年度实现的净利润，在提取盈余公积之后，才能向投资者分配利润。向投资者分配现金股利或利润时，借记"利润分配——应付现金股利（或利润）"账户，贷记"应付股利"账户。

4. 利润分配的年终结转

年度终了，企业应将全年实现的净利润，自"本年利润"账户转入"利润分配——未分配利润"账户。如企业当年实现盈利，借记"本年利润"账户，贷记"利润分配——未分配利润"账户；如果企业亏损，则借记"利润分配——未分配利润"账户，贷记"本年利润"账户。然后将"利润分配"账户下的其他所有明细账户的余额转入"未分配利润"明细账户。结转后，只有"未分配利润"明细账户有期末余额，如为贷方余额，即累积未分配的利润数额，如为借方余额，则表示累积未弥补的亏损数额。对于未弥补亏损可以用以后年度实现的税前利润进行弥补，但弥补期限不得超过五年。

二、工作过程

1. 结转本年利润的账务处理

【会计工作 11】发达公司 2016 年有关损益类科目的年末余额如表 16-1 所示。该公司采用表结法年末一次结转损益类科目，所得税税率为 25%。

表 16-1 发达公司 2016 年有关损益类科目的年末余额　　　　　　　　　元

科目名称	结账前余额
主营业务收入	12 000 000（贷）
其他业务收入	1 400 000（贷）
公允价值变动损益	300 000（贷）
投资收益	1 200 000（贷）
营业外收入	100 000（贷）
主营业务成本	8 000 000（借）
其他业务成本	800 000（借）
税金及附加	160 000（借）
销售费用	1 000 000（借）
管理费用	1 540 000（借）
财务费用	400 000（借）
资产减值损失	200 000（借）
营业外支出	500 000（借）

【会计凭证】转账凭证。

【工作指导】① 发达公司 2016 年 12 月末将各损益类科目年末余额结转入"本年利润"科目：

a. 结转各项收入、利得类科目时：

借：主营业务收入　　　　　　　　　　　　　　　　　　　　　12 000 000
　　其他业务收入　　　　　　　　　　　　　　　　　　　　　　1 400 000
　　公允价值变动损益　　　　　　　　　　　　　　　　　　　　　300 000
　　投资收益　　　　　　　　　　　　　　　　　　　　　　　　1 200 000
　　营业外收入　　　　　　　　　　　　　　　　　　　　　　　　100 000
　　贷：本年利润　　　　　　　　　　　　　　　　　　　　　　15 000 000

b. 结转各项费用、损失类科目时：

借：本年利润　　　　　　　　　　　　　　　　　　　　　　　12 600 000
　　贷：主营业务成本　　　　　　　　　　　　　　　　　　　　8 000 000
　　　　其他业务成本　　　　　　　　　　　　　　　　　　　　　800 000
　　　　税金及附加　　　　　　　　　　　　　　　　　　　　　　160 000
　　　　销售费用　　　　　　　　　　　　　　　　　　　　　　1 000 000
　　　　管理费用　　　　　　　　　　　　　　　　　　　　　　1 540 000
　　　　财务费用　　　　　　　　　　　　　　　　　　　　　　　400 000
　　　　资产减值损失　　　　　　　　　　　　　　　　　　　　　200 000
　　　　营业外支出　　　　　　　　　　　　　　　　　　　　　　500 000

② 经过上述结转后，"本年利润"科目的贷方发生额合计 15 000 000 元减去借方发生额合计 12 600 000 元即为税前会计利润 2 400 000 元。假设该税前会计利润无纳税调整金额，则本期应纳税所得额等于税前会计利润 2 400 000 元，本期应交所得税额＝2 400 000×25%＝600 000（元）。

  a. 确认所得税费用时：

借：所得税费用	600 000
贷：应交税费——应交所得税	600 000

  b. 将"所得税费用"转入"本年利润"时：

借：本年利润	600 000
贷：所得税费用	600 000

③ 将"本年利润"科目年末余额 1 800 000（15 000 000－12 600 000－600 000）元转入"利润分配——未分配利润"科目：

借：本年利润	1 800 000
贷：利润分配——未分配利润	1 800 000

2. 利润分配的账务处理

【会计工作 12】甲企业经股东大会批准，用以前年度提取的盈余公积弥补亏损 8 000 元。

【会计凭证】股东大会决议。

【工作指导】甲企业会计处理如下：

借：盈余公积	8 000
贷：利润分配——盈余公积补亏	8 000

【会计工作 13】甲企业缴纳所得税后净利润 200 000 元，按规定提取 10%的法定盈余公积。

【会计凭证】盈余公积计算表。

【工作指导】甲企业会计处理如下：

借：利润分配——提取法定盈余公积	20 000
贷：盈余公积——法定盈余公积	20 000

【会计工作 14】甲企业宣告经股东会议决议向股东分配现金股利 50 000 元。

【会计凭证】股东大会决议。

【工作指导】甲企业会计处理如下：

借：利润分配——应付现金股利	50 000
贷：应付股利	50 000

实际向股东支付股利时：

借：应付股利	50 000
贷：银行存款	50 000

【会计工作 15】甲企业年终结账"本年利润"账户贷方余额为 200 000 元，"利润分配"账户的各明细账户余额为："提取法定盈余公积"借方 20 000 元、"提取任意盈余公积"借方 10 000 元、"应付现金股利"借方 50 000 元，则应作如下会计分录：

借：本年利润	200 000
贷：利润分配——未分配利润	200 000

借：利润分配——未分配利润　　　　　　　　　　　　　　　80 000
　　贷：利润分配——提取法定盈余公积　　　　　　　　　　20 000
　　　　　　　　——提取盈余公积　　　　　　　　　　　　10 000
　　　　　　　　——应付现金股利　　　　　　　　　　　　50 000

三、任务总结

净利润形成的有关会计处理如表 16-2 所示。

表 16-2　净利润形成的有关会计处理

项目	内容	
营业利润	营业利润=主营业务收入+其他业务收入-主营业务成本-其他业务成本-税金及附加-销售费用-管理费用-财务费用-资产减值损失+公允价值变动收益（-公允价值变动损失）+投资收益（-投资损失）	
利润总额（税前会计利润）	利润总额=营业利润+营业外收入-营业外支出	
	营业外收入主要包括： （1）非流动资产处置利得 （2）政府补助 （3）盘盈利得 （4）捐赠利得 （5）非货币性资产交换利得 （6）债务重组利得等	营业外支出主要包括： （1）非流动资产处置损失 （2）公益性捐赠支出 （3）盘亏损失 （4）罚款支出 （5）非货币性资产交换损失 （6）债务重组损失等
应纳税所得额	应纳税所得额=税前会计利润+纳税调整增加额-纳税调整减少额	
利润总额（税前会计利润）	纳税调整增加额主要包括： （1）已计入当期费用但超过税法规定扣除标准的金额 　A. 职工福利费、教育经费、工会经费 　B. 业务招待费、业务宣传费、广告费、非公益性捐赠支出等 （2）已计入当期损失但税法规定不允许扣除项目的金额 　A. 税收滞纳金 　B. 罚金、罚款等	纳税调整减少额主要包括： （1）按税法规定允许弥补的亏损，如前五年内未弥补亏损等 （2）准予免税的项目，如国债利息收入等
当期应交所得税	当期应交所得税=应纳税所得额×所得税税率	
递延所得税	递延所得税=（递延所得税负债期末余额-期初余额）+（递延所得税资产期末余额-期初余额）	
所得税费用	所得税费用=当期所得税+递延所得税	
净利润	净利润=利润总额-所得税费用	

模块三

其他事项的会计处理

项目 17

借款费用的核算

学习目标

掌握借款费用的内容及确认原则；了解借款费用开始资本化、暂停资本化及停止资本化的条件；掌握借款费用资本化期间的确定及借款费用资本化金额的计量，能够对借款费用进行正确会计处理。

工作情境

某企业发生了借款手续费 10 万元、发行公司债券佣金 1 000 万元、发行公司股票佣金 2 000 万元、借款利息 200 万元。其中，借款手续费 10 万元、发行公司债券佣金 1 000 万元和借款利息 200 万元均属于借款费用，发行公司股票属于公司权益性融资性质，所发生的佣金应当冲减溢价，不属于借款费用范畴，不应按照借款费用进行会计处理。

任务 1　认知借款费用

一、相关知识

企业在生产经营活动中，如果面临资金短缺，企业除了利用权益性资金解决部分资金来源外，通常会采取借款方式筹措生产经营所需资金，企业的这些筹资行为都须承担相应的借款费用。借款费用是企业因借入资金所付出的代价，它包括借款利息、折价或者溢价的摊销、辅助费用以及因外币借款而发生的汇兑差额等。承租人根据租赁会计准则所确认的融资租赁发生的融资费用属于借款费用。

（一）因借款而发生的利息

因借款而发生的利息，包括企业向银行或者其他金融机构等借入资金发生的利息、发行公司债券发生的利息，以及为购建或者生产符合资本化条件的资产而发生的带息债务所承担的利息等。

（二）因借款而发生的折价或溢价的摊销

因借款而发生的折价或者溢价主要是指发行债券等所发生的折价或者溢价。发行债券中的折价或者溢价，其实质是对债券票面利息的调整（即将债券票面利率调整为实际利率），属于借款费用的范畴。例如，XYZ 公司发行公司债券，每张公司债券票面价值为 1 000 元，票面年利率为 6%，期限为 4 年，而同期市场利率为年利率 8%，由于公司债券的票面利率低于市场利率，为成功发行公司债券，XYZ 公司采取了折价发行的方式，折价金额实质上是用于补偿投资者在购入债券后所收到的名义利息上的损失，应当作为以后各期利息费用的调整额。

（三）因外币借款而发生的汇兑差额

因外币借款而发生的汇兑差额，是指由于汇率变动导致市场汇率与账面汇率出现差异，从而对外币借款本金及其利息的记账本位币金额所产生的影响金额。汇率的变化往往和利率的变化相关联，它是企业外币借款所需承担的风险，因此，因外币借款相关汇率变化所导致的汇兑差额属于借款费用的有机组成部分。

（四）因借款而发生的辅助费用

因借款而发生的辅助费用，是指企业在借款过程中发生的诸如手续费、佣金、印刷费等费用，这些费用是因安排借款而发生的，也属于借入资金所付出的代价，是借款费用的构成部分。

对于企业发生的权益性融资费用，不应包括在借款费用中。

课堂训练

下列项目中属于借款费用范畴的有（　　　）。
（1）承租人根据租赁会计准则所确认的融资租赁发生的融资费用
（2）发行公司股票佣金 2 000 万元
（3）某企业发生借款手续费 10 万元
（4）发行公司债券佣金 1 000 万元
（5）借款利息 200 万元

任务 2　借款费用的确认

（一）借款费用确认的原则

借款费用的确认主要解决是将每期发生的借款费用资本化、计入相关资产的成本，还是将有关借款费用费用化、计入当期损益的问题。根据借款费用准则的规定，借款费用确认的基本原则是：企业发生的借款费用，可直接归属于符合资本化条件的资产购建或者生产的，应当予以资本化，计入相关资产成本；其他借款费用，应当在发生时根据其发生额确认为费用，计入当期损益。

符合资本化条件的资产是指需要经过相当长时间的购建或者生产活动才能达到预定可使

用或者可销售状态的固定资产、投资性房地产和存货等资产。建造合同成本、确认为无形资产的开发支出等在符合条件的情况下，也可以认定为符合资本化条件的资产。符合资本化条件的存货主要包括房地产开发企业开发的用于对外出售的房地产开发产品、企业制造的用于对外出售的大型机器设备等。这类存货通常需要经过相当长时间的建造或者生产过程，才能达到预定可销售状态。其中，"相当长时间"应当是指为资产的购建或者生产所必需的时间，通常为一年以上（含一年）。

在实务中，如果由于人为或者故意等非正常因素导致资产的购建或者生产时间相当长的，该资产不属于符合资本化条件的资产。购入即可使用的资产，或者购入后需要安装但所需安装时间较短的资产，或者需要建造、生产但所需建造、生产时间较短的资产，均不属于符合资本化条件的资产。

例如：甲企业向银行借入资金分别用于生产 A 产品和 B 产品。其中，A 产品的生产时间较短，为 15 天；B 产品属于大型发电设备，生产时间较长，为 1 年零 13 个月。

为生产存货而借入的借款费用在符合资本化条件的情况下应当予以资本化，但本例中，由于 A 产品的生产时间较短，不符合需要经过相当长时间的生产才能达到预定可使用状态的资产，因此，为 A 产品的生产而借入资金所发生的借款费用不应计入 A 产品的生产成本，而应当计入当期财务费用。反之，B 产品的生产时间比较长，属于需要经过相当长时间的生产才能达到预定可销售状态的资产，因此，符合资本化的条件，有关借款费用可以资本化，计入 B 产品的成本中。

（二）借款费用应予资本化的借款范围

借款包括专门借款和一般借款。专门借款是指为购建或者生产符合资本化条件的资产而专门借入的款项。专门借款通常应当有明确的用途，即为购建或者生产某项符合资本化条件的资产而专门借入的，并通常应当具有标明该用途的借款合同。例如，某制造企业为了建造厂房向某银行专门贷款 1 亿元、某房地产开发企业为了开发某住宅小区向某银行专门贷款 2 亿元等，均属于专门借款，其使用目的明确，而且其使用受与银行相关合同的限制。一般借款是指除专门借款之外的借款，相对于专门借款而言，一般借款在借入时，其用途通常没有特指用于符合资本化条件的资产的购建或者生产。

借款费用应予资本化的借款范围既包括专门借款，也可包括一般借款。其中，对于一般借款，只有在购建或者生产某项符合资本化条件的资产占用了一般借款时，才应将与这部分一般借款相关的借款费用资本化；否则，所发生的借款费用应当计入当期损益。

（三）借款费用资本化期间的确定

企业只有对发生在资本化期间的有关借款费用，才允许资本化，资本化期间的确定是借款费用确认和计量的重要前提。根据借款费用准则的规定，借款费用资本化期间，是指从借款费用开始资本化时点到停止资本化时点的期间，但不包括借款费用暂停资本化的期间。

1. 借款费用开始资本化的时点

借款费用允许开始资本化必须同时满足三个条件，即资产支出已经发生、借款费用已经发生、为使资产达到预定可使用或者可销售状态所必要的购建或者生产活动已经开始。这三个条件中，只要有一个条件不满足，相关借款费用就不能资本化。

(1) 资产支出已经发生

资产支出包括支付现金、转移非现金资产和承担带息债务形式所发生的支出。

① 支付现金，是指用货币资金支付符合资本化条件的资产的购建或者生产支出。

② 转移非现金资产，是指企业将自己的非现金资产直接用于符合资本化条件的资产的购建或者生产。

③ 承担带息债务，是指企业为了购建或者生产符合资本化条件的资产所需物资等而承担的带息应付款项（如带息应付票据）。企业以赊购方式购买这些物资所产生的债务可能带息，也可能不带息。如果企业赊购这些物资承担的是不带息债务，就不应当将购买价款计入资产支出，因为该债务在偿付前不需要承担利息，也没有占用借款资金。企业只有等到实际偿付债务，发生了资源流出时，才能将其作为资产支出。如果企业赊购物资承担的是带息债务，则企业要为这笔债务付出代价，支付利息，与企业向银行借入款项用以支付资产支出在性质上是一致的。企业为购建或者生产符合资本化条件的资产而承担的带息债务应当作为资产支出，当该带息债务发生时，视同资产支出已经发生。

(2) 借款费用已经发生

借款费用已经发生，是指企业已经发生了因购建或者生产符合资本化条件的资产而专门借入款项的借款费用或者所占用的一般借款的借款费用。

(3) 为使资产达到预定可使用或者可销售状态所必要的购建或者生产活动已经开始

为使资产达到预定可使用或者可销售状态所必要的购建或者生产活动已经开始，是指符合资本化条件的资产的实体建造或者生产工作已经开始，如主体设备的安装、厂房的实际开工建造等。它不包括仅仅持有资产但没有发生为改变资产形态而进行的实质上的建造或者生产活动。

企业只有在上述三个条件同时满足的情况下，有关借款费用才可开始资本化。

2. 借款费用暂停资本化的时间

符合资本化条件的资产在购建或者生产过程中发生非正常中断且中断时间连续超过 3 个月的，应当暂停借款费用的资本化。所谓非正常中断，通常是由于企业管理决策上的原因或者其他不可预见的原因等所导致的中断。比如，企业因与施工方发生了质量纠纷，或者工程、生产用料没有及时供应，或者资金周转发生了困难，或者施工、生产发生了安全事故，或者发生了与资产购建、生产有关的劳动纠纷等原因，导致资产购建或者生产活动发生中断，均属于非正常中断。

属于正常中断的，相关借款费用仍可资本化。正常中断通常是指因购建或者生产符合资本化条件的资产达到预定可使用或者可销售状态所必需的程序，或者事先可预见的不可抗力因素导致的中断。比如，某些工程建造到一定阶段必须暂停进行质量或者安全检查，检查通过后才可继续下一阶段的建造工作，这类中断是在施工前可以预见的，而且是工程建造必须经过的程序，属于正常中断。某些地区的工程在建造过程中，由于可预见的不可抗力因素（如雨季或冰冻季节等原因）导致施工出现停顿，也属于正常中断。

3. 借款费用停止资本化的时点

(1) 借款费用停止资本化的一般原则

购建或者生产符合资本化条件的资产达到预定可使用或者可销售状态时，借款费用应当停止资本化。在符合资本化条件的资产达到预定可使用或者可销售状态之后所发生的借款费用,应当在发生时根据其发生额确认为费用,计入当期损益。

资产达到预定可使用或者可销售状态,是指所购建或者生产的符合资本化条件的资产已经达到建造方、购买方或者企业自身等预先设计、计划或者合同约定的可以使用或者可以销售的状态。具体可从以下几个方面进行判断:

① 符合资本化条件的资产的实体建造(包括安装)或者生产活动已经全部完成或者实质上已经完成。

② 所购建或者生产的符合资本化条件的资产与设计要求、合同规定或者生产要求相符或者基本相符,即使有极个别与设计、合同或者生产要求不相符的地方,也不影响其正常使用或者销售。

③ 继续发生在所购建或生产的符合资本化条件的资产上的支出金额很少或者几乎不再发生。

④ 购建或者生产的符合资本化条件的资产需要试生产或者试运行的,在试生产结果表明资产能够正常生产出合格产品,或者试运行结果表明资产能够正常运转或者营业时,应当认为该资产已经达到预定可使用或者可销售状态。

(2)购建或生产的资产分别建造、分别完工的情况

在符合资本化条件的资产的实际购建或者生产过程中,如果所购建或者生产的资产分别建造、完工,企业也应当遵循实质重于形式的原则,区别下列情况,界定借款费用停止资本化的时点。

① 所购建或者生产的符合资本化条件的资产的各部分分别完工,每部分在其他部分继续建造或者生产过程中可供使用或者可对外销售,且为使该部分资产达到预定可使用或可销售状态所必需的购建或者生产活动实质上已经完成的,应当停止与该部分资产相关的借款费用的资本化,因为该部分资产已经达到了预定可使用或者可销售状态。

② 购建或者生产的资产的各部分分别完工,但必须等到整体完工后才可使用或者对外销售的,应当在该资产整体完工时停止借款费用的资本化。在这种情况下,即使各部分资产已经分别完工,也不能认为该部分资产已经达到了预定可使用或者可销售状态,企业只能在所购建或者生产的资产整体完工时,才能认为资产已经达到了预定可使用或者可销售状态,借款费用才可停止资本化。

任务3 借款费用的计量

一、相关知识

(一)借款利息资本化金额的确定

1. 专门借款利息资本化金额的确定

为购建或者生产符合资本化条件的资产而借入专门借款的,应当以专门借款当期实际发生的利息费用,减去将尚未动用的借款资金存入银行取得的利息收入或进行暂时性投资取得的投资收益后的金额,确定专门借款应予资本化的利息金额。实务中,专门借款应予资本化的利息金额可以通过以下三步计算获得:

第一步，计算资本化期间专门借款总的利息。
第二步，计算闲置资金在资本化期间的利息收入或投资收益。
第三步，计算出专门借款应予资本化的利息金额。

$$专门借款资本化金额 = 资本化期间专门借款总的利息 - 资本化期间的闲置资金的投资收益或利息收入$$

2. 一般借款利息资本化金额的确定

为购建或者生产符合资本化条件的资产而占用了一般借款的，企业应当根据累计资产支出超过专门借款部分的资产支出加权平均数乘以所占用一般借款的资本化率，计算确定一般借款应予资本化的利息金额。

（1）一般借款资本化金额的确定

企业占用一般借款资金购建或者生产符合资本化条件的资产时，一般借款的借款费用的资本化金额的确定应当与资产支出相挂钩。

$$一般借款利息费用资本化金额 = 累计资产支出超过专门借款部分的资产支出加权平均数 \times 所占用一般借款的资本化率$$

$$累计资产支出加权平均数 = \sum（每笔资产支出金额 \times 每笔资产支出在当期所占用的天数/当期天数）$$

（2）一般借款资本化率的确定

资本化率应当根据一般借款加权平均利率计算确定。

$$所占用一般借款的资本化率 = 所占用一般借款加权平均利率$$
$$= 所占用一般借款当期实际发生的利息之和 \div 所占用一般借款本金加权平均数$$

实务中，一般借款利息费用会计处理的思路是：

第一步，计算出一般借款总的应付利息。
第二步，根据上述公式计算一般借款利息资本化金额。
第三步，计算得到费用化金额。

$$一般借款利息费用化金额 = 一般借款总的应付利息 - 一般借款利息费用资本化金额$$

一般借款与专门借款的处理思路有区别。对于专门借款，在资本化期间，一般没有计入财务费用的内容，只需用应付利息总额扣除闲置资金收入，就能得到专门借款利息资本化金额。而对于一般借款，应该先算出一般借款利息资本化金额，用应付利息总额扣除一般借款利息资本化金额，计算得到费用化金额。重点在于一般借款利息资本化金额的计算。

3. 借款利息资本化金额的限额

每一会计期间的利息资本化金额，不应当超过当期相关借款实际发生的利息金额。

企业在确定每期利息（包括折价或溢价的摊销）资本化金额时，应当首先判断符合资本化条件的资产在购建或者生产过程所占用的资金来源。如果所占用的资金是专门借款资金，则应当在资本化期间，根据每期实际发生的专门借款利息费用，确定应予资本化的金额。在企业将闲置的专门借款资金存入银行取得利息收入或者进行暂时性投资获取投资收益的情况下，企业还应当将这些相关的利息收入或者投资收益从资本化金额中扣除，以如实反映符合资本化条件的资产的实际成本。

（二）借款辅助费用资本化金额的确定

辅助费用是企业为了安排借款而发生的必要费用,包括借款手续费(如发行债券手续费)、佣金等。如果企业不发生这些费用,就无法取得借款,因此辅助费用是企业借入款项所付出的一种代价,是借款费用的有机组成部分。

对于企业发生的专门借款辅助费用,在所购建或者生产的符合资本化条件的资产达到预定可使用或者可销售状态之前发生的,应当在发生时根据其发生额予以资本化;在所购建或者生产的符合资本化条件的资产达到预定可使用或者可销售状态之后发生的,应当在发生时根据其发生额确认为费用,计入当期损益。

一般借款发生的辅助费用,也应当按照上述原则确定其发生额并进行处理。

（三）外币专门借款汇兑差额资本化金额的确定

为购建资产而专门借入的外币借款所产生的汇兑差额,在借款费用资本化期间,应当予以资本化,计入相关资产成本。除外币专门借款之外的其他外币借款本金及其利息所产生的汇兑差额应当作为财务费用,计入当期损益。

二、工作过程

【会计工作1】 甲公司于2016年1月1日正式动工兴建一幢厂房,工期预计为1年零6个月,工程采用出包方式,分别于2016年1月1日、2016年7月1日和2017年1月1日支付工程进度款。

甲公司为建造厂房于2016年1月1日专门借款2 000万元,借款期限为3年,年利率为6%。另外在2016年7月1日又专门借款4 000万元,借款期限为5年,年利率为7%。借款利息按年支付。（假设名义利率与实际利率相同）

闲置借款资金均用于固定收益债券短期投资,该短期投资月收益率为0.5%。

厂房于2017年6月30日完工,达到预定可使用状态。

甲公司为建造该厂房的支出金额如表17-1所示。

表17-1　甲公司为建造厂房支出金额　　　　　　　　万元

日　　期	每期资产支出金额	累计资产支出金额	闲置借款资金用于短期投资金额
2016年1月1日	1 500	1 500	500
2016年7月1日	2 500	4 000	2 000
2017年1月1日	1 500	5 500	500
总　　计	5 500	—	3 000

【工作指导】 甲公司借款费用资本化期间为2016年1月1日至2017年6月30日。由于全部使用了专门借款建造厂房,因此甲公司2016年、2017年为建造厂房应予资本化的利息金额计算如下：

① 计算在资本化期间专门借款实际发生的利息金额：

2016年专门借款发生的利息金额 = 2 000 × 6% + 4 000 × 7% × 6 ÷ 12 = 260（万元）

2017年1月1日～6月30日专门借款发生的利息金额
= 2 000×6%×6÷12+4 000×7%×6÷12=200（万元）

② 计算在资本化期间利用闲置的专门借款资金进行短期投资的收益：

2016年短期投资收益=500×0.5%×6+2 000×0.5%×6=75（万元）

2017年1月1日～6月30日短期投资收益=500×0.5%×6=15（万元）

③ 应予资本化的利息金额：

由于在资本化期间，专门借款利息费用的资本化金额应当以其实际发生的利息费用减去将闲置的借款资金进行短期投资取得的投资收益后的金额确定，因此：

公司2016年的利息资本化金额=260-75=85（万元）

公司2017年的利息资本化金额=200-15=185（万元）

④ 有关账务处理如下

a. 2016年12月31日：

借：在建工程	1 850 000
应收利息（或银行存款）	750 000
贷：应付利息	2 600 000

b. 2017年6月30日：

借：在建工程	1 850 000
应收利息（或银行存款）	150 000
贷：应付利息	2 000 000

【会计工作2】承【会计工作1】，假定甲公司为建造厂房于2016年1月1日专门借款2 000万元，借款期限为3年，年利率为6%。除此之外，没有其他专门借款。在厂房建造过程中占用了两笔一般借款，具体资料如下：

① 向甲银行长期贷款2 000万元，期限为2015年12月1日至2018年12月1日，年利率为6%，按年支付利息。

② 发行公司债券1亿元，于2015年1月1日发行，期限为5年，年利率为8%，按年支付利息。

假定全年按360天计算。其他相关资料均同【会计工作1】。

【工作指导】甲公司借款费用资本化期间为2016年1月1日至2017年6月30日。由于建造厂房既使用了专门借款又占用一般借款，甲公司应当首先计算专门借款利息的资本化金额，然后计算所占用一般借款利息的资本化金额。

① 计算专门借款利息资本化金额：

2016年专门借款利息资本化金额=2 000×6%-500×0.5%×6=105（万元）

2017年专门借款利息资本化金额=2 000×6%×180÷360=60（万元）

② 计算一般借款利息资本化金额

在建造厂房过程中，自2016年7月1日起占用2 000万元一般借款，另外，2017年1月1日支出的1 500万元也占用了一般借款。

a. 计算一般借款利息资本化率：

一般借款利息资本化率（年）=（2 000×6%+10 000×8%）÷
（2 000+10 000）=7.67%

b. 计算2016年一般借款利息应予资本化的金额：

2016年占用了一般借款的资产支出加权平均数 = 2 000×180÷360 = 1 000（万元）

2016年应予资本化的一般借款利息金额 = 1 000×7.67% = 76.70（万元）

c. 计算2017年一般借款利息应予资本化的金额：

2017年占用了一般借款的资产支出加权平均数 = （2 000＋1 500）× 180÷360 = 1 750（万元）

2017年应予资本化的一般借款利息金额 = 1 750×7.67% = 134.23（万元）

③ 公司建造厂房各期应予资本化的利息金额：

2016年利息资本化金额 = 105＋76.70 = 181.70（万元）

2017年利息资本化金额 = 60＋134.23 = 194.23（万元）

④ 有关账务处理如下

a. 2016年12月31日：

借：在建工程　　　　　　　　　　　　　　　　　1 817 000
　　财务费用　　　　　　　　　　　　　　　　　　8 433 000
　　应收利息（或银行存款）　　　　　　　　　　　　150 000
　　贷：应付利息　　　　　　　　　　　　　　　　　　　　10 400 000

注：2016年实际借款利息 = 2 000×6%＋2 000×6%＋10 000×8% = 1 040（万元）。

b. 2017年6月30日：

借：在建工程　　　　　　　　　　　　　　　　　1 942 300
　　财务费用　　　　　　　　　　　　　　　　　　3 257 700
　　贷：应付利息　　　　　　　　　　　　　　　　　　　　5 200 000

注：2017年1月1日至6月31日的实际借款利息 = 1 040÷2 = 520（万元）。

项目 18

会计调整的核算

学习目标

掌握会计政策概念及特点；掌握资产负债表日后事项的概念与内容，了解会计政策变更及会计估计变更的条件，能够划分会计政策变更与会计估计变更，能够区分资产负债表日后调整事项与非调整事项；初步掌握对会计政策变更、会计估计变更与前期差错更正以及资产负债表日后调整事项会计处理方法。

工作情境 1

财政部于 2009 年 6 月 11 日颁发了《企业会计准则解释第 3 号》，其中第三条规定如下：

高危行业企业按照国家规定提取的安全生产费，应当计入相关产品的成本或当期损益，同时记入"4301 专项储备"科目。

企业使用提取的安全生产费时，属于费用性支出的，直接冲减专项储备。企业使用提取的安全生产费形成固定资产的，应当通过"在建工程"科目归集所发生的支出，待安全项目完工达到预定可使用状态时确认为固定资产；同时，按照形成固定资产的成本冲减专项储备，并确认相同金额的累计折旧。该固定资产在以后不再计提折旧。

"专项储备"科目期末余额在资产负债表所有者权益项下"减：库存股"和"盈余公积"之间增设"专项储备"项目反映。

企业提取的维简费和其他具有类似性质的费用，比照上述规定处理。

本解释发布前未按上述规定处理的，应当进行追溯调整。

请问：什么情况下需要进行追溯调整？怎样进行追溯调整？

任务 1 会计政策及其变更的会计处理

一、相关知识

（一）会计政策概述

1. 会计政策的概念

会计政策，是指企业在会计确认、会计计量和报告中采用的会计原则、会计基础和会计处理方法。

① 会计原则，是指按照企业会计准则规定的、适合企业会计要素确认过程中所采用的具体会计原则。会计原则有一般原则和特定原则。会计政策所指的会计原则是指某一类会计业务的核算所应遵循的特定的、具体的原则，而不是笼统地指所有的会计原则。如会计信息质量特征中的可靠性、相关性，通常不将其作为会计政策。《企业会计准则第 14 号——收入》规定的以交易已经完成、经济利益能够流入企业、收入和成本能够可靠计量等作为收入确认的标准，就属于收入确认的具体会计原则。

② 会计基础，是指为了将会计原则应用于交易或事项而采用的基础，主要包括会计确认基础和会计计量基础。从会计实务的角度看，可供选择的会计确认基础有权责发生制和收付实现制。在我国，企业应当采用权责发生制作为会计确认基础，不具有可选择性。会计政策所指的会计基础主要是计量基础（即计量属性），包括历史成本、重置成本、可变现净值、现值和公允价值等。

③ 会计处理方法，是指按照会计原则和计量基础的要求，由企业在会计核算中采用或者选择的、适用于本企业的具体会计处理方法。例如，企业按照《企业会计准则第 15 号建造合同》规定采用的完工百分比法就是会计处理方法。

会计原则、会计基础和会计处理方法三者之间是一个具有逻辑性的、密不可分的整体，通过这个整体，会计政策才能得以应用和落实。

2. 会计政策的特点

企业会计政策选择和运用具有如下特点：

第一，会计政策的可选择性。会计政策是在允许的会计原则、会计基础和会计处理方法中作出指定或具体选择。由于企业经济业务的复杂性和多样化，某些经济业务在符合会计原则和计量基础的要求下，可以有多种会计处理方法，即存在不止一种可供选择的会计政策。例如，确定发出存货的实际成本时可以在先进先出法、加权平均法或者个别计价法中进行选择。

第二，会计政策的强制性。我国的会计准则和会计制度属于行政法规，会计政策所包括的具体会计原则、计量基础和具体会计处理方法由会计准则或会计制度规定，具有一定的强制性。企业必须在法规所允许的范围内选择适合本企业实际情况的会计政策，即企业应在国家统一的会计准则制度规定的会计政策范围内选择适用的会计政策。

第三，会计政策的层次性。会计政策涉及会计原则、会计基础和具体会计处理方法。会计原则包括一般原则和特定原则，会计政策所指的会计原则是指某一类会计业务的核算所应遵循的特定原则，而不是笼统地指所有的会计原则。例如，借款费用是费用化还是资本化，即属于特定会计原则。可靠性、相关性、实质重于形式等属于会计信息质量要求，是为了满足会计信息质量要求而制定的原则，是统一的、不可选择的，不属于特定原则。

第四，会计政策应当保持前后各期的一致性。会计信息使用者需要比较一个以上期间的会计信息，以判断企业的财务状况、经营成果和现金流量的趋势。因此，企业选用的会计政策一般情况下不能也不应当随意变更，以保持会计信息的可比性。但只要有合理的证据，符合一定的条件，企业的会计政策也是可以变更的。

3. 重要的会计政策

企业应当披露重要的会计政策，不重要的会计政策可以不予披露。判断会计政策是否重要，应当考虑与会计政策相关项目的性质和金额。企业应当披露的重要会计政策包括：

① 财务报表的编制基础、计量基础和会计政策的确定依据等。

② 发出存货成本的计量，是指企业确定发出存货成本所采用的会计处理。例如，企业发出存货成本的计量是采用先进先出法，还是采用其他计量方法。

③ 固定资产的初始计量，是指对取得的固定资产初始成本的计量。例如，企业取得的固定资产初始成本是以购买价款，还是以购买价款的现值为基础进行计量。

④ 无形资产的确认，是指对无形资产项目的支出是否确认为无形资产。例如，企业内部研究开发项目开发阶段的支出是确认为无形资产，还是在发生时计入当期损益。

⑤ 投资性房地产的后续计量，是指企业在资产负债表日对投资性房地产进行后续计量所采用的会计处理。例如，企业对投资性房地产的后续计量是采用成本模式，还是公允价值模式。

⑥ 长期股权投资的后续计量，是指企业取得长期股权投资后的会计处理。例如，企业对被投资单位的长期股权投资是采用成本法，还是采用权益法核算。

⑦ 非货币性资产交换的计量，是指非货币性资产交换事项中对换入资产成本的计量。例如，非货币性资产交换是以换出资产的公允价值作为确定换入资产成本的基础，还是以换出资产的账面价值作为确定换入资产成本的基础。

⑧ 收入的确认，是指收入确认所采用的会计方法。

⑨ 借款费用的处理，是指借款费用的会计处理方法，即采用资本化还是采用费用化。

⑩ 外币折算，是指外币折算所采用的方法以及汇兑损益的处理。

⑪ 合并政策，是指编制合并财务报表所采纳的原则。例如，母公司与子公司的会计年度不一致的会计处理、合并范围的确定原则等。

（二）会计政策变更

1. 会计政策变更的概念

会计政策变更，是指企业对相同的交易或者事项由原来采用的会计政策改用另一会计政策的行为。为保证会计信息的可比性，使财务报表使用者在比较企业一个以上期间的财务报表时，能够正确判断企业的财务状况、经营成果和现金流量的趋势，一般情况下，企业采用的会计政策，在每一会计期间和前后各期应当保持一致，不得随意变更。否则，势必削弱会计信息的可比性，使财务报告使用者在比较企业经营成果时发生困难。

2. 会计政策变更的条件

在下列两种情况下，可以变更会计政策：

第一，法律、行政法规或者国家统一的会计制度等要求变更。这种情况是指，按照法律、行政法规以及国家统一的会计制度的规定，要求企业按照法律、行政法规以及国家统一的会计制度的规定改变原会计政策，按照新的会计政策执行。

例如，《企业会计准则第1号——存货》规定，不允许企业采用后进先出法核算发出存货成本，这就要求执行会计准则体系的企业按照新规定，将原来以后进先出法核算发出存货成本改为准则规定可以采用的会计政策。又如，《企业会计准则第3号——长期股权投资》规定，要求投资企业对子公司的长期股权投资在日常核算及母公司个别财务报表中采用成本法，改变原采用权益法的做法，变更原有会计政策。

第二，会计政策变更能够提供更可靠、更相关的会计信息。由于经济环境、客观情况的改变，企业原采用的会计政策所提供的会计信息，已不能恰当地反映企业的财务状况、经营成果和现金流量等情况。在这种情况下，应改变原有会计政策，按变更后新的会计政策进行会计处理，以便对外提供更可靠、更相关的会计信息。

例如，某企业一直采用成本模式对投资性房地产进行后续计量，如果该企业能够从房地产交易市场上持续地取得同类或类似房地产的市场价格及其他相关信息，从而能够对投资性房地产的公允价值做出合理的估计，此时采用公允价值模式对投资性房地产进行后续计量可以更好地反映其价值。这种情况下，该企业可以将投资性房地产的后续计量方法由成本模式变更为公允价值模式。

需要注意的是，除法律、行政法规以及国家统一的会计制度要求变更会计政策的，应当按照国家的相关规定执行外，企业因满足上述第二个条件变更会计政策时，必须有充分、合理的证据表明其变更的合理性，并说明变更会计政策后，能够提供关于企业财务状况、经营成果和现金流量等更可靠、更相关的会计信息的理由。对会计政策的变更，企业仍应经股东大会或董事会、经理（厂长）会议或类似机构批准，并按照法律、行政法规等的规定报送有关各方备案。如无充分、合理的证据表明会计政策变更的合理性，或者未重新经股东大会或董事会、经理（厂长）会议或类似机构批准擅自变更会计政策的，或者连续、反复地自行变更会计政策的，视为滥用会计政策，按照前期差错更正的方法进行处理。

上市公司的会计政策目录及变更会计政策后重新制定的会计政策目录，除应当按照信息披露的要求对外公布外，还应当报公司上市地交易所备案。未报公司上市地交易所备案的，视为滥用会计政策，按照前期差错更正的方法进行处理。

3. 不属于会计政策变更的情况

（1）本期发生的交易或者事项与以前相比具有本质差别而采用新的会计政策

例如，某企业以往租入的设备均为临时需要而租入的，因此按经营租赁会计处理方法核算，但自本年度起租入的设备均采用融资租赁方式，则该企业自本年度起对新租赁的设备采用融资租赁会计处理方法核算。由于该企业原租入的设备均为经营性租赁，本年度起租赁的设备均改为融资租赁，经营租赁和融资租赁有着本质差别，因而改变会计政策不属于会计政策变更。

（2）对初次发生的或不重要的交易或者事项采用新的会计政策

例如，某企业初次签订一项建造合同，为另一企业建造三栋厂房，该企业对该项建造合同采用完工百分比法确认收入。由于该企业初次发生该项交易，采用完工百分比法确认该项交易的收入，不属于会计政策变更。

例如，企业原在生产经营过程中使用少量的低值易耗品，并且价值较低，故企业在领用低值易耗品时一次计入费用；该企业于近期投产新产品，所需低值易耗品比较多，且价值较高，企业对领用的低值易耗品处理方法改为分次摊销法。该企业低值易耗品在企业生产经营中所占的费用比例并不大，改变低值易耗品处理方法后，对损益的影响也不大，属于不重要的事项，会计政策在这种情况下的改变不属于会计政策变更。

（三）会计政策变更的会计处理

1. 会计政策变更的会计处理原则

会计政策变更根据具体情况，分别按照以下规定处理：

① 法律、行政法规或者国家统一的会计制度等要求变更的情况下，企业应当分别按以下情况进行处理：

a. 国家发布相关的会计处理办法，则按照国家发布的相关会计处理规定进行处理。例如，2007年1月1日我国上市公司执行新企业会计准则，会计准则发生了较大的变动，财政部制定了《企业会计准则第38号——首次执行企业会计准则》。规定了企业执行新会计准则是应遵循的处理办法。

b. 国家没有发布相关的会计处理办法，则采用追溯调整法进行会计处理。

② 在会计政策变更能够提供更可靠、更相关的会计信息的情况下，企业应当采用追溯调整法进行会计处理，用会计政策变更累积影响数调整列报前期最早期初留存收益，其他相关项目的期初余额和列报前期披露的其他比较数据也应当一并调整。

③ 确定会计政策变更对列报前期影响数不切实可行的，应当从可追溯调整的最早期间开始应用变更后的会计政策。

④ 在当期期初确定会计政策变更对以前各期累积影响数不切实可行的，应当采用未来适用法处理。

例如，企业因账簿、凭证超过法定保存期限而销毁，或因不可抗力而毁坏、遗失，如火灾、水灾等，或因人为因素，如盗窃、故意毁坏等，可能使当期期初确定会计政策变更造成以前各期累积影响数无法计算，即不切实可行的，在这种情况下，会计政策变更应当采用未来适用法进行处理。

2. 追溯调整法

追溯调整法，是指对某项交易或事项变更会计政策，视同该项交易或事项初次发生时，即采用变更后的会计政策，并以此对财务报表相关项目进行调整的方法。

追溯调整法的运用通常由以下几步构成：

（1）计算会计政策变更的累积影响数

会计政策变更累积影响数，是指按照变更后的会计政策对以前各期追溯计算的列报前期最早期初留存收益应有金额与现有金额之间的差额，换言之，是假设与会计政策变更的交易或事项在初次发生时即采用新的会计政策，而得出的列报前期最早期初留存收益应有金额与现有金额之间的差额。若财务报表只提供列报项目上一个可比会计期间比较数据时，这里的列报前期最早期初留存收益是指变更会计政策当期的上期期初留存收益金额。上述留存收益，包括未分配利润和按照相关法律规定提取并累积的盈余公积，但不考虑由于损益的变化而应当补充分配的利润或股利。

会计政策变更的累积影响数可以分解为以下两个金额之间的差额：

① 在变更会计政策当期，按变更后的会计政策对以前各期追溯计算，所得到列报前期最早期初留存收益应有金额。该金额为追溯调整后的留存收益金额，指扣除所得税后的净额，即按新的会计政策计算确定留存收益时，考虑所得税影响后的净额。

② 在变更会计政策当期，列报前期最早期初留存收益现有金额。在财务报表只提供列报项目上一个可比会计期间比较数据的情况下，在变更会计政策当期，该项即为上期资产负债表所反映的期初留存收益，可以从上年资产负债表项目中获得。

累积影响数通常可以通过以下各步计算获得：

第一步，根据新会计政策重新计算受影响的前期交易或事项。

第二步，计算两种会计政策下的差异。
第三步，计算差异的所得税影响金额。
第四步，确定前期中的每一期的税后差异。
第五步，计算会计政策变更的累积影响数。

（2）编制相关项目的调整分录

涉及损益调整时，直接调整留存收益，通过"盈余公积""利润分配——未分配利润"科目处理，不需通过"以前年度损益调整"科目过渡。

（3）调整列报前期最早期初财务报表相关项目及其金额

应调整变更会计政策当期资产负债表有关项目的年初余额、利润表有关项目的上年金额及所有者权益变动表有关项目的上年金额和本年金额。

（4）报表附注说明

企业应当在附注中披露与会计政策变更有关的下列信息：

① 会计政策变更的性质、内容和原因。包括：对会计政策变更的简要阐述、变更的日期、变更前采用的会计政策和变更后所采用的新会计政策及会计政策变更的原因。例如，依据法律或会计准则等行政法规、规章的要求变更会计政策时，在财务报表附注中应当披露所依据的文件，如对于由于执行企业会计准则而发生的变更，应在财务报表附注中说明：依据《企业会计准则第×号——××》的要求变更会计政策……

② 当期和各个列报前期财务报表中受影响的项目名称和调整金额。包括：采用追溯调整法时，计算出的会计政策变更的累积影响数；当期和各个列报前期财务报表中需要调整的净损益及其影响金额，以及其他需要调整的项目名称和调整金额。

③ 无法进行追溯调整的，说明该事实和原因以及开始应用变更后的会计政策的时点、具体应用情况。包括：无法进行追溯调整的事实、确定会计政策变更对列报前期影响数不切实可行的原因、在当期期初确定会计政策变更对以前各期累积影响数不切实可行的原因、开始应用新会计政策的时点和具体应用情况。

采用追溯调整法时，对于比较财务报表期间的会计政策变更，应调整各期间净损益各项目和财务报表其他相关项目，视同该政策在比较财务报表期间上一直采用。对于比较财务报表可比期间以前的会计政策变更的累积影响数，应调整比较财务报表最早期间的期初留存收益，财务报表其他相关项目的数字也应一并调整。因此，追溯调整法，是将会计政策变更的累积影响数调整列报前期最早期初留存收益，而不计入当期损益。

3. 未来适用法

未来适用法，是指将变更后的会计政策应用于变更日及以后发生的交易或者事项，或者在会计估计变更当期和未来期间确认会计估计变更影响数的方法。

在未来适用法下，不需要计算会计政策变更产生的累积影响数，也无须重编以前年度的财务报表。企业会计账簿记录及财务报表上反映的金额，变更之日仍保留原有的金额，不因会计政策变更而改变以前年度的既定结果，并在现有金额的基础上再按新的会计政策进行核算。

二、工作过程

【**会计工作1**】荣华公司2016年、2017年分别以4 500 000元和1 100 000元的价格从股票市场购入 A、B 两支以交易为目的的股票，市价一直高于成本。假定不考虑相关税费，公司采用成本与市价孰低法对购入股票公司进行计量。公司从 2018 年起对其以交易为目的从股票市场购入的股票由成本与市价孰低改为公允价值计量，公司保存的会计资料比较齐备，可以通过会计资料追溯计算。假设所得税税率为 25%，公司按净利润的 10% 提取法定盈余公积，按净利润的 5% 提取任意盈余公积。2017 年公司发行在外普通股加权平均数为 4 500 万股。A、B 股票有关成本及公允价值资料如表 18-1 所示。

表 18-1　A、B 股票有关成本及公允价值　　　　　　　　　　　　元

股票	购入成本	2016 年年末公允价值	2017 年年末公允价值
A	4 500 000	5 100 000	5 100 000
B	1 100 000	—	1 300 000

【工作指导】 荣华公司根据《企业会计准则第 22 号——金融工具确认和计量》相关规定将购入的以交易为目的持有的股票作为交易性金融资产，并由原来成本与市价孰低法改为按公允价值计量，应属于会计政策变更，且公司保存的会计资料比较齐备，可采用追溯调整法。公司的会计处理如下：

① 计算改变交易性金融资产计量方法后的累积影响数，如表 18-2 所示。

表 18-2　改变交易性金融资产计量方法后的累积影响数　　　　　　元

年份	公允价值（新政策）	成本与市价孰低（旧政策）	税前差异	所得税影响	税后差异
2016 年年末	5 100 000	4 500 000	600 000	150 000	450 000
2017 年年末	6 400 000	5 600 000	800 000	200 000	600 000

荣华公司 2007 年 12 月 31 日的比较财务报表最早期初为 2017 年 1 月 1 日。

荣华公司在 2016 年年末交易性金融资产按公允价值计量的账面价值为 5 100 000 元，按成本与市价孰低计量的账面价值为 4 500 000 元，两者的所得税影响合计为 150 000 元，两者差异的税后净影响额为 450 000 元，即为该公司 2006 年期初交易性金融资产由成本与市价孰低改为公允价值的累积影响数。

荣华公司在 2017 年年末交易性金融资产按公允价值计量的账面价值为 6 400 000 元，按成本与市价孰低计量的账面价值为 5 600 000 元，两者的所得税影响合计为 200 000 元，两者差异的税后净影响额为 600 000 元，其中，450 000 元是调整 2017 年累积影响数、150 000 元是调整 2017 年当期金额。

荣华公司按照公允价值重新计量 2017 年年末 B 股票账面价值，其结果公允价值变动收益少计了 200 000 元，所得税费用少计了 50 000 元，净利润少计了 150 000 元。

② 编制有关项目的调整分录。

a. 对 2016 年有关事项的调整分录。

Ⅰ 调整会计政策变更累积影响数：

借：交易性金融资产　　　　　　　　　　　　　　　　　　　600 000

贷：利润分配——未分配利润　　　　　　　　　　　　　　　　　450 000
　　　　　递延所得税负债　　　　　　　　　　　　　　　　　　　　　150 000
　　注：会计政策变更只有在涉及暂时性差异时才调税（调整递延所得税资产/负债），其他的均不调税。因为不管会计政策如何改变，应交所得税都是按税法规定计算的，会计政策变更中不能调整应交所得税。
　　本题中，因交易性金融资产按公允价值计量的账面价值大于计税基础，形成应纳税暂时性差异，应确认为递延所得税负债。
　　Ⅱ 调整利润分配：
　　　借：利润分配——未分配利润　　　　　　　　　　　　　　　　　67 500
　　　　　贷：盈余公积　　　　　　　　　　　　　　　　　　　　　　67 500
　　其中，按净利润的10%提取法定盈余公积、按净利润的5%提取任意盈余公积，共计提取盈余公积 450 000×15%＝67 500（元）
　　注：调整利润分配时不需要考虑调整以前年度对股东的分配；此处提取盈余公积不需要通过"利润分配——提取盈余公积"科目过渡。
　　b. 对2017年有关事项的调整分录
　　Ⅰ 调整交易性金融资产：
　　　借：交易性金融资产　　　　　　　　　　　　　　　　　　　　　200 000
　　　　　贷：利润分配——未分配利润　　　　　　　　　　　　　　　150 000
　　　　　　　递延所得税负债　　　　　　　　　　　　　　　　　　　 50 000
　　Ⅱ 调整利润分配：
　　　借：利润分配——未分配利润　　　　　　　　　　　　　　　　　22 500
　　　　　贷：盈余公积　　　　　　　　　　　　　　　　　　　　　　22 500
　　其中，按净利润的10%提取法定盈余公积、按净利润的5%提取任意盈余公积，共计提取盈余公积 150 000×15%＝22 500（元）
　　③ 财务报表调整和重述
　　荣华公司在列报2018年度的财务报表时，应调整2018年资产负债表有关项目的年初余额（见表18-3）、利润表有关项目的上年金额（见表18-4），所有者权益变动表有关项目的上年金额和本年金额也应进行调整（见表18-5）。
　　a. 资产负债表项目的调整。
　　调增交易性金融资产年初余额800 000元、调增递延所得税负债年初余额200 000元、调增盈余公积年初余额90 000元、调增未分配利润年初余额5 100 000元。

表18-3　资产负债表（简表）

编制单位：荣华公司　　　　　　　　　　2018年度　　　　　　　　　　　　　　　元

资产	年初余额		负债和股东权益	年初余额	
	调整前	调整情况		调整前	调整情况
……			……		
交易性金融资产	略	+800 000	递延所得税负债	略	+200 000

续表

资　产	年初余额		负债和股东权益	年初余额	
	调整前	调整情况		调整前	调整情况
			……		
			盈余公积	略	+90 000
			未分配利润	略	+510 000
……			……		

注：财务报表未列出相关项目调整前的金额，只列出调整变化的金额，"+"表示调增，"-"表示调减，下同。

b. 利润表项目的调整。

调增公允价值变动收益上年金额 200 000 元、调增所得税费用上年金额 50 000 元、调增净利润上年金额 150 000 元。

表 18-4　利润表（简表）

编制单位：荣华公司　　　　　　　　　2018 年度　　　　　　　　　　　　　　元

项　目	上　年　金　额	
	调整前	调整情况
……		
加：公允价值变动收益	略	+200 000
……		
二、营业利润	略	+200 000
……		
三、利润总额	略	+200 000
减：所得税费用	略	+50 000
四、净利润	略	+150 000
……		

注：此处省略了对基本每股收益上年金额的调整。

c. 所有者权益变动表项目的调整。

调增会计政策变更项目中盈余公积上年金额 675 000 元、未分配利润上年金额 382 500 元、所有者权益合计上年金额 450 000 元。

调增会计政策变更项目中盈余公积本年金额 22 500 元、未分配利润本年金额 127 500 元、所有者权益合计本年金额 150 000 元。

表 18-5 所有者权益变动表（简表）

编制单位：荣华公司　　　　　　　　　2018 年度　　　　　　　　　　　　　　元

项　目	…	本　年　金　额			…	上　年　金　额		
……	…	盈余公积	未分配利润	所有者权益合计	…	盈余公积	未分配利润	所有者权益合计
一、上年年末余额		略	略			略	略	
加：会计政策变更		+22 500	+127 500	+150 000		+67 500	+382 500	+450 000
前期差错更正								
二、本年年初余额		+22 500	+127 500	+150 000		+67 500	+382 500	+450 000
……								

④ 附注说明。

本公司 2018 年按照会计准则规定，对交易性金融资产期末计量由成本与市价孰低改为以公允价值计量。此项会计政策变更采用追溯调整法，2018 年比较财务报表已重新表述。2017 年期初运用新会计政策追溯计算的会计政策变更累积影响数为 450 000 元。调增 2017 年的期初留存收益 450 000 元，其中，调增未分配利润 382 500 元、调增盈余公积 67 500 元。会计政策变更对 2018 年度财务报表本年金额的影响为增加未分配利润 127 500 元、调增盈余公积 22 500 元、调增净利润 150 000 元。

【会计工作2】乙公司按照会计准则的规定，从 2018 年 1 月 1 日起变更存货的计价方法，由后进先出法改为先进先出法。2018 年 1 月 1 日的存货价值为 2 500 000 元、公司当年购入存货实际成本合计为 18 000 000 元，2018 年 12 月 31 日按先进先出法计算确定的存货价值为 4 500 000 元、当年销售额为 25 000 000 元，假设该年度的其他费用等为 1 200 000 元，所得税税率为 25%，税法允许按先进先出法计算的成本在税前扣除。2018 年 12 月 31 日采用后进先出法计算的存货价值则为 2 200 000 元。假设 2018 年期初确定会计政策变更对以前所有各期累积影响数不切实可行。

【工作指导】由于采用先进先出法，对 2018 年期初确定会计政策变更对以前所有各期累积影响数不切实可行，因此乙公司对上述会计政策变更采用未来适用法进行处理。

① 计算会计政策变更对当期净利润的影响数。

乙公司采用未来适用法时，不调整采用后进先出法下的 2018 年期初存货余额，只对变更日后存货的计价改按先进先出法计算即可。

根据本例中给出的数据，2018 年改变会计政策后（先进先出法）乙公司的销售成本计算为：期初存货+购入存货实际成本-期末存货=2 500 000+18 000 000-4 500 000=16 000 000（元）

假设 2018 年乙公司没有变更会计政策（后进先出法），则其销售成本计算为：期初存货+购入存货实际成本-期末存货=2 500 000+18 000 000-2 200 000=18 300 000（元）

两者销售成本的差额为 2 300 000 元（18 300 000-16 000 000），乙公司由于会计政策变更使当期利润总额增加了 2 300 000 元。扣除所得税的影响，使当期净利润增加了 1 725 000 元（2 300 000-2 300 000×25%）。

② 附注说明。

公司本年度按照会计准则规定，对存货的计价由后进先出法改为先进先出法。由于此项会计政策变更无法确定其累积影响数，因此采用未来适用法进行会计处理。会计政策变更使当期净利润增加了 1 725 000 元。

本年利润计算过程如表 18-6 所示。

表 18-6　当期净利润的累积影响数计算表　　　　　　　　　　元

项　　目	先进先出法（新政策）	后进先出法（旧政策）
营业收入	25 000 000	25 000 000
减：营业成本	16 000 000	18 300 000
其他费用等	1 200 000	1 200 000
营业利润	7 800 000	5 500 000
加：营业外收入	0	0
减：营业外支出	0	0
利润总额	7 800 000	5 500 000
减：所得税费用	1 950 000	1 375 000
净利润	5 850 000	4 125 000
差　　额	+1 725 000	

三、知识拓展

年度及中期财务报告的比较财务报表编制要求

《企业会计准则第 30 号——财务报表列报》规定：企业在列报当期财务报表时，至少应当提供所有列报项目上一年度可比会计期间的比较数据，以及与理解当期财务报表相关的说明，目的是向报表使用者提供对比数据，提高信息在会计期间的可比性，以反映企业财务状况、经营成果和现金流量的发展趋势，提高报表使用者的判断与决策能力。

一、年度财务报告的比较财务报表编制要求（表 18-7）

表 18-7　年度财务报告的比较财务报表编制

报表类别	本年度财务报表时间（或期间）	上年度比较财务报表时间（或期间）
资产负债表	2017 年 12 月 31 日	2016 年 12 月 31 日
利润表	2017 年度	2016 年度
现金流量表	2017 年度	2016 年度
所有者权益变动表	2017 年度	2016 年度

注：假设本年度为 2017 年度（下同）。

二、中期财务报告的比较财务报表编制要求

准则规定，中期财务报告应当按照下列规定提供比较财务报表：

1. 本中期末的资产负债表和上年度末的资产负债表。
2. 本中期的利润表、年初至本中期末的利润表以及上年度可比期间的利润表。其中，上年度可比期间的利润表包括：上年度可比中期的利润表和上年度年初至上年可比中期末的利润表。
3. 年初至本中期末的现金流量表和上年度年初至上年可比中期末的现金流量表。

（1）2017年第1季度财务报告应当提供的财务报表（表18-8）

表18-8　2017年第1季度财务报告应当提供的财务报表

报表类别	本年度中期财务报表时间（或期间）	上年度比较财务报表时间（或期间）
资产负债表	2017年3月31日	2016年12月31日
利润表*	2017年1月1日至3月31日	2016年1月1日至3月31日
现金流量表	2017年1月1日至3月31日	2016年1月1日至3月31日

*在第1季度财务报告中，"本中期"与"年初至本中期末"的期间是相同的，所以在第1季度财务报告中只需提供一张利润表，因为在第1季度，本中期利润表即为年初至本中期末利润表，相应地，上年度的比较财务报表也只需提供一张利润表。

（2）2017年第2季度财务报告应当提供的财务报表（表18-9）

表18-9　2017年第2季度财务报告应当提供的财务报表

报表类别	本年度中期财务报表时间（或期间）	上年度比较财务报表时间（或期间）
资产负债表	2017年6月30日	2016年12月31日
利润表（本中期）	2017年4月1日至6月30日	2016年4月1日至6月30日
利润表（年初至本中期末）	2017年1月1日至6月30日	2016年1月1日至6月30日
现金流量表	2017年1月1日至6月30日	2016年1月1日至6月30日

（3）2010年第3季度财务报告应当提供的财务报表（表18-10）

表18-10　2010年第3季度财务报告应当提供的财务报表

报表类别	本年度中期财务报表时间（或期间）	上年度比较财务报表时间（或期间）
资产负债表	2017年9月30日	2016年12月31日
利润表（本中期）	2017年7月1日至9月30日	2016年7月1日至9月30日
利润表（年初至本中期末）	2017年1月1日至9月30日	2016年1月1日至9月30日
现金流量表	2017年1月1日至9月30日	2016年1月1日至9月30日

任务 2 会计估计及其变更的会计处理

一、相关知识

（一）会计估计

1. 会计估计的概念

会计估计，是指企业对其结果不确定的交易或事项以最近可利用的信息为基础所作的判断。

2. 会计估计具有以下特点

（1）会计估计的存在是由于经济活动中内在的不确定性因素的影响所造成的

在会计核算中，企业总是力求保持会计核算的准确，但有些交易或事项本身具有不确定性，因而需要根据经验作出估计判断；同时，采用权责发生制原则编制财务报表这一事项本身，也有必要充分估计未来交易或事项的影响。在会计核算和信息披露过程中，会计估计是不可避免的。例如，估计固定资产折旧年限和净残值，需要根据固定资产消耗方式、性能、技术发展等情况进行估计。会计估计的存在是由于经济活动中内在的不确定性因素的影响所造成的。

（2）会计估计应当以最近可利用的信息或资料为基础

企业在会计估计时，通常应根据当时的情况和经验，以最近可利用的信息或资料为基础进行。但是随着时间的推移、环境的变化，会计估计的基础可能会发生变化。

因此，进行会计估计所依据的信息或资料不得不经常发生变化。由于最新的信息是最接近目标的信息，以其为基础所作的估计最接近实际，所以，进行会计估计时应以最近可利用的信息或资料为基础。

（3）进行会计估计并不会削弱会计核算的可靠性

进行合理的会计估计是会计核算中必不可少的部分，它不会削弱会计核算的可靠性。由于存在会计分期和货币计量，在确认和计量过程中，不得不对许多尚在延续中、其结果不确定的交易或事项予以估计入账。但是估计是建立在具有确凿证据的前提下，而不是随意的。企业根据当时所掌握的可靠证据作出的最佳估计，不会削弱会计核算的可靠性。

3. 会计估计的判断

会计估计的判断，应当考虑与会计估计相关项目的性质和金额。

常见的需要进行估计的项目有：

① 存货可变现净值的确定。

② 采用公允价值模式下的投资性房地产公允价值的确定。

③ 固定资产的使用寿命、预计净残值和折旧方法、弃置费用的确定。

④ 寿命有限的无形资产的预计使用寿命、残值、摊销方法。

⑤ 建造合同或劳务合同完工进度的确定。

⑥ 公允价值的确定。

⑦ 预计负债初始计量的最佳估计数的确定。

⑧ 职工薪酬金额的确定。

⑨ 一般借款资本化金额的确定。

⑩ 租赁资产公允价值的确定、最低租赁付款额现值的确定、承租人融资租赁折现率的确定、融资费用和融资收入的确定、未担保余值的确定。

(二) 会计估计变更

1. 会计估计变更的概念

会计估计变更,是指由于资产和负债的当前状况及预期经济利益和义务发生了变化,从而对资产或负债的账面价值或者资产的定期消耗金额进行调整。

通常情况下,企业可能由于以下原因而发生会计估计变更。

(1) 赖以进行估计的基础发生了变化

例如,企业某项无形资产的摊销年限原定为10年,以后发生的情况表明,该资产的受益年限已不足10年,则应相应调减摊销年限。

(2) 取得了新的信息,积累了更多的经验

例如,企业原对固定资产采用年限平均法按15年计提折旧,后来根据新得到的信息——固定资产经济使用寿命不足15年,只有10年,企业改按10年年限平均法计提固定资产折旧。

2. 会计政策变更与会计估计变更的划分

企业应当正确划分会计政策变更与会计估计变更,并按照不同的方法进行会计处理。

(1) 会计政策变更与会计估计变更的划分基础

企业应当以变更事项的会计确认、计量基础和列报项目是否发生变更作为判断该变更是会计政策变更,还是会计估计变更的划分基础。

① 以会计确认是否发生变更作为判断基础。《企业会计准则——基本准则》规定了资产、负债、所有者权益、收入、费用和利润六项会计要素的确认标准,是会计处理的首要环节。一般地,对会计确认的指定或选择是会计政策,其相应的变更是会计政策变更。会计确认、计量的变更一般会引起列报项目的变更。例如:某企业在前期将某项内部研发项目开发阶段的支出计入当期损益,而当期按照《企业会计准则第6号——无形资产》的规定,该项支出符合无形资产的确认条件,应当确认为无形资产。该事项的会计确认发生变更,即前期将开发费用确认为一项费用,而当期将其确认为一项资产。该事项中会计确认发生了变化,所以该变更属于会计政策变更。

② 以计量基础是否发生变更作为判断基础。《企业会计准则——基本准则》规定了历史成本、重置成本、可变现净值、现值和公允价值5项会计计量属性,是会计处理的计量基础。一般地,对计量基础的指定或选择是会计政策,其相应的变更是会计政策变更。例如:某企业在前期对购入的价款超过正常信用条件延期支付的固定资产初始计量采用历史成本,而当期按照《企业会计准则第4号——固定资产》的规定,该类固定资产的初始成本应以购买价款的现值为基础确定。该事项的计量基础发生了变化,所以该变更属于会计政策变更。

③ 以列报项目是否发生变更作为判断基础。《企业会计准则第30号——财务报表列报》规定了财务报表项目应采用的列报原则。一般地,对列报项目的指定或选择是会计政策,其相应的变更是会计政策变更。当然,在实务中,列报项目的变更往往伴随着会计确认的变更或者相反。例如:某商业企业在前期将商品采购费用列入营业费用,当期根据《企业会计准

则第 1 号——存货》的规定,将采购费用列入成本。因为列报项目发生了变化,所以该变更是会计政策变更。当然这里也涉及会计确认、计量的变更。

④ 根据会计确认、计量基础和列报项目所选择的、为取得与该项目有关的金额或数值所采用的处理方法,不是会计政策,而是会计估计,其相应的变更是会计估计变更。例如:某企业需要对某项资产采用公允价值进行计量,而公允价值的确定需要根据市场情况选择不同的处理方法。在不存在销售协议和资产活跃市场的情况下,需要根据同行业类似资产的近期交易价格对该项资产进行估计;在不存在销售协议但存在资产活跃市场的情况下,其公允价值应当按照该项资产的市场价格为基础进行估计。因为企业所确定的公允价值是与该项资产有关的金额,所以为确定公允价值所采用的处理方法是会计估计,不是会计政策。相应地,当企业面对的市场情况发生变化时,其采用的确定公允价值的方法变更是会计估计变更,不是会计政策变更。

总之,在单个会计期间,会计政策决定了财务报表所列报的会计信息和列报方式;会计估计是用来确定与财务报表所列报的会计信息有关的金额和数值。

(2) 划分会计政策变更和会计估计变更的方法

企业可以采用以下具体方法划分会计政策变更与会计估计变更:分析并判断该事项是否涉及会计确认、计量基础选择或列报项目的变更。当至少涉及上述一项划分基础变更的,该事项是会计政策变更;不涉及上述划分基础变更时,该事项可以判断为会计估计变更。

例如:企业原采用双倍余额递减法计提固定资产折旧,根据固定资产使用的实际情况,企业决定改用直线法计提固定资产折旧。该事项前后采用的两种计提折旧方法都是以历史成本作为计量基础,对该事项的会计确认和列报项目也未发生变更,只是固定资产折旧、固定资产净值等相关金额发生了变化。因此,该事项属于会计估计变更。

(三) 会计估计变更的会计处理

会计估计变更应采用未来适用法处理,即在会计估计变更当期及以后期间,采用新的会计估计,不改变以前期间的会计估计,也不调整以前期间的报告结果。

1. 如果会计估计的变更仅影响变更当期,有关估计变更的影响应于当期确认

2. 如果会计估计的变更既影响变更当期又影响未来期间,有关估计变更的影响在当期及以后各期确认

某企业的一项可计提折旧的固定资产,其有效使用年限或预计净残值的估计发生变更,影响了变更当期及资产以后使用年限各个期间的折旧费用,这项会计估计的变更,应于变更当期及以后各期确认。

会计估计变更的影响数应计入变更当期与前期相同的项目中。为了保证不同期间的财务报表具有可比性,如果会计估计变更的影响数以前包括在企业日常经营活动的损益中,则以后也应包括在相应的损益类项目中;如果会计估计变更的影响数以前包括在特殊项目中,则以后也相应作为特殊项目反映。

3. 企业难以对某项变更区分为会计政策变更或会计估计变更的,应当作为会计估计变更处理

4. 会计估计变更的披露

企业应当在附注中披露与会计估计变更有关的下列信息:

① 会计估计变更的内容和原因。包括变更的内容、变更日期以及会计估计变更的原因。

② 会计估计变更对当期和未来期间的影响数。包括会计估计变更对当期和未来期间损益的影响金额，以及对其他各项目的影响金额。

③ 会计估计变更的影响数不能确定的，披露这一事实和原因。

二、工作过程

【会计工作3】乙公司于 2016 年 1 月 1 日起开始计提一台管理用设备的折旧，原价为 84 000 元、预计使用年限为 8 年、预计净残值为 4 000 元，按年限平均法计提折旧。至 2020 年年初，由于新技术发展等原因，需要对原估计的使用年限和净残值作出修正，修改后该设备预计尚可使用年限为 2 年、预计净残值为 2 000 元。乙公司适用的企业所得税税率为 25%。

【工作指导】由于新技术发展等原因，乙公司对管理用设备原估计的使用年限和净残值作出修正，应作为会计估计变更，采用未来适用法处理。该项会计估计变更的处理方式如下：

① 不调整以前各期折旧，也不计算累积影响数。

② 变更日以后改按新的估计提取折旧。

按原估计，每年折旧额为 10 000 元，已提折旧 4 年，共计 40 000 元，第 5 年年初该项固定资产账面价值为 44 000 元，改变预计使用年限后，2020 年起每年计提的折旧费用为 21 000 元 [(44 000－2 000)/2]。2020 年不必对以前年度已提折旧进行调整，只需按重新预计的尚可使用年限和净残值计算确定年折旧费用，有关会计处理如下：

借：管理费用　　　　　　　　　　　　　　　　　　　　　　　　21 000
　　贷：累计折旧　　　　　　　　　　　　　　　　　　　　　　　　21 000

③ 附注说明。

本公司一台管理用设备成本为 84 000 元，原预计使用年限为 8 年，预计净残值为 4 000 元，按年限平均法计提折旧。由于新技术发展，该设备已不能按原预计使用年限计提折旧，本公司于 2020 年年初将该设备的预计尚可使用年限变更为 2 年，预计净残值变更为 2 000 元，以反映该设备在目前状况下的预计尚可使用年限和净残值。此估计变更将减少本年度净利润 8 250 元 [(21 000－10 000)×(1－25%)]。

任务3　前期差错更正的会计处理

一、相关知识

（一）前期差错概述

1. 前期差错的概念

前期差错，是指由于没有运用或错误运用下列两种信息，而对前期财务报表造成省略或错报：

一是编报前期财务报表时预期能够取得并加以考虑的可靠信息。

二是前期财务报告批准报出时能够取得的可靠信息。

2. 前期差错的类型

前期差错按形成原因以及对财务报表使用者决策影响的不同分类。

(1) 按形成原因分类

① 计算以及账户分类错误。例如，企业购入的五年期国债，意图长期持有，但在记账时记入了交易性金融资产，导致账户分类上的错误，并导致在资产负债表上流动资产和非流动资产的分类也有误。

② 采用法律、行政法规或者国家统一的会计制度等不允许的会计政策。例如，按照《企业会计准则第17号——借款费用》的规定，为购建固定资产的专门借款而发生的借款费用满足一定条件的，在固定资产达到预定可使用状态前发生的应予资本化，计入所购建固定资产的成本；在固定资产达到预定可使用状态后发生的计入当期损益。如果企业固定资产已达到预定可使用状态后发生的借款费用，也计入该项固定资产的价值予以资本化，则属于采用法律或会计准则等行政法规、规章所不允许的会计政策。例如，企业将一幢自建的厂房用作出租，且按年收取租金。记账时将此项房产记入固定资产账户，未计入投资性房地产账户，导致账户分类上的错误，从而使资产负债表上投资性房地产和固定资产的分类也有误。

③ 对事实的疏忽或曲解，以及舞弊。例如，企业对某项建造合同应按建造合同规定的方法确认营业收入，但该企业却按确认商品销售收入的原则确认收入。

④ 在期末对应计项目与递延项目未予调整。例如，企业应在本期摊销的长期待摊费用在期末未予摊销。

⑤ 漏记已完成的交易。例如，企业销售一批商品，商品已经发出，开出增值税专用发票，商品销售收入确认条件均已满足，但企业在期末未将已实现的销售收入入账。

⑥ 提前确认尚未实现的收入或不确认已实现的收入。例如，在采用委托代销商品的销售方式下，应以收到代销单位的代销清单时确认商品销售收入的实现，如企业在发出委托代销商品时即确认为收入，则为提前确认尚未实现的收入。

⑦ 资本性支出与收益性支出划分差错等。例如，企业发生的管理人员的工资一般作为收益性支出，而发生的在建工程人员工资一般作为资本性支出。如果企业将发生的在建工程人员工资计入了当期损益，则属于资本性支出与收益性支出的划分差错。

⑧ 存货、固定资产的盘盈。作为前期差错盘盈的存货，一般是指存货盘盈金额比较大（如，占到当年年末存货金额10%以上的）的，如果金额比较小，则可以通过"待处理财产损溢"科目来核算。

(2) 按对财务报表使用者决策的影响分类

① 重要的前期差错，是指足以影响财务报表使用者对企业财务状况、经营成果和现金流量作出正确判断。实务中，我们可以根据前期差错所影响的财务报表项目的金额或性质，来判断该前期差错是否重要。一般来说，前期差错所影响的财务报表项目的金额越大、性质越严重，其重要性水平越高。

② 不重要的前期差错，是指不足以影响财务报表使用者对企业财务状况、经营成果和现金流量作出正确判断的前期差错。

(二) 前期差错更正的会计处理

企业应建立、健全内部控制制度，按照会计制度的规定进行会计核算，保证会计核算的正确与完整，并对外提供可靠、相关的会计信息。如果发生前期会计差错，企业可按以下原则进行会计处理：

1. 对于不重要的前期差错，可以采用未来适用法更正

即企业不需调整财务报表相关项目的期初数，但应调整发现当期与前期相同的相关项目。如果不影响损益的，应调整发现当期的相关项目；如果影响损益的，应直接计入发现当期的净损益项目。

2. 对于重要的前期差错，一般应当采用追溯重述法更正

所谓追溯重述法，是指在发现前期差错时，视同该项前期差错从未发生，从而财务报表相关项目进行更正的方法。企业应当在其发现重要前期差错当期的财务报表中，调整前期比较数据。具体通过以下方法进行追溯更正。

① 追溯重述差错发生期间列报的前期比较金额。

② 如果前期差错发生在列报的最早前期之前，则追溯重述列报的最早前期的资产、负债和所有者权益相关项目的期初余额。

对于发生的重要前期差错，如影响损益，应将其对损益的影响数调整发现当期的期初留存收益，财务报表其他相关项目的期初数也应一并调整；如不影响损益，应调整财务报表相关项目的期初数。

在编制比较财务报表时，对于比较财务报表期间重要的前期差错，应调整各该期间的净损益和其他相关项目，视同该差错在产生的当期已经更正；对于比较财务报表期间以前的重要的前期差错，应调整比较财务报表最早期间的期初留存收益，财务报表其他相关项目的数字也应一并调整。

对于重要的前期差错，如果确定前期差错影响数不切实可行的，可以从可追溯重述的最早期间开始调整留存收益的期初余额，财务报表其他相关项目的期初余额也应当一并调整，也可以采用未来适用法。

3. 对于年度资产负债表日至财务报告批准报出日之间发现的报告年度的会计差错及报告年度前不重要的前期差错，应按照《企业会计准则第 29 号——资产负债表日后事项》的规定进行处理

即日后期间发现的报告年度的会计差错，不管金额大小，都调整报告年度的年末金额和本期金额；日后期间发现的以前年度的会计差错，金额较小的（即非重要差错），按日后调整事项处理，调整报告年度的年末金额和本期金额。

企业发现的以前年度重要的前期差错，如涉及损益，应通过"以前年度损益调整"科目及其相关科目核算，并将调整的对净损益的影响金额转入"利润分配——未分配利润"科目；如不影响损益，则在相关科目中进行调整。

金额较大的（即重要差错），调整报告年度资产负债表的年初余额，如果差错属于报告年度前一年的差错，还应调整报告年度利润表的上期金额。

4. 前期差错更正披露

企业应当在附注中披露与前期差错更正有关的下列信息：

① 前期差错的性质。

② 各个列报前期财务报表中受影响的项目名称和更正金额。

③ 无法进行追溯重述的，说明该事实和原因以及对前期差错开始进行更正的时点、具体更正情况。

在以后期间的财务报表中，不需要重复披露在以前期间的附注中已披露的前期差错更正的信息。

二、工作过程

【会计工作4】 甲公司在2017年12月31日发现一台价值9 600元、应计入固定资产,并于2016年2月1日开始计提折旧的管理用设备,在2016年计入了当期费用。该公司固定资产折旧采用直线法,该资产估计使用年限为4年,假设不考虑净残值因素。

【工作指导】 甲公司发生的会计错误为不重要的前期差错,可以采用未来适用法更正。只需调整发现当期与前期相同的项目。则在2017年12月31日更正此差错的会计分录为:

借:固定资产   9 600
　　贷:管理费用   5 000
　　　　累计折旧   4 600

假设该项差错直至2020年2月后才发现,则不需要做任何分录,因为该项差错已经抵销了。

【会计工作5】 甲公司在2020年12月31日发现,2019年公司漏记一项固定资产的折旧费用150 000元,但在所得税申报表中扣除了该项折旧。假设所得税税率为25%,对上述折旧费用记录了49 500元的递延所得税负债,无其他纳税调整事项。该公司按净利润的10%提取法定盈余公积,按净利润的5%提取任意盈余公积。该公司发行股票份额为1 800 000股。

【工作指导】 ① 分析差错的影响数:

2019年少计折旧费用	50 000
少计累计折旧	150 000
多计所得税费用(150 000×25%)	37 500
多计净利润	100 500
多计递延所得税负债(150 000×25%)	37 500
多提法定盈余公积	112 500
多提任意盈余公积	5 625

② 编制有关项目的调整分录:

a. 补提折旧:
借:以前年度损益调整   150 000
　　贷:累计折旧   150 000

b. 调整递延税款:
借:递延所得税负债   37 500
　　贷:以前年度损益调整   37 500

因漏记固定资产的折旧费用,从而使固定资产账面价值大于计税基础,形成应纳税暂时性差异,应确认为递延所得税负债,补提折旧费用时应转销已确认的递延所得税负债,虽确认了49 500元(150 000×33%)的递延所得税负债,但只能按现在所得税税率25%转销,即37 500元(150 000×25%)。

注:前期差错更正会计处理中,当会计准则和税法对涉及损益调整事项处理的口径相同时,则应考虑调整应交所得税和所得税费用;当会计准则和税法对涉及损益调整事项处理的口径不同时,则不应考虑应交所得税的调整。前期差错更正会计处理不涉及损益的,但按税

法规定可以调整的所得税，会计处理也应调整应交所得税和所得税费用。

本例中若所得税申报表中未扣除该项折旧费用，税法允许调整应交所得税时，则借记"应交税费——应交所得税"科目。

c. 将"以前年度损益调整"科目的余额转入利润分配：

借：利润分配——未分配利润　　　　　　　　　　　　　　　112 500
　　贷：以前年度损益调整　　　　　　　　　　　　　　　　　112 500

d. 调整利润分配有关数字：

借：盈余公积　　　　　　　　　　　　　　　　　　　　　　16 875
　　贷：利润分配——未分配利润　　　　　　　　　　　　　　16 875

③ 财务报表调整和重述

甲公司在列报2020年度财务报表时，应调整2020年度资产负债表有关项目的年初余额（见表18-11）、利润表有关项目的上年金额（见表18-12），所有者权益变动表本年金额中有关项目（见表18-13）也应进行调整。

a. 资产负债表项目的调整。调增累计折旧150 000元、调减递延所得税负债37 500；调减盈余公积16 875元；调减未分配利润95 625元。

表18-11　资产负债表（简表）

编制单位：甲公司　　　　　　　　　　2020年度　　　　　　　　　　　　　　　　元

资　产	年初余额		负债和股东权益	年初余额	
	调整前	调整情况		调整前	调整情况
……			……		
			递延所得税负债	略	−37 500
固定资产	略	−150 000	盈余公积	略	−16 875
……			未分配利润	略	−95 625
			……		

注：在资产负债表调增累计折旧，即调减固定资产项目。

b. 利润表项目的调整。调增营业成本上年金额150 000元、调减所得税费用37 500元、调增净利润上年金额112 500元。

表18-12　利润表（简表）

编制单位：甲公司　　　　　　　　　　2020年度　　　　　　　　　　　　　　　　元

项　目	上期金额	
	调整前	调整情况
……	……	……
二、营业成本	略	+150 000
……		

续表

项 目	上 期 金 额	
	调整前	调整情况
三、利润总额	略	+150 000
减：所得税费用	略	−37 500
四、净利润	略	+112 500
……	……	……

注：此处省略了对基本每股收益上年金额的调整。

b. 所有者权益变动表项目的调整。调减前期差错更正项目中盈余公积本年金额 16 875 元、未分配利润本年金额 95 625 元，所有者权益合计本年金额 112 500 元。

表 18-13　所有者权益变动表（简表）

编制单位：甲公司　　　　　　2020 年度　　　　　　　　　　　　　　元

项 目	……	本 年 金 额		
		盈余公积	未分配利润	所有者权益合计
一、上年年末余额				
加：会计政策变更				
前期差错更正		−16 875	−95 625	−112 500
二、本年年初余额				
……				

④ 附注说明。

本年度发现 2019 年漏记固定资产折旧 150 000 元，在编制 2019 年与 2020 年可比的财务报表时，已对该项差错进行了更正。更正后，调减 2019 年净利润及留存收益 112 500 元，调增累计折旧 150 000 元。

任务 4　资产负债表日后事项的会计处理

一、相关知识

（一）资产负债表日后事项概述

1. 资产负债表日后事项的概念

财务报告的编制需要一定的时间，因此，资产负债表日与财务报告的批准报出日之间往往存在差异，这段时间发生的一些事项可能对财务报告使用者有重要影响。资产负债表日后事项是指资产负债表日至财务报告批准报出日之间发生的有利或不利事项。

在理解该定义时，应注意以下三个要点。

（1）资产负债表日

资产负债表日是指会计年度末和会计中期期末。其中，年度资产负债表日是指公历 12 月 31 日；会计中期通常包括半年度、季度和月度等，会计中期期末相应地是指公历半年末、季末和月末等。

（2）财务报告批准报出日

财务报告批准报出日是指董事会或类似机构批准财务报告报出的日期。通常是指对财务报告的内容负有法律责任的单位或个人批准财务报告对外公布的批准日期。

财务报告的批准者包括所有者、所有者中的多数、董事会或类似的管理单位、部门和个人。公司制企业的董事会有权批准对外公布财务报告，因此，公司制企业财务报告批准报出日是指董事会批准财务报告报出的日期。对于非公司制企业，财务报告批准报出日是指经理（厂长）会议或类似机构批准财务报告报出的日期。

（3）资产负债表日后事项包括有利事项和不利事项

即资产负债表日后事项肯定对企业财务状况和经营成果具有一定影响（既包括有利影响也包括不利影响）的事项。如果某些事项的发生对企业财务状况和经营成果无任何影响，那么，这些事项既不是有利事项也不是不利事项，也就不属于准则所称资产负债表日后事项。

2. 资产负债表日后事项涵盖的期间

资产负债表日后事项涵盖的期间是自资产负债表日次日起至财务报告批准报出日止的一段时间，具体是指报告期下一期间的第一天至董事会或类似机构批准财务报告对外公布的日期。财务报告批准报出以后、实际报出之前又发生与资产负债表日后事项有关的事项，并由此影响财务报告对外公布日期的，应以董事会或类似机构再次批准财务报告对外公布的日期为截止日期。

例如：某上市公司 2016 年的年度财务报告于 2017 年 3 月 15 日编制完成，注册会计师完成年度审计工作并签署审计报告的日期为 2017 年 4 月 12 日，2017 年 4 月 20 日董事会批准财务报告对外公布，财务报告实际对外公布的日期为 2017 年 4 月 25 日，股东大会召开日期为 2017 年 5 月 6 日。

本例中，该公司 2016 年年报的资产负债表日后事项涵盖的期间为 2017 年 1 月 1 日至 2017 年 4 月 20 日。如果在 4 月 20 日至 25 日发生了重大事项，需要调整财务报表相关项目的数字或需要在财务报表附注中披露；经调整或说明后的财务报告再经董事会批准报出的日期为 2017 年 4 月 28 日，实际报出的日期为 2017 年 4 月 30 日，则资产负债表日后事项涵盖的期间为 2017 年 1 月 1 日至 2017 年 4 月 28 日。

资产负债表日后事项不是在这个特定期间发生的全部事项，而是与资产负债表日存在状况有关的事项，或虽然与资产负债表存在状况无关，但对理解和分析企业财务状况具有重大影响的事项。

（二）资产负债表日后事项的内容

资产负债表日后事项包括资产负债表日后调整事项（以下简称调整事项）和资产负债表日后非调整事项（以下简称非调整事项）两类。

1. 调整事项

资产负债表日后调整事项，是指对资产负债表日已经存在的情况提供了新的或进一步证据的事项。

如果资产负债表日及所属会计期间已经存在某种情况，但当时并不知道其存在或者不能知道确切结果，资产负债表日后发生的事项能够证实该情况的存在或者确切结果，则该事项属于资产负债表日后事项中的调整事项。如果资产负债表日后事项对资产负债表日的情况提供了进一步的证据，证据表明的情况与原来的估计和判断不完全一致，则需要对原来的会计处理进行调整。

调整事项的特点是：

一是在资产负债表日已经存在，资产负债表日后得以证实的事项。

二是对按资产负债表日存在状况编制的财务报表产生重大影响的事项。

企业发生的资产负债表日后调整事项，通常包括下列各项：

① 资产负债表日后诉讼案件结案，法院判决证实了企业在资产负债表日已经存在现时义务，需要调整原先确认的与该诉讼案件相关的预计负债，或确认一项新负债。

这一事项是指导致诉讼的事项在资产负债表日已经发生，但尚不具备确认负债的条件而未确认，因此法院判决后应确认一项新负债；或者虽已确认，但需要调整已确认负债的金额。

② 资产负债表日后取得确凿证据，表明某项资产在资产负债表日发生了减值或者需要调整该项资产原先确认的减值金额。

③ 资产负债表日后进一步确定了资产负债表日前购入资产的成本或售出资产的收入。

这类调整事项包括两方面的内容：若资产负债表日前购入的资产已经按暂估金额等入账，资产负债表日后获得证据，可以进一步确定该资产的成本，则应该对已入账的资产成本进行调整。企业在资产负债表日已根据收入确认条件确认资产销售收入，但资产负债表日后获得关于资产收入的进一步证据，如发生销售退回等，此时也应调整财务报表相关项目的金额。需要说明的是，资产负债表日后发生的销售退回，既包括报告年度或报告中期销售的商品在资产负债表日后发生的销售退回，也包括以前期间销售的商品在资产负债表日后发生的销售退回。

④ 资产负债表日后发现了财务报表舞弊或差错。

这一事项是指资产负债表日后发现报告期或以前期间存在的财务报表舞弊或差错。企业发生这一事项后，应当将其作为资产负债表日后调整事项，调整报告期间财务报告相关项目的数字。

2. 非调整事项

资产负债表日后非调整事项，是指表明资产负债表日后发生情况的事项。非调整事项的发生不影响资产负债表日企业的财务报表数字，只说明资产负债表日后发生了某些情况。对于财务报告使用者来说，非调整事项说明的情况有的重要，有的不重要；其中重要的非调整事项虽然与资产负债表日的财务报表数字无关，但可能影响资产负债表日以后的财务状况和经营成果，准则要求适当披露。

非调整事项的特点是：

一是事项在资产负债表日并不存在。

二是该事项影响比较重大，若不说明将会影响财务报告使用者作出正确估计和决策。

企业发生的资产负债表日后非调整事项，通常包括下列各项：

① 资产负债表日后发生重大诉讼、仲裁、承诺。

② 资产负债表日后资产价格、税收政策、外汇汇率发生重大变化。

③ 资产负债表日后因自然灾害导致资产发生重大损失。

④ 资产负债表日后发行股票和债券以及其他巨额举债。

⑤ 资产负债表日后资本公积转增资本。

⑥ 资产负债表日后发生巨额亏损。

⑦ 资产负债表日后发生企业合并或处置子公司。

⑧ 资产负债表日后董事会提出或已批准发放的股利或利润。

比如2017年1月～2017年3月30日（日后期间），董事会已经批准了2016年的股利分配方案，这个批准方案属于日后非调整事项，即其只能在2016年的年报中做表外披露。在股东大会2017年正式批准时再作相应的账务处理。

3. 调整事项与非调整事项的区别

如何确定资产负债表日后发生的某一事项是调整事项还是非调整事项，是运用资产负债表日后事项准则的关键。某一事项究竟是调整事项还是非调整事项，取决于该事项表明的情况在资产负债表日或资产负债表日以前是否已经存在。若该情况在资产负债表日或之前已经存在，则属于调整事项；反之，则属于非调整事项。

例如：债务人乙公司财务情况恶化导致债权人甲公司发生坏账损失。包括两种情况：① 2016年12月31日乙公司财务状况良好，甲公司预计应收账款可按时收回；乙公司一周后发生重大火灾，导致甲公司50%的应收账款无法收回。② 2017年12月31日甲公司根据掌握的资料判断，乙公司有可能破产清算，甲公司估计对乙公司的应收账款将有10%无法收回，故按10%的比例计提坏账准备。一周后甲公司接到通知，乙公司已被宣告破产清算，甲公司估计有70%的债权无法收回。

本例中，① 导致甲公司2016年度应收账款损失的因素是火灾，应收账款发生损失这一事实在资产负债表日以后才发生，因此乙公司发生火灾导致甲公司应收款项发生坏账的事项属于非调整事项。② 导致甲公司2017年度应收账款无法收回的事实是乙公司财务状况恶化，该事实在资产负债表日已经存在，乙公司被宣告破产只是证实了资产负债表日财务状况恶化的情况，因此该事项属于调整事项。

（三）资产负债表日后调整事项的会计处理

资产负债表日后发生的调整事项，应当如同资产负债表所属期间发生的事项，作相关账务处理，并对资产负债表日已编制的会计报表作相应的调整，这里的会计报表包括资产负债表、利润表及其相关附表和现金流量表附注，但不包括现金流量表正表。由于资产负债表日后事项发生在次年，上年度的有关账目已经结转，特别是损益类科目在结账后已无余额。因此，资产负债表日后发生的调整事项，应当分别按以下情况进行账务处理。

1. 涉及损益的事项，通过"以前年度损益调整"科目核算

调整增加以前年度收益或调整减少以前年度亏损的事项，及其调整减少的所得税，记入"以前年度损益调整"科目的贷方；调整减少以前年度收益或调整增加以前年度亏损的事项，以及调整增加的所得税,记入"以前年度损益调整"科目的借方。"以前年度损益调整"科目的贷方或借方余额,转入"利润分配——未分配利润"科目。

调整事项如果影响应纳税所得额的,且发生在该企业资产负债表日所属年度(即报告年度)所得税汇算清缴前的,应调整报告年度应纳税所得额、应纳所得税税额;若发生在该企业报告年度所得税汇算清缴后的,应作为本年度的事项处理,调整本年度(即报告年度的次年)应纳所得税税额。调整事项如果不影响应纳税所得额的(以税法规定为准),不调整应交税费。调整事项产生暂时性差异的,还应调整所得税费用和递延所得税资产(负债)。

2. 涉及利润分配调整的事项,直接在"利润分配——未分配利润"科目核算

3. 不涉及损益以及利润分配的事项,调整相关科目

4. 通过上述账务处理后,还应调整财务报表相关项目的数字

① 资产负债表日编制的财务报表相关项目的数字(包括比较财务报表中应调整的相关项目的上期数)。

② 当期编制的财务报表相关项目的期初数。

③ 财务报表附注中涉及的相关内容。

5. 应当在附注中披露财务报告的批准报出者和财务报告批准报出日

另外,企业在资产负债表日后取得了影响资产负债表日存在情况的新的或进一步的证据,也应当调整与之相关的披露信息。

(四)资产负债表日后非调整事项的会计处理

资产负债表日后发生的非调整事项,是表明资产负债表日后发生情况的事项,与资产负债表日存在状况无关,不应当调整资产负债表日的财务报表。但有的非调整事项对财务报告使用者具有重大影响,如不加以说明,将不利于财务报告使用者做出正确估计和决策,因此,资产负债表日后事项准则要求在附注中披露"重要的资产负债表日后非调整事项的性质、内容,及其对财务状况和经营成果的影响"。

资产负债表日后发生的非调整事项,应当在报表附注中披露每项重要的资产负债表日后非调整事项的性质、内容,及其对财务状况和经营成果的影响。无法做出估计的,应当说明原因。

资产负债表日后非调整事项的主要有以下几种情况。

1. 资产负债表日后发生重大诉讼、仲裁、承诺

资产负债表日后发生的重大诉讼等事项,对企业影响较大,为防止误导投资者及其他财务报告使用者,应当在报表附注中进行相关披露。

2. 资产负债表日后资产价格、税收政策、外汇汇率发生重大变化

3. 资产负债表日后因自然灾害导致资产发生重大损失

4. 资产负债表日后发行股票和债券以及其他巨额举债

企业发行股票、债券以及向银行或非银行金融机构举借巨额债务都是比较重大的事项,虽然这一事项与企业资产负债表日的存在状况无关,但这一事项的披露能使财务报告使用者了解与此有关的情况及可能带来的影响,故应披露。

5. 资产负债表日后资本公积转增资本

企业以资本公积转增资本将会改变企业的资本(或股本)结构,影响较大,需要在报表附注中进行披露。

6. 资产负债表日后发生巨额亏损

企业资产负债表日后发生巨额亏损将会对企业报告期以后的财务状况和经营成果产生重大影响,应当在报表附注中及时披露该事项,以便为投资者或其他财务报告使用者做出正确决策提供信息。

7. 资产负债表日后发生企业合并或处置子公司

企业合并或者处置子公司的行为可以影响股权结构、经营范围等方面,对企业未来生产经营活动能产生重大影响。因此企业应在附注中披露处置子公司的信息。

8. 资产负债表日后,企业利润分配方案中拟分配的以及经审议批准宣告发放的股利或利润

资产负债表日后,企业制定利润分配方案,拟分配或经审议批准宣告发放股利或利润的行为,并不会致使企业在资产负债表日形成现时义务,因此虽然发生该事项可导致企业负有支付股利或利润的义务,但支付义务在资产负债表日尚不存在,不应该调整资产负债表日的财务报告,因此,该事项为非调整事项。但由于该事项对企业资产负债表日后的财务状况有较大影响,可能导致现金较大规模地流出、企业股权结构变动等,为便于财务报告使用者更充分了解相关信息,企业需要在财务报告中适当披露该信息。

二、工作过程

以下举例均假定甲公司财务报告批准报出日是次年3月31日,所得税税率为25%,按净利润的10%提取法定盈余公积,提取法定盈余公积后不再作其他分配;调整事项按税法规定均可调整应交所得税;涉及递延所得税资产的,均假设未来期间很可能取得用来抵扣暂时性差异的应纳税所得额。

【会计工作6】甲公司因违约,于2016年12月被乙公司告上法庭,乙公司要求甲公司赔偿80万元。2016年12月31日法院尚未判决,甲公司按或有事项准则对该诉讼事项确认预计负债50万元。2017年3月10日,经法院判决甲应赔偿乙60万元。甲、乙双方均服从判决。判决当日,甲向乙支付赔偿款60万元。甲、乙两公司2016年所得税汇算清缴在2017年4月10日完成(假定该项预计负债产生的损失不允许税前扣除,只有在损失实际发生时才允许税前抵扣)。公司适用的所得税税率为25%。

【工作指导】本例中,2017年3月10日的判决证实了甲、乙两公司在资产负债表日(即2016年12月31日)分别存在现时赔偿义务和获赔权利,因此两公司都应将"法院判决"这一事项作为调整事项进行处理。

甲公司的账务处理如下:

① 2017年3月10日,记录支付的赔款:

借:以前年度损益调整 100 000
　　贷:其他应付款 100 000
借:预计负债 500 000
　　贷:其他应付款 500 000
借:其他应付款 600 000
　　贷:银行存款 600 000

注：资产负债表日后事项如涉及现金收支项目，均不调整报告年度资产负债表的货币资金项目和现金流量表各项目数字。本例中，虽然已经支付了赔偿款，但在调整会计报表相关数字时，只需调整上述第一笔和第二笔分录，第三笔分录作为2017年的会计事项处理。

② 调整递延所得税资产：

借：以前年度损益调整　　　　　　　　　　　　　　　125 000
　　贷：递延所得税资产　　　　　　　　　　　　　　　　　　125 000

注：甲公司在2016年12月31日确认预计负债500 000元时，相应地确认了递延所得税资产125 000元，日后期间，法院判决生效，赔款损失实际发生了，所以此时应转回递延所得税资产。

③ 调整应交所得税：

借：应交税费——应交所得税　　　　　　　　　　　　150 000
　　贷：以前年度损益调整（600 000×25%）　　　　　　　　　150 000

注：调整事项如果影响应纳税所得额的，且发生于报告年度所得税汇算清缴之前的，应调整所得税费用和应交税费。

④ 将"以前年度损益调整"科目余额转入未分配利润：

借：利润分配——未分配利润　　　　　　　　　　　　75 000
　　贷：以前年度损益调整　　　　　　　　　　　　　　　　　75 000

⑤ 因净利润变动，调整盈余公积：

借：盈余公积（75 000×10%）　　　　　　　　　　　　7 500
　　贷：利润分配——未分配利润　　　　　　　　　　　　　　7 500

⑥ 调整报告年度（2016年）报表：

a. 资产负债表项目的年末数调整（表18-14）。调减递延所得税资产125 000元、调减预计负债500 000元、调增其他应付款600 000元、调减应交税费150 000元、调减盈余公积75 000元、调减未分配利润675 000元。

表18-14　资产负债表（简表）

编制单位：甲公司　　　　　　　　　　2016年度　　　　　　　　　　　　　　元

资产	期末余额		负债和股东权益	期末余额	
	调整前	调整情况		调整前	调整情况
……			……		
递延所得税资产	略	－125 000	应交税费	略	－150 000
			其他应付款	略	＋600 000
			预计负债	略	－500 000
			盈余公积	略	－75 000
			未分配利润	略	－675 000
……			……		

注：财务报表未列出相关项目调整前的金额，只列出调整变化的金额，"＋"表示调增，"－"表示调减，下同。

b. 利润表项目的本年数调整（表 18-15）。调增营业外支出 100 000 元、调减所得税费用 25 000 元。

表 18-15　利润表（简表）

编制单位：甲公司　　　　　　　　2016 年度　　　　　　　　　　元

项　目	本　期　金　额	
	调　整　前	调整情况
……		
减：营业外支出	略	+100 000
……		
减：所得税费用	略	-25 000
减：净利润	略	-75 000

c. 所有者权益变动表的本年金额调整（表 18-16）。调减净利润 75 000 元；调减提取盈余公积项目中盈余公积一栏调减 7 500 元、未分配利润一栏调增 7 500 元。

表 18-16　所有者权益变动表（简表）

编制单位：甲公司　　　　　　　　2016 年度　　　　　　　　　　元

项　目		本　年　金　额		
……	……	盈余公积	未分配利润	所有者权益合计
……	……			
（一）净利润			-75 000	
（四）利润分配				
1. 提取盈余公积		-7 500	+7 500	
……				

乙企业的账务处理如下：

① 2017 年 3 月 10 日，记录收到的赔款：

借：银行存款　　　　　　　　　　　　　　　　　　　　　　　　600 000
　　贷：以前年度损益调整　　　　　　　　　　　　　　　　　　　　　600 000
借：以前年度损益调整（600 000×25%）　　　　　　　　　　　　150 000
　　贷：应交税费——应交所得税　　　　　　　　　　　　　　　　　　150 000

② 将"以前年度损益调整"科目余额转入未分配利润：

借：利润分配——未分配利润　　　　　　　　　　　　　　　　　45 000
　　贷：盈余公积（450 000×10%）　　　　　　　　　　　　　　　　　45 000

③ 调整报告年度财务报表：

a. 资产负债表项目的年末数字调整：

调增盈余公积45 000元、调增未分配利润405 000元、调增应交税费150 000元

b. 利润表项目的本年数调整：

调增营业外收入600 000元、调增所有税费用150 000元。

c. 所有者权益变动表项目的本年金额调整：

调增净利润450 000元、提取盈余公积项目中盈余公积一栏调增45 000元，未分配利润一栏调减45 000元。

【会计工作7】2016年8月甲公司销售给乙公司一批产品，货款为58 000元（含增值税），乙公司于9月份收到所购物资并验收入库，按合同规定，乙公司应于收到所购物资后一个月内付款。由于乙公司财务状况不佳，到2016年12月31日仍未付款。甲公司于12月31日编制2016年度财务报表时，已为该项应收账款提取坏账准备2 900元；12月31日资产负债表上"应收账款"项目的金额为76 000元，其中55 100元为该项应收账款。甲公司于2017年2月16日（所得税汇算清缴前）收到法院通知，乙公司已宣告破产清算，无力偿还所欠部分货款。甲公司预计可收回应收账款的40%，适用的所得税税率为25%。

【工作指导】甲公司在收到法院通知后，可判断该事项属于资产负债表日后调整事项，应参照调整事项的处理原则进行处理。具体过程如下：

① 补提坏账准备：应补提的坏账准备 = 58 000×60% − 2 900 = 31 900（元）

借：以前年度损益调整　　　　　　　　　　　　　　　31 900
　　贷：坏账准备　　　　　　　　　　　　　　　　　　　　31 900

② 调整递延所得税资产：

借：递延所得税资产　　　　　　　　　　　　　　　　7 975
　　贷：以前年度损益调整（31 900×25%）　　　　　　　　　7 975

③ 将"前年度损益调整"科目的余额转入利润分配：

借：利润分配——未分配利润　　　　　　　　　　　　23 925
　　贷：以前年度损益调整（31 900 − 7 975）　　　　　　　　23 925

④ 调整利润分配有关数字：

借：盈余公积　　　　　　　　　　　　　　　　　　　2 392.50
　　贷：利润分配——未分配利润（23 925×10%）　　　　　　2 392.50

⑤ 调整报告年度财务报表：

a. 资产负债表项目的调整：

调减应收账款年末数31 900元、调增递延所得税资产7 975元、调减盈余公积2 392.50元、调增未分配利润2 392.50元。

b. 利润表项目的调整：

调整资产减值损失31 900元、调减所得税费用7 975元。

c. 所有者权益变动表项目的调整：

调减净利润23 925元、提取盈余公积项目中盈余公积一栏调减2 392.50元，未分配利润一栏调增2 392.50元。

【会计工作8】甲公司2016年12月20日销售一批商品给丙企业，甲公司发出商品后，按照正常情况确认收入100 000元（不含税，增值税率17%），并结转成本80 000元。此笔货

款到年末尚未收到，甲公司未对应收账款计提坏账准备。公司适用的所得税税率为25%。企业于2017年2月28日完成2016年所得税汇算清缴。由于产品质量问题，本批货物被退回。在以下两种情况下，甲公司对销售退回业务应如何进行会计处理？

① 2017年1月18日本批货物被退回。
② 2017年3月5日本批货物被退回。

【工作指导】本例中，销售退回业务发生在资产负债表日后事项涵盖期间，应属于资产负债表日后调整事项。

涉及报告年度所属期间的销售退回发生于报告年度所得税汇算清缴之前，应调整报告年度利润表的收入、成本等，并相应调整报告年度的应纳税所得额以及报告年度应缴纳的所得税等。甲公司的账务处理如下：

① 2017年1月18日，调整销售收入：
借：以前年度损益调整　　　　　　　　　　　　　　100 000
　　应交税费——应交增值税（销项税额）　　　　　17 000
　　贷：应收账款　　　　　　　　　　　　　　　　　　　117 000

② 调整销售成本：
借：库存商品　　　　　　　　　　　　　　　　　　 80 000
　　贷：以前年度损益调整　　　　　　　　　　　　　　　80 000

③ 调整应交所得税：
借：应交税费——应交所得税　　　　　　　　　　　 5 000
　　贷：以前年度损益调整　　　　　　　　　　　　　　　 5 000

④ 将"以前年度损益调整"科目余额转入未分配利润：
借：利润分配——未分配利润　　　　　　　　　　　15 000
　　贷：以前年度损益调整　　　　　　　　　　　　　　　15 000

⑤ 调整盈余公积：
借：盈余公积　　　　　　　　　　　　　　　　　　 1 500
　　贷：利润分配——未分配利润　　　　　　　　　　　　 1 500

⑥ 调整报告年度相关财务报表：

a. 资产负债表项目的年末数调整：
调减应收账款117 000元、调增库存商品80 000元、调减盈余公积1 500元、调减未分配利润13 500元。

b. 利润表项目的调整：
调减营业收入100 000、调减营业成本80 000元。

c. 所有者权益表项目的调整：
调减净利润20 000元、提取盈余公积项目中盈余公积一栏调减1 500元、未分配利润一栏调增1 500元。

资产负债表日后事项中涉及报告年度所属期间的销售退回发生于报告年度所得税汇算清缴之后，应调整报告年度会计报表的收入、成本等，但按照税法规定在此期间的销售退回所涉及的应交所得税，应作为本年度的纳税调整事项。甲公司的账务处理如下：

① 2014年3月5日，调整销售收入：
借：以前年度损益调整　　　　　　　　　　　　　　　　　100 000
　　应交税费——应交增值税（销项税额）　　　　　　　　17 000
　　贷：应收账款　　　　　　　　　　　　　　　　　　　　　　117 000
② 调整销售成本：
借：库存商品　　　　　　　　　　　　　　　　　　　　　80 000
　　贷：以前年度损益调整　　　　　　　　　　　　　　　　　　80 000
③ 将"以前年度损益调整"科目余额转入未分配利润：
借：利润分配——未分配利润　　　　　　　　　　　　　　20 000
　　贷：以前年度损益调整　　　　　　　　　　　　　　　　　　20 000
④ 调整盈余公积：
借：盈余公积　　　　　　　　　　　　　　　　　　　　　2 000
　　贷：利润分配——未分配利润　　　　　　　　　　　　　　　2 000
⑤ 调整报告年度相关财务报表：
a. 资产负债表项目的年末数调整：
调减盈余公积 2 000 元、调减未分配利润 18 000 元。
b. 利润表项目的调整：
调减应收账款 117 000 元、调增库存商品 80 000 元、调减营业收入 100 000 元、调减营业成本 80 000 元。
c. 所有者权益表项目的调整：
调减净利润 20 000 元；提取盈余公积项目中盈余公积一栏调减 2 000 元、未分配利润一栏调增 2 000 元。

模块四

财务会计报告与分析

项目 19

财务会计报告

概述及资产负债表

学习目标

了解财务报告的目标和财务报表的分类;了解资产负债表、利润表、现金流量表和所有者权益变动表的作用;掌握资产负债表的内容、结构及其编制;掌握利润表的格式、内容及其编制;掌握现金流量表的格式、内容及其编制;掌握所有者权益变动表的格式和内容;掌握主要财务指标的概念和计算方法。

工作情境

小张目前在一家公司协助财务经理做会计报告编制工作。经理要求其了解编制财务报表的程序,尤其是要做好准备工作。

1. 核实资产。核实资产是企业编制报表前一项重要的基础工作,而且工作量大。主要包括:清点现金和应收票据;核对银行存款,编制银行存款余额调节表;与购货人核对应收账款;与供货人核对预付账款;与其他债务人核对其他应收款;清查各项存货;检查各项投资的回收利润分配情况;清查各项固定资产的在建工程。核实中,如发现与账面记录不符,应先转入"待处理财产损溢"账户,待查明原因,按规定处理。

2. 清理债务。企业与外单位的各种经济往来中形成的债务也要认真清理及时处理。对已经到期的负债,要及时偿还,以保持企业的信誉,特别是不能拖欠税款;其他应付款中要注意是否有不正常的款项。

3. 复核成本。编制报表前,要认真复核各项生产、销售项目的成本结转情况。查对是否有少转、多转、漏转、错转成本,这些直接影响企业的盈亏,并由此产生一系列的后果,如多交税金、多分利润,使企业资产流失等。

4. 内部调账。内部调账主要有:计提坏账准备;摊销待摊费用;计提固定资产折旧;摊销各种无形资产和递延资产;实行工效挂钩的企业,按规定计提"应付职工薪酬";转销经批准的"待处理财产损溢";按权责发生制原则及有关规定,预提利息和费用;有外币业务的企业,还应计算汇总损益调整有关外币账户。

5. 试算平衡。在完成以上准备工作之后，还应进行一次试算平衡，以检查账务处理有无错误。

6. 结账。将损益类账户全部转入"本年利润"账户；将"本年利润"账户形成的本年税后净利润或亏损转入"利润分配"账户；进行利润分配后，编制年终会计决算报表。

（资料来源：2011.3.15　互联网）

任务 1　认识财务报告

一、相关知识

（一）财务报告及其目标

财务报告是企业对外提供的反映企业某一特定日期的财务状况和某一会计期间的经营成果、现金流量等会计信息的文件。财务报告包括财务报表和其他应当在财务报告中披露的相关信息和资料。

财务报告的目标，是向财务报告使用者提供与企业财务状况、经营成果和现金流量等有关的会计信息，反映企业管理层受托责任履行情况，有助于财务报告使用者作出经济决策。财务报告使用者通常包括投资者、债权人、政府及其有关部门和社会公众等。

（二）财务报表的组成

财务报表是对企业财务状况、经营成果和现金流量的结构性表述。一套完整的财务报表至少应当包括资产负债表、利润表、现金流量表、所有者权益（或股东权益）变动表以及附注。

资产负债表、利润表和现金流量表分别从不同角度反映企业的财务状况、经营成果和现金流量。

所有者权益变动表反映构成所有者权益的各组成部分当期的增减变动情况。企业的净利润及其分配情况是所有者权益变动的组成部分，相关信息已经在所有者权益变动表及其附注中反映，企业不需要再单独编制利润分配表。

附注是财务报表不可或缺的组成部分，是对在资产负债表、利润表、现金流量表和所有者权益变动表等报表中列示项目的文字描述或明细资料，以及对未能在这些报表中列示项目的说明等。

二、知识拓展

公司年报解读要点

一看"每股收益"，看公司分红派息能力，算出这只股票的市盈率。
二看"每股公积金"，看这只股票的送转能力。
三看"每股净资产值"，看这只股票（基金）有无投资价值。
四看"净资产收益率"，看上市公司再融资、高成长的能力。
五看"每股现金流量"，看上市公司经营活动能否良性运转。

六看"股本结构",看上市公司稳定性和公司股票价格的可能走向。

七看"产品结构",看上市公司产品所处的生命周期阶段及各阶段产品的搭配情况。

八看"风险提示",看上市公司对内外经营环境的预警程度及对投资者权益的关注、保护程度。

任务2 资产负债表

一、相关知识

（一）资产负债表概述

资产负债表是反映企业在某一特定日期的财务状况的报表，可以反映企业在某一特定日期所拥有或控制的经济资源（资产）、所承担的现时义务（负债）和所有者对净资产的要求权（所有者权益），并满足"资产=负债+所有者权益"平衡式。资产负债表帮助财务报表使用者全面了解企业的财务状况、分析企业的偿债能力等情况，从而为其作出经济决策提供依据。

1. 资产

资产反映由过去的交易、事项形成并由企业在某一特定日期所拥有或控制的、预期会给企业带来经济利益的资源。资产应当按照流动资产和非流动资产两大类别在资产负债表中列示，在流动资产和非流动资产类别下进一步按性质分项列示。

流动资产是预计在一个正常营业周期中变现、出售或耗用，或者主要为交易目的而持有，或者预计在资产负债表日起一年内（含一年）变现的资产，或者自资产负债表日起一年内交换其他资产或清偿负债的能力不受限制的现金或现金等价物。

资产负债表中列示的流动资产项目通常包括：货币资金、交易性金融资产、应收票据、应收账款、预付款项、应收利息、应收股利、其他应收款、存货和一年内到期的非流动资产等。

非流动资产是流动资产以外的资产。资产负债表中列示的非流动资产项目通常包括：长期股权投资、固定资产、在建工程、工程物资、固定资产清理、无形资产、开发支出、长期待摊费用以及其他非流动资产等。

2. 负债

负债反映在某一特定日期企业所承担的、预期会导致经济利益流出企业的现时义务。负债应当按照流动负债和非流动负债在资产负债表中列示，在流动负债和非流动负债类别下再进一步按性质分项列示。

流动负债是预计在一个正常营业周期中清偿，或者主要为交易目的而持有，或者自资产负债表日起一年内（含一年）到期应予以清偿，或者企业无权自主地将清偿推迟至资产负债表日后一年以上的负债。资产负债表中列示的流动负债项目通常包括：短期借款、应付票据、应付账款、预收款项、应付职工薪酬、应交税费、应付利息、应付股利、其他应付款、一年内到期的非流动负债等。

非流动负债是流动负债以外的负债。非流动负债项目通常包括长期借款、应付债券和其他非流动负债等。

3. 所有者权益

所有者权益是企业资产扣除负债后的剩余权益,反映企业在某一特定日期股东(投资者)拥有的净资产的总额,它一般按照实收资本、资本公积、盈余公积和未分配利润分项列示。

(二)资产负债表的结构

我国企业的资产负债表采用账户式结构。账户式资产负债表分左右两方。左方为资产项目,大体按资产的流动性大小排列,流动性大的资产如"货币资金""交易性金融资产"等排在前面,流动性小的资产如"长期股权投资""固定资产"等排在后面。右方为负债及所有者权益项目,一般按要求清偿时间的先后顺序排列:"短期借款""应付票据""应付账款"等需要在一年以内或者长于一年的一个正常营业周期内偿还的流动负债排在前面,"长期借款"等在一年以上才需偿还的非流动负债排在中间,在企业清算之前不需要偿还的所有者权益项目排在后面。

账户式资产负债表中的资产各项目的合计等于负债和所有者权益各项目的合计,即资产负债表左方和右方平衡。因此,通过账户式资产负债表,可以反映资产、负债、所有者权益之间的内在关系,即"资产=负债+所有者权益"。

我国企业资产负债表格式如表 19-1 所示。

表 19-1 资产负债表

会企01表

编制单位: _____年__月__日   元

资产	期末余额	年初余额	负债和所有者权益(或股东权益)	期末余额	年初余额
流动资产:			流动负债:		
货币资金			短期借款		
以公允价计量且其变动计入当期损益的金融资产			以公允价计量且其变动计入当期损益的金融负债		
应收票据			应付票据		
应收账款			应付账款		
预付款项			预收款项		
应收利息			应付职工薪酬		
应收股利			应交税费		
其他应收款			应付利息		
存货			应付股利		
一年内到期的非流动资产			其他应付款		
其他流动资产			一年内到期的非流动负债		
流动资产合计			其他流动负债		

续表

资产	期末余额	年初余额	负债和所有者权益（或股东权益）	期末余额	年初余额
非流动资产：			流动负债合计		
可供出售金融资产			非流动负债：		
持有至到期投资			长期借款		
长期应收款			应付债券		
长期股权投资			长期应付款		
投资性房地产			专项应付款		
固定资产			预计负债		
在建工程			递延所得税负债		
工程物资			其他非流动负债		
固定资产清理			非流动负债合计		
生产性生物资产			负债合计		
油气资产			所有者权益（或股东权益）：		
无形资产			实收资本（或股本）		
开发支出			资本公积		
商誉			减：库存股		
长期待摊费用			盈余公积		
递延所得税资产			未分配利润		
其他非流动资产			所有者权益（或股东权益）合计		
非流动资产合计					
资产总计			负债和所有者权益（或股东权益）总计		

（三）资产负债表的编制

1. 资产负债表项目的填列方法

资产负债表的各项目均需填列"年初余额"和"期末余额"两栏。"年初余额"栏内各项数字，应根据上年年末资产负债表的"期末余额"栏内所列数字填列。如果上年度资产负债表规定的各个项目的名称和内容与本年度不一致，应对上年年末资产负债表各项目的名称和数字按照本年度的规定进行调整，填入本表"年初余额"栏内。"期末余额"栏内各项数字其填列方法如下：

① 根据总账科目的余额填列。资产负债表中的有些项目，可直接根据有关总账科目的余额填列，如"以公允价计量且其变动计入当期损益的金融资产""短期借款""应付票据""应

付职工薪酬"等项目；有些项目，则需根据几个总账科目的余额计算填列，如"货币资金"项目，需根据"库存现金""银行存款""其他货币资金"三个总账科目余额合计填列。

② 根据有关明细科目的余额计算填列。资产负债表中的有些项目，需要根据明细科目的余额填列，如"应付账款"项目，需要分别根据"应付账款"和"预付账款"两科目所属明细科目的期末贷方余额计算填列。

③ 根据总账科目和明细科目的余额分析计算填列。资产负债表的有些项目，需要依据总账科目和明细科目两者的余额分析填列，如"长期借款"项目，应根据"长期借款"总账科目余额扣除"长期借款"科目所属的明细科目中将在资产负债表日起一年内到期，且企业不能自主地将清偿义务延期的长期借款后的金额填列。

④ 根据有关科目余额减去其备抵科目余额后的净额填列。如资产负债表中的"应收账款""长期股权投资"等项目，应根据"应收账款""长期股权投资"等科目的期末余额减去"坏账准备""长期股权投资减值准备"等科目余额后的净额填列；"固定资产"项目，应根据"固定资产"科目期末余额减去"累计折旧""固定资产减值准备"科目余额后的净额填列；"无形资产"项目，应根据"无形资产"科目期末余额减去"累计摊销""无形资产减值准备"科目余额后的净额填列。

⑤ 综合运用上述填列方法分析填列。如资产负债表中的"存货"项目，需根据"原材料""库存商品""委托加工物资""周转材料""材料采购""在途物资""发出商品""材料成本差异"等总账科目期末余额的分析汇总数，再减去"存货跌价准备"备抵科目余额后的金额填列。

2. 资产负债表项目的填列说明

（1）资产项目的列报说明

①"货币资金"项目，反映企业库存现金、银行结算户存款、外埠存款、银行汇票存款、银行本票存款、信用卡存款、信用证保证金存款等的合计数。本项目应根据"库存现金""银行存款""其他货币资金"科目期末余额的合计数填列。

②"以公允价值计量且其变动计入当期损益的金融资产"项目，反映企业持有的以公允价值计量且其变动计入当期损益的为交易目的所持有的债券投资、股票投资、基金投资、权证投资等金融资产。本项目应根据"交易性金融资产"科目的期末余额和初始确认时指定为以公允价值计量且其变动计入当期损益的金融资产科目填列。

③"应收票据"项目，反映企业因销售商品、提供劳务等而收到的商业汇票，包括银行承兑汇票和商业承兑汇票。本项目应根据"应收票据"科目的期末余额，减去"坏账准备"科目中有关应收票据计提的坏账准备期末余额后的金额填列。

④"应收账款"项目，反映企业因销售商品、提供劳务等经营活动应收取的款项。本项目应根据"应收账款"和"预收账款"科目所属各明细科目的期末借方余额合计数，减去"坏账准备"科目中有关应收账款计提的坏账准备期末余额后的金额填列。如"应收账款"科目所属明细科目期末有贷方余额的，应在资产负债表"预收款项"项目内填列。

⑤"预付款项"项目，反映企业按照购货合同规定预付给供应单位的款项等。本项目应根据"预付账款"和"应付账款"科目所属各明细科目的期末借方余额合计数，减去"坏账准备"科目中有关预付款项计提的坏账准备期末余额后的金额填列。如"预付账款"科目所属各明细科目期末有贷方余额的，应在资产负债表"应付账款"项目内填列。

⑥"应收利息"项目，反映企业应收取的债券投资等的利息。本项目应根据"应收利息"科目的期末余额，减去"坏账准备"科目中有关应收利息计提的坏账准备期末余额后的金额填列。

⑦"应收股利"项目，反映企业应收取的现金股利和应收取其他单位分配的利润。本项目应根据"应收股利"科目的期末余额，减去"坏账准备"科目中有关应收股利计提的坏账准备期末余额后的金额填列。

⑧"其他应收款"项目，反映企业除应收票据、应收账款、预付账款、应收股利、应收利息等经营活动以外的其他各种应收、暂付的款项。本项目应根据"其他应收款"科目的期末余额，减去"坏账准备"科目中有关其他应收款计提的坏账准备期末余额后的金额填列。

⑨"存货"项目，反映企业期末在库、在途和在加工中的各种存货的可变现净值。本项目应根据"材料采购""原材料""低值易耗品""库存商品""周转材料""委托加工物资""委托代销商品""生产成本"等科目的期末余额合计，减去"受托代销商品款""存货跌价准备"科目期末余额后的金额填列。材料采用计划成本核算，以及库存商品采用计划成本核算或售价核算的企业，还应按加或减材料成本差异、商品进销差价后的金额填列。

⑩"一年内到期的非流动资产"项目，反映企业将于一年内到期的非流动资产项目金额。本项目应根据有关科目的期末余额填列。

"其他流动资产"项目，反映企业除货币资金、交易性金融资产、应收票据、应收账款、存货等流动资产以外的其他流动资产。本项目应根据有关科目的期末余额填列。

⑪"可供出售金融资产"项目，反映企业持有的以公允价值计量的可供出售的股票投资、债券投资等金融资产。本项目应根据"可供出售金融资产"科目的期末余额，减去"可供出售金融资产减值准备"科目期末余额后的金额填列。

⑫"持有至到期投资"项目，反映企业持有的以摊余成本计量的持有至到期投资。本项目应根据"持有至到期投资"科目的期末余额，减去"持有至到期投资减值准备"科目期末余额后的金额填列"长期应收款"项目，反映企业融资租赁产生的应收款项、采用递延方式具有融资性质的销售商品和提供劳务等产生的长期应收款项等。本项目应根据"长期应收款"科目的期末余额，减去相应的"未实现融资收益"科目和"坏账准备"科目所属相关明细科目期末余额后的金额填列。

⑬"长期股权投资"项目，反映企业持有的对子公司、联营企业和合营企业的长期股权投资。本项目应根据"长期股权投资"科目的期末余额，减去"长期股权投资减值准备"科目期末余额后的金额填列。

⑭"投资性房地产"项目，反映企业持有的投资性房地产。企业采用成本模式计量投资性房地产的，本项目应根据"投资性房地产"科目的期末余额，减去"投资性房地产累计折旧（摊销）"和"投资性房地产减值准备"科目期末余额后的金额填列；企业采用公允价值模式计量投资性房地产的，本项目应根据"投资性房地产"科目的期末余额填列。

⑮"固定资产"项目，反映企业各种固定资产原价减去累计折旧和累计减值准备后的净额。本项目应根据"固定资产"科目的期末余额，减去"累计折旧"和"固定资产减值准备"科目期末余额后的金额填列。

⑯"在建工程"项目，反映企业期末各项未完工程的实际支出，包括交付安装的设备价值、未完成的建筑安装工程已经耗用的材料、工资和费用支出、预付出包工程的价款等的可

收回金额。本项目应根据"在建工程"科目的期末余额，减去"在建工程减值准备"科目期末余额后的金额填列。

⑰"工程物资"项目，反映企业尚未使用的各项工程物资的实际成本。本项目应根据"工程物资"科目的期末余额填列。

⑱"固定资产清理"项目，反映企业因出售、毁损、报废等原因转入清理但尚未清理完毕的固定资产的净值，以及固定资产清理过程中所发生的清理费用和变价收入等各项金额的差额。本项目应根据"固定资产清理"科目的期末借方余额填列，如"固定资产清理"科目期末为贷方余额，以"—"号填列。

⑲"无形资产"项目，反映企业持有的无形资产，包括专利权、非专利技术、商标权、著作权、土地使用权等。本项目应根据"无形资产"科目的期末余额，减去"累计摊销"和"无形资产减值准备"科目期末余额后的金额填列。

⑳"开发支出"项目，反映企业开发无形资产过程中能够资本化形成无形资产成本的支出部分。本项目应根据"研发支出"科目中所属的"资本化支出"明细科目期末余额填列。

㉑"商誉"项目，反映企业合并中形成的商誉的价值。本项目应根据"商誉"科目的期末余额，减去相应减值准备后的金额填列。

㉒"长期待摊费用"项目，反映企业已经发生但应由本期和以后各期负担的分摊期限在一年以上的各项费用。长期待摊费用中在一年内（含一年）摊销的部分，在资产负债表"一年内到期的非流动资产"项目填列。本项目应根据"长期待摊费用"科目的期末余额减去将于一年内（含一年）摊销的数额后的金额填列。

㉓"递延所得税资产"项目，反映企业确认的可抵扣暂时性差异产生的递延所得税资产。本项目应根据"递延所得税资产"科目的期末余额填列。"其他非流动资产"项目，反映企业除长期股权投资、固定资产、在建工程、工程物资、无形资产等资产以外的其他非流动资产。本项目应根据有关科目的期末余额填列。

（2）负债项目的填列方法

①"短期借款"项目，反映企业借入尚未归还的1年期以下（含1年）的借款。本项目应根据"短期借款"科目的期末余额填列。

②"应付票据"项目，反映企业为了抵付贷款等而开出、承兑的尚未到期付款的应付票据，包括银行承兑汇票和商业承兑汇票。本项目应根据"应付票据"科目的期末余额填列。

③"应付账款"项目，反映企业购买原材料、商品和接受劳务供应等而应付给供应单位的款项。本项目应根据"应付账款"科目所属各有关明细科目的期末贷方余额合计填列，如"应付账款"科目所属各明细科目期末有借方余额，应在本表"预付账款"项目内填列。

④"预收款项"项目反映企业按合同规定预收的款项。本项目根据"预收账款"和"应收账款"账户所属各明细账户的期末贷方余额合计填列。如"预收账款"科目所属有关明细科目有借方余额的，应在本表"应收账款"项目内填列；如"应收账款"科目所属明细科目有贷方余额的，也应包括在本项目内。

⑤"应付职工薪酬"项目反映企业应付未付的工资、职工福利、社会保险费等职工薪酬。本项目应根据"应付职工薪酬"账户的期末贷方余额填列，如"应付职工薪酬"账户期末为借方余额，以"—"号填列。

⑥"应交税费"项目反映企业期末未交、多交或未抵扣的各种税金。本项目应根据"应

交税费"账户的期末贷方余额填列；如"应交税费"账户期末为借方余额，以"-"号填列。

⑦"应付利息"项目反映企业应付未付的各种利息。本项目根据"应付利息"账户期末余额填列。

⑧"应付股利"项目反映企业尚未支付的现金股利或利润。本项目应根据"应付股利"账户的期末余额填列。

⑨"其他应付款"项目反映企业所有应付和暂收其他单位和个人的款项。本项目应根据"其他应付款"账户的期末余额填列。

⑩"一年内到期的非流动负债"项目反映企业各种非流动负债在一年之内到期的金额，包括一年内到期的长期借款、长期应付款和应付债券。本项目应根据上述账户分析计算后填列。

⑪"其他流动负债"项目反映企业除以上流动负债以外的其他流动负债。本项目应根据有关账户的期末余额填列。

⑫"长期借款"项目反映企业借入尚未归还的1年期以上（不含1年）的各期借款。本项目应根据"长期借款"账户的期末余额减去一年内到期部分的金额填列。

⑬"应付债券"项目反映企业尚未偿还的长期债券摊余价值。本项目根据"应付债券"账户期末余额减去一年内到期部分的金额填列。

⑭"长期应付款"项目反映企业除长期借款、应付债券以外的各种长期应付款。本项目应根据"长期应付款"账户的期末余额，减去"未确认融资费用"账户期末余额和一年内到期部分的长期应付款后填列。

⑮"预计负债"项目反映企业计提的各种预计负债。本项目根据"预计负债"账户期末余额填列。

⑯"其他流动负债"项目，反映企业除以上流动负债以外的其他流动负债。本项目应根据有关科目的期末余额填列，如"待转资产价值"科目的期末余额在本项目内反映。如其他流动负债价值较大的，应在会计报表附注中披露其内容及金额。

⑰"其他长期负债"项目，反映企业除以上长期负债项目以外的其他长期负债。本项目应根据有关科目的期末余额填列。如其他长期负债价值较大的，应在会计报表附注中披露其内容和金额。

⑱"递延所得税负债"项目反映企业根据应纳税暂时性差异确认的递延所得税负债。本项目根据"递延所得税负债"账户期末余额填列。

（3）所有者权益项目的填列方法

①"实收资本（或股本）"项目，反映企业各投资者实际投入的资本（或股本）总额。本项目应根据"实收资本"（或"股本"）科目的期末余额填列。

②"资本公积"项目，反映企业资本公积的期末余额。本项目应根据"资本公积"科目的期末余额填列。

③"其他综合收益"项目，用于核算企业其他综合收益的期末余额。

④"盈余公积"项目，反映企业盈余公积的期末余额。本项目应根据"盈余公积"科目的期末余额填列。其中，法定公益金期末余额，应根据"盈余公积"科目所属的"法定公益金"明细科目的期末余额填列。

④"未分配利润"项目,反映企业尚未分配的利润。本项目应根据"本年利润"科目和"利润分配"科目的余额计算填列。未弥补的亏损,在本项目内以"-"号填列。

二、工作过程

【会计工作1】顺达股份有限公司为增值税一般纳税人,适用的增值税税率为17%,所得税税率为25%;原材料采用计划成本法核算。该公司2016年12月31日的资产负债表如表19-2所示。其中,"应收账款"科目的期末余额为8 000 000元,"坏账准备"科目的期末余额为18 000元。其他诸如存货、固定资产、无形资产等资产均未计提资产减值准备。

表 19-2 资产负债表

编制单位:顺达股份有限公司　　2016年12月31日　　会企01表　　元

资　产	期末余额	年初余额	负债和所有者权益（或股东权益）	期末余额	年初余额
流动资产:		略	流动负债:		略
货币资金	28 126 000		短期借款	6 000 000	
以公允价计量且其变动计入当期损益的金融资产	300 000		以公允价计量、且其变动计入当期损益的金融负债	0	
应收票据	4 920 000		应付票据	4 000 000	
应收账款	7 982 000		应付账款	19 086 000	
预付款项	2 000 000		预收款项	0	
应收利息	0		应付职工薪酬	2 200 000	
应收股利	0		应交税费	732 000	
其他应收款	6 100 000		应付利息	0	
存货	51 600 000		应付股利	0	
一年内到期的非流动资产	0		其他应付款	1 000 000	
其他流动资产	0		一年内到期的非流动负债	20 000 000	
流动资产合计	101 028 000		其他流动负债	0	
非流动资产:			流动负债合计	53 028 000	
可供出售金融资产	0		非流动负债:		
持有至到期投资	0		长期借款	12 000 000	
长期应收款	0		应付债券	0	
长期股权投资	5 000 000		长期应付款	0	
投资性房地产	0		专项应付款	0	

续表

资　产	期末余额	年初余额	负债和所有者权益（或股东权益）	期末余额	年初余额
固定资产	16 000 000		预计负债	0	
在建工程	30 000 000		递延所得税负债	0	
工程物资	0		其他非流动负债	0	
固定资产清理	0		非流动负债合计	12 000 000	
生产性生物资产	0		负债合计	75 028 000	
油气资产	0		所有者权益（或股东权益）		
无形资产	12 000 000		实收资本（或股本）	100 000 000	
开发支出	0		资本公积	0	
商誉	0		减：库存股	0	
长期待摊费用	0		其他综合收益		
递延所得税资产	0		盈余公积	2 000 000	
其他非流动资产	4 000 000		未分配利润	1 000 000	
非流动资产合计	67 000 000		所有者权益（或股东权益）合计	103 000 000	
资产总计	168 028 000		负债和所有者权益（或股东权益）总计	168 028 000	

2017年，顺达股份有限公司共发生如下经济业务：

① 收到银行通知，用银行存款支付到期的商业承兑汇票2 000 000元。

② 购入原材料一批，收到的增值税专用发票注明价款3 000 000元，增值税进项税额为510 000元，款项已通过银行转账支付，材料尚未入库。

③ 收到上月购进的原材料一批，实际成本2 000 000元，计划成本1 900 000元，材料已验收入库，货款已于上月支付。

④ 用银行汇票支付采购材料款，公司收到开户银行转来的银行汇票多余款收账通知，多余款4 680元，购入原材料1 996 000元，支付的增值税进项税额339 320元，原材料已验收入库，该批原材料计划成本2 000 000元。

⑤ 销售产品一批，开具增值税专用发票，注明价款6 000 000元，增值税销项税额1 020 000元，货款尚未收到。该批产品实际成本3 600 000元，产品已发出。

⑥ 将交易性金融资产（股票投资）变现330 000元，该投资的成本为260 000元，公允价值变动为增值40 000元，款项存入银行。

⑦ 购入管理部门使用的小轿车一辆，价税合计420 000元。

⑧ 购入工程物资一批，共支付3 000 000元，款项已通过银行转账支付。

⑨ 结转在建工程应付职工薪酬4 560 000元。

⑩ 一项基建工程完工，已办理竣工手续并交付使用，固定资产价值28 000 000元。

⑪ 基本生产车间报废一台机床，原价 4 000 000 元，已提折旧 3 600 000 元，清理费用 10 000 元，残值收入 16 000 元，均通过银行存款收付。

⑫ 从银行借入 3 年期借款 20 000 000 元，借款已存入银行账户。

⑬ 销售产品一批，开具增值税专用发票，注明价款为 14 000 000 元，增值税销项税额为 2 380 000 元，款项已存入银行。销售产品的实际成本为 8 400 000 元。

⑭ 公司将一张面值为 4 000 000 元的无息银行承兑汇票交银行办理收款，款项已收妥入账。

⑮ 公司出售一台不需用设备，收到价款 6 000 000 元，该设备原价 8 000 000 元，已提折旧 3 000 000 元。不考虑增值税等相关税费。

⑯ 购入股票一批，作为可供出售金融资产，价款 2 060 000 元，交易费用 40 000 元，已用"其他货币资金——存出投资款"支付。

⑰ 支付职工薪酬 10 000 000 元，其中包括在建工程人员的薪酬 4 000 000 元。

⑱ 分配应支付职工薪酬 6 000 000 元（不包括在建工程应负担的工资），其中生产人员薪酬 5 500 000 元、车间管理人员薪酬 200 000 元、行政管理部门人员薪酬 300 000 元。

⑲ 提取职工福利费 840 000 元（不包括在建工程应负担的福利费 560 000 元），其中生产工人福利费 770 000 元、车间管理人员福利费 28 000 元、行政管理部门福利费 42 000 元。

⑳ 基本生产车间领用原材料，计划成本为 14 000 000 元；领用低值易耗品，计划成本 1 000 000 元，采用一次摊销法摊销。

㉑ 结转领用原材料和低值易耗品应分摊的材料成本差异，材料成本差异率为 5%。

㉒ 计提无形资产摊销 12 000 000 元、以银行存款支付基本生产车间水电费 1 800 000 元。

㉓ 计提固定资产折旧 2 000 000 元，其中计入制造费用 1 600 000 元、管理费用 400 000 元（假设会计折旧与税法折旧相等）；计提固定资产减值准备 600 000 元。

㉔ 收到应收账款 1 020 000 元，存入银行。计提应收账款坏账准备 18 000 元。

㉕ 用银行存款支付产品展览费 200 000 元。

㉖ 计算并结转本期制造费用 4 678 000 元及完工产品成本 25 648 000 元。假设不存在期初在产品，本期投产的产品全部完工入库。

㉗ 用银行存款支付广告费 200 000 元。

㉘ 公司采用银行承兑汇票结算方式销售产品一批，开出的增值税专用发票注明价款 5 000 000 元，销项税 850 000 元，收到银行承兑汇票一张，产品实际成本为 3 000 000 元。

㉙ 公司将上述银行承兑汇票办理贴现，贴现息为 400 000 元。

㉚ 以银行存款缴纳增值税 2 000 000 元。

㉛ 缴纳并结转城市维护建设税 140 000 元、教育费附加 60 000 元。

㉜ 提取在建工程应负担的长期借款利息 4 000 000 元，长期借款为分期付息。

㉝ 提取应计入当期损益的长期借款利息 200 000 元，长期借款为分期付息。

㉞ 归还短期借款本金 5 000 000 元。

㉟ 支付长期借款利息 4 200 000 元。

㊱ 偿还长期借款本金 20 000 000 元。

㊲ 持有的可供出售金融资产的公允价值上升 30 000 元。

㊳ 结转本期产品销售成本 15 000 000 元。
㊴ 将各损益类科目结转至本年利润。
㊵ 计算并结转顺达公司 2011 年度应纳企业所得税（采用资产负债表债务法，且根据已知条件，"递延所得税资产"与"递延所得税负债"科目的期初余额为零）。
㊶ 计算并结转本年净利润。
㊷ 按净利润的 10%提取法定盈余公积。
㊸ 将利润分配各明细科目的余额转入"未分配利润"明细科目。
㊹ 以银行存款缴纳当年应交所得税。

要求：
① 编制顺达公司有限公司 2017 年度经济业务的会计分录。
② 在此基础上编制资产负债表。

【工作指导】 根据上述资料编制会计分录：

① 借：应付票据		2 000 000
贷：银行存款		2 000 000
② 借：材料采购		3 000 000
应交税费——应交增值税（进项税额）		510 000
贷：银行存款		3 510 000
③ 借：原材料		1 900 000
材料成本差异		100 000
贷：材料采购		2 000 000
④ 借：材料采购		1 996 000
银行存款		4 680
应交税费——应交增值税（进项税额）		339 320
贷：其他货币资金		2 340 000
借：原材料		2 000 000
贷：材料采购		1 996 000
材料成本差异		4 000
⑤ 借：应收账款		7 020 000
贷：主营业务收入		6 000 000
应交税费——应交增值税（销项税额）		1 020 000
⑥ 借：银行存款		330 000
公允价值变动损益		40 000
贷：交易性金融资产——成本		260 000
——公允价值变动		40 000
投资收益		70 000
⑦ 借：固定资产		420 000
贷：银行存款		420 000
⑧ 借：工程物资		3 000 000
贷：银行存款		3 000 000

⑨ 借：在建工程 4 560 000
　　贷：应付职工薪酬 4 560 000
⑩ 借：固定资产 28 000 000
　　贷：在建工程 28 000 000
⑪ 借：固定资产清理 400 000
　　　累计折旧 3 600 000
　　贷：固定资产 4 000 000
　借：固定资产清理 10 000
　　贷：银行存款 10 000
　借：银行存款 16 000
　　贷：固定资产清理 16 000
　借：营业外支出——处置固定资产净损失 394 000
　　贷：固定资产清理 394 000
⑫ 借：银行存款 20 000 000
　　贷：长期借款 20 000 000
⑬ 借：银行存款 16 380 000
　　贷：主营业务收入 14 000 000
　　　　应交税费——应交增值税（销项税额） 2 380 000
⑭ 借：银行存款 4 000 000
　　贷：应收票据 4 000 000
⑮ 借：固定资产清理 5 000 000
　　　累计折旧 3 000 000
　　贷：固定资产 8 000 000
　借：银行存款 6 000 000
　　贷：固定资产清理 6 000 000
　借：固定资产清理 1 000 000
　　贷：营业外收入——处置固定资产利得 1 000 000
⑯ 借：可供出售金融资产 2 100 000
　　贷：其他货币资金——存出投资款 2 100 000
⑰ 借：应付职工薪酬 10 000 000
　　贷：银行存款 10 000 000
⑱ 借：生产成本 5 500 000
　　　制造费用 200 000
　　　管理费用 300 000
　　贷：应付职工薪酬 6 000 000
⑲ 借：生产成本 770 000
　　　制造费用 28 000
　　　管理费用 42 000
　　贷：应付职工薪酬 840 000

⑳ 借：生产成本 14 000 000
　　　贷：原材料 14 000 000
　　借：制造费用 1 000 000
　　　贷：周转材料 1 000 000
㉑ 借：生产成本 700 000
　　　制造费用 50 000
　　　贷：材料成本差异 750 000
㉒ 借：管理费用——无形资产摊销 12 000 000
　　　贷：累计摊销 12 000 000
　　借：制造费用——水电费 1 800 000
　　　贷：银行存款 1 800 000
㉓ 借：制造费用——折旧费 1 600 000
　　　管理费用——折旧费 400 000
　　　贷：累计折旧 2 000 000
　　借：资产减值损失 600 000
　　　贷：固定资产减值准备 600 000
㉔ 借：银行存款 1 020 000
　　　贷：应收账款 1 020 000
　　借：资产减值损失 18 000
　　　贷：坏账准备 18 000
㉕ 借：销售费用——展览费 200 000
　　　贷：银行存款 200 000
㉖ 借：生产成本 4 678 000
　　　贷：制造费用 4 678 000
　　借：库存商品 25 648 000
　　　贷：生产成本 25 648 000
㉗ 借：销售费用——广告费 200 000
　　　贷：银行存款 200 000
㉘ 借：应收票据 5 850 000
　　　贷：主营业务收入 5 000 000
　　　　　应交税费——应交增值税（销项税额） 850 000
㉙ 借：财务费用 400 000
　　　银行存款 5 450 000
　　　贷：短期借款 5 850 000
㉚ 借：应交税费——应交增值税（已交税金） 2 000 000
　　　贷：银行存款 2 000 000
㉛ 借：税金及附加 200 000
　　　贷：应交税费——应交城建税 140 000
　　　　　　　　　　——应交教育费附加 60 000

借：应交税费——应交城建税	140 000	
——应交教育费附加	60 000	
贷：银行存款		200 000

㉜ 借：在建工程　　　　　　　　　　　　　　　4 000 000
　　　贷：应付利息　　　　　　　　　　　　　　　　　4 000 000
㉝ 借：财务费用　　　　　　　　　　　　　　　　200 000
　　　贷：应付利息　　　　　　　　　　　　　　　　　　200 000
㉞ 借：短期借款　　　　　　　　　　　　　　　5 000 000
　　　贷：银行存款　　　　　　　　　　　　　　　　　5 000 000
㉟ 借：应付利息　　　　　　　　　　　　　　　4 200 000
　　　贷：银行存款　　　　　　　　　　　　　　　　　4 200 000
㊱ 借：长期借款　　　　　　　　　　　　　　 20 000 000
　　　贷：银行存款　　　　　　　　　　　　　　　　20 000 000
㊲ 借：可供出售金融资产——公允价值变动　　　　 30 000
　　　贷：其他综合收益　　　　　　　　　　　　　　　 30 000
㊳ 借：主营业务成本　　　　　　　　　　　　15 000 000
　　　贷：库存商品　　　　　　　　　　　　　　　　15 000 000
㊴ 借：主营业务收入　　　　　　　　　　　　25 000 000
　　　营业外收入　　　　　　　　　　　　　　1 000 000
　　　投资收益　　　　　　　　　　　　　　　　70 000
　　　贷：本年利润　　　　　　　　　　　　　　　 26 070 000
　　借：本年利润　　　　　　　　　　　　　　19 194 000
　　　贷：主营业务成本　　　　　　　　　　　　　15 000 000
　　　　　税金及附加　　　　　　　　　　　　　　　200 000
　　　　　销售费用　　　　　　　　　　　　　　　　400 000
　　　　　管理费用　　　　　　　　　　　　　　　1 942 000
　　　　　财务费用　　　　　　　　　　　　　　　　600 000
　　　　　资产减值损失　　　　　　　　　　　　　　618 000
　　　　　营业外支出　　　　　　　　　　　　　　　394 000
　　　　　公允价值变动损益　　　　　　　　　　　　 40 000
㊵ 借：所得税费用　　　　　　　　　　　　　 1 719 000
　　　递延所得税资产　　　　　　　　　　　　　154 500
　　　贷：应交税费——应交所得税　　　　　　　　　1 873 500
　　借：资本公积——其他资本公积　　　　　　　　10 000
　　　贷：递延所得税负债　　　　　　　　　　　　　　10 000
　　借：本年利润　　　　　　　　　　　　　　 1 719 000
　　　贷：所得税费用　　　　　　　　　　　　　　　1 719 000

计入所得税费用的递延所得税资产=(600 000+18 000)×25%=154 500（元）
计入所有者权益的递延所得税负债=40 000×25%=10 000（元）

应纳税所得额=(26 070 000–19 194 000)+600 000+18 000=7 494 000（元）

应交所得税=7 494 000×25%=1 873 500（元）

㊶ 借：本年利润　　　　　　　　　　　　　　　　　　　　　5 157 000
　　　贷：利润分配——未分配利润　　　　　　　　　　　　　　　5 157 000
　　　本年净利润=26 070 000–19 194 000–1 719 000=5 157 000（元）

㊷ 借：利润分配——提取法定盈余公积　　　　　　　　　　　515 700
　　　贷：盈余公积——法定盈余公积　　　　　　　　　　　　　515 700
　　　提取法定盈余公积数额为：5 157 000×10%=515 700（元）

㊸ 借：利润分配——未分配利润　　　　　　　　　　　　　　515 700
　　　贷：利润分配——提取法定盈余公积　　　　　　　　　　　515 700

㊹ 借：应交税费——应交所得税　　　　　　　　　　　　　　1 873 500
　　　贷：银行存款　　　　　　　　　　　　　　　　　　　　　1 873 500

根据资产负债表年初数和上述会计分录编制年末资产负债表，如表19-3所示。

表 19-3　资产负债表

会企01表

编制单位：顺达股份有限公司　　　2017年12月31日　　　　　　　　　　　　　元

资　产	期末余额	年初余额	负债和所有者权益 （或股东权益）	期末余额	年初余额
流动资产：			流动负债：		
货币资金	22 473 180	28 126 000	短期借款	6 850 000	6 000 000
以公允价计量且其变动计入当期损益的金融资产	0	300 000	以公允价计量且其变动计入当期损益的金融负债	0	0
应收票据	6 770 000	4 920 000	应付票据	2 000 000	4 000 000
应收账款	13 964 000	7 982 000	应付账款	19 096 000	19 096 000
预付款项	2 000 000	2 000 000	预收款项	0	0
应收利息	0	0	应付职工薪酬	3 600 000	2 200 000
应收股利	0	0	应交税费	2 132 680	732 000
其他应收款	6 100 000	6 100 000	应付利息	0	0
存货	51 494 000	51 600 000	应付股利	0	0
一年内到期的非流动资产	0	0	其他应付款	1 000 000	1 000 000
其他流动资产	0	0	一年内到期的非流动负债	0	0
流动资产合计	102 801 180	101 028 000	其他流动负债	20 000 000	20 000 000
非流动资产：			流动负债合计	54 678 680	53 028 000

续表

资　产	期末余额	年初余额	负债和所有者权益（或股东权益）	期末余额	年初余额
可供出售金融资产	2 130 000	0	非流动负债：		
持有至到期投资	0	0	长期借款	12 000 000	12 000 000
长期应收款	0	0	应付债券	0	0
长期股权投资	5 000 000	5 000 000	长期应付款	0	0
投资性房地产	0	0	专项应付款	0	0
固定资产	36 420 000	16 000 000	预计负债	0	0
在建工程	10 560 000	30 000 000	递延所得税负债	100 00	0
工程物资	3 000 000	0	其他非流动负债		
固定资产清理	0	0	非流动负债合计	12 010 000	12 000 000
生产性生物资产	0	0	负债合计	66 688 680	65 028 000
油气资产	0	0	所有者权益（或股东权益）		
无形资产	10 800 000	12 000 000	实收资本（或股本）	100 000 000	100 000 000
开发支出	0	0	资本公积	0	0
商誉	0	0	其他综合收益	30 000	0
长期待摊费用	0	0	盈余公积	2 515 700	2 000 000
递延所得税资产	154 500	0	未分配利润	5 641 300	1 000 000
其他非流动资产	4 000 000	4 000 000	所有者权益（或股东权益）合计	108 187 000	103 000 000
非流动资产合计	72 074 500	67 000 000			
资产总计	174 865 680	168 028 000	负债和所有者权益（或股东权益）总计	174 865 680	168 028 000

注："应收账款"科目年末余额为 14 000 000 元，"坏账准备"科目期末余额为 36 000 元。

课堂训练

（一）单项选择题

1. 某企业"应收账款"总账科目月末借方余额400万元。其中，"应收甲公司账款"明细科目借方余额350万元、"应收乙公司账款"明细科目借方余额50万元。"预收账款"科目月末贷方余额300万元，其中，"预收A公司账款"明细科目贷方余额500万元、"预收B公司账款"明细科目借方余额200万元。与应收账款有关的"坏账准备"明细科目贷方余额为10万元，与其他应收款项有关的"坏账准备"明细科目贷方余额为5万元。该企业月末资产负债表中"应收账款"项目的金额为（　　）万元。

　　A. 400　　　　　　B. 600　　　　　　C. 590　　　　　　D. 585

2. 某企业"应收账款"总账科目月末借方余额40 000元、贷方明细科目余额20 000元。"预收账款"科目月末贷方余额5 000元，其中，"预收甲公司账款"明细科目贷方余额30 000元、"预收乙公司账款"明细科目借方余额25 000元。该企业月末资产负债表中"应收账款"项目的金额为（　　）元。

　　A. 50 000　　　　B. 90 000　　　　C. 45 000　　　　D. 85 000

3. 甲企业2011年6月30日"固定资产"科目余额为5 000万元、"累计折旧"科目余额为2 000万元、"固定资产减值准备"科目余额为250万元、"工程物资"科目余额为500万元、"固定资产清理"科目余额为300万元。该企业2011年6月30日资产负债表中固定资产项目的金额为（　　）万元。

　　A. 3 000　　　　　B. 225　　　　　　C. 2 750　　　　　D. 5 500

4. 某企业"应付账款"科目月末贷方余额40 000元，其中，"应付甲公司账款"明细科目贷方余额25 000元、"应付乙公司账款"明细科目贷方余额25 000元、"应付丙公司账款"明细科目借方余额10 000元。"预付账款"科目月末贷方余额20 000元，其中，"预付A公司账款"明细科目贷方余额40 000元、"预付B公司账款"明细科目借方余额20 000元。该企业月末资产负债表中"预付款项"项目的金额为（　　）元。

　　A. 20 000　　　　B. 30 000　　　　C. -30 000　　　D. -10 000

5. 某企业2016年12月31日无形资产账户余额为500万元，累计摊销账户余额为200万元，无形资产减值准备账户余额为100万元。该企业2016年12月31日资产负债表中"无形资产"项目的金额为（　　）万元。

　　A. 500　　　　　　B. 300　　　　　　C. 400　　　　　　D. 200

6. 某企业"应收账款"有三个明细账，其中，"应收账款——甲企业"明细分类账月末借方余额为100 000元、"应收账款——乙企业"明细分类账月末借方余额为400 000元、"应收账款——丙企业"明细分类账月末贷方余额为100 000元。"预收账款"有两个明细分类账，其中，"预收账款——丁公司"明细分类账月末借方余额为55 000元、"预收账款——戊公司"明细分类账月末贷方余额为20 000元。坏账准备月末贷方余额为3 000元（均与应收账款相关）。该企业月末资产负债表的"预收款项"项目应为（　　）元。

　　A. 517 000　　　B. 152 000　　　C. 155 000　　　D. 120 000

7. 某企业"应付账款"总账科目月末贷方余额20 000元，借方明细科目余额10 000元；

"预付账款"科目月末借方余额2 500元,其中,"预付甲公司账款"明细科目借方余额15 000元、"预付乙公司账款"明细科目贷方余额12 500元。该企业月末资产负债表中"应付账款"项目的金额为(   )元。

A. 25 000　　　　B. 45 000　　　　C. 22 500　　　　D. 42 500

(二) 多项选择题

1. 下列各项中,应在资产负债表"预收款项"项目中列示的有(   )。
A. "预收账款"科目所属明细科目的贷方余额
B. "应收账款"科目所属明细科目的贷方余额
C. "应付账款"科目所属明细科目的借方余额
D. "预收账款"总账科目贷方余额

2. 下列会计科目的期末余额,应当列入资产负债表"存货"项目的有(   )。
A. 生产成本　　B. 材料采购　　C. 材料成本差异　　D. 商品进销差价

3. 下列各项中,应在资产负债表"应收账款"项目列示的有(   )。
A. "应收账款"科目所属明细科目的借方余额
B. "应付账款"科目所属明细科目的借方余额
C. "应收账款"科目所属明细科目的贷方余额
D. "预收账款"科目所属明细科目的借方余额

4. 资产负债表下列各资产项目中,应根据有关科目余额减去备抵科目余额后的净额填列的有(   )。
A. 其他应收款　　B. 长期股权投资　　C. 在建工程　　D. 无形资产

任务3　利　润　表

利润表(1)

一、相关知识

(一) 利润表的概念和作用

利润表是反映企业在一定会计期间的经营成果的报表。

通过利润表,可以反映企业在一定会计期间收入、费用、利润(或亏损)的数额、构成情况,帮助财务报表使用者全面了解企业的经营成果,分析企业的获利能力及盈利增长趋势,从而为其作出经济决策提供依据。

(二) 利润表的格式及内容

我国企业的利润表采用多步式格式,分以下三个步骤编制:

第一步,以营业收入为基础,减去营业成本、税金及附加、销售费用、管理费用、财务费用、资产减值损失,加上公允价值变动收益(减去公允价值变动损失)和投资收益(减去投资损失),计算出营业利润。

第二步,以营业利润为基础,加上营业外收入,减去营业外支出,计算出利润总额。

第三步,以利润总额为基础,减去所得税费用,计算出净利润(或净亏损)。

我国企业利润表格式如表19-4所示。

表 19-4　利润表

会企02表

编制单位：　　　　　　　　　　　　　　　年　月　　　　　　　　　　　　　　　　元

项　目	本期金额	上期金额
一、营业收入		
减：营业成本		
税金及附加		
销售费用		
管理费用		
财务费用		
资产减值损失		
加：公允价值变动收益（损失以"-"号填列）		
投资收益（损失以"-"号填列）		
其中：对联营企业和合营企业的投资收益		
二、营业利润（亏损以"-"号填列）		
加：营业外收入		
减：营业外支出		
其中：非流动资产处置损失		
三、利润总额（亏损总额以"-"号填列）		
减：所得税费用		
四、净利润（净亏损以"-"号填列）		
五、其他综合收益税后净额		
六、综合收益总额		
七、每股收益		
（一）基本每股收益		
（二）稀释每股收益		

（三）利润表的编制

利润表各项目均需填列"本期金额"和"上期金额"两栏。

在编制利润表时，"本期金额"栏应分为"本期金额"和"年初至本期末累计发生额"两栏，分别填列各项目本中期（月、季或半年）各项目实际发生额，以及自年初起至本中期（月、季或半年）末止的累计实际发生额。"上期金额"栏应分为"上年可比本中期金额"和"上年初至可比本中期末累计发生额"两栏，应根据上年可比中期利润表"本期金额"下对应的两栏数字分别填列。上年度利润表与本年度利润表的项目名称和内容不一致的，应对上年度利润表项目的名称和数字按本年度的规定进行调整。年终结账时，由于全年的收入和支出已全部转入"本年利润"科目，并且通过收支对比结出本年净利润的数额。因此，应将年度利润表中的"净利润"数字，与"本年利润"科目结转到"利润分配——未分配利润"科目的数字相核对，检查账簿记录和报表编制的正确性。

利润表"本期金额""上期金额"栏内各项数字，应当按照相关科目的发生额分析填列。

二、工作过程

【会计工作2】根据【会计工作1】资料，编制顺达股份有限公司2017年度利润表。

利润表（2）

【工作指导】根据【会计工作1】资料，顺达股份有限公司2017年度损益类科目本年累计发生额如表19-5所示。

表19-5 2017年度损益类科目本年累计发生额 元

科目名称	借方发生额	贷方发生额
主营业务收入		25 000 000
主营业务成本	15 000 000	
税金及附加	200 000	
销售费用	400 000	
管理费用	1 942 000	
财务费用	600 000	
资产减值损失	618 000	
公允价值变动损益	40 000	
投资收益		70 000
营业外收入		1 000 000
营业外支出	394 000	
所得税费用	1 759 000	

根据2017年度损益类科目累计发生额编制利润表，如表19-6所示（假设顺达公司共发行普通股20 000 000股，且不存在稀释性潜在普通股）。

表 19-6　利润表

会企 02 表

编制单位：顺达股份有限公司　　　2017 年度　　　　　　　　　　　　　　元

项　　目	本 期 金 额	上 期 金 额
一、营业收入	25 000 000	略
减：营业成本	15 000 000	
税金及附加	200 000	
销售费用	400 000	
管理费用	1 942 000	
财务费用	600 000	
资产减值损失	618 000	
加：公允价值变动收益（损失以"–"号填列）	–40 000	
投资收益（损失以"–"号填列）	70 000	
其中：对联营企业和合营企业的投资收益	0	
二、营业利润（亏损以"–"号填列）	6 270 000	
加：营业外收入	1 000 000	
减：营业外支出	394 000	
其中：非流动资产处置损失	394 000	
三、利润总额（亏损总额以"–"号填列）	6 876 000	
减：所得税费用	1 719 000	
四、净利润（净亏损以"–"号填列）	5 157 000	
五、其他综合收益税后净额	30 000	
六、综合收益总额	5 187 000	
七、每股收益		
（一）基本每股收益	0.26	
（二）稀释每股收益	0.26	

课堂训练

（一）单项选择题

1. 下列各项中，不影响营业利润的项目是（　　）。
 A. 提供主营劳务收入　　　　　　　　B. 随商品出售单独计价的包装物收入
 C. 出售固定资产净收益　　　　　　　D. 交易性金融资产公允价值上升形成的收益

2. 某企业 2016 年发生的销售商品收入为 1 000 万元，销售商品成本为 600 万元，销售过程中发生广告宣传费用为 20 万元、管理人员工资费用为 50 万元、借款利息费用为 10 万元、股票投资收益为 40 万元、资产减值损失为 70 万元、公允价值变动损益为 80 万元（收益）、处置固定资产取得的收益为 25 万元、因违约支付罚款 15 万元。该企业 2016 年的营业利润为（　　）万元。

A. 370　　　　　B. 330　　　　　C. 320　　　　　D. 390

3. 某企业 2016 年发生的销售商品收入为 1 000 万元，销售商品成本为 600 万元，销售过程中发生广告宣传费用为 20 万元、管理人员工资费用为 50 万元、借款利息费用为 10 万元（不满足资本化条件）、股票投资收益为 40 万元、资产减值损失为 70 万元（损失）、公允价值变动损益为 80 万元（收益）、处置固定资产取得的收益为 25 万元、因违约支付罚款 15 万元。不考虑其他因素，该企业 2016 年的利润总额为（　　）万元。

A. 370　　　　　B. 330　　　　　C. 320　　　　　D. 380

4. 下列各项税费中，应在利润表中的"税金及附加"项目反映的是（　　）。

A. 耕地占用税　　B. 城市维护建设税　　C. 印花税　　D. 土地增值税

（二）多项选择题

1. 大明企业 2017 年发生的营业收入为 2 000 万元、营业成本为 1 200 万元、销售费用为 40 万元、管理费用为 100 万元、财务费用为 20 万元、投资收益为 80 万元、资产减值损失为 140 万元（损失）、公允价值变动损益为 160 万元（收益）、营业外收入为 50 万元、营业外支出为 30 万元。该企业 2016 年的营业利润和利润总额分别为（　　）万元。

A. 660　　　　　B. 740　　　　　C. 640　　　　　D. 760

2. 下列各项中，应在企业利润表"营业成本"项目列示的有（　　）。

A. 出租无形资产摊销额　　　　　B. 出售不需用原材料成本
C. 出售固定资产发生的增值税　　D. 出租无形资产发生的增值税

3. 下列项目中，会影响企业利润表中"营业利润"项目填列金额的有（　　）。

A. 对外投资取得的收益　　　　　B. 出租无形资产取得的租金收入
C. 计提固定资产减值准备　　　　D. 缴纳所得税

4. 下列各项中，影响工业企业营业利润的有（　　）。

A. 计提的工会经费　　　　　　　B. 发生的业务招待费
C. 收到退回的所得税　　　　　　D. 处置投资取得的净收益

任务 4　现金流量表

现金流量表（1）

一、相关知识

（一）现金流量表概述

1. 现金流量表的作用

现金流量表是反映企业在一定会计期间现金和现金等价物流入和流出的报表。

通过现金流量表，可以为报表使用者提供企业一定会计期间现金和现金等价物流入和流出的信息，便于使用者了解和评价企业获取现金和现金等价物的能力，据以预测企业未来现金流量。

2. 现金流量及其分类

现金流量是一定会计期间企业现金和现金等价物的流入和流出。企业从银行提取现金、购买短期到期的国库券等现金和现金等价物之间的转换不属于现金流量。

现金是企业库存现金以及可以随时用于支付的存款，包括库存现金、银行存款和其他货币资金（如外埠存款、银行汇票存款、银行本票存款等）等。不能随时用于支付的存款不属于现金。

现金等价物是企业持有的期限短、流动性强、易于转换为已知金额现金、价值变动风险很小的投资。期限短，一般是指从购买日起三个月内到期。现金等价物通常包括三个月内到期的债券投资等。权益性投资变现的金额通常不确定，因而不属于现金等价物。企业应当根据具体情况，确定现金等价物的范围，一经确定不得随意变更。

企业产生的现金流量分为三类。

（1）经营活动产生的现金流量

经营活动是企业投资活动和筹资活动以外的所有交易和事项。经营活动主要包括销售商品或提供劳务、购买商品、接受劳务、支付工资和缴纳税款等流入、流出现金和现金等价物的活动或事项。

（2）投资活动产生的现金流量

投资活动是企业长期资产的购建和不包括在现金等价物范围内的投资及其处置活动。投资活动主要包括购建固定资产、处置子公司及其他营业单位等流入、流出现金和现金等价物的活动或事项。

（3）筹资活动产生的现金流量

筹资活动是导致企业资本及债务规模和构成发生变化的活动。筹资活动主要包括吸收投资、发行股票、分配利润、发行债券、偿还债务等流入、流出现金和现金等价物的活动或事项。偿付应付账款、应付票据等商业应付款等属于经营活动，不属于筹资活动。

（二）现金流量表的结构和内容

我国目前企业现金流量表采用报告式结构，分类反映经营活动产生的现金流量、投资活动产生的现金流量和筹资活动产生的现金流量，最后汇总反映企业某一期间现金及现金等价物的净增加额。

我国企业现金流量表的格式如表19-7所示。

表19-7 现金流量表

会企03表

编制单位： _____年__月 元

项　　目	本期金额	上期金额
一、经营活动产生的现金流量		
销售商品、提供劳务收到的现金		
收到的税费返还		
收到其他与经营活动有关的现金		
经营活动现金流入小计		

续表

项　　目	本期金额	上期金额
购买商品、接受劳务支付的现金		
支付给职工以及为职工支付的现金		
支付的各项税费		
支付其他与经营活动有关的现金		
经营活动现金流出小计		
经营活动产生的现金流量净额		
二、投资活动产生的现金流量		
收回投资收到的现金		
取得投资收益收到的现金		
处置固定资产、无形资产和其他长期资产收回的现金净额		
处置子公司及其他营业单位收到的现金净额		
收到其他与投资活动有关的现金		
投资活动现金流入小计		
购建固定资产、无形资产和其他长期资产支付的现金		
投资支付的现金		
取得子公司及其他营业单位支付的现金净额		
支付其他与投资活动有关的现金		
投资活动现金流出小计		
投资活动产生的现金流量净额		
三、筹资活动产生的现金流量		
吸收投资收到的现金		
取得借款收到的现金		
收到其他与筹资活动有关的现金		
筹资活动现金流入小计		
偿还债务支付的现金		
分配股利、利润或偿付利息支付的现金		
支付其他与筹资活动有关的现金		
筹资活动现金流出小计		
筹资活动产生的现金流量净额		
四、汇率变动对现金及现金等价物的影响		
五、现金及现金等价物净增加额		
加：期初现金及现金等价物余额		
加：期末现金及现金等价物余额		

(三) 现金流量表的编制

企业应当采用直接法列示经营活动产生的现金流量。直接法是通过现金收入和现金支出的主要类别列示经营活动的现金流量。采用直接法编制经营活动的现金流量时,一般以利润表中的营业收入为起算点,调整与经营活动有关项目的增减变动,然后计算出经营活动的现金流量。采用直接法具体编制现金流量表时,可以采用工作底稿法或T形账户法,也可以根据有关科目记录分析填列。

1. 经营活动产生的现金流量的填列方法

(1) "销售商品、提供劳务收到的现金"项目

本项目反映企业销售商品、提供劳务实际收到的现金,包括销售收入和应向购买者收取的增值税销项税额,具体包括:本期销售商品、提供劳务收到的现金,以及前期销售商品、提供劳务本期收到的现金和本期预收的款项,减去本期销售本期退回的商品和前期销售本期退回的商品支付的现金。企业销售材料和代购代销业务收到的现金也在本项目反映。本项目可以根据"库存现金""银行存款""应收票据""应收账款""预收账款""主营业务收入""其他业务收入"科目的记录分析填列。

(2) "收到的税费返还"项目

本项目反映企业收到返还的各种税费,如收到的增值税、所得税、消费税、关税和教育费附加返还款等。本项目可以根据有关科目的记录分析填列。

(3) "收到的其他与经营活动有关的现金"项目

本项目反映企业除上述各项目外,收到的其他与经营活动有关的现金,如罚款收入、经营租赁固定资产收到的现金、投资性房地产收到的租金收入、流动资产损失中由个人赔偿的现金收入、除税费返还外的其他政府补助收入等。其他与经营活动有关的现金,如果价值较大的,应单列项目反映。本项目可以根据"库存现金""银行存款""管理费用""营业费用"等科目的记录分析填列。

(4) "购买商品、接受劳务支付的现金"项目

本项目反映企业购买材料、商品、接受劳务实际支付的现金,包括支付的货款以及与货款一并支付的增值税进项税额,具体包括:本期购买商品、接受劳务支付的现金,以及本期支付前期购买商品、接受劳务的未付款项和本期预付款项,减去本期发生的购货退回收到的现金。为购置存货而发生的借款利息资本化部分,应在"分配股利、利润或偿付利息支付的现金"项目中反映。本项目可以根据"库存现金""银行存款""应付票据""应付账款""预付账款""主营业务成本""其他业务支出"等科目的记录分析填列。

(5) "支付给职工以及为职工支付的现金"项目

本项目反映企业实际支付给职工的现金以及为职工支付的现金,包括企业为获得职工提供的服务,本期实际给予各种形式的报酬以及其他相关支出,如支付给职工的工资、奖金、各种津贴和补贴等,以及为职工支付的其他费用,不包括支付给在建工程人员的工资。支付的在建工程人员的工资,在"购建固定资产、无形资产和其他长期资产所支付的现金"项目中反映。

企业为职工支付的医疗、养老、失业、工伤、生育等社会保险基金,补充养老保险,住房公积金,企业为职工缴纳的商业保险金,因解除与职工劳动关系给予的补偿,现金结算的

股份支付,以及企业支付给职工或为职工支付的其他福利费用等,应根据职工的工作性质和服务对象,分别在"购建固定资产、无形资产和其他长期资产所支付的现金"和"支付给职工以及为职工支付的现金"项目中反映。本项目可以根据"库存现金""银行存款""应付职工薪酬"等科目的记录分析填列。

(6)"支付的各项税费"项目

本项目反映企业按规定支付的各项税费,包括本期发生并支付的税费,以及本期支付以前各期发生的税费和预交的税金,如支付的增值税、消费税、企业所得税、教育费附加、印花税、房产税、土地增值税、车船税等,不包括本期退回的增值税、企业所得税。本期退回的增值税、企业所得税等,在"收到的税费返还"项目中反映。本项目可以根据"应交税费""库存现金""银行存款"等科目分析填列。

(7)"支付的其他与经营活动有关的现金"项目

本项目反映企业除上述各项外,支付的其他与经营活动有关的现金,如罚款支出、支付的差旅费、业务招待费、保险费、经营租赁支付的现金等。其他与经营活动有关的现金,如果金额较大的,应单列项目反映。本项目可以根据有关科目的记录分析填列。

2. 投资活动产生的现金流量的填列方法

(1)"收回投资所收到的现金"项目

本项目反映企业出售、转让或到期收回除现金等价物以外的交易性金融资产、持有至到期投资、可供出售金融资产、长期股权投资等而收到的现金。本项目不包括债权性投资收回的利息、收回的非现金资产,以及处置子公司及其他营业单位收到的现金净额。债权性投资收回的本金,在本项目反映;债权性投资收回的利息,不在本项目中反映,而在"取得投资收益所收到的现金"项目中反映。处置子公司及其他营业单位收到的现金净额单设项目反映。本项目可以根据"交易性金融资产""持有至到期投资""可供出售金融资产""长期股权投资""库存现金""银行存款"等科目的记录分析填列。

(2)"取得投资收益所收到的现金"项目

本项目反映企业因股权性投资而分得的现金股利,因债权性投资而取得的现金利息收入。股票股利由于不产生现金流量不在本项目中反映。包括在现金等价物范围内的债券投资,其利息收入在本项目中反映。本项目可以根据"应收股利""应收利息""投资收益""库存现金""银行存款"等科目的记录分析填列。

(3)"处置固定资产、无形资产和其他长期资产所收回的现金净额"项目

本项目反映企业出售固定资产、无形资产和其他长期资产(如投资性房地产)所取得的现金,减去为处置这些资产而支付的有关费用后的净额。处置固定资产、无形资产和其他长期资产所收到的现金,与处置活动支付的现金,两者在时间上比较接近,以净额列示更能准确反映处置活动对现金流量的影响。由于自然灾害等原因所造成的固定资产等长期资产报废、毁损而收到的保险赔偿收入,在本项目中反映。如处置固定资产、无形资产和其他长期资产所收回的现金净额为负数,则应作为投资活动产生的现金流量,在"支付的其他与投资活动有关的现金"项目中反映。本项目可以根据"固定资产清理""库存现金""银行存款"等科目的记录分析填列。

(4)"处置子公司及其他营业单位收到的现金净额"项目

本项目反映企业处置子公司及其他营业单位所取得的现金减去子公司或其他营业单位持

有的现金和现金等价物以及相关处置费用后的净额。本项目可以根据有关科目的记录分析填列。处置子公司及其他营业单位收到的现金净额如为负数，则将该金额填列至"支付的其他与投资活动有关的现金"项目中。

（5）"收到其他与投资活动有关的现金"项目

本项目反映企业除上述各项目外，收到的其他与投资活动有关的现金。其他与投资活动有关的现金，如果价值较大的，应单列项目反映。本项目可以根据有关科目的记录分析填列。

（6）"购建固定资产、无形资产和其他长期资产支付的现金"项目

本项目反映企业购买、建造固定资产，取得无形资产和其他长期资产（如投资性房地产）支付的现金，包括购买机器设备所支付的现金、建造工程支付的现金、支付在建工程人员的工资等现金支出，不包括为购建固定资产、无形资产和其他长期资产而发生的借款利息资本化部分，以及融资租入固定资产所支付的租赁费。为购建固定资产、无形资产和其他长期资产而发生的借款利息资本化部分，在"分配股利、利润或偿付利息支付的现金"项目中反映；融资租入固定资产所支付的租赁费，在"支付的其他与筹资活动有关的现金"项目中反映，不在本项目中反映。本项目可以根据"固定资产""在建工程""工程物资""无形资产""库存现金""银行存款"等科目的记录分析填列。

（7）"投资所支付的现金"项目

本项目反映企业进行权益性投资和债权性投资所支付的现金，包括企业取得的除现金等价物以外的交易性金融资产、持有至到期投资、可供出售金融资产而支付的现金，以及支付的佣金、手续费等交易费用。

企业购买股票和债券时，实际支付的价款中包含的已宣告但尚未领取的现金股利或已到付息期但尚未领取的债券利息，应在"支付的其他与投资活动有关的现金"项目中反映；收回购买股票和债券时支付的已宣告但尚未领取的现金股利或已到付息期但尚未领取的债券利息，应在"收到其他与投资活动有关的现金"项目中反映。

本项目可以根据"交易性金融资产""持有至到期投资""可供出售金融资产""投资性房地产""长期股权投资""库存现金""银行存款"等科目的记录分析填列。

（8）"取得子公司及其他营业单位支付的现金净额"项目

本项目反映企业取得子公司及其他营业单位购买出价中以现金支付的部分，减去子公司或其他营业单位持有的现金和现金等价物后的净额。本项目可以根据有关科目的记录分析填列。如为负数，应在"收到其他与投资活动有关的现金"项目中反映。

（9）"支付其他与投资活动有关的现金"项目

本项目反映企业除上述各项目外，支付的其他与投资活动有关的现金。其他与投资活动有关的现金，如果价值较大的，应单列项目反映。本项目可以根据有关科目的记录分析填列。

3. 筹资活动产生的现金流量的填列方法

（1）"吸收投资收到的现金"项目

本项目反映企业以发行股票、债券等方式筹集资金实际收到的款项净额（发行收入减去支付的佣金等发行费用后的净额）。以发行股票等方式筹集资金而由企业直接支付的审计、咨询等费用，在"支付其他与筹资活动有关的现金"项目中反映。本项目可以根据"实收资本（或股本）""资本公积""库存现金""银行存款"等科目的记录分析填列。

(2)"取得借款收到的现金"项目

本项目反映企业举借各种短期、长期借款而收到的现金，以及发行债券实际收到的款项净额（发行收入减去直接支付的佣金等发行费用后的净额）。本项目可以根据"短期借款""长期借款""交易性金融负债""应付债券""库存现金""银行存款"等科目的记录分析填列。

(3)"收到其他与筹资活动有关的现金"项目

本项目反映企业除上述各项外，收到的其他与筹资活动有关的现金。其他与筹资活动有关的现金，如果价值较大的，应单列项目反映。本项目可以根据有关科目的记录分析填列。

(4)"偿还债务支付的现金"项目

本项目反映企业以现金偿还债务的本金，包括：归还金融企业的借款本金、偿付企业到期的债券本金等。企业偿还的借款利息、债券利息，在"分配股利、利润或偿付利息所支付的现金"项目中反映。本项目可以根据"短期借款""长期借款""交易性金融负债""应付债券""库存现金""银行存款"等科目的记录分析填列。

(5)"分配股利、利润或偿付利息支付的现金"项目

本项目反映企业实际支付的现金股利、支付给其他投资单位的利润或用现金支付的借款利息、债券利息。不同用途的借款，其利息的开支渠道不同，如在建工程、财务费用等，均在本项目中反映。本项目可以根据"应付股利""应付利息""利润分配""财务费用""在建工程""制造费用""研发支出""库存现金""银行存款"等科目的记录分析填列。

(6)"支付其他与筹资活动有关的现金"项目

本项目反映企业除上述各项外，支付的其他与筹资活动有关的现金，如以发行股票、债券等方式筹集资金而由企业直接支付的审计、咨询等费用、融资租赁各期支付的现金、以分期付款方式构建固定资产、无形资产等各期支付的现金等。其他与筹资活动有关的现金，如果价值较大的，应单列项目反映。本项目可以根据有关科目的记录分析填列。

4. 汇率变动对现金及现金等价物的影响

汇率变动对现金及现金等价物的影响，指企业外币现金流量及境外子公司的现金流量折算成记账本位币时，所采用的是现金流量发生日的汇率或即期汇率的近似汇率，而现金流量表"现金及现金等价物净增加额"项目中外币现金净增加额是按资产负债表日的即期汇率折算。这两者的差额即为汇率变动对现金的影响。

5. 现金流量表补充资料项目

除现金流量表正表反映的信息外，企业还应在现金流量表补充资料中披露将净利润调节为经营活动现金流量、当期取得或处置子公司及其他营业单位、现金及现金等价物净变动情况等信息。

现金流量表补充资料项目的内容及填列方法略。

二、工作过程

【会计工作3】根据【会计工作1】资料，编制顺达股份有限公司2017年度现金流量表。

【工作指导】根据表19-3资产负债表和表19-6利润表，编制2017年度现金流量表，见表19-8。

表 19-8　现金流量表

会企 03 表

编制单位：顺达股份有限公司　　　　2017 年度　　　　　　　　　　　　　　　元

项　　目	本期金额	上期金额
一、经营活动产生的现金流量		略
销售商品、提供劳务收到的现金	21 400 000	
收到的税费返还	0	
收到其他与经营活动有关的现金	0	
经营活动现金流入小计	21 400 000	
购买商品、接受劳务支付的现金	9 645 320	
支付给职工以及为职工支付的现金	6 000 000	
支付的各项税费	4 073 500	
支付其他与经营活动有关的现金	400 000	
经营活动现金流出小计	20 118 820	
经营活动产生的现金流量净额	1 281 180	
二、投资活动产生的现金流量		
收回投资所收到的现金	330 000	
取得投资收益所收到的现金	0	
处置固定资产、无形资产和其他长期资产收回的现金净额	6 006 000	
处置子公司及其他营业单位收到的现金净额		
收到其他与投资活动有关的现金	0	
投资活动现金流入小计	6 336 000	
购建固定资产、无形资产和其他长期资产支付的现金	7 420 000	
投资所支付的现金	2 100 000	
取得子公司及其他营业单位支付的现金净额		
支付其他与投资活动有关的现金	0	
投资活动现金流出小计	9 520 000	
投资活动产生的现金流量净额	−3 184 000	
三、筹资活动产生的现金流量		

续表

项　　目	本期金额	上期金额
吸收投资收到的现金	0	
取得借款收到的现金	25 450 000	
收到其他与筹资活动有关的现金	0	
筹资活动现金流入小计	25 450 000	
偿还债务所支付的现金	25 000 000	
分配股利、利润或偿还利息支付的现金	4 200 000	
支付其他与筹资活动有关的现金	0	
筹资活动现金流出小计	29 200 000	
筹资活动产生的现金流量净额	-3 750 000	
四、汇率变动对现金及现金等价物的影响	0	
五、现金及现金等价物净增加额	-5 652 820	
加：期初现金及现金等价物余额	28 126 000	
加：期末现金及现金等价物余额	22 473 180	

现金流量表各项目计算过程如下：

① 销售商品、提供劳务收到的现金＝营业收入＋本期销项税发生额＋（应收账款期初－期末）＋（应收票据期初－期末）＋（预收账款期末－期初）－本期计提的坏账准备＝25 000 000＋(1 020 000＋2 380 000＋850 000)＋(7 982 000－13 964 000)＋(4 920 000－6 770 000)＋(0－0)－18 000＝21 400 000（元）

② 购进商品、接受劳务支付的现金＝营业成本＋（存货期末－期初）＋本期进项税发生额＋（应付账款期初－期末）＋（应付票据期初－期末）＋（预付账款期末－期初）－未付现的存货增加＝15 000 000＋(51 494 000－51 600 000)＋(510 000＋339 320)＋(19 096 000－19 096 000)＋(4 000 000－2 000 000)＋(2 000 000－2 000 000)－(5 500 000＋200 000＋770 000＋28 000＋1 600 000)＝9 645 320（元）

③ 支付给职工以及为职工支付的现金＝计入成本费用的职工薪酬＋（归属于经营活动的应付职工薪酬期初－期末）－支付的在建工程职工薪酬＝(5 500 000＋200 000＋300 000＋770 000＋28 000＋42 000)＋[2 200 000－(3 600 000－4 560 000)]－4 000 000＝6 000 000（元）

④ 支付的各项税费＝2 000 000（增值税）＋140 000（城建税）＋60 000（教育费附加）＋1 873 500（企业所得税）＝4 073 500（元）

⑤ 支付其他与经营活动有关的现金＝200 000（展览费）＋200 000（广告费）＝400 000（元）

⑥ 收回投资所收到的现金＝330 000（元）（变现的股票投资）

⑦ 处置固定资产、无形资产和其他长期资产收回的现金净额＝16 000－10 000＋6 000 000＝

6 006 000（元）

⑧ 购建固定资产、无形资产和其他长期资产支付的现金=420 000+3 000 000+4 000 000=7 420 000（元）

⑨ 投资所支付的现金=2 100 000（元）（可供出售金融资产）

⑩ 取得借款收到的现金=20 000 000（长期借款）+5 450 000（票据贴现）=25 450 000（元）

⑪ 偿还债务所支付的现金=20 000 000（偿还长期借款本金）+5 000 000（偿还短期借款本金）=25 000 000（元）

⑫ 分配股利、利润或偿付利息支付的现金=4 200 000（元）（长期借款利息）

课堂训练

（一）单项选择题

1. 下列各项中，不属于现金流量表"经营活动产生的现金流量"的是（　　）。
   A. 对外提供安装劳务所产生的现金流量
   B. 实际收到应收票据利息收入所产生的现金流量
   C. 偿还短期借款产生的现金流量
   D. 偿还应付账款所产生的现金流量

2. 某企业2016年度发生以下业务：以银行存款购买将于2个月后到期的国债500万元，偿还应付账款200万元，支付生产人员工资150万元，购买固定资产300万元。假定不考虑其他因素，该企业2016年度现金流量表中"购买商品、接受劳务支付的现金"项目的金额为（　　）万元。
   A. 200　　　　B. 350　　　　C. 650　　　　D. 1 150

3. 甲公司2016年度发生的管理费用为3 300万元，其中：以现金支付退休人员工资210万元和行政管理人员工资1 650万元，存货盘盈收益37.5万元，管理用固定资产计提折旧630万元，其余均以现金支付。假定不考虑其他因素，甲公司2016年度现金流量表中"支付其他与经营活动有关的现金"项目的金额为（　　）万元。
   A. 315　　　　B. 1 425　　　　C. 1 057.5　　　　D. 2 025

4. 下列各项中，属于现金流量表"投资活动产生的现金流量"的是（　　）。
   A. 对外提供维修劳务收到的现金　　　B. 取得长期借款收到的现金
   C. 采购原材料支付的增值税　　　　　D. 取得长期股权投资支付的手续费

（二）多项选择题

1. 下列各项中，属于现金流量表"投资活动产生的现金流量"的有（　　）。
   A. 固定资产的购置与处置　　　　B. 支付在建工程人员的工资
   C. 转让股票投资取得的收入　　　D. 以银行存款支付购买材料款

2. 在所有者权益变动表中，应列示的项目包括（　　）。
   A. 净利润　　　　　　　　　　　　B. 直接计入所有者权益的利得和损失
   C. 所有者投入资本和向所有者分配利润　D. 提取的盈余公积

3. 下列各项中,属于现金流量表"支付给职工以及为职工支付的现金"项目的有(　　)。
   A. 支付给退休人员的退休金　　　　B. 支付的在建工程人员的职工薪酬
   C. 支付的销售部门人员的职工薪酬　　D. 支付的生产工人的职工薪酬
4. 下列各项中,属于现金流量表"筹资活动产生的现金流量"的有(　　)。
   A. 支付的现金股利　　　　　　　　　B. 取得短期借款
   C. 增发股票收到的现金　　　　　　　D. 偿还公司债券支付的现金
5. 下列各项中,属于现金流量表"经营活动产生的现金流量"的有(　　)。
   A. 收到现金股利产生的现金流入
   B. 支付生产工人工资产生的现金流出
   C. 用银行存款偿还应付票据产生的现金流出
   D. 支付广告费产生的现金流出
6. 下列各项中,属于现金流量表"经营活动产生的现金流量"的有(　　)。
   A. 销售商品收到的现金　　　　　　B. 取得短期借款收到的现金
   C. 采购原材料支付的增值税　　　　D. 取得长期股权投资支付的手续费

任务 5　所有者权益变动表

所有者权益变动表

一、相关知识

(一)所有者权益变动表的作用

所有者权益变动表是反映构成所有者权益的各组成部分当期的增减变动情况的报表。

通过所有者权益变动表,既可以为报表使用者提供所有者权益总量增减变动的信息,也能为其提供所有者权益增减变动的结构性信息,特别是能够让报表使用者理解所有者权益增减变动的根源。

(二)所有者权益变动表的内容和结构

在所有者权益变动表上,企业至少应当单独列示反映下列信息的项目:净利润;直接计入所有者权益的利得和损失项目及其总额;会计政策变更和差错更正的累积影响金额;所有者投入资本和向所有者分配利润等;提取的盈余公积;实收资本或资本公积、盈余公积、未分配利润的期初和期末余额及其调节情况。

所有者权益变动表以矩阵的形式列示:一方面,列示导致所有者权益变动的交易或事项,即所有者权益变动的来源对一定时期所有者权益的变动情况进行全面反映,另一方面,按照所有者权益各组成部分(即实收资本、资本公积、盈余公积、未分配利润和库存股)列示交易或事项对所有者权益各部分的影响。

(三)所有者权益变动表的编制

所有者权益变动表各项目均需填列"本年金额"和"上年金额"两栏。

所有者权益变动表"上年金额"栏内的各项数字,应根据上年度所有者权益变动表"本年金额"内所列数字填列。上年度所有者权益变动表规定的各个项目的名称和内容同本年度不一致的，应对上年度所有者权益变动表各项目的名称和数字按照本年度的规定进行调整，填入所有者权益变动表的"上年金额"栏内。

1."本年金额"栏的列报方法

"上年年末余额"项目，反映企业上年资产负债表中实收资本（或股本）、资本公积、盈余公积、未分配利润的年末余额。

"会计政策变更"和"前期差错更正"项目，分别反映企业采用追溯调整法处理的会计政策变更的累积影响金额和采用追溯重述法处理的会计差错更正的累积影响金额。

为了体现会计政策变更和前期差错更正的影响，企业应当在上期期末所有者权益余额的基础上进行调整，得出本期期初所有者权益，根据"盈余公积""利润分配""以前年度损益调整"等科目的发生额分析填列。

"本年增减变动额"项目分别反映如下内容：

①"净利润"项目，反映企业当年实现的净利润（或净亏损）金额，并对应列在"未分配利润"栏。

②"直接计入所有者权益的利得和损失"项目，反映企业当年直接计入所有者权益的利得和损失金额。

"可供出售金融资产公允价值变动净额"项目，反映企业持有的可供出售金融资产当年公允价值变动的金额，并对应列在"资本公积"栏。

"权益法下被投资单位其他所有者权益变动的影响"项目，反映企业对按照权益法核算的长期股权投资，在被投资单位除当年实现的净损益以外其他所有者权益当年变动中应享有的份额，并对应列在"资本公积"栏。

"与计入所有者权益项目相关的所得税影响"项目，反映企业根据《企业会计准则第18号——所得税》规定应计入所有者权益项目的当年所得税影响金额，并对应列在"资本公积"栏。

③"净利润"和"直接计入所有者权益的利得和损失"小计项目，反映企业当年实现的净利润（或净亏损）金额和当年直接计入所有者权益的利得和损失金额的合计额，即综合收益总额。

④"所有者投入和减少资本"项目，反映企业当年所有者投入的资本和减少的资本。

"所有者投入资本"项目，反映企业接受投资者投入形成的实收资本（或股本）和资本溢价或股本溢价，并对应列在"实收资本"和"资本公积"栏。

"股份支付计入所有者权益的金额"项目，反映企业处于等待期中的权益结算的股份支付当年计入资本公积的金额，并对应列在"资本公积"栏。

⑤"利润分配"下各项目，反映当年对所有者（或股东）分配的利润（或股利）金额和按照规定提取的盈余公积金额，并对应列在"未分配利润"和"盈余公积"栏。

⑥"所有者权益内部结转"下各项目，反映不影响当年所有者权益总额的所有者权益各组成部分之间增减变动，包括资本公积转增资本（或股本）、盈余公积转增资本（或股本）、盈余公积弥补亏损等项金额。

"本年年末余额"项目，反映企业本年资产负债表中实收资本（或股本）、资本公积、盈余公积、未分配利润的年末余额，也可根据本表相关项目计算填列。

2."上年金额"栏的列报方法

所有者权益变动表"上年金额"栏内各项数字，应根据上年度所有者权益变动表"本年金额"栏内所列数字填列。如果上年度所有者权益变动表规定的各个项目的名称和内容与本年度不相一致，应对上年度所有者权益变动表各项目的名称和数字按本年度的规定进行调整，填入所有者权益变动表"上年金额"栏内。

二、工作过程

【会计工作4】根据【会计工作1】资料，编制顺达股份有限公司2017年度所有者权益变动表。

【工作指导】根据表19-3资产负债表和表19-5利润表，编制2017年度所有者权益变动表，见表19-9。

任务6 附 注

一、相关知识

（一）附注的作用

附注是对资产负债表、利润表、现金流量表和所有者权益变动表等报表中列示项目的文字描述或明细资料，以及对未能在这些报表中列示项目的说明等。

通过附注与资产负债表、利润表、现金流量表和所有者权益变动表列示项目的相互参照关系，以及对未能在报表中列示项目的说明，可以使报表使用者全面了解企业的财务状况、经营成果和现金流量。

（二）附注的主要内容

附注是财务报表的重要组成部分。企业应当按照如下顺序披露附注的内容。

1. 企业的基本情况

① 企业注册地、组织形式和总部地址。

② 企业的业务性质和主要经营活动，如企业所处的行业、所提供的主要产品或服务、客户的性质、销售策略、监管环境的性质等。

③ 母公司以及集团最终母公司的名称。

④ 财务报告的批准报出者和财务报告批准报出日。

2. 财务报表的编制基础

财务报表的编制基础即持续经营或其他基础。

3. 遵循企业会计准则的声明

企业应当声明编制的财务报表符合企业会计准则的要求，真实、完整地反映了企业的财务状况、经营成果和现金流量等有关信息，以此明确企业编制财务报表所依据的制度基础。如果企业编制的财务报表只是部分地遵循了企业会计准则，附注中不得做出这种表述。

4. 重要会计政策和会计估计

重要会计政策和会计估计包括财务报表项目的计量基础和会计政策的确定依据以及下一会计期间很可能导致资产、负债账面价值重大调整的会计估计的确定依据等。

表 19-9 所有者权益变动表

单位名称：顺达股份有限公司　　　2017 年度　　　会企 04 表　　单位：元

项目	本年金额							上年金额						
	实收资本（或股本）	资本公积	其他综合收益	盈余公积	未分配利润		所有者权益合计	实收资本（或股本）	资本公积	其他综合收益	盈余公积	未分配利润	所有者权益合计
一、上年年末余额	100 000 000		0	2 000 000	1 000 000		103 000 000						
加：会计政策变更													
前期差错更正													
二、本年年初余额	100 000 000		0	2 000 000	1 000 000		103 000 000						
三、本年增加变动金额													
（一）净利润					5 157 000		5 157 000						
（二）直接计入所有者权益利得和损失			30 000				30 000						
1. 可供出售金融资产公允价值变动净额			30 000				40 000						
2. 权益法下被投资单位其他所有者权益变动影响													
3. 与计入所有者权益项目相关的所得税影响							−10 000						
4. 其他													
（一）和（二）小计			30 000		5 157 000		5 187 000						

续表

项目	本年金额						上年金额					
	实收资本（或股本）	资本公积	其他综合收益	盈余公积	未分配利润	所有者权益合计	实收资本（或股本）	资本公积	其他综合收益	盈余公积	未分配利润	所有者权益合计
（三）所有者投入和减少资本												
1. 所有者投入的资本												
2. 股份支付计入所有者权益的金额												
3. 其他												
（四）利润分配												
1. 提取盈余公积				515 700	−515 700	0						
2. 对所有者或股东分配						0						
3. 其他												
（五）所有者权益内部结转												
1. 资本公积转增资本（或股本）												
2. 盈余公积转增资本（或股本）												
3. 盈余公积弥补亏损												
4. 其他												
四、本年年末余额	100 000 000		30 000	2 515 700	5 641 300	108 187 000						

5. 会计政策和会计估计变更以及差错更正的说明

企业应当按照《企业会计准则第 28 号——会计政策、会计估计变更和差错更正》及其应用指南的规定进行披露。

6. 报表重要项目的说明

企业应当尽可能以列表形式披露重要报表项目的构成或当期增减变动情况。

对重要报表项目的明细说明，应当按照资产负债表、利润表、现金流量表、所有者权益变动表的顺序以及报表项目列示的顺序进行披露，采用文字和数字描述相结合的方法进行披露，并与报表项目相互参照。

7. 其他需要说明的重要事项

主要包括或有和承诺事项、资产负债表日后非调整事项、关联方关系及其交易等需要说明的事项。

二、工作过程

【会计工作 5】固定资产的披露格式如表 19-10 所示。

表 19-10 固定资产的披露格式

项　目	年初账面余额	本期增加额	本期减少额	期末账面余额
一、原价合计				
其中：房屋、建筑物				
机器设备				
运输工具				
……				
二、累计折旧合计				
其中：房屋、建筑物				
机器设备				
运输工具				
……				
三、固定资产减值准备累计金额合计				
其中：房屋、建筑物				
机器设备				
运输工具				
……				
四、固定资产账面价值合计				
其中：房屋、建筑物				
机器设备				
运输工具				
……				

任务 7　主要财务指标分析

一、相关知识

财务分析是以企业财务报告及其他相关资料为主要依据，对企业的财务状况和经营成果进行评价和剖析，反映企业在运营过程中的利弊得失和发展趋势，从而为改进企业财务管理工作和优化经济决策提供重要的决策依据。

总结和评价企业财务状况与经营成果的分析指标包括偿债能力指标、运营能力指标、获利能力指标、发展能力指标和综合指标分析。

（一）偿债能力指标

偿债能力是企业偿还到期债务（包括本息）的能力。偿债能力指标包括短期偿债能力指标和长期偿债能力指标。

1. 短期偿债能力指标

短期偿债能力是指企业流动资产对流动负债及时足额偿还的保证程度，是衡量企业当期财务能力，特别是流动资产变现能力的重要标志。

企业短期偿债能力的衡量指标主要有两项：流动比率和速动比率。

（1）流动比率

流动比率是流动资产与流动负债的比率，它表明企业每 1 元流动负债有多少流动资产作为偿还保证，反映企业用可在短期内转变为现金的流动资产偿还到期流动负债的能力。其计算公式为：

$$流动比率 = (流动资产/流动负债) \times 100\%$$

一般情况下，流动比率越高，说明企业短期偿债能力越强。

（2）速动比率

速动比率是企业速动资产与流动负债的比率。其中，速动资产，是指流动资产减去变现能力较差且不稳定的存货、预付账款、待摊费用等后的余额。其计算公式为：

$$速动比率 = (速动资产/流动负债) \times 100\%$$

一般情况下，速动比率越高，说明企业偿还流动负债的能力越强。

2. 长期偿债能力指标

长期偿债能力是企业偿还长期负债的能力。企业长期偿债能力的衡量指标主要有两项：资产负债率和产权比率。

（1）资产负债率

资产负债率又称负债比率，是企业负债总额对资产总额的比率，反映企业资产对债权人权益的保障程度。其计算公式为：

$$资产负债率（又称负债比率） = (负债总额/资产总额) \times 100\%$$

一般情况下，资产负债率越小，说明企业长期偿债能力越强。

（2）产权比率

产权比率也称资本负债率，是企业负债总额与所有者权益总额的比率，反映企业所有者

权益对债权人权益的保障程度。其计算公式为:

$$产权比率=(负债总额/所有者权益总额)\times 100\%$$

一般情况下,产权比率越低,说明企业长期偿债能力越强。

(二) 运营能力指标

运营能力是企业基于外部市场环境的约束,通过内部人力资源和生产资料的配置组合而对财务目标实现所产生作用的大小。运营能力指标主要包括生产资料运营能力指标。生产资料的运营能力实际上就是企业的总资产及其各个组成要素的运营能力。资产运营能力的强弱取决于资产的周转速度、资产运行状况、资产管理水平等多种因素。

资产的周转速度,通常用周转率和周转期来表示。周转率是企业在一定时期内资产的周转额与资产平均余额的比率,反映企业资产在一定时期的周转次数。周转次数越多,表明周转速度越快,资产运营能力越强。周转期是周转次数的倒数与计算期天数的乘积,反映资产周转一次所需要的天数。周转期越短,表明周转速度越快,资产运营能力越强。其计算公式为:

$$周转率(周转次数)=周转额/资产平均余额$$

$$周转期(周转天数)=计算期天数\div 周转次数=资产平均余额\times 计算期天数\div 周转额$$

生产资料运营能力可以从流动资产周转情况、固定资产周转情况、总资产周转情况等方面进行分析。

(1) 流动资产周转情况

反映流动资产周转情况的指标主要有应收账款周转率、存货周转率和流动资产周转率。

① 应收账款周转率。应收账款周转率是企业一定时期营业收入(或销售收入,本章下同)与平均应收账款余额的比率,反映企业应收账款变现速度的快慢和管理效率的高低。

$$应收账款周转率(周转次数)=营业收入/平均应收账款余额$$

$$平均应收账款余额=(应收账款余额年初数+应收账款余额年末数)\div 2$$

$$应收账款周转期(周转次数)=(平均应收账款余额\times 360)/营业收入$$

一般情况下,应收账款周转率越高越好。应收账款周转率高,表明收账迅速,账龄较短,资产流动性强,短期偿债能力强,可以减少坏账损失等。

② 存货周转率。存货周转率是企业一定时期营业成本(或销售成本,本章下同)与平均存货余额的比率,反映企业生产经营各环节的管理状况以及企业的偿债能力和获利能力。

$$存货周转率(周转次数)=营业成本/平均存货余额$$

$$平均存货余额=(存货余额年初数+存货余额年末数)\div 2$$

$$存货周转期(周转天数)=(平均存货余额\times 360)/营业收入$$

一般情况下,存货周转率越高越好。存货周转率高,表明企业存货变现的速度快;周转额较大,表明资金占用水平较低。

③ 流动资产周转率。流动资产周转率是企业一定时期营业收入与平均流动资产总额的比率。

$$流动资产周转率(周转次数)=营业收入/平均流动资产总额$$

$$平均流动资产总额=(流动资产总额年初数+流动资产总额年末数)\div 2$$

$$流动资产周转期(周转次数)=平均流动资产总额\times 360/营业收入$$

一般情况下，流动资产周转率越高越好。流动资产周转率高，表明企业以相同的流动资产完成的周转额较多，流动资产利用效果较好。

（2）固定资产周转情况

反映固定资产周转情况的主要指标是固定资产周转率，它是企业一定时期营业收入与平均固定资产净值的比值。其计算公式为：

$$固定资产周转率（周转次数）=营业收入/平均固定资产净值$$

$$平均固定资产净值=（固定资产净值年初数+固定资产净值年末数）÷2$$

$$固定资产周转期（周转天数）=（平均固定资产净值×360）/营业收入$$

一般情况下，固定资产周转率越高越好。固定资产周转率高，表明企业固定资产利用充分，固定资产投资得当，固定资产结构合理，能够充分发挥效率。

（3）总资产周转情况

反映总资产周转情况的主要指标是总资产周转率，它是企业一定时期营业收入与平均资产总额的比值。其计算公式为：

$$总资产周转率（周转次数）=营业收入/平均资产总额$$

$$平均资产总额=（资产总额年初数+资产总额年末数）÷2$$

$$总资产周转期（周转次数）=（平均资产总额×360）/营业收入$$

一般情况下，总资产周转率越高越好。总资产周转率高，表明企业全部资产的使用效率较高。

（三）获利能力指标

获利能力就是企业资金增值的能力，通常表现为企业收益数额的大小与水平的高低。获利能力指标主要包括营业利润率、成本费用利润率、总资产报酬率和净资产收益率四项。实务中，上市公司经常采用每股股利、每股净资产等指标评价其获利能力。

1. 营业利润率

营业利润率是企业一定时期营业利润与营业收入的比率。其计算公式为：

$$营业利润率=（营业利润/营业收入）×100\%$$

营业利润率越高，表明企业市场竞争力越强，发展潜力越大，盈利能力越强。

在实务中，也经常使用营业毛利率、营业净利率等指标来分析企业经营业务的获利水平。其计算公式如下：

$$营业毛利率=（营业收入-营业成本）/营业收入×100\%$$

$$营业净利率=（净利润/营业收入）×100\%$$

2. 成本费用利润率

成本费用利润率是企业一定时期利润总额与成本费用总额的比率。其计算公式为：

$$成本费用利润率=（利润总额/成本费用总额）×100\%$$

其中：

$$成本费用总额=营业成本+税金及附加+销售费用+管理费用+财务费用$$

成本费用利润率越高，表明企业为取得利润而付出的代价越小，成本费用控制得越好，盈利能力越强。

3. 总资产报酬率

总资产报酬率是企业一定时期内获得的报酬总额与平均资产总额的比率,反映了企业资产的综合利用效果。其计算公式为:

$$总资产报酬率=(息税前利润总额/平均资产总额)\times 100\%$$

其中:

$$息税前利润总额=利润总额+利息支出$$

一般情况下,总资产报酬率越高,表明企业的资产利用效益越好,整个企业盈利能力越强。

4. 净资产收益率

净资产收益率是企业一定时期内净利润与平均净资产的比率,反映了企业自有资金的投资收益水平。其计算公式为:

$$净资产收益率=(净利润/平均净资产)\times 100\%$$

其中:

$$平均净资产=(所有者权益年初数+所有者权益年末数)\div 2$$

一般认为,净资产收益率越高,企业自有资本获取收益的能力越强,运营效益越好,对企业投资人、债权人利益的保证程度越高。

(四)发展能力指标

发展能力是企业在生存的基础上,扩大规模、壮大实力的潜在能力。分析发展能力主要考察以下四项指标:营业收入增长率、资本保值增值率、总资产增长率和营业利润增长率。

1. 营业收入增长率

营业收入增长率是企业本年营业收入增长额与上年营业收入总额的比率,反映企业营业收入的增减变动情况。其计算公式为:

$$营业收入增长率=(本年营业收入增长额/上年营业收入总额)\times 100\%$$

其中:

$$本年营业收入增长额=本年营业收入总额-上年营业收入总额$$

营业收入增长率大于零,表明企业本年营业收入有所增长。该指标值越高,表明企业营业收入的增长速度越快,市场前景越好。

2. 资本保值增值率

资本保值增值率是企业扣除客观因素后的本年年末所有者权益总额与年初所有者权益总额的比率,反映企业当年资本在企业自身努力下实际增减变动的情况。其计算公式为:

$$资本保值增值率=(扣除客观因素后的本年年末所有者权益总额/年初所有者权益总额)\times 100\%$$

一般认为,资本保值增值率越高,表明企业的资本保全状况越好,所有者权益增长越快,债权人的债务越有保障。该指标通常应当大于100%。

3. 总资产增长率

总资产增长率是企业本年总资产增长额同年初资产总额的比率,反映企业本期资产规模的增长情况。其计算公式为:

$$总资产增长率=(本年总资产增长额/年初资产总额)\times 100\%$$

其中:

本年总资产增长额=年末资产总额−年初资产总额

总资产增长率越高，表明企业一定时期内资产经营规模扩张的速度越快。但在分析时，需要关注资产规模扩张的质和量的关系，以及企业的后续发展能力，避免盲目扩张。

4. 营业利润增长率

营业利润增长率是企业本年营业利润增长额与上年营业利润总额的比率，反映企业营业利润的增减变动情况。其计算公式为：

$$营业利润增长率 = \frac{本年利润增长额}{上年营业利润总额} \times 100\%$$

其中，本年营业利润增长额=本年营业利润总额−上年营业利润总额

（五）综合指标分析

综合指标分析，就是将运营能力、偿债能力、获利能力和发展能力指标等诸方面纳入一个有机的整体之中，全面地对企业经营状况、财务状况进行解剖与分析。综合指标分析方法主要有杜邦财务分析体系。

杜邦财务分析体系（简称杜邦体系），是利用各财务指标间的内在关系，对企业综合经营理财及经济效益进行系统分析评价的方法。该体系以净资产收益率为核心，将其分解为若干财务指标，通过分析各分解指标的变动对净资产收益率的影响来揭示企业获利能力及其变动原因。杜邦体系各主要指标之间的关系如下：

净资产收益率=总资产净利率×利率权益乘数
　　　　　　=营业净利率×总资产周转率×权益乘数

其中

$$营业净利率 = \frac{净利润}{营业收入} \times 100\%$$

$$总资产周转率 = \frac{营业收入}{平均资产总额} \times 100\%$$

权益乘数=资产总额/所有者权益总额=1/（1−资产负债率）

在具体运用杜邦体系进行分析时，可以采用因素分析法，首先确定营业净利率、总资产周转率和权益乘数的基准值，然后顺次代入这三个指标的实际值，分别计算分析这三个指标的变动对净资产收益率的影响方向和程度，还可以使用因素分析法进一步分解各个指标并分析其变动的深层次原因，找出解决方法。

二、工作过程

1. 偿债能力指标

（1）短期偿债能力指标

① 流动比率。

【会计工作6】根据【会计工作1】资产负债表资料，该公司2017年的流动比率如下（计算结果保留小数点后两位，下同）：

年初流动比率：(101 028 000/53 028 000)×100%=190.52%

年末流动比率：(102 801 180/54 678 680)×100%=188.01%

【工作指导】该公司 2017 年年初和年末的流动比率均接近于一般公认标准。公司应该继续采取措施,以提高其短期偿债能力。

② 速动比率。

【会计工作 7】根据【会计工作 1】资产负债表资料,同时假设该公司 2016 年度和 2017 年度的其他应收款流动性较差,该公司 2017 年的速动比率如下:

年初速动比率:[(28 126 000+300 000+4 920 000+7 982 000)/53 028 000]×100%=77.94%

年末速动比率:[(22 473 180+0+6 770 000+13 964 000)/54 678 680]×100%=79.02%

【工作指导】分析表明该公司 2017 年年末速动比率比年初有所增加,虽然该公司流动比率接近一般公认标准,但由于流动资产中的存货所占比重过大,导致公司速动比率远低于一般公认标准,公司的实际短期偿债能力并不理想,需采取措施加以扭转。

需要注意的是:尽管速动比率较之流动比率更能反映出流动负债偿还的安全性和稳定性,但并不能认为速动比率较低的企业的流动负债到期绝对不能偿还。实际上,如果企业存货流转顺畅、变现能力较强,即使速动比率较低,只要流动比率高,企业仍然有望偿还到期的债务本息。

(2)长期偿债能力指标

① 资产负债率。

【会计工作 8】根据【会计工作 1】资产负债表资料,该公司 2017 年的资产负债率如下:

年初资产负债率:(65 028 000/168 028 000)×100%=38.70%

年末资产负债率:(66 688 680/174 875 680)×100%=38.14%

【工作指导】该公司 2017 年年初和年末的资产负债率均不高,说明公司长期偿债能力较强,这样有助于增强债权人对公司出借资金的信心。

② 产权比率。

【会计工作 9】根据【会计工作 1】资产负债表资料,该公司 2017 年的产权比率如下:

年初产权比率:(65 028 000/103 000 000)×100%=63.13%

年末产权比率:(66 688 680/108 187 000)×100%=61.64%

【工作指导】该公司 2017 年年初和年末的产权比率均不高,同资产负债率的计算结果可相互印证,说明公司长期偿债能力较强,债权人的保障程度较高。

产权比率与资产负债率对评价偿债能力的作用基本相同,两者的主要区别是:资产负债率侧重于分析债务偿付安全性和物质保障程度,产权比率则侧重于揭示财务结构的稳健程度以及自由资金对偿债风险的承受能力。

2. 运营能力指标

(1)流动资产周转情况

① 应收账款周转率。

【会计工作 10】根据【会计工作 1】资产负债表资料及【会计工作 2】利润表资料,同时假定 2014 年年末的应收账款(包括"应收票据")余额为 10 006 000 元,2015 年度营业收入为 20 800 000 元。该公司 2015 年度和 2016 年度应收账款周转率的计算如表 19-11 所示。

表 19-11　应收账款周转率计算表　　　　　　　　　　　　　　　元

项　目	2014 年	2015 年	2016 年
营业收入		20 800 000	25 000 000
应收账款年末余额	10 006 000	7 982 000	13 964 000
平均应收账款余额		8 994 000	10 973 000
应收账款周转率/次		2.31	2.28
应收账款周转期/天		157.80	160.20

【工作指导】以上结果表明，该公司 2015 年度及 2016 年度应收账款周转率均较低，同时该公司 2016 年度的应收账款周转率比 2015 年度略微降低。这说明公司的运营能力进一步恶化。

② 存货周转率。

【会计工作 11】根据【会计工作 1】资产负债表资料及【会计工作 2】利润表资料，同时假定 2015 年年末的存货余额为 48 000 000 元，2016 年度营业成本为 13 000 000 元。该公司 2016 年度和 2017 年度存货周转率的计算如表 19-12 所示。

表 19-12　存货周转率计算表　　　　　　　　　　　　　　　元

项　目	2015 年	2016 年	2017 年
营业成本		13 000 000	15 000 000
存货年末余额	48 000 000	51 600 000	51 654 000
平均存货余额		49 800 000	51 627 000
存货周转率/次		0.26	0.29
存货周转期/天		1 379.08	1 239.05

【工作指导】该公司 2016 年度及 2017 年度存货周转率均非常低，这反映出存货管理效率很低。但 2017 年度存货周转率比 2016 年度有所加快，存货周转次数由 0.26 次增为 0.29 次，周转天数由 1 379.08 天降为 1 239.05 天，其原因可能与 2017 年营业成本的增长有关。

③ 流动资产周转率。

【会计工作 12】根据【会计工作 1】资产负债表资料及【会计工作 2】利润表资料，同时假定 2015 年年末的流动资产总额为 98 600 000 元，2016 年度营业收入为 20 800 000 元。该公司 2016 年度和 2017 年度流动资产周转率的计算如表 19-13 所示。

表 19-13　流动资产周转率计算表　　　　　　　　　　　　　　　元

项　目	2015 年	2016 年	2017 年
营业收入		20 800 000	25 000 000
流动资产年末总额	98 600 000	101 028 000	102 801 180
平均流动资产总额		99 814 000	101 914 590

续表

项　目	2015 年	2016 年	2017 年
流动资产周转率/次		0.21	0.25
流动资产周转期/天		1 727.55	1 487.97

【工作指导】该公司 2016 年度及 2017 年度流动资产周转率均非常低，这反映出流动资产管理效率很低。但 2017 年度流动资产周转率比 2016 年度有所提高，流动资产周转次数由 0.21 次增为 0.25 次，周转天数由 1 727.55 天降为 1 487.97 天，其原因可能与 2017 年营业收入的增长有关。

(2) 固定资产周转情况

【会计工作 13】根据【会计工作 1】资产负债表资料及【会计工作 2】利润表资料，同时假定 2015 年年末的固定资产净值为 13 600 000 元，2016 年度营业收入为 20 800 000 元。该公司 2016 年度和 2017 年度固定资产周转率的计算如表 19-14 所示。

表 19-14　固定资产周转率计算表　　　　　　　　　　元

项　目	2015 年	2016 年	2017 年
营业收入		20 800 000	25 000 000
固定资产年末总额	13 600 000	16 000 000	36 420 000
平均固定资产净值		14 800 000	26 210 000
固定资产周转率/次		1.41	0.95
固定资产周转期/天		256.15	382.68

【工作指导】计算结果表明，公司 2017 年度固定资产周转率比 2016 年度有所延缓，固定资产周转次数由 1.41 次降为 0.95 次，周转天数由 256.15 天上升为 382.68 天，其主要原因是固定资产净值的增加幅度高于营业收入增长幅度。这表明公司的运营能力有所降低。

(3) 总资产周转情况

【会计工作 14】根据【会计工作 1】资产负债表资料及【会计工作 2】利润表资料，同时假定 2015 年年末的资产总额为 151 200 000 元，2016 年度营业收入为 20 800 000 元。该公司 2016 年度和 2017 年度流动资产周转率的计算如表 19-15 所示。

表 19-15　总资产周转率计算表　　　　　　　　　　元

项　目	2015 年	2016 年	2017 年
营业收入		20 800 000	25 000 000
资产年末总值	151 200 000	168 028 000	174 875 680
平均资产总值		159 614 000	171 451 840
总资产周转率/次		0.13	0.15
总资产周转期/天		2 762.55	2 503.43

【工作指导】计算结果表明,公司 2017 年度总资产周转率比 2016 年度略有提高。

特别说明的是,在上述指标的计算中,均以年度作为计算期,在实际中,计算期应视分析的需要而定,但应保持分子与分母在时间口径上的一致。如果资金占有额波动性较大,企业应采用更详细的资料进行计算。如果各期占用额比较稳定,波动不大,季度、年度的平均资金占用额也可直接用(期初数+期末数)/2 来计算。

3. 获利能力指标

(1) 营业利润率

【会计工作 15】根据【会计工作 2】利润表资料,并假定该公司 2016 年度营业收入为 20 800 000 元,营业利润为 5 502 000 元,该公司 2016 年度和 2017 年度营业利润率的计算如表 19-16 所示。

表 19-16 营业利润计算表 元

项 目	2016 年	2017 年
营业利润	5 502 000	6 270 000
营业收入	20 800 000	25 000 000
营业利润率/%	26.45	25.08

【工作指导】计算结果表明,公司 2017 年度营业利润率比 2016 年度略有下降。

(2) 成本费用利润率

【会计工作 16】根据【会计工作 2】利润表资料,并假定该公司 2016 年度营业成本为 13 000 000 元,税金及附加为 38 000 元,销售费用为 300 000 元,管理费用为 1 380 000 元,财务费用为 470 000 元,资产减值损失为 560 000 元,利润总额为 6 040 000 元。该公司 2016 年度和 2017 年度成本费用利润率的计算如表 19-17 所示。

表 19-17 成本费用利润计算表 元

项 目	2016 年	2017 年
营业成本	13 000 000	15 000 000
税金及附加	38 000	200 000
销售费用	300 000	400 000
管理费用	1 380 000	1 942 000
财务费用	470 000	600 000
资产减值损失	560 000	618 000
成本费用总额	15 748 000	18 400 000
利润总额	6 040 000	6 876 000
成本费用利润率/%	38.35	37.37

【工作指导】计算结果表明,该公司 2017 年度成本费用利润率比 2016 年度有所下降,该

公司应该深入检查导致成本费用上升的因素，改进有关工作，以便扭转效益指标下降的状况。

（3）总资产报酬率

【会计工作17】根据【会计工作2】利润表资料，同时假定表中财务费用全部为利息支出，该公司2015年年末资产总额为151 200 000元，2016年度的利息支出为470 000元，利润总额为6 040 000元。该公司2016年度和2017年度总资产报酬率的计算如表19-18所示。

表19-18 总资产报酬率计算表 元

项目	2015年	2016年	2017年
利润总额		6 040 000	6 876 000
利息支出		470 000	600 000
息税前利润总额		6 510 000	7 476 000
年末资产总额	151 200 000	168 028 000	174 875 680
平均资产总额		159 614 000	171 451 840
总资产报酬率/%		4.08	4.36

【工作指导】计算结果表明，该公司2017年度综合利用效率略高于2016年度，说明该公司的资产使用情况、增产节约工作等情况有略微改进。

（4）净资产收益率

【会计工作18】根据【会计工作2】利润表资料，同时假定该公司2015年年末净资产为98 953 200元，2016年净利润为4 046 800元。该公司2016年度和2017年度净资产收益率的计算如表19-19所示。

表19-19 净资产收益率计算表 元

项目	2015年	2016年	2017年
净利润		4 046 800	5 157 000
年末净资产	98 953 200	103 000 000	108 187 000
平均净资产		100 976 600	105 593 500
净资产收益率/%		4.01	4.88

【工作指导】计算结果表明，公司2017年度净资产收益率略高于2016年度，这是由于该公司净利润的增长高于所有者权益的增长。

4. 发展能力指标

（1）营业收入增长率

【会计工作19】根据【会计工作2】利润表资料，并假定2016年度营业收入为20 800 000元，计算该公司2017年度营业增长率。

【工作指导】2017年度营业增长率：

$$(250\,000\,000 - 20\,800\,000) \div 20\,800\,000 \times 100\% = 11.02\%$$

（2）资本保值增值率

【会计工作 20】根据【会计工作 1】资产负债表资料，计算该公司 2017 年度资本保值增值率。

【工作指导】2017 年度资本保值增值率：

$$108\ 187\ 000 \div 103\ 000\ 000 \times 100\% = 105.04\%$$

（3）总资产增长率

【会计工作 21】根据【会计工作 1】资产负债表资料，计算该公司 2017 年度总资产增长率。

【工作指导】2017 年度总资产增长率：

$$(174\ 875\ 680 - 168\ 028\ 000) \div 168\ 028\ 000 \times 100\% = 4.08\%$$

（4）营业利润增长率

【会计工作 22】根据【会计工作 2】利润表资料，并假定 2016 年度营业利润为 5 502 000 元，计算该公司 2017 年度营业利润增长率。

【工作指导】2017 年度营业利润增长率：

$$(6\ 270\ 000 - 5\ 502\ 000) \div 5\ 502\ 000 \times 100\% = 13.96\%$$

5. 综合指标分析

【会计工作 23】根据【会计工作 1】、【会计工作 2】资产负债表资料和利润表资料，计算该公司 2017 年度杜邦财务分析体系中的各项指标。

【工作指导】2017 年度杜邦财务分析体系中的各项指标如图 19-20 所示。

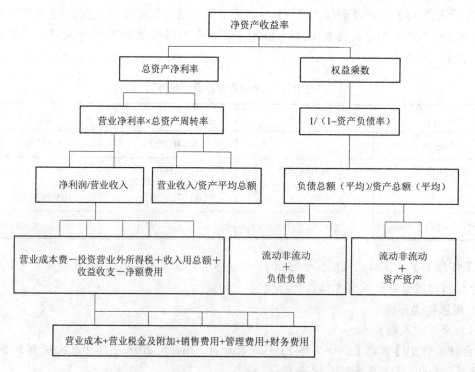

图 19-20 2017 年度杜邦财务分析体系中的各项指标

【工作指导】由于净资产收益率、总资产净利率、营业净利率和总资产周转率都是时期指标,而权益乘数和资产负债率是时点时标,因此为使这些指标具有可比性,图中的权益乘数和资产负债率均采用2017年年初和年末的平均值。

根据【会计工作1】资产负债表资料及【会计工作2】利润表资料,同时假定2015年年末负债总额为52 246 800元,资产总额为151 200 000元。运用连环替代法对该公司2017年度的净资产收益率进行分析。

净资产收益率=营业净利率×总资产周转率×权益乘数

2016年度指标:

营业净利率=4 046 800÷20 800 000×100%=19.46%

总资产周转率=20 800 000÷159 614 000=0.13

资产负债率=[(52 246 800+75 028 000)÷2]÷[(151 200 000+168 028 000)÷2]×100%=39.87%

权益乘数=1÷(1–39.87%)=1.66

2016年度净资产收益率:19.46%×0.13×1.66×100%=4.20% ①

第一次替代:20.63%×0.13×1.66×100%=4.45% ②

第二次替代:20.63%×0.14×1.66×100%=4.79% ③

第三次替代:20.63%×0.14×1.62×100%=4.68% ④

②–①=4.45%–4.20%=0.25%　　营业净利率上升的影响

③–②=4.79%–4.45%=0.34%　　总资产周转率上升的影响

④–③=4.68%–4.79%=–0.11%　　权益乘数上升的影响

上述指标之间的关系如下:

(1)净资产收益率是一个综合性最强的财务比率,是杜邦体系的核心。其他各项指标围绕这一核心研究彼此之间的依存制约关系,可以揭示企业获利能力及其前因后果。财务管理的目标是使所有者财富最大化。净资产收益率反映所有者投入资金的获利能力,反映企业筹资、投资、资产运营等活动的效益。提高净资产收益率是实现财务管理目标的基本保证,该指标的高低取决于营业净利率、总资产周转率与权益乘数。

(2)营业净利率反映了企业净利润与营业收入的关系。提高营业净利率是提高企业盈利的关键,主要有两条途径:一是扩大营业收入;二是降低成本费用。

(3)总资产周转率揭示企业资产总额实现营业收入的综合能力。企业应当联系企业收入分析企业资产的使用是否合理、资产总额中流动资产和非流动资产的结构是否适当。此外,还必须对资产内部结构以及影响资产周转率的各种具体因素进行分析。

(4)权益乘数反映所有者权益与总资产的关系。权益乘数越大,说明企业负债程度较高,能给企业带来较大的财务杠杆利益,但同时也带来了较大的偿债风险。因此,企业既要合理使用全部资产又要妥善安排资产结构。

通过杜邦体系自上而下的分析,不仅可以揭示出企业各项财务指标间的结构关系、查明各项主要指标变动的影响因素,而且可以为决策者优化经营理财状况、提高企业经营效益提供思路。提高权益资本净利率的根本在于扩大销售、节约成本、合理投资配置、加速资金周转、优化资本结构、确立风险意识等。

杜邦分析方法的资本设计也具有一定的局限性,它更偏重于企业所有者的利益,从杜邦指标体系来看，在其他因素不变的情况下，资产负债率越高，净资产收益率就越高，这是因为企业利用较多负债，从而利用财务杠杆的作用，但是没有考虑财务风险的因素，负债越多，财务风险越大，偿债压力越大。因此，企业还要结合其他指标进行综合分析。

三、知识拓展

编制财务报表的技巧

做财务报表的时候，有些工作不需要看账簿也可以做出来，下面就给大家介绍一下这个小技巧。

1. 资产负债表中期末"未分配利润"=损益表中"净利润"+资产负债表中"未分配利润"的年初数。

2. 资产负债表中期末"应交税费"=应交增值税（按损益表计算本期应交增值税）+应交城建税教育附加（按损益表计算本期应交各项税费）+应交所得税（按损益表计算本期应交所得税）。这几项还必须与现金流量表中支付的各项税费项目相等。这其中按损益表计算各项目计算方法如下：

① 本（上）期应交增值税本期金额=本（上）期损益表中的"营业收入"×17%-本（上）期进货×17%。

② 本（上）期营业收入=本（上）期损益表中的"营业收入"金额。

③ 本（上）期进货金额=本（上）期资产负债表中"存货"期末金额+本（上）期损益表中"营业成本"金额-本（上）期资产负债表中"存货"期初金额。

④ 本（上）期应交城建税与教育费附加=本（上）期损益表中的"税金及附加"。

⑤ 本（上）期应交所得税=本（上）期损益表中的"所得税"金额。

⑥ 本（上）期应交城建税及教育附加=本（上）期应交增值税×（7%或5%）。

⑦ 若是小规模纳税人则以上都不考虑，可以用以下公式：

应交增值税=损益表中"营业收入"×3%（报表中的营业收入不含税价）

应交城建税及教育附加=应交增值税（损益表中"营业收入"×3%）×（7%或5%+3%）

应交所得税=损益表中的"所得税"金额

3. 现金流量表中的"现金及现金等价物净额"=资产负债表中的（"货币资金"期末金额-期初金额）。

4. 现金流量表中的"销售商品、提供劳务收到的现金"=损益表中的（"主营业务收入"+"其他业务收入"）+按损益表中（"主营业务收入"+"其他业务收入"）计算的应交税金[应交增值税——销项税额（参照前面计算方法得来）]+资产负债表中的[（"应收账款"期初数-"应收账款"期末数）+（"应收票据"期初数-"应收票据"期末数）+（"预收账款"期末数-"预收账款"期初数）-当期计提的"坏账准备"]。

5. 现金流量表中的"购买商品、接受劳务支付的现金"=损益表中的（"主营业务成本"+"其他支出"）+资产负债表中的{（"存货"期末价值-"存货"期初价值）+应交税金[应交增值税——进项税额（参照前面计算方法得来）]+（"应付账款"期初数-"应付账款"期末数）+（"应付票据"期初数-"应付票据"期末数）+（"预付账款"期末数-"预付账款"期初数）}。

6. 现金流量表中的"支付给职工及为职工支付的现金"=资产负债表中的[（"应付工资"

期末数-期初数)+("应付福利费"期末数-期初数)+本期为职工支付的工资和福利总额(包含在销售费用、管理费用里面)]。

7. 现金流量表中的"支付的各项税费(不包括耕地占用税及退回的增值税所得税)"=损益表中的["所得税"+"主营业务税金及附加"+"应交税金(应交增值税-已交税金)(本期损益表中营业收入计算的各项税费)"]。

8. 现金流量表中的"支付的其他与经营活动有关的现金"=剔除各项因素后的费用:损益表中的(管理费用+销售费用+营业外收入-营业外支出)-资产负债表中的[("累计折旧"期末数-期初数)-费用中的工资(已在"为职工支付的现金"中反映)]。

9. 现金流量表中的"收回或支付投资所收到或支付的现金"=资产负债表中的"短期投资"初数和各项长期投资科目的变动数。

10. 现金流量表中"分得股利,债券利息所收到的现金"=损益表中的"投资收益"本期发生额-资产负债表中的[("应收股利"期末数-期初数)-("应收利息"期末数-期初数)]。

11. 现金流量表中"处置或购置固定资产、无形资产及其他资产收到或支付的现金"=资产负债表中"固定资产""在建工程""无形资产"等其他科目变动额(增加了计入收到的现金流量,减少了计入支付的现金流量)。

其他大部分项目都可以根据资产负债表中各会计科目金额的变动情况计算出来,当然前提是你必须把基本的会计报表编制方法学会了。

(资料来源:2011.6.2 中华会计网校)

课堂训练

(一)单项选择题

1. 如果流动负债小于流动资产,则期末以现金偿付一笔短期借款所导致的结果是(   )。

    A. 流动比率不变   B. 短期偿债能力降低

    C. 流动比率降低   D. 流动比率提高

2. 某企业 2010 年平均流动资产总额为 100 万元,平均应收账款余额为 40 万元。如果流动资产周转次数为 4 次,则应收账款周转次数为(   )次。

    A. 15   B. 25   C. 10   D. 12.5

(二)多项选择题

1. 如果流动比率过高,意味着企业可能(   )。

    A. 存在闲置资金   B. 存在存货积压

    C. 应收账款周转缓慢   D. 偿债能力很差

2. 下列关于获利能力指标的说法正确的有(   )。

    A. 成本费用利润率=利润总额/成本费用总额×100%

    B. 成本费用总额=营业成本+税金及附加+销售费用+管理费用+财务费用

    C. 营业毛利率的分子是营业收入-营业成本

    D. 总资产报酬率,是企业一定时期内获得的利润总额与平均资产总额的比率